Biblioteca menor, 11

CANCIONERO DEL ALMIRANTE
DON FADRIQUE ENRÍQUEZ

JUAN BAUTISTA DE AVALLE-ARCE

CANCIONERO
DEL ALMIRANTE
DON FADRIQUE ENRÍQUEZ

Q C

Primera edición: febrero de 1994

Publicado por Quaderns Crema, S. A.
F. Valls i Taberner, 8 - 08006 Barcelona
Tels.: 212 87 66 - 212 38 08
Fax: 418 23 17

Esta edición ha merecido una subvención de la Dirección General
del Libro y Bibliotecas del Ministerio de Cultura

© 1994 by Juan Bautista de Avalle-Arce

Derechos exclusivos de edición:
Quaderns Crema, S. A.

ISBN: 84-7769-079-0
DEPÓSITO LEGAL: B. 3.456-1994

VÍCTOR IGUAL, S.L.   *Composición fotomecánica*
ROMANYÀ-VALLS   *Impresión y encuadernación*
EN LA CUBIERTA   *Escudo de Don Fadrique Enríquez de Cabrera,*
Conde de Modica

100 038639 1

*Para Eugenio Asensio,
amistoso muñidor
de este cancionero.*

PRÓLOGO

Hace años dediqué un breve estudio, intitulado «Rasguño de un humanista entreverado: el Almirante Don Fadrique Enríquez», a mi admirado amigo Don Eugenio Asensio. Desde ese momento, y con la mayor amistad, él comenzó a instarme a que ampliase dicho boceto, que le diese las dimensiones merecidas por tan ilustre personaje, y que así sacase del olvido la simpática figura de este prohombre de la España imperial. El Almirante Don Fadrique Enríquez era bien conocido por los historiadores en cuanto Gobernador del Reino durante las Comunidades de Castilla (1520-1521), pero era, y es, ampliamente desconocido como destacado humanista, hombre de letras y mecenas del mejor cuño.

He atendido como tarea primordial, por consiguiente, a enfocar con el detalle debido la actuación de Don Fadrique en la vida intelectual y espiritual en la España de los Reyes Católicos y del Emperador Carlos V. Su participación en la vida política de esa misma España ya ha sido desbrozada por los estudiosos de esas actividades, y le he dedicado interés subsidiario. Las relaciones que el Almirante tuvo con hombres de letras tan conocidos como fray Antonio de Guevara, fray Francisco de Osuna, el bufón imperial Don Francesillo de Zúñiga, por ejemplo, le acercan al latir de la intelectualidad castellana. Su extraordinaria empresa de evangelizar a los vasallos de sus tierras castellanas a través de los incomparables «apóstoles del Almirante», dirigidos

por un *alumbrado* que fue quemado por el Santo Oficio, le coloca en la intimidad de la embarullada espiritualidad de esas décadas, que navegaba a bandazos entre ortodoxia y herejía.

Esta figura, de singular atractivo histórico, es la que
trato de perfilar en las páginas de este primer volumen,
dedicado, precisamente, al «esbozo biográfico» de Don
Fadrique Enríquez. Pero no podía dejar las cosas así,
como un manojo de datos históricos acerca de un Grande
de España de la primera promoción. Este tipo de datos, sin embargo, no tuvo importancia en el quehacer
intelectual de esa España a caballo entre Edad Media
y Renacimiento. La vida literaria del Almirante era para
él indisociable de sus angustias espirituales, y todo esto
es de un calor humano casi inhallable a tantos siglos de
distancia. Para la reconstrucción de ambas me han resultado de inapreciable ayuda sus muy numerosas composiciones poéticas, que sobrepasan las trescientas. Esta
producción literaria era poco menos que desconocida
por el simple motivo que estaba sin colectar, desparra-
mada por manuscritos e impresos, en España y fuera de
ella.

La recolección de toda esta poesía constituyó, en consecuencia, el segundo paso en la empresa que me encomendó Eugenio Asensio. Rebusca, colección y publicación de lo que no vacilo en denominar el *Cancionero del
Almirante Don Fadrique Enríquez*. Con toda propiedad,
ése es el asunto del segundo volumen, que lleva aclaraciones y anotaciones literarias y metodológicas propias,
aparte de índices particulares y de toda la obra.

Con todo esto he dado cima a la tarea encomenda-
da, con mi mejor voluntad y con mis dispersos conocimientos enfocados, con puntería mala o buena, en la ex-

traordinaria figura del Almirante Don Fadrique. Para llegar a estas alturas de mi trabajo me resultó inapreciable el leal apoyo de mi familia, ducha ya en estos menesteres, después de tantos años, pero cuya paciencia con mis tiquismiquis de varia erudición merece convertirse en algo proverbial. De destacar, asimismo, por su paciente y comentada lectura fue la participación de mi fraternal amigo, el P. Jaime Fernández. En todo momento me ha servido de firme apoyo la invariable amistad del joven estudioso salmantino Don José Antonio Sánchez Paso, él mismo dedicado de lleno al estudio de la obra de fray Luis de Escobar, el amigo y corresponsal del Almirante. Y tantos de mis doctorandos, que han aguantado, estoicos y azorados, mis extemporáneos barboteos sobre *el Almirante*, sin más indicaciones. A todos ellos, mi cordial agradecimiento.

JUAN BAUTISTA DE AVALLE-ARCE

I

EL ALMIRANTE
DON FADRIQUE ENRÍQUEZ

ESBOZO BIOGRÁFICO

LOS ENRÍQUEZ
Y EL ALMIRANTAZGO DE CASTILLA

Los Almirantes de Castilla dejaron considerable huella en la historia del reino, desde que el título fue creado por Fernando III el Santo, en cabeza de Ramón Bonifaz, con motivo de la reconquista de Sevilla en 1246, según el Dr. Salazar de Mendoza, *Origen de las dignidades seglares de Castilla y León* (Madrid, 1618), 67r. La dignidad pasó, desde entonces, de individuo a individuo, según los caprichos reales, hasta que, en la segunda mitad del siglo XIV, honró por dos generaciones a la familia de Mendoza, en su vertiginoso ascenso socioeconómico. Pero en el reinado de Enrique III la dignidad pasó a la familia de Enríquez, en cuyo seno permaneció hasta la muerte de D. Juan Tomás Enríquez de Cabrera (1705), en quien finiquitó el título, más que nada por su decidida actitud anti-borbónica, en momentos en que estas posturas estaban en decidida bajamar.

El primer Almirante de la familia lo fue D. Alonso Enríquez, hijo de D. Fadrique de Castilla, Maestre de Santiago, hermano y víctima del rey Pedro el Cruel. Don Alonso fue creado Almirante «por merced de el Rey don Enrique [III el Doliente], su sobrino, señor de Medina de Ríoseco, Castroverde y otras tierras» (Salazar de Mendoza, *op. cit.*, 69v). La agradable villa vallisoletana de Medina de Ríoseco se convertirá, de inmediato, en el lugar solariego de la familia de los Almirantes de Castilla, y en 1538 será elevada a ducado en cabeza del hermano y heredero de nuestro Almirante, D. Fernando

Enríquez. En 1429 sucedió a D. Alonso en el Almirantazgo su hijo D. Fadrique Enríquez, a quien, para dife-
renciar de su nieto homónimo, y sujeto de estas páginas, siempre llamaré D. Fadrique el Viejo. A su muerte,
en 1473, le sucedió su hijo, D. Alonso II Enríquez, que
murió en 1485, cuando le sucedió su hijo D. Fadrique
Enríquez, *el Sabio*, como le llamaron sus contemporáneos, con quien pasaremos un largo, entretenido y edi-
ficante rato.

El Dr. Pedro Salazar de Mendoza, minucioso historiador, aunque un poco crédulo, ofrece un buen guión
biográfico de nuestro Almirante, que servirá de adecuado punto de partida al brindar un honrado acopio
de datos históricos. Lo demás vendrá después: la ver-
tebración circunstancial de estos datos, el darles algo
de calor y vida, en forma de acercarnos en lo posible
al *hombre* que fue D. Fadrique Enríquez, y al estudio
de su obra literaria. Esto es lo que dice Salazar de
Mendoza:

Don Fadrique Enríquez, 28 Almirante, y quarto de su linage, gozó de la dignidad por merced de el Rey Católico don
Fernando, su primo hermano, a quien siruió en lo de Granada. El año de mil y quatrocientos y nouenta y seis lleuó desde
Laredo a los Estados Bajos a la reyna doña Ioana, y a la buelta traxo a la princessa doña Margarita, para muger de el príncipe don Ioan. Fue Gouernador de estos reynos en ausencia
de el Rey don Carlos. Casó con doña Ana de Cabrera. Condessa proprietaria de Módica, en Sicilia, y no tuuo successión.
Murió al principio de el año de mil y quinientos y treinta y
ocho, auiendo sido Almirante cinquenta y tres años. Está enterrado en San Francisco de Medina de Ríoseco, que él fundó
(*op. cit.*, 7orv).

El origen de los Enríquez, como el de muchas familias de abolengo y solera, tenía trenzado un hilillo de folklore legendario que, en sus insinuaciones y hasta los años de nuestro D. Fadrique, por lo menos, humillaba tanto como enaltecía, o sea, era una verdadera arma de dos filos. Todo se remonta a la ajetreada vida del progenitor de la familia, el Maestre de Santiago D. Fadrique, hermano bastardo de Pedro I el Cruel y hermano gemelo del que fue Enrique II de Castilla, *el de las Mercedes*. Sin hacer uso de más historia que la imprescindible, debo recordar que entre los considerables líos familiares del rey D. Pedro *el Cruel* de Castilla, uno tiene que ver con su hermano bastardo D. Fadrique, Maestre de Santiago, y la reina Da. Blanca de Borbón. Los datos históricos nos dicen que D. Fadrique fue asesinado en 1358 por orden de su hermano en el alcázar de Sevilla, y que la reina Da. Blanca murió de muerte natural en Medina Sidonia en 1361, después de una extrañísima vida matrimonial. El pueblo pronto acoyundó ambos nombres y así surgió un romance de cierta antigüedad («Entre las gentes se suena, / y no por cosa sabida», Durán, núm. 965), que imaginaba que la Reina había sido preñada del Maestre y que, para evitar desgracias, ella, en Llerena, «Puso el Infante a criar / en poder de una judía; / criada fue del Maestre; / Paloma por nombre había, / y como el rey don Enrique / reinase luego en Castilla, / tomara aquel Infante / y almirante lo hacía; / hijo era de su hermano, / como el romance decía». Tal era el abolengo de D. Alonso Enríquez, primer Almirante de Castilla de su familia, según una versión, que no fue la mayoritaria. Se trata, más bien, de la versión oficial, la preferida por los Enríquez y allegados, ya que los hace descender de sangre real por las dos ramas.

Porque hay otras dos versiones, una menos favorecedora, y la otra francamente insultante dentro de la acomplejada España de aquellos siglos. Todas ellas las agavilla el infatigable y muy puntual Gonzalo Fernández de Oviedo, buen amigo de nuestro Almirante, en sus memorias, donde resume la cuestión en estos términos: «Este [D. Alonso Enríquez] es que algunos maliciosos quisieron dezir que el Maestre en su villa de Llerena le ovo en vna judía llamada Paloma, hermosa muger. E otros, no menos maliciosos, pero más criminales, dixeron que en la reyna doña Blanca, muger del rrey don Pedro, su hermano, e que por esta sospecha el rrey don Pedro le hizo matar. Pero lo vno e lo otro se tiene por falso. Porque su madre [de] don Alonso Enrríquez fue vna dueña hijadalgo e hermosa de la qual el Maestre estava enamorado, e era casada con la qual tuuo forma de se allegar en avsencia de su marido, e se empreñó c al tiempo que parió dieron el hijo a criar a la judía por encobrir a la verdadera madre».[1] La mater-

---

1. El larguísimo autógrafo inédito, en tres volúmenes, Oviedo lo tituló *Quinquagenas de la nobleza de España*: yo lo podé, transcribí, anoté y publiqué en dos volúmenes, con el título de *Memorias de Gonzalo Fernández de Oviedo* (Chapel Hill, N.C., 1974). El texto citado está en II, 424-425. Concuerda con Oviedo el puntual historiador y genealogista Pedro Barrantes Maldonado, en sus interesantísimas *Ilustraciones de la Casa de Niebla*, Memorial Histórico Español [MHE], IX (Madrid, 1857), 516: «El Maestre lo avía avido [a Don Alonso Enríquez] en la villa de Llerena en una muger hermosa casada». También el ya citado Salazar de Mendoza, *Origen de las dignidades seglares*, fol. 88, después de citar las otras teorías concurre en que la madre de Don Alonso fue «de suerte y qualidad muger de el mayordomo de el Maestre».

nidad de la judía Paloma se mantenía viva en el siglo XVII, como atestigua el anónimo *Memorial de algunos casos* (*Revue Hispanique*, XL, 233-234), quien amplía el estigma (¿histórico, folklórico?) para decir: «En Castilla casi no hay señor, que no descienda de Da. Paloma». La versión favorecida por Oviedo todavía se repetía hacia finales del siglo XVII. D. Alonso Enríquez era el fruto ilegítimo de unos amores del Maestre D. Fadrique y «una señora noble cuyo nombre no declaran», escribía el erudito monje benito fray Gregorio de Argaiz, *Corona real de España* (Madrid, 1668), 284. La versión denigratoria de los antecedentes familiares de nuestro Almirante tiene mucha más solera, como que viene, por lo menos, del comedio del siglo XV.

En esa época en Castilla hubo un gran hervor racial y religioso que los cristianos viejos aprovecharon para intentar impedir el libre desempeño socio-económico de los cristianos nuevos. Fruto directo de estos malestares fue la *Sentencia-Estatuto de Toledo, 1449*.[2] Se trata de un categórico «estatuto de limpieza de sangre» que trata de impedir el libre acceso de conversos a puestos públicos. De las respuestas críticas y polémicas que surgieron de inmediato me interesa la *Instrucción del Relator para el Obispo de Cuenca, a favor de la nación hebrea. Año de 1449*.[3] El Relator era el distinguido converso

2. El trasfondo de todo esto se puede estudiar en el muy interesante libro de Albert Sicroff, *Les controverses des statuts de «pureté de sang» en Espagne du XVe. au XVIIe. siècles* (París, 1960). Para la Sentencia-Estatuto y sus inmediatas polémicas, v. págs. 32-62.

3. La *Instrucción* fue publicada primero por Fermín Caballero, *Noticias de la vida, cargos y escritos del Doctor Alonso Díaz de Montalvo* (Madrid, 1877), págs. 243-254 (el texto citado en pág. 251); de allí la tomó y publicó en apéndice segundo el P. Manuel Alon-

Fernán Díaz de Toledo, quien escribe para beneficio del dominico fray Lope de Barrientos, Obispo de Cuenca y destacado consejero del rey don Juan II de Castilla. Su interesantísimo alegato abunda en noticias genealógicas de máxima utilidad. Sólo destacaré ésta: «Subiendo más alto, no es necesario de recontrar los Fijos e nietos e viznietos de el Noble Caballero e de grande Authoridad el Almirante Don Alonso Enríquez [había muerto en 1429, estaba vivo su hijo y heredero Don Fadrique *el Viejo*], que de una parte desciende de el Rey Don Alonso [XI de Castilla], e de el Rey Don Henrique el Viejo [II de Castilla], e de otras partes viene de este linaje [de judíos]» (pág. 353).

De esta manera queda dispuesto el enlace ideológico, al nivel chismográfico—no me atrevo a decir histórico, aunque bien podría serlo—entre la versión genealógica del romance «Entre las gentes se suena» y la que expone el Relator Fernán Díaz de Toledo. Paloma, la judía de Llerena (de Guadalcanal, en algunas versiones), se convierte así en la madre real y verdadera de Don Alonso Enríquez, que con el tiempo se convertirá en el primer Almirante de Castilla de su linaje. Se me ocurre que desde su puesto oficial, y converso él mismo, el Relator Fernán Díaz de Toledo bien sabría lo que decía. En la España en que viven las generaciones plenipotentes de los Enríquez, tal mácula (¡y vaya si lo era!) convirtió al linaje en materia de chirigotas y chascarrillos. Las propias aldabas político-económicas del linaje

---

so, S.J., a su edición de Alonso de Cartagena, *Defensorium unitatis christianae* (Madrid, 1943), págs. 343-356; su apéndice tercero es la *Sentencia-Estatuto*. Como explico en mis *Temas hispánicos medievales* (Madrid, 1974), págs. 102-103, el texto está bastante estragado.

los salvó de algo más doloroso, pero debo consignar estos datos porque ayudarán a explicar actitudes, de otra forma increíbles, acerca de Don Fadrique Enríquez y de su primo hermano el Rey Católico, Don Fernando de Aragón. El folklore de la primera mitad del siglo XVI abunda en puyas y malévolas alusiones a todo ello que recogeré más tarde con fines de avizorar algo de la complejidad del *hombre* Don Fadrique Enríquez.

Acerca de su nacimiento informa con toda puntualidad el muy útil *Cronicón de Valladolid*, anónimo y heterogéneo, de comienzos del siglo XVI: «Nació el Almirante Don Fadrique, fijo del Almirante Don Alonso Enríquez, e de Doña María de Velasco, su muger, en Aguilar de Campóo, sábado 29 de noviembre, dos horas después de mediodía, año de 1460».[4] De la prosapia de D. Fadrique ya no hay más que decir: lo contrario sería llenar volúmenes. Pero sí conviene precisar algunos pocos detalles acerca de sus padres, para fijar con cierta precisión su figura en el tablero genealógico-político de la España de su tiempo. Su padre, Don Alonso II, había heredado la dignidad de Almirante de Castilla en 1473, a finales del reinado de Enrique IV y había servido a los Reyes Católicos en las guerras de Portugal y de Granada. Era hermano de Doña Juana En-

---

4. *Apud* Coleccción de Documentos Inéditos para la Historia de España [CODOIN], XIII (Madrid, 1848), 46. Debo puntualizar: el Almirante Don Fadrique no nació en Aguilar de Campóo (provincia de Palencia), sino en Aguilar de Campos (provincia de Valladolid); en el texto se trata de una evidente errata de transcripción. Y nació en Aguilar de Campos porque en ese pueblo vallisoletano había fundado mayorazgo el primer Almirante Don Alonso Enríquez en 1426, v. Angel González Palencia, *Mayorazgos españoles* (Madrid, 1930), pág. 178.

ríquez, que había casado con el rey Juan II de Aragón, y ésta fue la madre del futuro Rey Católico. Nuestro Almirante, por consiguiente, era primo hermano del rey Fernando V de Castilla. Otra hermana del Almirante Don Alonso Enríquez fue Doña María Enríquez, casada con Don García Alvarez de Toledo, I Duque de Alba, y madre del II Duque de Alba Don Fadrique Álvarez de Toledo, otro primo hermano de nuestro Don Fadrique. La madre de nuestro Almirante y mujer de Don Alonso II, Doña María de Velasco, era hija de Don Pedro Fernández de Velasco, I Condestable de Castilla de su linaje y II Conde de Haro, «el buen Conde de Haro». El III Condestable de Castilla de su linaje fue su hermano, Don Íñigo Fernández de Velasco, II Duque de Frías, Gobernador del Reino durante las Comunidades, colega, por consiguiente, de nuestro Almirante, y su tío carnal. Inútil hacer más precisiones: bastan estos pocos datos genealógicos para situar a Don Fadrique Enríquez en el epicentro de los movimientos sísmicos castellanos, de fuerte repercusión institucional, en el transcurso de los siglo xv al xvi, o sea, de una vieja España en busca de modernidad.

Los hermanos y hermanas de Don Fadrique fueron numerosos, y el mejor resumen me lo suministra el admirable historiador Gonzalo Fernández de Oviedo. En el autógrafo de sus *Batallas y quinquagenas*, en el diálogo correspondiente a Don Bernardino Enríquez, Conde de Melgar, hermano menor de nuestro Don Fadrique, dice así: «SERENO. Quántos hermanos fueron los hijos del Almirante Don Alonso Enrríquez 20., e de la señora su muger, Doña María de Velasco? ALCAIDE. Yo os lo diré: el Almirante Don Fadrique Enrríquez 20. de tal nombre, llamado el Sabio porque así lo fue; Don

Bernardino Enrríquez, Conde de Melgar, de quien aquí
tractaremos; Don Fernando Enrríquez, Abbad de Valladolid, Almirante que fue después de los días del Almirante Don Fadrique, su hermano; Don Enrrique Enrríquez, Adelantado de Galizia; Doña Joana Enrríquez,
Marquesa de Villena. Estos fueron legítimos. Don Alonso Enrríquez, Obispo de Osma, fue bastardo, e asimismo aquella notable e rreligiosa Doña Teresa Enrríquez,
muger que fue del Comendador Mayor de León, Don
Gutierre de Cárdenas».[5]

Una rama de la familia bajó a Andalucía. Juan II de
Castilla había dado la villa de Tarifa al Almirante Don
Fadrique I, y su hijo D. Pedro Enríquez fue Señor de
Tarifa y Adelantado de Andalucía. Ambos títulos per-
manecieron en la rama andaluza de la familia, con Tari-
fa elevada a marquesado en 1514, en cabeza de un pri-
mo homónimo de nuestro Almirante, Don Fadrique
Enríquez de Ribera, con quien viajó a Jerusalén Juan
del Encina. Otro hijo del Almirante Don Fadrique I fue
D. Enrique Enríquez, Mayordomo Mayor de los Reyes
Católicos. Otra rama de la familia fueron los Condes
de Alba de Liste, título concedido por Juan II de Castilla, en 1459, a D. Enrique Enríquez, segundogénito de
D. Alonso I Enríquez.

Baste lo anterior como bosquejo mínimo de las aldabas del linaje. Ahora unas pocas palabras acerca de
sus antepasados directos, los anteriores Almirantes de
Castilla de su familia. El primero de la casa, queda di-

5. El autógrafo de las *Batallas y quinquagenas* se custodia en
la Biblioteca Universitaria de Salamanca, donde lo descubrí. Lo transcribí y anoté copiosamente y lo acaba de publicar la Diputación Provincial. La cita del texto se halla en *Batallas y quinquagenas* (Salamanca, 1989), pág. 25.

cho, y vigésimo quinto Almirante de Castilla, fue Don
Alonso I Enríquez (1354-1429), casado con Doña Juana de Mendoza. El segundo fue Don Fadrique I Enríquez, muerto en 1473, quien casó dos veces, la primera
con Doña María de Toledo (la madre de Doña Juana Enríquez, reina de Aragón), y la segunda con Doña Teresa de Quiñones. Hijo de este segundo matrimonio fue
el Almirante Don Alonso II Enríquez, quien murió en
Valladolid, en mayo de 1485, y que fue el padre de nuestro Almirante.

El Almirante de Castilla, como nos informa el ya citado Salazar de Mendoza, fol. 66r: «Es Capitán General de la mar, con mero y mixto imperio inmediato al
Rey, sin recurso, ni apelación a otra persona, y preside
en todas las cosas de la navegación». Y continúa: «No
vsa, ni exercita el oficio de Capitán General de la mar,
como se hizo en la antigüedad». Para la época de nuestro D. Fadrique el título era fundamentalmente hono-
rífico, en el sentido de que él no desempeñaba funciones náuticas específicas algunas, aunque nuestro
biografiado, en ocasiones, hizo valer sus prerrogativas,
según se verá.[6] Los inmensos privilegios del Almirantazgo de Castilla son casi imposibles de enumerar. Baste decir que en Galicia, Asturias, Vizcaya, Guipúzcoa,
tenía absoluta jurisdicción sobre las aduanas marítimas
y de tierra, los famosos «puertos secos» de Castilla. Título anejo al de Almirante Mayor era una Veinticuatría
de Sevilla, por su importancia marítima, con todos sus
derechos y salarios, como explica la *Carta de prouisión*

---

6.   Para mayores precisiones y perspectivas históricas debe con-
sultarse el informativo libro de F. Pérez Embid, *El Almirantazgo
de Castilla* (Sevilla, 1944).

del Almirantamiento Mayor de Castilla e del ofiçio de Veynte e Quatría a Don Fadrique Enríques, Conde de Mó-dica, como lee el original expedido por los Reyes Católicos, en plena guerra de Granada, con fecha Écija, 14 febrero 1490.[7] La opulencia económica de D. Fadrique llegó a adquirir proporciones casi legendarias, aunque nunca alejadas de la realidad. Así, el variopinto y divertido caballero extremeño D. Luis Zapata afirma en su muy importante *Miscelánea*, segunda mitad del siglo XVI: «El más rico lugar de señor [en España es] Medina de Ríoseco del Almirante, donde dicen que hay más de mil hombres a cuento de hacienda. La mayor dignidad de señor lego, el Condestable de Castilla por tierra, y el Almirante por la mar».[8] Mas toda esta gloria tuvo su progresivo, pero rápido e inevitable ocaso.

En los primeros años del siglo XVI viajó a España en el séquito de su futuro rey Felipe I *el Hermoso*, el noble flamenco Antoine de Lalaing, Señor de Montigny. Con extraordinario ojo para la crematística, nos informa que el Almirante de Castilla (nuestro Don Fadrique) tenía una renta anual de 15.000 florines de oro y casa de 400 caballos. Estos datos, según la información recogida por Lalaing, le colocan, en cuanto a medios económicos, por debajo del Condestable de Castilla, el Duque de Alba, el Duque del Infantado, el Duque de Medina Sidonia, el Duque de Nájera, el Duque de Béjar, el Duque de Alburquerque, pero casi al mismo nivel que los Duques de Cádiz y de Arcos. Estos mismos

7. Publicada en *El tumbo de los Reyes Católicos del Concejo de Sevilla*, ed. dirigida por J. de M. Carriazo, V (Sevilla, 1968), 116-117.
8. Don Luis Zapata, *Miscelánea*, ed. Pascual de Gayangos, MHE, XI (Madrid, 1859), 56.

datos le colocan muy por debajo de su archi-rival en la región, el Conde de Benavente, que tenía una renta de 44.000 florines de oro y casa de 500 caballos.[9]

Pero para fines del siglo XVI la casa del Almirante sobrepasaba ampliamente a la de Benavente: aquélla con una renta anual de 170.000 ducados, y la segunda con una de 120.000 ducados, datos tomados del valioso memorial de Pedro Núñez, *Relación de todos los títulos del reino*.[10] La emulación y comparación de los Almirantes de Castilla con los Condes de Benavente es históricamente inevitable al hablar de tierras vallisoletanas. Ambas familias tenían grandes palacios en Valladolid, donde eran las más ricas y poderosas. Valladolid era corte ocasional de la monarquía castellana, obispado, sede de la Chancillería y tribunal del Santo Oficio. En el campo intelectual tenía la vieja universidad pontificia y el Colegio de Santa Cruz. En los primeros tiempos del reinado de Carlos V fue foco de destacados erasmistas (Gattinara, Juan de Vergara, Alonso de Valdés), y de la mano, casi, de los primeros alumbrados. Era fuerte centro comercial y ciudad hacia la cual gravitaban en forma inevitable todos los hombres de negocios de Castilla la Vieja, que encontraban imprescindible operar en las dos plazas importantes de la región: Medina de Ríoseco, señorío del Almirante, y Villalón, señorío del Conde de Benavente. Pero la fastuosidad de la casa de nuestro Almirante se mantuvo viva en forma casi proverbial,

9.   Antoine de Lalaing, *Primer viaje de Felipe el Hermoso a España en 1501*, en *Viajes de extranjeros por España y Portugal*, ed. Justo García Mercadal, I (Madrid, 1952), 489-490.

10.   Un muy interesante cuadro basado en estos datos trae Bartolomé Bennassar, *Valladolid en el Siglo de Oro* (Valladolid, 1983), págs. 124 y 126.

lo que explica la ponderación de Baltasar Gracián, muchísimo más tarde, cuando exclama: «¿Y la [casa] del Almirante en tiempos de los Reyes Católicos, púdose imaginar mayor grandeza?» (*Criticón*, II parte, 1653, crisi V). Así y todo, cuando en 1659 viajó por España François Bertaut, Señor de Fréauville, al describir las casas de las grandes familias nobles asentadas en Valladolid escribe: «Hay multitud de casas de grandes señores, como las del conde de Benavente, Pimentel o de Rivadeneyra, y muchas otras que son bellas; la mayor parte de las demás, como la del Almirante de Castilla, caen en ruinas».[11] *Sic transit gloria mundi*.

Frente a la relativa vaguedad de estos datos puedo contraponer la rigurosa exactitud de otros que nos proporciona don Fernando Colón, hijo y biógrafo del Almirante de Indias don Cristóbal Colón y distinguido contemporáneo de nuestro Almirante don Fadrique. Es bien sabido que don Fernando fue un extraordinario bibliófilo y que sus afanes dieron fruto en la extraordinaria Biblioteca Colombina de Sevilla. Menos sabido es que fue un incansable viajero, ávido de precisos conocimientos geográficos y demográficos. Esta faceta de su temperamento halló expresión en su extraordinaria *Descripción y cosmografía de España*, que es la anonadante colección de datos demo-geográficos que recogió en su deambular por la Península.[12] Para remachar la absolu-

---

11. *Diario del viaje a España hecho en el año 1659, en la ocasión del tratado de paz*, en *Viajes de extranjeros por España y Portugal* (v. supra, nota 9), II, 624. En el reinado anterior al viaje de Bertaut, o sea, en el reinado de Felipe III, escribía el portugués Bartolomé Pinheiro da Veiga: «Tiene Valladolid hermosas casas, como la de los Almirantes de Castilla», *ibidem*, pág. 133.

12. Don Fernando Colón, *Descripción y cosmografía de Espa-*

ta contemporaneidad de estos datos con la vida de don
Fadrique Enríquez debo anotar que las primeras palabras del texto colombino son: «Lunes III de Agosto de
1517 comencé el ytinerario». El método seguido por don
Fernando fue el de dar la situación exacta de cada pueblo que visitó, distancia a otros lugares, y su número
de vecinos, y si era pueblo de señorío consignaba el nombre del señor, con cualquier otro dato que hubiese llamado su atención. Todo constituye un inagotable mi-
nero de noticias, pero de árida lectura.

Con su puntualidad acostumbrada don Fernando Colón nos informa de los pueblos por él visitados, con su
número de vecinos, y que eran del señorío de don Fadrique Enríquez, Almirante de Castilla. Yo seguiré el
orden de don Fernando y su grafía, identificaré el pueblo por su provincia y nombre actuales y daré el número moderno de habitantes según los registró el *Diccionario geográfico de España* (Madrid, 1958):

Palenzuela, 500 vecinos; provincia de Palencia, 1226
habitantes;[13]

Villavaruz, 70 vecinos; Villabaruz de Campos, Valladolid, 264 habitantes;

Bustillo, 50 vecinos; Bustillo de Chaves, Valladolid, 154 habitantes;

Tamariz, 100 vecinos; Tamariz de Campos, Valladolid, 561 habitantes;

Villanueva de Samancio, o de San Mancio, 50 veci-

ña, publ. por la Real Sociedad Geográfica, 3 vols. (Madrid,
1910-1917). Los datos que recojo en el texto se pueden compulsar
con el «Índice de personas citadas en el texto», del tomo III, *s.n.*
Almirante de Castilla.

13.   Dos veces más da la población de Palenzuela Don Fernando: una vez repite el número de vecinos y la otra lo disminuye a 400.

nos; Villanueva de San Mancio, Valladolid, 318 habitantes;

Medina de Ríoseco, 1500 vecinos; Valladolid, 4953 habitantes;[14]

Cehinos, 100 vecinos; Ceinos de Campos, Valladolid, 631 habitantes;

Vega de Ríoponce, 100 vecinos; Vega de Ruiponce, Valladolid, 738 habitantes;

Villada, 1000 vecinos; Palencia, 2277 habitantes;

Moral de la Reina, 100 vecinos; Valladolid, 634 habitantes;

Tabanera, 180 vecinos; Tabanera de Cerrato, Palencia, 676 habitantes.

Ni don Fernando Colón ni yo hemos pretendido dar una lista completa de los lugares de señorío de don Fadrique. Por lo pronto sabemos que tenía extensas posesiones en Cataluña y en Sicilia, según se verá, y ambas regiones faltan de la *Descripción*. Pero me pareció de interés recoger los datos citados por don Fernando (todos de lugares cercanos al asiento solariego de la familia en Medina de Ríoseco) y así obtener una somera visión de las bases inmediatas de su poderío económico. En las actuales provincias de Valladolid y Palencia era dueño de once lugares, desde Medina de Ríoseco con su muy importante feria, hasta pequeños lugares de cincuenta vecinos, como Bustillo de Chaves o Villanueva de San Mancio. El total de vasallos que tenía en los pueblos consignados era de unos 3750 vecinos, lo que, puesto en términos demográficos de hoy, usando el coefi-

---

14.   Apostilla Don Fernando Colón: «Tiene fortaleza, hácese una gran feria». En otro lugar aumenta su población a 1.200 vecinos.

ciente cinco, da un total de 18750 personas que le pagaban alguna suerte de tributo.

Hay otras formas de redondear la cifra de los lugares de señorío de Don Fadrique, pero no veo necesidad de entrar en ello. Baste decir que la guerra de las Comunidades pondrá muy en evidencia que Torrelobatón y Villabrágima—tan importantes en esos angustiosos momentos—eran de su señorío. O bien que cuando murió, su hermano y heredero, Don Fernando, recibió la jurisdicción de 97 pueblos y aldeas, sin contar 12 despoblados. Para calibrar de alguna manera todo esto es bueno advertir que la posesión era de «jurisdicción, señorío y vasallaje», lo que representaba que estaba en manos de Don Fadrique casi todo lo referente a impuestos, justicia y administración pública. En la práctica esto representaba que en Medina de Ríoseco el Almirante poseía el derecho de nombramiento del corregidor, seis regidores, tres justicias, un escribano de ayuntamiento y catorce escribanos públicos. Ya se verá que la reacción popular contra algunos de estos privilegios amargará los últimos días de nuestro Almirante. En los otros pueblos tenía el derecho de nombramiento de las principales autoridades judiciales, ya que la justicia era aneja al señorío, y, para abreviar, el Almirante gozaba de amplios privilegios sobre las iglesias locales. En Medina de Ríoseco, por vía de ejemplo, era *patrono*, o señor, de dos conventos y de dos monasterios (uno de ellos, el muy lujoso de San Francisco era su propia fundación, y allí está enterrado), y en todos los lugares de su señorío poseía el derecho de nombrar los miembros del clero local. Si a todo esto se agregan los gajes y prebendas que disfrutaba por sus diversos títulos y oficios, entonces se comienza a bosquejar el monolito político-

socio-económico que era el Almirantazgo de Castilla.
Poco sabemos de sus primeros años. Cuando Don
Fernando de Aragón subió al trono de Castilla en 1474,
casado desde 1469 con la ahora Reina Isabel, el Almirante D. Alonso Enríquez, padre de nuestro biografiado y tío carnal del nuevo rey, volcó todas sus simpatías
por éste. En la guerra con Portugal, que defendía los
derechos de la princesa Da. Juana, conocida como *la
Beltraneja*, y que culminó en la batalla de Toro (1476)
Don Alonso tuvo destacada actuación, pero su hijo D.
Fadrique, mancebo de 14 años no pudo participar. Cuando estalló la última guerra de Granada en 1482 D. Fadrique tenía veintidós años, edad más que idónea para
participar en ella. Su participación en ella, sin embargo, fue desmedrada y tardía, a pesar de su cuna y su
título, que heredó en 1485. Los verdaderos motivos de
su ausencia de esta gloriosa empresa nacional revelan
algo del temple del hombre y de su época. Asimismo,
el buceo en dichos motivos es ejemplar para esbozar
algo de la firmeza genial de los Reyes Católicos (Doña
Isabel, muy en particular) en su comportamiento hacia
los súbditos, así fuesen primos hermanos del Rey. Casos como el que paso a narrar muestran bien a las claras cómo Castilla fue forzada a moverse de un estado
de soliviantado desorden (reinado de Enrique IV) a uno
de legalidad concertada, y todo ejemplificado con la persona de Don Fadrique Enríquez.

II

UN INCIDENTE DEFINITORIO

El incidente que desencadenó inesperada tormenta con imprevistos resultados sociales, tuvo lugar en el año de 1481, y todo comenzó en Valladolid. Las fuentes son varias, y aunque muy explícitas en la mayoría de los detalles, todas callan el motivo principal del explosivo cambio de palabras entre D. Fadrique Enríquez y Ramiro Núñez de Guzmán, Señor de Toral. Actitud característica de esta suerte de consigna de silencio entre los historiadores de la época es la de Pedro Barrantes Maldonado, quien escribe sus *Ilustraciones de la Casa de Niebla* hacia 1541. Allí escribe: «En el año de 1481 sucedió la questión que hoy a los que vivimos es notoria, que pasó entre D. Fadrique Henríquez ... e Ramir Núñez de Guzmán, señor de la casa de Toral e de Tovar, que por ser notoria e no muy sabrosa a los que la pasaron, la dexo de contar» (*supra*, nota 1; pág. 318).

Las dos fuentes más abundantes en detalles, que conozco, acerca de tan sonado escándalo, y que seguiré, son la *Crónica de los Reyes Católicos* de Fernando del Pulgar, contemporáneo de los acontecimientos, y los *XL libros del Compendio historial de las chrónicas y universal historia de los reynos de España* (Amberes, 1571) del gran historiador vasco Esteban de Garibay y Zamalloa. Como se verá de inmediato, hay, sin embargo, amplia disparidad de riqueza informativa en ambos relatos. Respecto a Fernando del Pulgar, ya nos precavió un historiador muy poco posterior, el doctor Lorenzo Galíndez de Carvajal, del Consejo de los Reyes Católicos y del de Cámara de Carlos V: «En lo cual [el altercado que estudio] el coronista de romance queda asaz falto y diminuto en perjuicio de partes» (*Anales breves del reinado de los Reyes Católicos, Bib. Aut. Esp.*, LXX, 543). Garibay, por su parte, al escribir noventa años justos después de los sucesos, nos revela los tintes tradicionales que habían adquirido los hechos, ya que nos dice que todavía eran objeto de acaloradas discusiones en la corte y que la gente los cantaba aún, como que habían adquirido forma romancística (libro XVIII, cap. 18). Además, él usa una fuente latina, según declaración expresa, contemporánea a los escandalosos sucesos y dedicada a ellos exclusivamente, por consiguiente mucho más pormenorizada que Fernando del Pulgar, a quien también utiliza y cita. No he podido identificar ni hallar tal fuente monográfica latina, pero todo me obliga a creer en su historicidad absoluta y total.

El método que seguiré para ilustrar tan jugosos acontecimientos, y capitales en la vida de D. Fadrique, será copiar, como texto principal, el de Fernando del Pulgar, contemporáneo al escándalo, pero como éste omite muchos detalles, algunos importantes, que trae Garibay, supliré esa información tomándola del texto de éste. La letra redonda rinde los textos de Pulgar; los textos entre corchetes y en cursiva en la muy larga cita que sigue son los datos suplementarios aportados por Garibay.[15] En notas a pie de página ampliaré algunas noticias de ambos historiadores:

15. Cito a Pulgar por la muy pulcra edición de J. de M. Carriazo, *Crónica de los Reyes Católicos por su secretario Fernando del Pulgar. Versión inédita*, I (Madrid, 1943), 441-444. A Garibay le cito por la edición príncipe, II (Amberes, 1571), 1304-1314.

Acaesció en aquellos días que, estando la Reyna en Valladolid, vna noche que se facía fiesta en su palaçio, el fijo mayor
del almirante, que se llamaua don Fadrique, ovo palabras con
el señor de Toral, que se llamaua Ramir Núñez de Guzmán,[16]
sobre el asentamiento açerca de las damas; de las quales palabras don Fadrique se syntió injuriado, porque Ramir Núñez
se avía ygualado con él en palabras. [*Sucedió vna noche, que
estando Ramiro Núñez puesta la vna rodilla en el suelo, hablando en presencia de la Reyna con Doña María Manuel,[17] Don Fadrique Henríquez pidió lugar para passar a hablar a Doña María
Çapata,[18] dama hermosa, y como necessariamente era menester
pasar por medio de Ramiro Núñez y Doña María Manuel, Ramiro Núñez hizo lugar, y Don Fadrique paró en medio, hincada
la vna rodilla, hablando con Doña María Manuel. Presumióse
auer hecho esto Don Fadrique por complazer a Don Gutierre de
Sotomayor, conde de Benalcáçar,[19] cuñado suyo, marido de hermana suya, que siendo seruidor de Doña Mara Manuel, le pe-
saua que Ramiro Núñez se entremetiesse en sus pretensos. Sen-*

16. La cabeza de la muy extendida y poderosa familia de Guzmán era, precisamente, la de los Señores de Toral, según nos informa con su puntillosidad acostumbrada Gonzalo Fernández de Oviedo
en el autógrafo de sus *Batallas y quinquagenas* (*supra*, nota 5), págs.
226-228, 248.

17. Doña María Manuel era hija de Don Juan Manuel, del consejo del rey Juan II de Castilla, y hermana de Don Juan Manuel,
Señor de Belmonte y de Cevico de la Torre, gran privado, más tarde, del rey Felipe I, como nos informa Gonzalo Argote de Molina,
en su «Principio y sucesión de la real casa de los Manueles», en su
edición del *Conde Lucanor* (Sevilla, 1575); sobre Don Juan Manuel,
v. *infra*, págs. 72 y 91.

18. Era hija de Ruy Sánchez Zapata, Señor de Barajas y El Ala-
meda, y casó con el Vizconde de los Palacios de la Valduerna, según
nos informa Gonzalo Fernández de Oviedo, *Batallas y quinquagenas*, mi ed., pág. 361.

19. Sus contemporáneos le apodaban *el Conde Lozano*, según
Fernández de Oviedo, *Batallas y quinquagenas*, mi ed., págs. 104, 410.

tiendo mucho esta befa y desdén, Ramiro Núñez, por la presencia de la Reyna, fue tolerando por euitar escándalos, y siendo muchos los caualleros que presentes se hallaron, sucedió que algunos apretando algo a Ramiro Núñez y él a Don Fadrique, él, indignándose d'eso, començó a murmurar de Ramiro Núñez y de los demás, y mirando a Garci Laso de la Vega,[20] maestresala de la Reyna, le dixo que no permitiesse que aquella gentezilla fuesse tan pesada y molesta. *Entonces se sonriyó Garci Laso, mirando a Ramiro Núñez, y como Don Fadrique vio que auía sido por demás, conuertió toda la yra con palabras injuriosas con Ramiro Núñez. El qual, por cierta enfermedad que tuuo, auiendo quedado algo sordo, no oyó casi nada, pero como por las razones de Don Fadrique todos los caualleros mirassen a Ramiro Núñez, viendo que no respondía por su honra, y Ramiro Núñez viniesse a conocer lo que podía ser, acercóse a Don Fadrique por desseo de le oyr a tiempo que dezía estar en puncto de hazer dar cinquenta palos a aquel indiscreto y necio leonés. Con tales razones indignándose mucho Ramiro Núñez, respondió a Don Fadrique que él le haría dar no cinquenta, sino quinientos, hasta le hazer matar, y lleuántándose a esto Don Fadrique llamó a Ramiro Núñez de borracho y de baxo linaje, y deziendo semejantes injurias sallió d'el aposiento de la Reyna. Ramiro Núñez, que en claridad de linaje no se estimaua inferior a ningún noble de los reynos, respondió a aquellas palabras dissimuladamente que holgaua muy mucho de que le vuiesse puesto objeto en la baxeza de su linage, señalando a sí mesmo, pues él no reconoscería en nobleza a Don Fadrique. Vn tratado escripto en lengua latina, no sin eloquencia, donde sin nombre de auctor se escriue sola esta materia de differencia, que fue muy señalada, dize estas mesmas palabras auer respondido Ramiro Núñez a Don Fadrique, pero si diéssemos fe, assí a los antiguos cantares en razón d'este caso ordenados,[21] como a lo que comúnmente por tradición se*

20. Este es el padre del poeta y del comunero Don Pedro Lasso, cuyo nombre surgirá a menudo más abajo, en el capítulo VI.
21. Al final de toda esta larga cita, en el próximo capítulo, me haré cargo de estos «antiguos cantares».

platica entre cortesanos y otras gentes. fueron las palabras de Ramiro Núñez más pesadas.] E otro día notificóse a la Reyna que se esperaua algúnd ynconviniente de las palabras que entre aquellos caualleros mançebos avían pasado; por ende que Su Alteza lo remediase. [*Embió vno d'el consejo a la Reyna, haziendo a Ramiro Núñez grande cargo de sus atreuimientos y razones escusadas. Con esto la Reyna embió a Garci Laso para que se certificasse de Ramiro Núñez si tal palabra*[22]*auía dicho, pero Ramiro Núñez afirmando con juramento no la auer dicho, y confirmando lo mesmo los que presentes auían sido, atribuyeron la culpa principal a Don Fadrique. Al qual, como a hijo de tan principal señor, auiendo acompañado muchos caualleros amigos y deudos, quedó solo Ramiro Núñez, aunque con la sallida d'ellos publicándose luego el ruydo por toda la corte, acudieron a palacio para le ayudar su hermano Pero Núñez de Guzmán,*[23]*Don Luys de Azeuedo, cauallero natural de Salamanca, Iuan de Merlo, Fernando Duque de Estrada y Nuño del Águilla, y otros caualleros, deudos y amigos suyos.*] La Reyna ovo ynformaçión de lo que entre ellos pasó, e mandó a Garçilaso de la Vega, su maestresala, que toviese preso en su posada a Ramir Núñez de Guzmán. [*En compañía destos caualleros queriendo Ramiro Núñez sallir luego de palacio le asió de la capa por detrás Garci Laso, y sonriéndose le mandó de la parte de la reyna que no sallese hasta que otra cosa ella mandasse. Y buelto Ramiro Núñez. estando esperando qué cárcel le sería señalado, mandó la*

22. La *tal palabra* vitanda es «judío», según lo dirán los «antiguos cantares» ya mentados. Los cronistas no quieren declarar la *tal palabra* por miedo a entrar en «cuestiones de linajes», hasta el propio Garibay, que comenta todo esto casi un siglo después de ocurrido.

23. Pero Núñez de Guzmán fue Comendador Mayor de Calatrava y ayo del Infante Don Fernando, hermano del Emperador Carlos V, v. Fernández de Oviedo, *Batallas y quinquagenas*, mi ed., págs. 196, 228. Don Luis de Acevedo era hermano del Arzobispo de Santiago y Patriarca de Alejandría Don Alonso de Fonseca, v. Fernández de Oviedo, *Batallas y quinquagenas*, mi ed., pág. 29

Reyna passarle a otro aposiento, por templar el ánimo del Almi-
rante, que presente se hallaua. Entre los demás señores se halló
en palacio a esta ocasión Don Beltrán de la Cueua, duque de Al-
burquerque, que en los años passados auía sido muy amigo de
Gonçalo de Guzmán, padre de Ramiro Núñez, por lo qual sa-
lliendo del aposiento de la Reyna fue a Ramiro Núñez, offre-
ciéndose con su persona y su casa a su ayuda si el negocio vinies-
se a rompimiento. Y acompañaron a este entretenimiento Doña
Ysabel Osorio,[24] *hija mayor del marqués de Astorga y otras da-*
mas que le tenían particular affición. Quando la Reyna se infor-
mó sufficientemente del principio y sucessos de los negocios, man-
dó que Don Fadrique tuuiesse por cárcel la casa del conde Don
Pedro Manrique.][25] E a don Fadrique enbió a mandar que es-
touiese preso en casa del Almirante su padre, e no saliese della syn su liçençia. E enbióles a mandar que de dicho ni de
fecho no ynovasen el vno contra el otro cosa alguna, porque
ella lo mandaría remediar por justiçia; e puso treguas entrellos, las quales mandó que guardasen, so çiertas penas. [*Esta-*
va para el día siguiente ordenada vna justa real, a la qual no obs-
tante el mandato de la Reyna salliendo Don Fadrique, como ella
le viesse, indignándose, dixo a Garci Laso que a Ramiro Núñez
sacasse a la fiesta, si él quisiesse, pero Garci Laso, que conoscía
la condición de Ramiro ser muy inclinada a semejantes exerci-
cios, considerando, como cauallero auisado, que de su salida po-
drían nascer mayores escándalos, hizo que la Reyna no se reti-
rasse de su propósito. Quando las fiestas se acabaron, la Reyna,
embiando a rogar al Almirante con el mesmo Garci Laso y Pe-

24.   Una hermana de Ramiro Núñez de Guzmán también se llamó Isabel Osorio (la madre de ambos era Doña María Osorio, hija
del Marqués de Astorga viejo, y casada con Gonzalo de Guzmán),
según nos informa Fernández de Oviedo, *Batallas y quinquagenas*,
mi ed., pág. 228, y casó con Antonio Franco, Contador Mayor de
Cuentas de los Reyes Católicos, lo que no deja de tener interés por
lo que vendrá,
25.   Se trata de Don Pedro Manrique de Lara, II Conde de Tre-
viño y I Duque de Nájera.

dro de Mercado,[26] *pues la mayor parte de toda la culpa resultaua
contra Don Fadrique, su hijo, hiziesse que con Ramiro Núñez
se reconciliasse. El Almirante con diuersas razones de indignación respondiendo que a su alteza suplicaua, pues su hijo y Ramiro Núñez eran moços y de vna tierra, dexasse a ellos determinar la causa; pesó de la respuesta a la Reyna. La qual, tornando
a embiar a los mesmos con el mensaje passado, le embió a dezir
que si su poder quería mostrar contra Ramiro Núñez, no daría
lugar en que dél ny de su hijo le fuesse hecha ninguna injuria.
Entonces el Almirante, después de hartas dificultades, respondió por la reuerencia que a los mandatos de la Reyna tuuo, que
prometía que dél ny de su hijo Don Fadrique, ny de ningún deudo ny criado suyo, sería Ramiro Núñez dañado ni enojado en
cosa ninguna. Mucho holgó desta respuesta la Reyna, la qual con
el mesmo Garci Laso, embiando a dezir a Ramiro Núñez lo que
el Almirante auía respondido, le asseguró de todo miedo, tomando
en su salua y guarda real la vida y honra suya, y que sola vna
cosa quería dél, que quando con Don Fadrique se topasse le sa-
ludasse primero, sin atender a que él lo hiziesse. Y siendo dello
contento fue Ramiro Núñez a su posada, y de allí a palacio. En
esta sazón halláuase Don Fadrique con su hermana Doña Teresa
Henríquez, muger de Don Gutierre de Cárdenas, Comendador
Mayor de León, en casa de García de la Quadra, que era cerca
de palacio, adonde acudió Ramiro Núñez con su hermano Pero
Núñez de Guzmán, por hazerse encontradizo con Don Fadrique,
que en vno con Don Luys de Touar hazía compañía a Doña Theresa Osorio, hermana del Marqués de Astorga, que boluía a la
posada del marqués su hermano.*[27] *Topando Ramiro Núñez con
Don Fadrique, le saludó primero con todo comedimiento, y lue-*

26. «El muy noble caballero» Pedro de Mercado era regidor
de Medina del Campo, y rival por otra regidura de Garci Rodríguez
de Montalvo, el del *Amadís*, v. mi libro *«Amadís de Gaula»: el pri-
mitivo y el de Montalvo* (México, 1990), 138-139

27. El Marqués de Astorga y Ramiro Núñez de Guzmán eran
primos hermanos, cf. *supra*, nota 24.

*go haziendo lo mesmo Don Fadrique, se hablaron con demostra-
ción de amigables razones, y con esta aparencia exterior de reconciliación, se despidieron Don Fadrique y Ramiro Núñez. No
pararon aquí estos documentos de reconciliación porque en el
día siguiente Don Fadrique y algunos otros caualleros, acompa-
ñando a vnas señoras de palacio dende la posada de la mesma
Doña Theresa Henríquez a palacio, le topó acaso Ramiro Núñez, el qual saludándole con la cortesía del precedente día, hizo
le mesmo Don Fadrique con gesto benigno y apazible. Sucedió
más, que entrando el Condestable[28] en la corte, salliendo muchos caualleros a su recibimiento, siendo vno de los primeros Don
Fadrique, su sobrino. Hecho el recibimiento, topó Ramiro Núñez con Don Fadrique, y saludándose con el comedimiento passado, pareció a todos que los negocios estauan saneados. En el
día siguiente Ramiro Núñez y su hermano Pero Núñez de Guzmán, salliendo de su posada, que era en el Corral de la Copera,
venían descuydados, en sendas mulas y sin armas a palacio, quando llegados a la Costinilla [sic, por Costanilla], cerca del Pozo,
les sallió a cauallo al camino vn hombre, trayendo vna hasta en
el hombro, que parecía de juez, al qual seguían en orden otros
dos, con sendos cauallos. El primero destos, como passó adelante Ramiro Núñez, le dio con la hasta que tenía en la mano ciertos golpes en el lado, y Ramiro Núñez turbóse de aquel hecho
pensando ser algún juez. Y como con la turbación en mirar por
esto y por yr algo ligado y reboçado con la capa por el frío que
hazía se detuuiesse algún tanto, apeóse luego de su mula Pero
Núñez de Guzmán y echó mano a su espada, y haziendo lo mesmo Ramiro Núñez de la suya, conosciendo lo que era, començaron a seguirlos algún tanto. Pero considerando que ellos a pie
pudieran poco aprouechar contra los que a cauallo huyan boluieron atrás y fueron a su posada. Deste sucesso auisando a la
Reyna con Don Pero Núñez, fue muy grande el sentimiento que
hizo, considerando que su seguro real auía sido quebrantado, y*

---

28.   Era Condestable de Castilla Don Pedro Fernández de Velasco, II Conde de Haro.

a toda la corte, quando se publicó, pesando generalmente, fue del marqués de Astorga y de otros muchos señores y caualleros visitado Ramiro Núñez, y Don Iuan de Padilla, presidente de Castilla[29] *y otros ausentes le embiaron sus mensageros, con la demostración del sentimiento que dello tenían. Muchos caualleros destos teniéndole compañía sallió de Valladolid Ramiro Núñez y de la otra parte de la puente despediéndose con lágrimas de todos, fue a la villa de Villalua, pueblo del conde de Benavente, de cuyo alcayde siendo aquella noche bien hospedado, tomó su camino en el día seguiente al amanecer, y no paró en su viaje hasta llegar a su villa de Toral, donde halló a todos los suyos llenos de tristeza y lágrimas. La Reyna viendo que en menosprecio de la real magestad auía sido injuriado Ramiro Núñez de Guzmán, embió luego a llamar al Almirante, al qual, venido con su yerno Don Gutierre de Cárdenas, le dixo con grande indignación que de dónde se auía introduzido tal costumbre en España. que los príncipes y reyes fuessen injuriados de los caualleros? Dize más aquel auctor latino, que le dixo: «Catad la Reyna d'España herida de palos. Y catad la real magestad buelta en menosprecio, no temiendo ni teniendo vergüença vos y vuestro hijo de quebrantar nuestros mandamientos, y vuestra fe y palabra dada. Pero yo haré que a vos y vuestros semejantes pese de tales feuldades, poniendo para obuiar estas soberuias castigo muy exemplar».]* Como quiera que a la ora facía gran fortuna de aguas, pero luego caualgó [la Reyna],e salió sola por la puerta del Canpo, e fue camino de Symancas, que tenía el Almirante. E como se supo por la corte que la Reyna yva sola, luego todos los capitanes de su guarda cavalgaron, e fueron corriendo fasta que la alcançaron. E asimesmo fue el Almirante, e alcançó a la Reyna que estaua ya a la puerta de la fortaleza. E díxole: «Almirante, dadme luego a Don Fadrique vuestro fijo para hazer justicia dél, porque quebrantó mi seguro». El Almirante le respondió: «Señora, no le tengo, ni sé dónde está». La Reyna le replicó: «Pues no me podeys entregar vuestro fijo, entregad-

29.   Entiéndase, «*Presidente del Consejo* de Castilla».

me esta fortaleza de Simancas, e la fortaleza de Ríoseco». El
Almirante le dixo: «Señora, plázeme de buena voluntad en-
tregaros estas fortalezas, e todas las otras que tengo». E luego llamó al alcayde, y en presençia de la Reyna mandó que
le entregase la fortaleza a quien ella mandase. La Reyna mandó salir a todos los onbres del Almirante que estauan en ella.
e mandó a vn capitán que se llamaua Antonio de Fonseca [30]
que se apoderase della e buscase sy estaua dentro don Fadrique; e no fue fallado, e quedó la fortaleza en poder de la Reyna e de aquel su capitán, a quien la mandó entregar, e fízole
pleyto omenaje por ella. E ante que de allí partiese, enbió a
[*en blanco*] con otros mensageros del Almirante para que le
entregasen la fortaleza de Medina de Ruyseco; la qual le fue
luego entregada, que no osó el Almirante facer otra cosa. E
así quedaron aquellas sus dos fortalezas en poder de la Reyna, e boluió para Valladolid. Otro día, por el gran pesar del
quebrantamiento de su seguro que ovo, e del trabajo que ovo
el día antes, no se levantó de la cama. Preguntada qué enojo
sentía, respondió: «Duéleme este cuerpo de los palos que ayer
dió don Fadrique contra mi seguro». E siempre mostró enojo
e yndinación contra el Almirante, avnque era tío del Rey su
marido, e contra los sus parientes, por aquel delito que don
Fadrique cometió en su corte. [*El Almirante alcançó de la Reyna, mediante su yerno Don Gutierre de Cárdenas, que las fortalezas le fuessen restituydas, y entregasse al hijo, con condición
que no le fuesse hecho ningún daño en su persona. Con esto el
Condestable tomó en su poder a Don Fadrique, su sobrino, para
le entregar a la Reyna*], e díxole: «Señora, yo traigo aquí a don
Fadrique, mi sobrino, e lo entrego a Vuestra Señoría, para que
mande hazer dél lo que por bien toviere; pero vmillemente
le suplico que considere que no á veynte años, e que esta hedad no es avn bien capaz para saber el acatamiento e obidien-

---

30.   Este capitán Antonio de Fonseca hará mucho ruido durante
las Comunidades, y fue el responsable del incendio de Medina del
Campo. *Alonso* de Fonseca, le llama, equivocadamente, Garibay.

çia que se deve a los mandamientos reales: faga Vuestra Alteza dél, o la justiçia que quiere, o la misericordia que deve». La Reyna no quiso ver a don Fadrique, e mandó que lo entregasen a vn alcalde de su corte; e mandó al alcalde que públicamente lo llevase preso por la plaça de Valladolid, e fuese con él a la villa de Arévalo, e lo entregase al alcayde de la fortaleza della; el qual lo reçibió e touo en prisiones muy estrechas, e en lugar que persona no le veýa, saluo el que le proveýa de lo neçesario. Después de algunos días que estuvo preso, considerando que era primo del Rey, fue suelto, e desterrado para el reyno de Seçilia; e fuele mandado por la Reyna que no entrase en Castilla sin su mandado, so grandes penas. [*Ramiro Núñez, aunque holgó mucho de la prisión de Don Fadrique, esperando auer satisfación de su injuria, quando se certificó de la condición de la entrega suya, puso los pensamientos en vengarse por sus manos, para lo qual embió secretamente a Aréualo a Gonçalo de Prado, de quien hazía mucha confiança, para recognoscer si auría algún lugar de poder entrar en la fortaleza con alguna compañía de mancebos, para sanearse de Don Fadrique. Gonçalo de Prado, haziendo con toda vigilancia, silencio y zelo lo que le auía sido encomendado, después de auer passado algunas noches en el fosso del castillo, y en otras partes para conocer lo que desseaua, boluió a Ramiro Núñez, frustrándole de sus pensamientos, por la mucha guarda que en la fortaleza hazían. Entonces Ramiro Núñez, considerando esto y que Don Fadrique estaua allí puesto por mano de la Reyna, conuertió toda su yra en el Almirante, su padre, deziendo que de la fe y palabra de seguridad por él dada a la Reyna, por sí y por don Fadrique y por todos sus deudos, de no le ser hecho ningn daño, le auía resultado la injuria, y assí deliberó de matar al Almirante de qualquiera manera que pudiesse. Para poner esto en execución tomaua a algunos criados de quienes mayor confiança de fe hazía, y apartándolos a lugares secretos, les refería razones y exemplos de cosas de fidelidad en casos arduos y peligrosos sucedidos, para inclinar sus ánimos a semejantes cosas, y hazía ensayar y exercitar a los cauallos proprios y dellos a viajes largos, con otros exerci-*

cios de aquellos actos que eran necessarios para sallir con tan peligrosa y rezia empresa. Entendiendo en estas cosas Ramiro Núñez embió a la corte a Áluaro de Valderas, hombre auisado, de quien hazía mayor confiança que de otro, para que se informasse con diligencia de la vida del Almirante, y del tiempo y compañía que sería menester para acometerle. Pero de su yda sucedió daño a sus designos, porque Garci Franco, con cuyo hijo mayor, pocos días auía que la madre de Ramiro Núñez auía desposado a Doña Ysabel, su hija,[31] mostrándose muy amigo suyo, según a commún estima fuera razón, como se informasse de Áluaro de Valderas de la traça de los negocios de Ramiro Núñez, fue luego a la posada del Almirante. El qual, según este auctor dize, siendo informado destas cosas por Garci Franco quedó aduertido, y a ruego suyo le tomó dos hijos en su seruicio, para se los criar por gratificación del auiso.[32] Ramiro Núñez, que ignorando estas cosas creýa no le faltar nada para executar su saña, partió para Valladolid con algunos de quienes hazía mayor confiança, y antes de llegar a Saldaña, auiendo de passar un río grande, fue tal el ímpetu suyo y la mala maña del barquero, que por poco escapó de ser anegado con todos los suyos. Y sino fuera por Pero Núñez, que con el cauallo saltando de la barca a la agua les ayudó,

31. El hijo mayor de Garci Franco era Antonio Franco, y toda la familia era descendiente de notorios judíos burgaleses, cuyo tronco era Don Pablo de Santa María, Obispo de Burgos, cf. mis *Temas hispánicos medievales* (v. nota 3), pág. 315. Esto demuestra, nuevamente, que en nuestra vieja España, el acusar a alguien de *judío*, como lo hizo Ramiro Núñez de Guzmán con Don Fadrique, bien podía resultar un arma de dos filos, y, al mismo tiempo, que Cervantes no se sacó de la manga el tema del *Retablo de las maravillas*.

32. Garci Franco tuvo tres hijos: Antonio Franco, el hijo mayor, mencionado más arriba, Pedro de Cartagena, el afamado poeta del *Cancionero General*, y Alonso de Sarabia, el famoso comunero, ajusticiado en Villalpando en 1522. Evidentemente, el poeta y el comunero fueron los que se criaron en la casa del padre de nuestro Don Fadrique, v. mis *Temas hispánicos medievales* (Madrid, 1974), pág. 315.

con tan euidentíssimo peligro de su persona que al cabo desamparando al cauallo nadó con gran ímpetu, assido de la maroma, vuieran perecido todos. Este sucesso siniestro, tomando algunos por mal prodigio, quisieron retirar de su propósito a Ramiro Núñez, el qual por ello estando firme en su vengança, tornó a la barca y prometiendo buena paga al barquero si los pasasse, o si no de matarle, los passó con harta difficultad, y en aquella noche fueron a mucha diligencia a Saldaña, donde posaron en vn mesón. En el día seguiente, partiendo de aquel pueblo con solos dos de a cauallo, caminó para Valladolid, pero algo antes de llegar en la villa, topando con Áluaro de Valderas, que le rebeló lo que Garci Franco auía hecho, boluió con la mesma diligencia para su casa, lleno de tristeza, deziéndole Áluaro de Valderas que no faltara otra comodidad para sanearse de sus aduersarios. El Almirante, cuydadoso de los intentos y propósitos de Ramiro Núñez, acudió a la Reyna, a la qual, con alguna muestra de turbación començando a referirlo delante del Cardenal d'España,[33] *continuó la plática el Cardenal. A cuyo consejo embió la Reyna para Ramiro Núñez a Pedro de Mercado, su criado, con vna carta escusando al Almirante, y mandándole en effecto que contra el Almirante no tentassen él ny ningún deudo y aliado suyo cosa alguna. Pedro [de] Mercado, para mayor seguridad de su mensaje, pidió a Ramiro Núñez cartas de seguridad dello para la Reyna, pero él, teniendo differente intención, le despidió sin lo que desseaua, respondiendo a la Reyna que con su hermano le embiaría la respuesta. La qual con consulta y parescer de todos los amigos embió con el hermano, deziendo que por tener necessidad de comunicarlo con algunos Grandes no embiaua la seguridad, pero que en tanto que Su Alteza*[34] *boluiesse de Aragón, para donde se hallaua de camino, y veinte y cinco días después, sería segura la persona del Almirante, al qual embió la Reyna*

---

33.   Don Pedro González de Mendoza (1428-1494).

34.   La Reina Católica salió de Valladolid camino de Aragón a comienzos de abril, 1481, v. Antonio Rumeu de Armas, *Itinerario de los Reyes Católicos (1474-1516)* (Madrid, 1974), pág. 94.

a dezir esto con su secretario Fernán Áluarez,[35] *en cuyo poder quedó la carta, y con esto boluió Pero Núñez de Guzmán a Toral. En tanto que estas cosas assí passauan, don Fadrique estando en el castillo de Aréualo, fue desterrado para Sicilia, donde se le estaua concertado matrimonio con la Condesa de Módica, que por muerte del Conde de Módica, su padre, auía eredado aquel estado, siendo esta señora tan principal que la Reyna de ninguna otra vino con el tiempo a hazer tanta estima quanto della, y aun se affirma que al Rey, antes que con la Reyna se casasse, tenía tratado casamiento el Rey don Juan, su padre, con ella. Pareciendo a Ramiro Núñez no auer correspondido la punición de don Fadrique a la grauedad del delicto, como anticipadamente lo auía presumido, sabiendo que don Fadrique estaua de partida para Sicilia, embió a suplicar a la Reyna tuuiesse por bien, en tanto que en su poder le tenía, de permitirle tomar dél vengança, o darles lugar para restituyr la injuria por batalla de los dos. Respondió a esto la Reyna ser este caso dado más a deliberar los hombres que no mugeres, y que quando el Rey viniesse, que no tardaría,*[36] *se guardaría su derecho en la restitución de su honra, o en compeler a batalla a don Fadrique. El qual, sallido del castillo de Aréualo, fue a Çaragoça y de allí passando a Sicilia, celebró su desposorio con la Condesa de Módica. Ramiro Núñez, cuyos pensamientos y imaginaciones eran siempre en este hecho de la vengança, fortaleció todo lo possible el castillo de Auiados, que tenía en las montañas de León, y para con mayor orden executar su saña escriuió con mucha instancia a su tío Pedro de Guzmán, que con el Maestre de Calatraua se hallaua, rogándole viniesse a Toral. Entre tanto, por hazer descuydar al Almirante, que sabido el fortalecimiento del castillo era fama que auía puesto*

---

35. El secretario Fernán Álvarez de Toledo fue «gran privado» de los Reyes Católicos, según Pedro Barrantes Maldonado en sus *Ilustraciones de la Casa de Niebla*, MHE, X, 270, y le dieron el señorío de Cedillo, v. José Antonio Escudero, *Los secretarios de Estado y del Despacho (1474-1724)*, I (Madrid, 1969), 17-20.

36. Los Reyes Católicos volvieron a Castilla en enero de 1482.

*mayor guarda a su persona, fue con algunos criados Ramiro Nú-
ñez a Ouiedo, con ocasión de ganar el jubileo, que se celebraua
en la yglesia cathedral de Sant Saluador de aquella ciudad, adonde
concurrían muchas gentes de las regiones d'España, creyendo que
el Almirante se vuiera algo assegurado en verlo ocupado en semejantes obras de peregrinaciones y santidad. De Ouiedo buelto
Ramiro Núñez a su castillo, sabido que su tío Pedro de Guzmán
estaua en Toral, fue allá con mucha presteza, y auiéndose abra-
çado tío y sobrino, començaron con sospiros y lágrimas a tratar
de su infelicidad, y significarle ser su deliberada intención matar
al Almirante, pues don Fadrique estaua en Sicilia. Era Pedro de
Guzmán cauallero muy prudente y auisado en sus razones, y re-
probando la determinación del sobrino en matar al Almirante,
le representó las causas euidentes por qué no le deuía, y inclinó
su ánimo a tomar satisfación en el mesmo género de injuria que
le auía sido hecha. Y confirmando lo mesmo los que eran participantes destos secretos, quedó resoluto de morir en la demanda
o dar de palos al Almirante. Con tanto, Ramiro Núñez y el tío
ydos de Toral a la ciudad de León, posaron en el monesterio de
Sancto Domingo, por no estar acabadas las casas de Ramiro Núñez, y allí recibió Pedro de Guzmán cartas del Almirante rogándole aplacasse el ánimo del sobrino, que no haria más de lo que
él le aconsejasse. Y él respondiéndole que trabajaría en ello lo
hizo assí, mostrando sólo al mesmo la carta del Almirante, y con
eloquentes razones, quales este cauallero sabía hablar, procuró
amansar al sobrino. El qual estando firme en su propósito, como
entre las demás razones replicasse al tío no le auer llamado para
poner paz entre él y el Almirante, sino para aconsejarle en la restitución de su honra, tornaron al propósito passado, persuadién-
dole que siempre al Almirante nombrasse con toda criança y vrba-
nidad, por hazerle más descuydar. La Reyna en este medio
auiendo venido de Aragón a Medina del Campo,[37] Ramiro Núñez passado el plazo de los días prometidos a la Reyna, y de otros*

---

37.   La Reina Católica estuvo en Medina del Campo todo el mes
de febrero y marzo de 1482.

*algunos, antes que de nueuo le embiasse a mandar otras cosas
de paz o concordia, embió hazia Medina del Campo tres mancebos con sendos cauallos, para que en la aldea de Rueda le aguar-
dassen. Después embió a Lope de Loara y Diego Prieto y Rodrigo de Robles por otro camino, y luego a Diego de Prado y a
Gonçalo de Prado, su hermano, y Antonio de Vega por otro. El
mesmo, fingiendo estar soñoliento, despidió los criados y hizo
como que yua a dormir, y desnudando sus vestidos y vestiendo
los de vn criado, tomó en su compañía sólo a Áluaro de Valderas y en sendas mulas partieron de noche la vía de Medina a grande diligencia, con vn solo criado partícipe destas cosas. En el día
siguiente, ya tarde, llegó Ramiro Núñez a la aldea de Rueda,
y luego caualgando en su cauallo, y lo mesmo haziendo los otros,
passado algo del pueblo, habló a todos, animándoles a aquel hecho, hasta les persuadir, entre las demás razones, tocar la vengança de aquella injuria no menos a ellos que a él, y todos con
magnanimidad, offreciéndose a hazer su deuer, continuaron su
camino para Medina del Campo. Donde entrando de noche puso
Ramiro Núñez a los criados en vnos soportales, junto a la yglesia de Sant Antolín, que está cerca de las casas del Rey, donde
la Reyna posaua. En esta sazón salliendo juntos del palacio el
Almirante y el Marqués de Astorga con muchos criados, apenas
llegaron en medio de la plaça quando se lleuantó grande grita
y bozería de las gentes y ruydo de los cauallos, conoscido lo que
se era. El auctor latino a quien yo voy siguiendo en la mayor
parte desta relación dize que Ramiro Núñez tomó en la persona
del Almirante mayor satisfación de injuria que la que a él auía
sido hecha. Hernando de Pulgar tiene lo contrario, deziendo que
Ramiro Núñez sobreuino con quatro de cauallo y fue contra el
Almirante por herirle con vn palo, y que de hecho le vuiera injuriado, pero que no le pudo herir por los hombres de su acompa-
ñamiento, que se pusieron delante. Quedará esto remetido al juyzio de los que de sciencia cierta lo saben. Quando la bozería se
lleuantó començaron a gritar que matassen las hachas, porque
con la obscuridad no fuesse hallada la persona del Almirante,
y como por esto dixiessen «Mata, mata!», vinieron a interpretar*

aquellas palabras a cargo de Ramiro Núñez y de sus gentes, affirmando que ellos dezían que matassen al Almirante. En toda esta relación pasa muy breue Hernando de Pulgar, y de lo restante no dize nada. Después que Ramiro Núñez de Guzmán sallió de aquella grande turbación y alboroto, tiró con los suyos por la calle de Sant Francisco, a la puerta llamada de Valladolid, y de allí caminó a diligencia para Tordesillas. Cuya puente sobre Duero para auer de passar, como tuuiesse las llaues de las puertas vn sastre que las solía hazer abrir y cerrar a vn aprendiz suyo, natural de Feral, junto a León, que auía sido moço de cauallos de Ramiro Núñez, rogó Pero Núñez, que era vno de los de la compañía, al moço, a quien bien conocía, le abriesse las puertas de la puente. Hízolo assí el moço y Ramiro Núñez, passada la puente, descendió a la parte derecha por vn despeñadero a vn llano de la ribera, por no entrar en la villa, y por allí continuó su camino a mucho andar, auiendo ydo los demás por otro camino. Oydo he referir de antiguos cortesanos, que en seruicio de la reyna doña Iuana assistieron largos años en Tordesillas, que Ramiro Núñez, quando passó la puente y se cerraron las puertas, cogió las llaues al moço y se las echó en medio del río por assegurar mejor las espaldas, si acaso algunos fuessen en su seguimiento por aquel camino. Desta manera caminando toda la noche llegó Ramiro Núñez por la mañana a Villalobos, y allí dexando los cauallos, por yr muy fatigados, tomaron otros prestados y sin demora salliendo de aquella villa escogió por más seguro el camino de Benauente, aunque con algún rodeo, pero passada la puente de Castro Gonçalo, dexando el camino de Benauente, tiró a la mano yzquierda, a la yglesia de Sant Cebrián. En la qual entró con mucha alegría, lleuando en documento de su victoria vn hasta de fresno en el ombro. Y de su tío Pedro de Guzmán y de su hermano Pero Núñez de Guzmán, que grande rato auía que allí le aguardauan, fue recebido con mucha alegría, encareciendo su hecho en el estremo possible. De allí fueron todos con grande regozijo a Toral, y dexando a Ramiro Núñez en casa conuocaron el tío y el hermano al pueblo, y sospechando que la Reyna o el Almirante, como grande señor, acudirían a poner cerco sobre la villa,

*y por todos los demás respectos y euentos començaron a fortifi-
carla en todo lo necessario. Y auiendo embiado a Villalobos hombres de confiança a lleuar los cauallos a sus dueños y traer los
suyos, boluieron sin los suyos, porque el Marqués de Astorga,
señor de aquella villa, lo auía assí embiado a mandar. En el día
que para Villalobos embió a estos hombres partió Ramiro Núñez a la ciudad de León, y llegado al monesterio de Sancto Domingo acudió mucha gente a acompañarle, y entrado con ellos
a la yglesia del monesterio, donde estauan enterrados su padre
y otros muchos progenitores suyos, acabada la oración dixo a los
presentes, en sustancia, que desde la hora que la desgracia le sucedió, aunque otras vezes auía posado en aquel monesterio, no
se auía atreuido entrar en lo interior de aquel templo por vergüença de los grandes varones que allí estauan sepultados, y cuyos monumentos y testimonios claros miraua allí, y agora que
su honra y la de su padre y de los otros sus passados auía restituy-
do, venía a visitarlos. Con esto sallió Ramiro Núñez de la yglesia y fue a ver a su madre y después a su esposa doña María de
Quiñones, hija segunda de don Diego Fernández de Quiñones,
Conde de Luna, que en casa del Conde, su padre, estaua. Y auiéndose allí algo detenido, fue al castillo de Auiados, por consejo
de su tío Pedro de Guzmán, porque allí estaua más seguro que
en Toral. Después que en la plaça de Medina del Campo sucedió
aquella rebuelta y turbación, el Marqués de Astorga, que a todo
se auía hallado presente, informó del sucesso a la Reyna, la qual
haziendo grande sentimiento deste caso, mandó a Alonso Osorio, capitán del Rey, con treynta de cauallo, partir luego en seguimiento de Ramiro Núñez, cuyo huello siguiendo toda la noche, como no pudo alcançar a él ny a ningún criado suyo, boluió
a Villademor, pueblo cerca de Toral. Adonde acudieron otros
capitanes y gentes que la Reyna embiaua en el alcance, y sin éstos embió la Reyna al bachiller de la Fuente*[38] *a mandar a Pe-*

38.   Más tarde el licenciado Juan de la Fuente, alcaide de corte
y corregidor de Jerez de la Frontera, como nos informa Fernando
del Pulgar, *Crónica de los Reyes Católicos* (v. nota 15), II, 109, 189.

dro de Guzmán rendiesse la villa y castillo de Toral, que en su poder se hallauan. El qual y su sobrino Pero Núñez de Guzmán, porque Ramiro Núñez se pudiesse assegurar mejor en el castillo de Auiados, entretuuieron al bachiller de la Fuente deziendo que si algo auía hecho Ramiro Núñez, auiéndolo sido por restitución de su honra, no auía perpetrado crimen por que merecía ser despojado del patrimonio de sus passados, y que suplicauan a la Reyna remitiesse esta causa a tela de juyzio, y hallándose Ramiro Núñez por culpado se procediesse aun contra su propia persona. Aunque el bachiller de la Fuente boluió con esta respuesta los capitanes y gentes de guerra hazían el daño que podían contra los de Toral, hasta prouocarlos a escaramuças y tomar las vituallas que Ramiro Núñez les embiaua, y a vezes los cercados salliendo con tales prouocaciones venían a escaramuçar, aunque lo estoruaua Pedro de Guzmán, por no venir a las manos con las gentes de la Reyna. La qual, para más fácil expedición destas cosas, embió a Alonso de Quintanilla [39] al assidio de Toral, con instrumentos bastantes para que con las condiciones que a él bien vistas fuessen, hiziesse la rendición de la villa y castillo de Coral [sic]. Assignando lugar y hora para se ver con Pedro de Guzmán y Pero Núñez de Guzmán, su sobrino, les tractó del negocio de parte de la Reyna, mezclando ruegos con amenazas. Como hombre que parece carecer de letras auía en él mucha facundia, pero no le faltando la mesma a Pedro de Guzmán, como él respondiesse que si la Reyna permitiesse que Ramiro Núñez de Guzmán, si merecía, fuesse punido por tela de juyzio, y no de otra manera, que haría que no sólo la villa de Toral y su fortaleza se le diessen, mas aun el castillo de Auiados con sus tierras. Y si necessario fuesse la mesma persona de Ramiro Núñez, con que por depositario del secreto se diessen a Ramiro Núñez don Henrique de Guzmán, Duque de Medina Sidonia, o don Gómez Suárez de Figueroa, Conde de Feria, y ordenaron ambas partes las

---

39.	Alonso de Quintanilla fue Contador de Cuentas de los Reyes Católicos, v. Fernández de Oviedo, *Batallas y quinquagenas*, mi ed., pág. 238.

*escripturas por escriuano público. En tanto que Alonso de Quin-
tanilla yua a la Reyna a quál de los dos, al Duque o al Conde,
señalaua por depositario, assentaron treguas por ciertos días entre las gentes de la Reyna y de la villa. Del cerco de Toral vino
Alonso de Quintanilla a Valladolid, donde el Almirante se hallaua, auiendo ydo la Reyna a la ciudad de Córdoba al socorro
de Alhama,[40] como adelante la historia lo referirá, y referiendo
al Almirante lo concertado con Pedro de Guzmán passó por ello
por algunos respectos que le parecieron. Y las escripturas embió
el Almirante a Córdoba a la Reyna, la qual y el Rey señalaron
por depositario de las tierras y fortalezas al Conde de Feria,[41]
cuya muger, la Condesa doña Constança, era tía de Ramiro Núñez. Con esto boluió Alonso de Quintanilla a Toral, y hechos
los conuenios entre él y Pedro de Guzmán fue llamado Ramiro
Núñez a la rendición de la villa, acudiendo a ser a esto presente
don Fernando de Acuña,[42] gouernador de Galizia. El qual y
Alonso de Quintanilla, por mandado de la Reyna, le auían de
llcuar, por más seguridad, para el reyno de Portugal, para passar
por allí a las tierras del Conde de Feria. Passado de Benauente
pidió Pedro de Guzmán a don Fernando de Acuña y Alonso de
Quintanilla, que de los trezientos cauallos que lleuauan le diessen la mitad, para mayor seguridad del camino de Ramiro Núñez. Y siéndole esto concedido, y ellos siguiendo detrás con el
resto de la cauallería, fueron a la villa de Miranda, del reyno de
Portugal, cuyo gouernador siendo del tío y del hermano auisado
de su yda, les sallió a recebir con diez de cauallo. Y quedando*

40.   La conquista de Alhama ocurrió el 28 febrero, 1482, y la
Reina Católica partió de Medina del Campo en su socorro el 25 marzo, 1482.

41.   Se trata de Don Gómez Suárez de Figueroa, II Conde de
Feria, casado con Doña Constanza Osorio, *cf. supra*, nota 24, v. Alfonso de Figueroa y Melgar, hoy Duque de Tovar, *Estudio histórico
sobre algunas familias españolas*, I (Madrid, 1965), 594.

42.   Don Fernando de Acuña fue más tarde famoso Virrey de
Sicilia, v. Fernández de Oviedo, *Batallas y quinquagenas*, mi ed.,
pág. 294.

en su confiança la persona de Ramiro Núñez, boluieron los demás para Castilla. De Miranda embió Ramiro Núñez a fray Pedro de Muxica, religioso de la Orden de Santo Domingo, al Rey de Portugal, a entender si después que los reyes pronunciassen la sentencia en la causa suya y del Almirante le estuuiesse bien recogerse a Portugal, si hallaría en el acogimiento y amparo real que desseaua. El Rey de Portugal respondiéndole a su gusto, continuó su camino, que largo y diffícil y de tiempo rezio era. Y llegado a Çafra fue recebido del Conde y de la tía con grande alegría. El Conde de Feria, desseando assegurar la vida de Ramiro Núñez, que en tanto que en su poder estaua no le fuesse pedida su persona por los Reyes, embió luego a la corte a hazer sus diligencias y los Reyes le embiaron su carta de seguro y certificación de no se la demandar durante el pleyto, ni de pronunciar sentencia sin le auisar antes con veynte y cinco días, para que en aquel espacio pudiese embiarle donde quisiesse. Con esta seguridad el Conde señaló por cárcel el castillo de la villa de Feria a Ramiro Núñez, el qual estuuo allí cerca de año, en tanto que el pleyto se continuaua por los juezes nombrados por los Reyes, y quando el processo se sustanció, de modo que sola la sentencia restaua, los Reyes, en cumplimiento de su real palabra, auisaron dello al Conde, para que embiasse a Ramiro Núñez donde quisiesse. No fue el Conde de Feria nada negligente en hazer lo que conuenía a la salud de su prisionero, al qual sin demora alguna embiando con treynta de cauallo al reyno de Portugal, llegado a la villa de Morón de aquel reyno, auisó luego a todos los criados que en tanto que auía estado en el castillo de Feria auía embiado a sus casas, que se pusiessen a recaudo, porque sus vidas corrían el mesmo peligro que la suya, y assí ellos acudieron a Portugal a seruirle en todas sus peregrinaciones y trabajos. Ramiro Núñez, caminando para la corte de Portugal, llegó a la ciudad de Ebora, y de allí passó a Sanctarén, donde estaua la corte de Portugal, de cuyo Rey don Iuan el segundo, excelente príncipe, que al Rey don Alonso, su padre, auía sucedido en los reynos,[43]

---

43. Juan II había subido al trono portugués a la muerte de su padre Alfonso V en 1481, muy poco antes de estos acontecimientos.

fue muy bien recibido, como en la historia de Portugal se referirá en la vida suya. Qué sentencia fuesse la que contra Ramiro Núñez se pronunció, y si más de las arriba señaladas fueron las condiciones de la entrega de su persona y tierras y fortalezas de Ramiro Núñez entre su tío Pedro de Guzmán y Alonso de Quintanilla, y qué diligencias y inteligencias trataua el Almirante en la prosecución destos negocios desde su origen, no pone este auctor latino a quien he seguido. A cuya cuenta la mayor parte y algo a la de Hernando de Portugal [sic por Pulgar], he querido escriuir estas cosas con más copiosa relación de la que hasta agora andauan publicadas, porque siendo caso muy platicado entre gentes curiosas se entienda lo más essencial de su progresso de la manera que passó. Sin lo que en la historia de Portugal se escriuirá, se referirá en ésta, en su deuido lugar y año, que fue el de ochenta y cinco, la buelta suya de Portugal a estos reynos, y con esto haziendo fin a esta materia, bueluo a la historia de los Reyes.

III

ALCANCES HISÓTRICO-SOCIALES
DEL INCIDENTE

Un escándalo de tales proporciones, montado sobre dos mortales agravios mutuos, entre miembros de dos poderosísimas familias de Castilla y León, tenía que quedar con muy graves consecuencias ulteriores, Pero narrar su desenlace ahora mismo desquicia el marco cronológico y desenfoca esta candente «cuestión de linajes» en su momento histórico. Por todo ello, considero más apropiado, en la ocasión, atender a cuál era esa *tal palabra* pronunciada por uno de los nobles mancebos como máximo insulto, que cuidadosamente silencian todos los cronistas, y que tanto obsesionó a la Reina Católica. Dilucidar este problemilla, de paso nos apunta nuevamente a la literatura. Porque se recordará que Garibay admitía que ciertos «antiguos cantares en razón d'este caso ordenados» (*supra*, pág. 17), se hacían cargo de ciertas materias para él poco menos que vitandas, a pesar de los muchos años de distancia entre los acontecimientos por él narrados (1481) y la publicación de su *Compendio historial* (1571). Efectivamente, nos ha llegado un *romance noticiero*, anónimo, como es natural, que pone en los labios del propio Don Fadrique la narrativa del incidente, con un sentido dramático bien propio del Romancero.[44] Por desgracia, el romance

44. Fue Don Ramón Menéndez Pidal quien dio noticia del fragmentario romance en *Romancero hispánico*, II (Madrid, 1953), 53. Don Américo Castro, en un momento tan intuitivo como partidis-

completo se ha perdido, y sólo se han recuperado los tres versos iniciales, que fueron copiados en un *Memorial de linajes*, anónimo e inédito, de la primera mitad del siglo XVI y que se conserva en la Biblioteca Nacional de Madrid (ms. 11.438). Adelanto que el anónimo autor no estaba muy bien dispuesto hacia Don Fadrique, según se verá (*infra*, págs. 65, 79 y nota 99, pero ver págs. 176-177). Dada la característica general de los *romances noticieros* (contemporaneidad con el hecho cantado), bien se puede suponer que éste fue compuesto con los insultos todavía vibrantes en los claros aires meseteños. Éstos son los versos, que nos revelan el misterio de la tal palabra que, provocó tan acuciantes deseos de venganza:

> Caballeros de Castilla, / no me lo tengais a mal,
> porque hice dar de palos / a Ramiro de Guzmán,
> porque me llamó judío / delante del Cardenal.

Desde los años del Concilio de Elvira (Iliberis, 300-303 de C.) el antisemitismo peninsular había tenido duras expresiones periódicas. La del año 1391 fue excepcionalmente violenta y amplia: comenzó en Andalucía, al pábulo de las prédicas de Ferrán Martínez, Arcediano de Écija, cubrió casi toda la Península y llegó hasta Baleares. Como consecuencia de las extensas matanzas de judíos, comenzaron sus conversiones en masa, en números no vistos hasta el momento. En estos años hay que fechar el nacimiento del peculiar anti-

---

ta, dijo de nuestro romance: «Obra, en mi opinión, de un cristiano nuevo», *«Español», palabra extranjera: razones y motivos* (Madrid, 1970), pág. 57.

judaísmo que caracteriza nuestros siglos de oro, con sus
dos tristes culminaciones, el Santo Oficio, por un lado,
y los estatutos de limpieza de sangre, por el otro. Los
estatutos habían nacido, casi, con el siglo xv: los primeros fueron los del Colegio de San Bartolomé, en la
Universidad de Salamanca, 1414 [45] aunque mucho más
sonados fueron los de Toledo, 1449. El establecimiento de la Inquisición coincide con los años de nuestro
violento altercado. La bula de Sixto IV es de 1478 y
de 11 febrero 1482 el nombramiento del primer Inquisidor General, fray Tomás de Torquemada, cuando ya
se había llevado a cabo el primer auto de fe (Sevilla,
1481).

Menciono estas fechas e instituciones para destacar
algo del tupido y litigioso ambiente social en que se formuló la *tal palabra*, que acusaba de judío al primo hermano del rey Fernando V e hijo de una de las dos más
altas dignidades seglares de la Castilla contemporánea,
la otra siendo la Condestablía. Para fines del siglo xv
Castilla se había convertido en una sociedad de dos clases, matizadas en forma distinta a los siglos preceden-
tes, y la nueva matización es la que provocará los más
hondos problemas. Había una clase baja-media, con un
considerable porcentaje de judíos conversos con similares características socio-económicas. Y había una clase media-alta, con judíos conversos en su seno que com-
partían las mismas aspiraciones sociales. Esa incómoda
minoría formaba una suerte de «casta de intocables» peninsulares muy *sui generis*: eran «intocables» en lo social, pero muy «tratables» en lo económico, con lo cual

---

45.   V. Eugenio Asensio, *La España imaginada de Américo Castro* (Barcelona, 1976), pág. 169.

se vivía una farsa de «limpieza de sangre», con diversa hegemonía en las distintas clases y en las distintas regiones. Pero dado el aparente hieratismo de la estratificación social, era un suicidio civil reconocer o aceptar ser de la minoría denominada con la *tal palabra*. Entre nobles, en particular, a pesar de lo que puedan evidenciar las modernas investigaciones genealógicas, era un insulto mortal declarar que otro hidalgo pertenecía a los identificados con la *tal palabra*. El vidrioso concepto mediterráneo del *honor*, entretejido con casi todos los aspectos de la vida peninsular, potenciaba todo lo anterior a alturas siderales, porque la sospecha en el linaje se convertía en una vigorosa realidad social. Nos hallamos ante uno de los más evidentes casos de mitomanía peninsular, que, por desgracia, sólo adquirirá mayor empuje con el correr de los años.

Si Don Fadrique Enríquez, primo hermano de Fernando de Trastámara, no mató a Ramiro Núñez de Guzmán, al ser llamado *judío*, y sólo lo hizo apalear como a un villano, tiene que haber sido por no validar la naturaleza del insulto y por su íntimo parentesco con el rey de Aragón, rey consorte de Castilla. El compartir sangre real concedía una medida de exención a la innegable cualidad mortífera de la injuria. En la cúspide social en que habitaban los Trastámaras y los Enríquez la insultante *tal palabra* se podía aceptar como una ingeniosa alusión a unos posibles orígenes familiares entenebrecidos por el folklore y las tradiciones. La ingeniosidad espontánea al aludir a esos orígenes era admisible, probablemente con forzada sonrisa y encogerse de hombros; la alusión maliciosa, como la de Ramiro Núñez de Guzmán, merecía palos, una tunda que servía, asimismo, para subrayar la superioridad social:

a insulto de villano, castigo de villano. Abundantes testimonios históricos de todo ello existen y formaré un
breve florilegio con fines de proyectar con mayor nitidez el violentísimo altercado de Valladolid en el marco
de sus casi insondables repercusiones sociales.[46]

Un contemporáneo de Don Fadrique le llamó judío
a su cara y por escrito, aunque todo mal cubierto por
un fino velo alusivo. Se trata del famoso e ingeniosísi-
mo médico Francisco López de Villalobos, judío él mismo, por admisión propia, y cuyo nombre aparecerá repetidas veces más adelante. A comienzos de 1525
Villalobos abandonó la Corte y se fue a Zafra, a servir
al Marqués de Pliego (Priego), y desde allí escribió una
dolorida carta al Almirante, fecha 10 mayo 1525, en la
cual le trata muy duramente, le acusa de ingratitud y
dureza y le dice: «Es tan grande el miedo que teneys
de hazer bien a nayde, que por no caer en este peligro,
quereys incurrir en daño de vuestras honrras y vidas».
Y termina: «Entonces dixe como San Pablo: "Pues que
estos judíos a quien principalmente somos venidos, no
nos quieren recibir, vamos en busca de los gentiles"».[47]
En esto de las maliciosas alusiones, el inimitable bufón
del emperador Carlos V, Don Francesillo de Zúñiga—

46. Acerca de la veta judía del Rey Católico escribió Don Américo Castro en «*Español*», *palabra extranjera: razones y motivos* (v.
nota 44), pág. 45: «Fernando el Católico era, por parte de madre,
de ascendencia hispano-judía, y ... el hecho era un secreto a voces
en los siglos xv y xvi». Según se verá, eran demasiadas las voces
para poder hablar de 'secreto'.

47. En *Algunas obras del doctor Francisco López de Villalobos*,
ed. A. M. Fabié (Madrid, 1886), pág. 73. Como se verá en las poesías del Almirante, éste se había divertido aludiendo al admitido
judaísmo de Villalobos.

que alardea su judaísmo—, llegó a cotas inesperadas, cuando se refirió, en carta dirigida al Almirante e inserta en su famosa *Crónica burlesca*, a «el deudo que yo e vuestra señoría tenemos» (*Bib. Aut. Esp.*, XXXVI, 49b).

Otro contemporáneo del Almirante, esta vez su criado Gabriel de Mena, conocido músico y poeta, cuyo nombre también reaparecerá más tarde, asimismo se desquitó de su amo motejándole de judío. La anécdota la recoge un divertido escritor de la segunda mitad del siglo XVI, Don Luis Zapata, en su *Miscelánea*, donde cuenta: «Dicen que un señor envió a un poeta discreto (y fue el señor Almirante Don Fadrique a su criado Gabriel Mena, el poeta) unos pies de puerco con un billete que decía:

> Estos pies de puerco tome
> el señor que no los come.

Y porque el page daba a Gabriel gran priesa que respondiese, pidiendo él de priesa una pluma, le respondió bastantemente con poner solamente una *d* en el segundo verso, diciendo al page que así había el billete de decir:

> Estos pies de puerco tome
> del señor que no los come».[48]

Para la misma época, probablemente, recogió Luis de Pinedo su *Libro de Chistes*, y allí inserta éste: «Alonso de la Caballería dijo al Cardenal Don Pero Gonçález

---

48. Don Luis Zapata, *Miscelánea* (v. nota 8), MHE, XI, 131.

de Mendoça, que le preguntó qué le parecía de D. Fadrique Enríquez, que fue después Almirante, y de D. Fadrique de Toledo, que después fue Duque de Alba; dixo:—Paréceme que cuanto más se apartan los judíos más ruines son».[49] Se dijo, con anterioridad, que el Duque de Alba era hijo de Doña María Enríquez, hermana de Doña Juana Enríquez, la madre del Rey Católico, y tías ambas del Almirante Don Fadrique. Por consiguiente, Duque, Almirante y Fernando el Católico eran primos hermanos. Claro está, que, en forma casi inevitable, también se motejó de judío al propio Rey Católico, y el mismo Luis de Pinedo recoge dos chistes al respecto. Pero empinarse a la majestad real era peligroso, y como testimonio tenemos una acusación inquisitorial, porque alguien afirmó «quel rey, nuestro sennor, era de linaje de confesos».[50]

La verdad del caso es que para fines del siglo XV el linaje de los Enríquez estaba popularmente identificado con los judíos. Ya he citado la autoridad poco menos que irreprochable del relator Fernán Díaz de Toledo al respecto (*supra*, pág. 5), que así lo confirma respecto a Castilla. En 1458 una nieta del Almirante D. Alonso I Enríquez subió al trono de Aragón, como segunda mujer del rey D. Juan II de Aragón y de Navarra. Las dis-

---

49.   En *Sales españolas*, ed. Antonio Paz y Melia, *Bib. Aut. Esp.*, CLXXVI, 103. El texto dice «D. Enrique Enríquez», evidente errata, porque en vida del Gran Cardenal de España el único Enríquez que pudo llegar a ser Almirante de Castilla fue Don Fadrique. Alonso de la Caballería pertenecía a esa poderosa familia de conversos aragoneses.

50.   *Apud* Nicolás López Martínez, *Los judaizantes castellanos y la Inquisición en tiempo de Isabel la Católica* (Burgos, 1954), pág. 110.

cordias internas de la Corona de Aragón concitaron contra la reina Da. Juana Enríquez la hostilidad de los catalanes. En estas circunstancias, no debe extrañar que cuando un noble extranjero visitó Barcelona hacia 1467, de inmediato recibió la noticia de que la reina era de despreciable origen. Me refiero al noble bohemio León de Rosmithal, que en 1465 emprendió un largo viaje que le llevó a los Países Bajos, Bélgica, Francia, Inglaterra, Portugal, España e Italia, antes de regresar a sus tierras centro-europeas. En la relación de Tetzel del viaje de León de Rosmithal se puede leer: «Muriósele [al futuro Juan II de Aragón] luego su primera mujer [Blanca de Navarra], y se casó con otra de Castilla [Juana Enríquez], de origen innoble».[51]

No cabe duda: el judaísmo de los Enríquez era materia de conocimiento público, *urbi et orbe*. Su inmenso prestigio social era el efectivo freno de las lenguas, aunque bien se ha visto que al calor de los altercados públicos éstas se podían desatar con violentos resultados.

Ahora me siento mejor dispuesto a considerar algunas de las consecuencias que tuvieron los palos proporcionados a Ramiro Núñez de Guzmán. Un poco después de la larga cita anterior, el puntualísimo Esteban de Garibay y Zamalloa, en su *Compendio historial*, narra el desenlace de este más que regular escándalo, que de sus orgenes palaciegos había llegado a afectar ahora a los reinos de Castilla, León y Portugal. Copio nuevamente a Garibay—el relato histórico de Fernando del Pulgar está absorbido por los apasionantes acontecimientos de la guerra de Granada, y no se ocupa más del altercado

51. En *Viajes de extranjeros por España y Portugal* (v. nota 9), I, 305.

y sus consecuencias—con fines de dejar bien perfilado
este importante incidente en la vida de D. Fadrique.
El texto de Garibay proviene del libro XVIII, cap. xxix,
vol. II, págs. 1335-1336 de la ed. original. Los mismos
desarrollos, en forma abreviada, insertó el gran historiador vasco en la sección de su *Compendio historial …
donde se escriuen sumariamente las vidas de los Reyes de
Portugal*, libro XXXV, cap. xxii, vol. IV, pág. 897. Lo
que sigue es la versión extensa de Garibay, quien, por
lo demás, sigue usando su magnífica y desconocida fuente latina:

En todo este tiempo Ramiro Núñez de Guzmán, Señor de Toral, residía en Portugal, después que el Conde de Feria le passó allá, según queda escripto, y siempre el Rey de Portugal
le honrró mucho, y por auisos que cada día tenía de Castilla
de deudos y amigos que le escriuían, entendiendo que, no obs-
tante ser muerto el Almirante Don Alonso Henríquez,[52] el
perdón de los Reyes y reconciliación del Almirante Don Fadrique yuan muy a la larga, vino a tal ymaginación que, boluiendo a los pensamientos primeros, dize aquel auctor latino
antes en su lugar citado, que propuso de matar al Almirante.
Para executarlo, salliendo de la corte de Portugal vino a la villa de Bragança a dar orden en ello, y refiere este auctor que
el Almirante siendo sabidor de sus designos, hizo venir a Valladolid a Doña María Osorio, madre de Ramiro Núñez, y que
allí, después de algunas lágrimas de ambos, se offreció, en el
monesterio de Sant Pablo donde fueron sus vistas, de inter-
ceder con los Reyes en el perdón de Ramiro Núñez con que
de Bragança tornasse a la corte de Portugal. Doña María Osorio, siendo dello muy contenta, escriuió al hijo todo lo que
auía passado. Y él boluiendo luego a la corte de Portugal, ella

52.   El Almirante Don Alonso Enríquez murió en Valladolid,
mayo 1485, v. Salazar de Mendoza, *op. cit.*, 70r.

fue a Alcalá de Henares a los Reyes,[53] donde, después de largo tiempo, alcançó que ella fuese la depositaria de los bienes del hijo y que boluiesse a Castilla, a poder del Conde de Feria. Con esto, auida licencia del rey de Portugal, tornó Ramiro Núñez a Castilla en principio del año siguiente, a poder del Conde de Feria, donde estuuo tres años, hasta que sus negocios se concluyeron. Al cabo, a instancia del Conde de Luna, su suegro, obtuuo que los bienes se le restituyessen y pudiesse yr a casar con su esposa, con que no entrasse en sus tierras hasta que fuesse la voluntad de los Reyes. Y assí pudo venir a León, por el mes de abril del año de ochenta y nueue, a cabo de ocho años que sus differencias tuuieron principio. Después los Reyes le dieron licencia para entrar en sus tierras, pero todavía se le mandó que de Duero a esta parte no passasse en toda su vida. Y este remate vuieron sus cosas.

Los resultados del escándalo cortesano de Valladolid son de ejemplaridad histórica. Ramiro Núñez de Guzmán, magnate leonés y jefe de la poderosa familia de Guzmán—información que nos da Fernández de Oviedo en sus *Batallas y quinquagenas*—riñe en la corte y en la presencia real con Don Fadrique Enríquez, hijo y heredero de una de las más altas dignidades del reino y primo hermano del rey. El desacato y la consecuencia de los insultos cambiados provocan una explosión de ira por parte de la Reina Católica de tales proporciones que el magnate leonés se acoge, como única salvación, al destierro voluntario con un puñado de parientes y criados. El hijo del Almirante es encarcelado y vigilado con todo rigor en la fortaleza de Arévalo, y el propio Almirante, amedrentado por la iracunda presencia de la rei-

53.   Los Reyes Católicos estuvieron en Alcalá de Henares desde octubre de 1485 hasta febrero de 1486.

na, le entrega sus dos más preciadas y valiosas fortalezas. Al tiempo, un poco sosegada la reina, el hijo y heredero es condenado a destierro, singularmente bené-
volo dado que su destino es Sicilia, donde le espera su
prometida. Esto responde a su estrecho parentesco con
el rey, pero, aun así, sólo en 1484 pudo Don Fadrique
volver a Castilla, después de unos tres años de exilio
siciliano. Su rival Ramiro Núñez sólo pudo volver a León
en 1489, ocho años después de haber llamado *judío* al
primo hermano del Rey Católico. Los siglos medios castellanos conocieron una institución denominada la «ira
regia», *ira regis*, que tuvo en esta ocasión un súbito y
particular rebrote. La ira regia, con todos sus rigores,
afectó directa y plenamente a Ramiro Núñez de Guzmán, que por ocho años tuvo que vivir alejado de su tierra y estuvo a punto de perder todos sus bienes. Un ejemplar caso del concertado actuar de la nueva monarquía
frente a la poderosa aristocracia señorial castellana, impensable en el reinado anterior del Rey Impotente. Es
evidente que el trono ha comenzado a infundir un res-
petuoso temor entre los Grandes y a actuar con máxima eficacia en la represión de sus anárquicos desmanes.

La Historia guardaba un último encontronazo entre el Almirante Don Fadrique y Ramiro Núñez de Guzmán, y esto ocurrió en el tiempo de las Comunidades
(1520-1521), y si rompo el esquema cronológico es por
muy buenos y evidentes motivos. El Almirante era uno
de los Gobernadores del Reino en la ocasión (junto con
el Cardenal Adriano de Utrecht y el Condestable de Castilla), tema al que volveré, y Ramiro Núñez fue el jefe
de los comuneros leoneses. Cualesquiera que hayan sido
las simpatías políticas del magnate leonés, estoy seguro
que buena parte de sus arrebatos contra la autoridad

central—encarnada en su archienemigo el Almirante Don Fadrique—, y de sus actividades a favor de las Comunidades, estaban dictados por los acontecimientos de 1481.

No es mi intención, sin embargo, trazar una biografía de Ramiro Núñez de Guzmán, Señor de Toral, caudillo comunero del reino de León. Mi propósito en estas páginas, atiende, más bien, a pergeñar una introducción decorosa al cancionero poético de Don Fadrique, para lo cual me parece de capital importancia destacar aquellos rasgos de su carácter que nos ayuden a comprender mejor su personalidad. Ésta, y no otra, es la importancia que pretendo dar a la historia de Ramiro Núñez y sus relaciones con el Almirante Don Fadrique. Por todo ello, me daré por satisfecho al citar, una vez más, a Gonzalo Fernández de Oviedo y redondear su esquema con algunos datos aportados por la historiografía moderna. Con lo dicho no quiero disminuir la recia personalidad del Señor de Toral, de quien el propio Fernández de Oviedo, acérrimo enemigo de los comuneros, tuvo que reconocer: «Por su persona era muy acatado por las calidades e sangre e bondades que tuuo ... Ramiro Núñez fue muy sabio cauallero e de lindo entendimiento» (*Batallas y quinquagenas*, mi ed., pág. 228).

El sucinto y veraz esbozo del gran cronista de Indias se contiene en estas palabras, en que dialogan el Alcaide y el Sereno, dos proyecciones distintas de la personalidad y los conocimientos de Oviedo: «[SERENO] Tornemos a Rramiro Núñez de Guzmán, que en mucha rreputación fue thenido hasta aquesta desauentura de las Comunidades. Y harto avrá entonado, o enconado, su negoçio lla rrenzilla vieja de los Almirantes. ALCAIDE. No me marauillara, pero ya todo esso está oluidado, porque si Rramiro Núñez fue afrentado, él por su persona se supo satisfazer, y désas cosquillas no ay memoria. Esta vanidad de la Comunjdad fue la triste, postrimera e desasosegada vejez deste cauallero, e le fue causa de huyr de su casa e del rreyno, con pérdida de quanto tenía. E se acogió a Portogal, donde estuuo vn tiempo en exilio, hasta que la çesárea Magestat le perdonó» (*op. cit., ed. cit.,* pág. 227).

Inmediatamente después de la derrota de Villalar (23 abril 1521), Ramiro Núñez tuvo que huir de León y refugiarse nuevamente en Portugal. Los triunfantes realistas quisieron derribar sus casas en León, a lo que se opuso el pueblo, y poco más tarde se dispuso el secuestro de todos sus bienes y fortalezas en el reino de León, a lo que se opuso su esposa Doña María de Quiñones. Estas maniobras defensivas no tuvieron mayor éxito, pero Ramiro Núñez fue, por fin, perdonado, en 1527, medida extendida a los más recalcitrantes comuneros con motivo del feliz alumbramiento de la Emperatriz. El templado noble leonés había muerto para 1532, cuando el Emperador ordenó la devolución de todos los bienes confiscados a Ramiro Núñez de Guzmán a favor de uno de sus hijos.[54] A todo esto, la actitud del Almirante Don Fadrique, su antiguo enemigo personal y actual enemigo oficial, fue una de absoluta moderación y modelo de humanidad, según se verá en su momento.

54. Estos datos los tomo de Eloy Díaz-Jiménez y Molleda, *Historia de los comuneros de León* (Madrid, 1916), y de Joseph Perez, *La revolución de las Comunidades de Castilla (1520-1521)* (Madrid, 1981).

IV

LA NUEVA CENTURIA

Ya se ha visto que el resultado de los palos de Valladolid fue bien distinto sobre el otro protagonista, nuestro Almirante Don Fadrique, al punto que atizó más el
fuego de la ira de Ramiro Núñez de Guzmán. Don Fadrique fue encerrado por una temporadilla en la fortaleza de Arévalo, donde no le pudo alcanzar el deseo de
venganza del enfurecido prohombre leonés. El malicioso
autor anónimo del *Memorial de linajes* (*supra*, pág. 53)
apostilla en esta ocasión: «Sabido por el Almirante Don
Alonso, padre del Don Fadrique, la solicitud que traía
[Ramiro Núñez de Guzmán] para se vengar de él, por
mejor guarecelle pensando con ausentallo, que el Ramiro
daría mejor pasada a ello, acordó con favor del Rey Católico, su sobrino, enviarlo al reino de Sicilia, porque
veía que conocidamente la Reina Católica no estaba bien
con Don Fadrique y favorecía al Ramiro, porque antes
de esto no estaba bien con los parientes del Rey, su marido». Así, pues, de Arévalo salió Don Fadrique camino del destierro, pero un destierro de los más benévo-
los, como que navegó rumbo a Sicilia para casarse con
una de las más ricas herederas del reino. Esto ocurría
a fines de 1481 (v. nota 34).

Dicha heredera era Doña Ana de Cabrera, V Condesa de Módica. El Condado de Módica había sido creación del rey Martín el Humano de Aragón en cabeza
del noble catalán Don Bernardo de Cabrera. La familia
Cabrera se había establecido desde temprano en Sici-

lia, como áncoras del señorío catalano-aragonés, al igual
que los Moncada y los Alagón. Sus núcleos principales
de asiento estaban en la Sicilia oriental, en Catania y
el valle de Noto. Módica esta en el vértice sur de la isla,
y sobre esta villa se creó el condado de Módica, cuya
investidura recibió Doña Ana de Cabrera, Palermo, 1
septiembre 1477, cuando contaba 18 años. Su hermano había sido el IV Conde de Módica, Don Juan de Cabrera, muerto joven y soltero. La herencia de Doña Ana
constituía algo formidable. Según lo describe el gran historiador aragonés Jerónimo Zurita «valía entonces lo que
poseía veinte mil florines de renta y tenía diez mil vasallos en grandes villas y fortalezas a la marina de mediodía, y podía poner en aquel reino al que quisiese»
(*Anales de la Corona de Aragón* [Zaragoza, 1579], libro
XX, cap. xiv).

Esta última facultad fue inmediatamente reconocida por los contemporáneos de Doña Ana, quien, no bien
heredó el condado se vio objeto de intrigas internacionales para obtener su mano y estados. El propio Zurita
reconstruye el panorama: competían por su mano el rey
de Nápoles Don Fernando (Ferrante) I, de la rama bastarda de la casa real de Aragón, a favor de un hijo suyo;
el Conde de Prades, Virrey de Sicilia, a favor de su nieto Don Fernando de Cardona; el Infante Don Enrique
de Aragón, hermano del rey de Aragón D. Juan II; el
rey de Castilla Don Fernando V el Católico a favor de
su hijo bastardo Don Alonso de Aragón, que terminó
siendo Arzobispo de Zaragoza, y el propio octogenario
rey de Aragón Don Juan II, el viejo zorro, de quien tenemos una preciosa carta a su hijo el rey de Castilla,
dada en Barcelona, 24 noviembre 1477, en la cual le revela todos sus planes como para que tan pingüe heren-

cia no se le escape de las manos. Su candidato ideal para
casar con la joven Condesa de Módica es su nieto Don
Alonso de Aragón. Pero como el nieto contaba sólo siete años de edad, entonces, le confiesa a su hijo, «habe-
mos acordado usar desta ficción»: pedir la mano de la
joven Condesa para sí mismo. Y con tal artificioso motivo escribe a la Condesa viuda de Módica, la madre de
Doña Ana de Cabrera, con fecha Barcelona, 30 diciembre 1477: «No tractasen ó scoltassen altre matrimoni,
lo queia fer nos poria sens gran offensa de la dignitat
nostra».[55] Al fin y al cabo, Juan II de Aragón estaba
viudo desde 1468, fecha de la muerte de la reina Doña
Juana Enríquez.

El camandulero rey aragonés murió en 1479 y así
no tuvo oportunidad de ver cómo los inmensos estados
de Módica se salvaron de caer en manos ajenas a su familia inmediata. En Toledo y a 18 julio 1480 se firmó
el contrato matrimonial entre Doña Ana de Cabrera,
Condesa de Módica, Vizcondesa de Cabrera y de Bas,
con Don Fadrique Enríquez, hijo y heredero del Almirante de Castilla Don Alonso Enríquez.[56] Don Fadrique era sobrino carnal del difunto Juan II de Aragón
y primo hermano del actual rey de Aragón y de Castilla. Este contrato elevaba a Don Fadrique casi al nivel
de una potencia mediterránea de segundo orden, con

55. La carta al rey Fernando de Castilla la publicó Antonio Paz
y Melia, *El cronista Alonso de Palencia* (Madrid, 1914), págs. 295-297,
y de inmediato publicó la carta a la Condesa viuda de Módica. Todo
esto corrige levemente la información de Garibay, *supra*, pág. 31.

56. Se conserva copia de las capitulaciones en el magnífico archivo que formó el linajista Don Luis de Salazar y Castro, conservado ahora en la Real Academia de la Historia, Colección Salazar,
M-50, signatura actual 9/856.

inmensos estados en Cataluña y en Sicilia, que recibió
con la mano de la Condesa de Módica, aparte de sus muy
considerables feudos castellano-leoneses, centrados en
Medina de Ríoseco. No en balde el agraviado Ramiro
Núñez de Guzmán reclamó airadamente de la Reina Católica por «no auer correspondido la punición de don
Fadrique a la grauedad del delicto» (*supra*, pág. 43).

El matrimonio de Don Fadrique Enríquez con la riquísima heredera siciliana Doña Ana de Cabrera, cuadraba a las mil maravillas con lo que pronto se eviden-
ciará como un aspecto principal de la política del Rey
Católico en Italia. Fernando II de Aragón y V de Castilla era, por sangre, un Trastámara castellano, pero como
jefe de la casa real aragonesa era «pariente mayor» de
los reyes de Nápoles. Este reino había sido conquista-
do por Alfonso V de Aragón, *el Magnánimo*, a cuya muerte (1458) el trono aragonés pasó a su hermano Juan II,
pero el trono napolitano pasó a su hijo bastardo Fernando (Ferrante) I. De ahora en adelante la política de
la casa real de Aragón iba a ser socavar la influencia y
el poder de sus parientes bastardos en el trono de Nápoles, con evidentes fines reivindicatorios. Todo esto
culminará en 1500 con el tratado secreto de Granada
entre Luis XII de Francia y Fernando el Católico, sobre el reparto del reino de Nápoles, lo que llevaría a las
victoriosas campañas del Gran Capitán en el sur de Italia
y la anexión final del reino de Nápoles a la corona española. En las fintas preliminares al desarrollo efectivo
de esta política es que debe colocarse el matrimonio del
futuro Almirante Don Fadrique, primo hermano del Rey
Católico con la codiciada heredera siciliana. Es útil recordar, con fines de visualizar este matrimonio como
una jugada maestra en el tablero de la política interna-

cional, que la isla se denominaba Sicilia *ultra farum*, y Sicilia *citra farum* designaba el reino continental de Nápoles, a tal punto se consideraban Sicilia y Nápoles como una supra-unidad socio-geográfica. Y todo esto se actualizó en el siglo XVIII con la creación del reino de las dos Sicilias.

Las bodas de Don Fadrique con la Condesa de Módica birlaban a la casa real napolitana todo este inmenso apoyo económico y territorial. En cuanto a las posibles bodas entre la Condesa y el Virrey aragonés de Sicilia, el Conde de Prades, o su nieto, tal enlace concedía demasiado poder a un súbdito cuya alejada residencia dificultaba el control efectivo. Para Fernando el Católico las bodas entre la Condesa y su hijo bastardo Don Alonso de Aragón eran problemáticas dada la corta edad del pretendiente, y las bodas con su padre impensables por la avanzada edad de Juan II, pero, muy en particular, por el sinfín de problemas que surgirían si Rey y Condesa tuviesen un hijo. Evidentemente, la solución ideal era el matrimonio entre el magnate castellano (unido con fuertes lazos de sangre a la casa real de Aragón) y la riquísima doncella siciliana. Con esta boda el primo castellano efectuó una importante jugada en la naciente política italiana del Rey Católico.

Don Fadrique desembarcó en Messina, las bodas se efectuaron, y como estaba bajo sentencia de efectivo destierro del reino de Castilla, tuvo un par de años para visitar sus nuevas y muy extensas propiedades y desarrollar un profundo afecto por su joven esposa. Esto se revela en el hecho de que él agregó el apellido de ella al suyo y se comenzó a nombrar Don Fadrique Enríquez de Cabrera—en lo que sigue y extrema un uso cortesano—, y también por un acto final de sumisa e íntima ternura. El Almirante Don Fadrique Enríquez está enterrado en el convento de San Francisco, fruto de tantos de sus desvelos, a los pies del enterratorio de su mujer Doña Ana.[57] También tuvo tiempo Don Fadrique, durante su destierro siciliano, para participar en su activa vida intelectual, y trabar sólidas relaciones con algunos de sus representantes. Esto lo demuestra ampliamente el hecho de que, cuando en 1484, emprendió regreso a España, en su séquito figuraba el gran humanista siciliano Lucio Marineo Sículo. Ya en España el humanista se hispanizó del todo, y como testimonio basta citar su preciosa obra *De Hispaniae laudibus* (Burgos, hacia 1497), en la que hay que destacar los largos pasajes dedicados a Salamanca y su universidad. Fue catedrático en Salamanca y cronista real hasta su muerte en 1536, pero nunca olvidó su deuda original con el Almirante Don Fadrique, a quien llamó «spes mea et decus meum», en una carta fechada en Salamanca, 6 octubre 1486, donde también dedica cálido recuerdo a su paisana Doña Ana de Cabrera: «Cum domina mea Anna comite Modicana excellentissima tua conjuge quam diutissime fe-

---

57. Motivos más prácticos indujeron a Don Fadrique a que su hermano Don Bernardino Enríquez, futuro Conde de Melgar, casase en 1490 con Doña Isabel de Cabrera, hermana de su mujer Doña Ana, como nos informa un documento del *Registro General del Sello*, VII (Valladolid, 1961), 376: «Facultad al Almirante Mayor de Castilla D. Fadrique Enríquez, Conde de Módica, para hacer donación a su hermano D. Bernaldino Enríquez, de cualesquier bienes, rentas o heredades de su mayorazgo, hasta en cuantía de cuento y medio de renta, con condición de que contraiga matrimonio con Doña Isabel de Cabrera, hermana de la mujer del dicho Almirante», Córdoba, 17 agosto 1490. El Almirante, que acuartelaba sus armas con las de Cabrera, practicó otra moda cortesana para aunar su nombre con el de su mujer, *vide infra*, pág. 196.

licissimeque vivas» (*Epistolarum familiarum libri decem et septem* [Valladolid, 1514], fol. 3).

Otros productos menos conocidos de la intelectualidad siciliana llevó Don Fadrique a España, como ser algunos ser algunos de los médicos de la isla. De ello le acusó redondamente el doctor Francisco López de Villalobos, famoso médico y humanista castellano, paisano, corresponsal y contrincante literario de Don Fadrique. Por celos profesionales, o por motivos más ecuánimes, Villalobos escribe a Doña Francisca Sarmiento, fecha Medina de Ríoseco, 18 febrero 1521: «El Almirante tiene por muy buena grangería traer de Cathalunia para Castilla físicos como cuescos de aluericoques, y el cirujano ha de ser de Sicilia ... No sé qué secretos ha hallado, sino que son muy excelentes mentirosos». Es bueno recordar que Villalobos mantuvo violentas relaciones profesionales con el médico italiano (¿siciliano?) del Emperador Narciso Ponte.[58] Por lo demás, estos comentarios e incidentes ayudan a trazar otro puente intelectual, humano, entre Don Fadrique y la Sicilia de su feliz destierro.

A su vuelta a España, y ya en su calidad de Almirante, Don Fadrique parece haberse convertido en el protector oficial, en la corte, de los sicilianos. Como botón de muestra puedo aducir documento que se conserva en el Archivo de Simancas, Registro General del Sello, por el cual, con fecha de 4 febrero 1490, se con-

---

58. V. *Algunas obras del doctor Francisco López de Villalobos* (v. *supra*, nota 47), pág. 62. Acerca de sus relaciones con el Dr. Ponte, v. Luis S. Granjel, *La medicina española renacentista* (Salamanca, 1980), pág. 19.

cede carta de naturaleza a Pablo Vellio, siciliano, a petición de Don Fadrique Enríquez.[59]

En su calidad de señor feudal (consorte) de amplias propiedades sicilianas, Don Fadrique, Almirante de Castilla, usa de sus privilegios con toda naturalidad. En la riquísima Colección Salazar (*supra*, nota 55) se conserva una «Presentación para ocupar el priorato de San Nicolás de Cacamo, en Sicilia ... a favor de Pedro López de Alcocer», hecha por el Almirante y la Condesa Doña Ana, fecha Medina de Ríoseco, diciembre 1526 (M-140, fol. 85). Es probable que el Almirante se sintiese endeudado a este Pedro López de Alcocer, que en 1513 había actuado como juez árbitro para zanjar una diferencia entre Don Fadrique y Don Juan de Silva y Ribera (*ibidem*, fols. 79-92). Lo que cabe destacar es el recurso a Sicilia para saldar compromisos castellanos.

Este sentimiento de intimidad con lo siciliano por parte del Almirante, insinuado en el anterior documento, queda confirmado por otro, también conservado en la benemérita Colección Salazar. Se trata de una «Carta de Juan de Ventimiglia al Almirante Don Fadrique, comunicándole su matrimonio», fecha Módica, 29 enero 1529 (M-177, fol. 88). Aun así se tratase de un vasallo, el contenido de la carta denuncia una muy respetuosa familiaridad. Estos sentimientos deben servir para subrayar aspectos inexplorables de una trasconejada conexión espiritual de Don Fadrique, con Sicilia en particular y con Italia en general.

De todas maneras, las propiedades sicilianas de Don Fadrique no dejaron de provocarle serias preocupaciones más tarde. La muerte del Rey Católico (1516) y la

59.   *Registro General del Sello* (v. nota 57), VII, 218.

problemática sucesión al trono provocó desajustes a todos los niveles. En Sicilia esto se tradujo en una verdadera sublevación contra las autoridades españolas. Esta seria situación provocó una carta del Virrey Don Hugo de Moncada al Regente y Cardenal Cisneros, fecha Messina, 31 mayo 1516, en la que le dice en parte: «Suplico a V.S. Reverendísima que la letra que será con ésta para el Sr. Almirante de Castilla mande se le dé o se le envíe a muy buen recaudo, porque le doy por ella aviso de las cosas del estado que tiene en este reino».[60]

Así y todo debe resultar evidente que el destierro siciliano de Don Fadrique distó mucho de ser una experiencia dura y traumática, tal como le hubiese gustado saberla al afrentado Ramiro Núñez de Guzmán. Pero los acontecimientos en la península ibérica forzaron la decisión real de levantarle el destierro y restituirlo a tierras castellanas. El mismo año que presenció el violento altercado de Valladolid que ya he estudiado (1481), guardaba otra sorpresa para los Reyes Católicos. El rey de Granada, Muley Hacén, se apoderó por sorpresa de la villa de Zahara. Este fue el prólogo de la última guerra de Granada. Involuntariamente el rey granadino se hizo partícipe de los inmensos planes de unificación nacional que germinaba en las mentes de Isabel y de Fernando.

El regreso de Don Fadrique a España ocurrió en momento muy adecuado para sus intereses. A poco de llegar murió en Valladolid su padre el Almirante Don Alonso (1485), y vinieron los engorros en la sucesión al título y la considerable problemática aneja a la herencia a tan-

60. Correspondencia de Don Hugo de Moncada, *apud* CODOIN, XXIV (Madrid, 1854), 183.

tos y tan variados estados, desparramados por la superficie peninsular desde León hasta Andalucía la Baja.[61] A pesar de los altibajos de la guerra granadina, la Reina Católica tuvo la deferencia de dejarle en la tranquilidad necesaria como para arreglar todos sus asuntos e introducir su reciente esposa a las circunstancias castellanas. Sólo entonces fue el Almirante convocado a la cruzada nacional, en momentos precarios para las tropas cristianas. En 1488 Fernando el Católico había tratado de expugnar Baza, plaza fuerte tan bien defendida que fracasó el intento. Esto impuso la necesidad de un sitio en regla que se dilató por toda suerte de dificultades. En estas circunstancias, y a pedido del Rey Católico, la reina Isabel envió cartas de llamamiento a diversos Grandes que estaban ausentes. A mediados de 1489 apareció ante los muros de Baza el Almirante Don Fadrique con sus huestes (Fernando del Pulgar, *Crónica de los Reyes Católicos*, II, 399).

Es de suponer que participó en otras acciones bélicas, pero no queda constancia expresa de ellas. Debe recordarse, por lo demás, que sus responsabilidades eran primordialmente marítimas. Su próxima fulgurante aparición en las páginas de la Historia será, precisamente, en su capacidad estricta de Almirante.

Para el año de 1496 los Reyes Católicos, en su infatigable tarea de diplomacia matrimonial, habían concertado unas esplendorosas y dobles bodas. El emperador de Alemania y jefe de la casa de Habsburgo, Maximiliano I, tenía dos hijos casaderos, Felipe de Borgoña y

---

61.   Como Almirante Mayor y Veinticuatro de Sevilla, Don Fadrique tenía considerables privilegios y propiedades en Andalucía la Baja.

la princesa Margarita. Los Reyes Católicos tenían al hijo heredero, el príncipe don Juan, y a la infanta Juana. Como medida diplomática (neutralizar a Francia), y para asegurar la sucesión Fernando e Isabel decidieron (1495) estas dobles bodas: el archiduque Felipe casaría con Juana, y el príncipe heredero don Juan casaría con Margarita. Un representante del archiduque Felipe se casó con la infanta Juana en Valladolid (1496). El próximo paso era llevar la infanta a Flandes a reunirse con Felipe y traer la princesa Margarita a España, para celebrar sus bodas con el príncipe don Juan. La responsabilidad para tan delicado viaje de ida y vuelta fue del Almirante Don Fadrique.

Por cédula real firmada en Tortosa, 18 enero 1496, los Reyes Católicos dispusieron una lucidísima comitiva.[62] En Laredo se habían reunido 120 navíos de alto bordo y dos grandes carracas genovesas. El cronista Andrés Bernáldez nos explica: «Fue tan grande el armada por la guerra que avía con Francia». En esta poderosa flota embarcaron, hacia finales de agosto de 1496, 15.000 hombres, entre los que se contaba un impresionante séquito de nobles damas y caballeros. Entre las damas iba la madre del Almirante, Doña María de Velasco, que estaba rodeada de sus otros hijos, Don Bernardino Enríquez, conde de Melgar, y Don Francisco Enríquez, señor de Almazán. En Almazán la Reina Ca-

62. La cédula se conserva en el Archivo de Simancas y se publicó en CODOIN, VIII (Madrid, 1846), 548-550. Todo esto se puede complementar con la información que trae Lorenzo de Padilla, *Crónica de Felipe I, llamado el Hermoso*, CODOIN, *ibidem*, cap. XI. La cita de Bernáldez es de sus *Memorias del reinado de los Reyes Católicos*, ed. M. Gómez-Moreno y J. de M. Carriazo (Madrid, 1962), pág. 377.

tólica se había dedicado a montar toda la casa que la
infanta española llevaría a Flandes, que constituye un
brillante muestrario de casas nobles castellanas. El Almirante Don Fadrique, como jefe de la brillante armada, llevaba esta comitiva: 300 escuderos, con los caballeros y continos de su casa, 100 espingarderos y 50
ballesteros. Otros magnates embarcaron con comitivas
poco menores: el marqués de Astorga llevó 250 hombres, el conde de Luna, 200 hombres, el conde de Alba
de Liste, 150 hombres. Hasta doce caballos españoles
embarcaron, con sillas y frenos de oro, regalo del príncipe don Juan a su cuñado el archiduque Felipe, que los
llevaba su trinchante Juan Gaytán, que más tarde deja-
ría triste fama de comunero.

Ya en Flandes, y con motivo de los numerosos festejos nupciales, este Juan Gaytán tuvo una actuación
que pudo haberle costado cara al Almirante. La rica anécdota la cuenta en detalle el puntualísimo Gonzalo Fernández de Oviedo en el autógrafo de sus *Batallas y quinquagenas* (mi ed., págs. 243 45), descollante autoridad
en esta oportunidad, como nos recuerda él mismo, porque para esa época él servía en la cámara del príncipe
don Juan. El caso es que en uno de tantos saraos, en
presencia de la infanta española, el conde de Melgar,
hermano menor del Almirante, se comportó con un de-
senfado propio de nobles flamencos, pero que a los caballeros españoles presentes les pareció irrespetuoso ante
su infanta. Acabada la fiesta, Juan Gaytán se hizo por-
tavoz de sus compatriotas y se dirigió al hermano del
Almirante: «Señor Conde, bien se deue creer quel intento de Vuestra Señoría no es dar pesadumbre, nj hazer cosa que se pueda dezir descomedimiento delante
de la Prinçesa, nuestra señora. Pero avnque su Alteza

no sepa cómo ha de ser acatada e seruida en España, pues que los que somos españoles lo sabemos, y nasçimos para sus vasallos, bien es que acá hagamos lo que en Castilla solemos hazer e se acostumbra con nuestros rreyes e señores. Y en espeçial Vuestra Señoría lo avés de enseñar a otros. No es rrazón que mostreys tanto descuydo o libertar [sic] en esto como en esta noche lo aveys fecho, no mirando en ello, o por vuestro contentamjento, sentándos o echándos de lado quasi en la falda de la Prinçesa, nuestra señora, lo qual ha paresçido mal e atriuimjento de que ha pessado a quantos lo avemos visto. No lo hagays, señor, pues ques mal fecho».

En lugar de agradecer el consejo, el conde de Melgar se enfureció y replicó: «Qujén soys vos que os atrevés a rreprehenderme y dezís esas neçedades?» A lo cual replicó Juan Gaytán: «El que os lo dize es Johan Gaytán, e si alguna nesçedad aquí ay es la vuestra». El conde ya no se pudo contener, y prorrumpió: «Hazeros he matar a palos». Por otra avenida hemos desembocado en el mortífero cruce donde se encontraron el Almirante y Ramiro Núñez unos quince años antes. Ante los amenazadores gestos del Conde de Melgar, el hidalgo toledano Gaytán le contestó: «Si no estouiéramos donde estamos, yo os castigara a vos como lo mereçeys. E a vos e a qujen penssare darme de palos se los daré yo, o le sacaré el alma». Otros caballeros españoles presentes intervinieron y la cuestión no pasó adelante; la llegada del archiduque Felipe pareció pacificar la rencilla. Pero corrió la voz de lo ocurrido y «a la ora acudió a la possada de Johan Gaytán el capitán Ýñjgo de Ardieta con muchos vizcaýnos, e quisieron yr a combatir la casa del Almirante, e al Conde e pegarle fuego». El estrepitoso escándalo exige una nueva intervención del archiduque Felipe, quien, tras arduos esfuerzos consigue pacificar los ánimos y que se hagan las paces entre los dos caballeros. Fernández de Oviedo termina la anécdota contando como, poco tiempo más tarde, en Burgos, el príncipe don Juan agradeció a Íñigo de Ardieta con estas palabras: «Capitán, yo os agradezco lo que por mi seruiçio heziste en fauoresçer a Johan Gaytán».

El Almirante Don Fadrique tiene que haberse enterado de tan sonada batahola, provocada por la inconciencia de su hermano Melgar, que casi les costó el incendio de sus casas y hasta sus propias vidas, a manos de sus paisanos de Castilla y los «vizcaýnos». Es posible que algo de todo esto le trajese a la memoria los pundonorosos arrebatos de su propia juventud, cuando hizo dar de palos a Ramiro Núñez de Guzmán. Y un cuarto de siglo más tarde, el mismo Juan Gaytán, que casi se mató con su hermano en Flandes, sería, ahora en Castilla, su propio enemigo oficial, como cabecilla de las Comunidades.

Para terminar este aspecto del esbozo biográfico de Don Fadrique Enríquez, debo apuntar que su hermano Don Bernardino Enríquez, Conde de Melgar, estuvo casado con una hermana de Doña Ana de Cabrera, la queridísima esposa del Almirante. Más adelante (capítulo VIII) se verá cómo una sobrina homónima de Doña Ana casó con Don Luis Enríquez, sobrino y heredero de nuestro Almirante. Parece evidente que Doña Ana de Cabrera, Condesa de Módica, fue gran casamentera, y unió íntimamente su alcurnia de Cabrera con el linaje de los Enríquez. En esas mismas *Batallas y quinquagenas* nos informará Fernández de Oviedo (v. *infra*, pág. 208): «Supe por personas de crédito que quando este señor Almirante Don Fadrique 2 casó con esta Condessa de

Módica se dio tal asiento en su matrimonio que se juntaron estas dos casas para siempre». Por consiguiente, fue de toda justicia que, a partir de este momento, los Almirantes de Castilla se apellidasen siempre Enríquez de Cabrera. Por lo demás, el Conde de Melgar, Don Bernardino Enríquez murió sin hijos, «en la flor de la edad», y así «tornóse al tronco esta casa e vasallos», vale decir, Don Fadrique heredó el título de Conde de Melgar y pertenencias, y así fue II Conde de Melgar. De todo esto nos informa el excelente Gonzalo Fernández de Oviedo (*Batallas y quinquagenas*, mi ed., pág. 62).

Al arribar a Flandes, el Almirante había cumplido con la primera parte de su honroso cometido. Quedaba por cumplir la segunda, tan delicada y honrosa como la otra: ahora era cuestión de llevar de Flandes a Castilla a la princesa Margarita, hermana del archiduque Felipe, para que casase con el príncipe don Juan y se convirtiese así en princesa heredera de los reinos de España. No bien pasó lo peor del invierno, Margarita y su comitiva embarcaron en la flota del Almirante, y en marzo de 1497 desembarcaron en Santander. Aquí, nuevamente, el malicioso autor anónimo del *Memorial de linajes* (*supra*, pág. 53) anota: «En la vuelta [de Flandes, el Almirante] no tuvo aquella manera, antes fue muy culpado y reprendido, porque trayendo a la dicha princesa, y acompañada como venía y era razón que viniese, y habiendo menester hacer para ello gran bastimento para los que en los navíos venían, no lo mandó proveer así por cargar las naos de la flota de mucha tapicería y aun paños de mercadería para vender acá, con lo cual ocupadas no pudo caber el bastimento que hubo menester, a cuya causa la gente que allí venía se vio en mucho aprieto y estrechura, y aun alguna pereció de hambre».

De todas maneras, a la llegada a Santander salió a recibir a la princesa y su comitiva el Condestable de Castilla, Don Bernardino Fernández de Velasco, y los acompañó a Burgos donde estaban los Reyes Católicos. Allí se celebraron las bodas, presenciadas por Gonzalo Fernández de Oviedo, y descritas por éste como «vn día de tan señalada fiesta como en España en algún tiempo los biuos no la avían visto, ni más deseada. A la qual se juntaron todos los mayores, e mejores, e más poderosos e jmportantes caualleros de España» (*Batallas y quinquagenas*, mi ed., pág. 32). No cabe duda que esta ocasión fue de máxima solemnidad para la monarquía española, por todos los felices augurios que se consideraban encerrados en ella. Casó a los príncipes el arzobispo de Toledo fray Francisco Jiménez de Cisneros (3 abril 1497), y los padrinos fueron el Almirante Don Fadrique y su madre doña María de Velasco, que habían viajado de Flandes con la novia.

Las suntuosas fiestas se vieron tristemente interrumpidas por una inesperada tragedia. La víctima de ella fue un íntimo pariente de Don Fadrique. Parece como si las Furias hubiesen perseguido al Almirante en estas dobles bodas principescas: en Flandes la intervención de un pariente casi provoca incendios y muertes, y la de otro pariente en Burgos cubre de luto a la corte. El caso es que entre las estruendosas exhibiciones de equitación un destacado y noble mancebo, don Alonso de Cárdenas, tuvo la desdicha que su caballo se enarmonó y, boquimuelle, cayó con su jinete, clavándole los arzones de la silla en el pecho, destrozándoselo. Don Alonso era hijo de don Gutierre de Cárdenas, Comendador Mayor de León, y de doña Teresa Enríquez, hermana de Don Fadrique. Vale decir que la pobre víctima, cuya desastrada muerte interrrumpió los festejos nupciales, era sobrino carnal del Almirante. Todo esto lo narra con viveza de testigo el ubicuo e inestimable Fernández de Oviedo (*loc. cit.*). La esplendorosa comitiva que llevó a Flandes nuestro Almirante, y la que de allí trajo a Castilla, no pueden haber dejado buen recuerdo en la memoria de Don Fadrique.

V

DISOLUCIÓN DE LA MONARQUÍA DUAL

A los seis meses casi cabales de las fastuosas bodas burgalesas, toda la nación quedó sumida en el más negro dolor. En los primeros días de octubre de 1497 el amado príncipe don Juan «murió de amores» en Salamanca. El directo heredero al trono español desaparecía y se creaba, de tal manera, un inesperado lío sucesorio que afectaría directamente a Don Fadrique. Porque ahora queda un sólo heredero varón al trono español: se trata del príncipe don Miguel, hijo de la primogénita Isabel, casada con el rey Manuel el Afortunado de Portugal. Pero el príncipe niño murió en 1500, y ahora los únicos herederos eran la pareja cuya boda había facilitado el Almirante, o sea los archiduques Juana y Felipe. Por consiguiente ellos viajaron a España en 1502, para ser reconocidos como herederos por las Cortes. En esta oportunidad Felipe de Austria trabó relaciones con el rey Luis XII de Francia claramente desventajosas para España, que no le ganaron la simpatía de su suegro, el Rey Católico. El resultado de estos vidriosos asuntos es que para cuando muere la reina Isabel (1504), el archiduque Felipe ha adquirido un verdadero odio por el rey Fernando.

Aquí surge el delicado problema que tiene que afrontar y resolver Don Fadrique. Al morir Isabel la Católica, la reina de Castilla es Juana la Loca, como la Historia la conoce con justicia. Felipe, rey consorte, odia a Fernando el Católico, y quiere convertirse en rey pro-

pietario de Castilla. Se sigue ahora una nube de com-
plicadas maniobras diplomáticas, apuntadas a apoyar el
triunfo de Felipe o de Fernando. Esta oposición se ra-
zonó y justificó de muchas maneras, pero, en lo sustancial, y muy a grandes rasgos, se perfila Felipe como el
partidario de los castellanistas, que consideran la unidad nacional como cuestión de poca monta, y Fernando como defensor (no del todo altruista) de esa unidad
nacional que él había ayudado a forjar. Este es el dilema que se le plantea al Almirante: como castellano debe
apoyar a Felipe, como primo hermano del Rey Católico
debe apoyar a su pariente, de quien era doblemente vasallo, en Cataluña y en Sicilia.

A pesar de su parentesco con el rey Fernando, don
Fadrique Enríquez optó por el rey Felipe I. Juana y Felipe se habían alojado en su palacio de Valladolid cuando viajaron a Castilla para ser jurados príncipes herederos (v. *infra*, págs. 101-102). Su elección ilumina un
momento dificultoso en las interrelaciones de los reinos peninsulares y sus contactos con la política internacional. Los archiduques estaban en Flandes a la muerte
de la Reina Católica (26 noviembre 1504), quien, en su
testamento preveía la posibilidad de que su hija Juana,
que heredaba el reino, se viese incapacitada de gobernar, en cuyo caso actuaría como regente el rey don Fernando. Muerta la Reina Católica Fernando convocó Cortes en Toro, donde Juana fue proclamada reina de
Castilla y él fue reconocido como gobernador del reino
durante su ausencia. Pero Felipe, no bien conocida la
muerte de la reina Isabel, tomó el título de rey de Castilla y comenzó a maniobrar para que Fernando se reti-
rase a Aragón.

Esto planteaba al Almirante un gravísimo dilema.

Felipe era, en la actualidad tan rey consorte de Castilla
como lo había sido, hasta esos momentos, casi, Fernando de Aragón. La posibilidad de dos reyes de Castilla
era garantía de guerras internas tales como las que habían desgarrado al reino en casi todo el siglo XV. Era
imperativo escoger: Felipe o Fernando. Los derechos
a la regencia del trono castellano de Fernando estaban
en el pasado (la voluntad de una querida reina muerta),
los derechos de Felipe en el presente (su relación legal
con la actual reina de Castilla). Felipe tenía que ser el
nuevo rey-gobernador de Castilla. Otras importantísi-
mas consideraciones también entraban en juego: los intereses de Fernando se identificaban con Aragón, Cataluña y el Mediterráneo, y, punto muy destacado por
la Grandeza castellana, con la monarquía autoritaria.
Felipe estaba identificado con Juana y Castilla, con intereses atlántico-africanos, y, como rey extranjero y rival de Fernando, sin particulares inclinaciones hacia el
autoritarismo monárquico de los Reyes Católicos. Además, el testamento de Isabel la Católica había establecido como lema tácito del reino: «Castilla para los castellanos». Con el castellano Don Juan Manuel como su
favorito y los señores flamencos entre bastidores, esto
era muy preferible a la nube de aragoneses con que se
había rodeado Fernando, desde sus primeros momentos. Sin lugar a dudas, Felipe tenía que ser el rey-gobernador de Castilla, a pesar de la expresa voluntad tes-
tamentaria de la reina Isabel.

La actitud del rey Felipe estaba dictada por intereses personales, y el promotor mayor de su pertinaz postura ante el Rey Católico fue Don Juan Manuel, señor
de Belmonte y de Cevico de la Torre, cuya puntual biografía nos ha dejado Gonzalo Fernández de Oviedo en

sus preciosas *Batallas y quinquagenas* (mi ed. págs. 264-268). Don Juan Manuel había sido embajador de los Reyes Católicos ante el emperador Maximiliano, y corrió a la corte de Felipe, sin permiso real, al enterarse de la muerte de la reina Isabel. Evidentemente, él creía firmemente en que «a río revuelto, ganancia de pescadores», de todo lo cual nos informa Pedro Mártir de Anglería (*Opus epistolarum* [Alcalá de Henares, 1530], epístolas 282 y 283). El caso es que Don Juan Manuel se convirtió en el favorito del rey Felipe, quien le hizo caballero del Toisón de Oro y contador mayor de Castilla, quitándole el pingüe cargo a Antonio de Fonseca.

Con el apoyo de Don Juan Manuel en la corte del rey Felipe los castellanos ven una maravillosa oportunidad de desalojar a los aragoneses del reino y de reemplazarlos en todos sus cargos. La unidad nacional, basada en una monarqua dual, ha entrado, en gravísima crisis al morir uno de los protagonistas. En esta coyuntura es que Don Fadrique Enríquez envía su mensajero personal al rey Felipe con fines de expresarle su apoyo. El Rey Católico tenía su propio embajador en la corte flamenca, quien nos ha dejado en sus despachos un interesantísimo cuadro de las intrigas de castellanos y aragoneses en esas circunstancias. Se trata del castellano Gutierre Gómez de Fuensalida, embajador de los Reyes Católicos en Alemania, Flandes e Inglaterra entre los años de 1496 y 1509, cuya inapreciable correspondencia diplomática, en número de unos 150 despachos, fue publicada por el Duque de Berwick y de Alba (Madrid, 1907). Como era de esperar, pululaban en la corte flamenca los mensajeros de los grandes señores castellanos, no sólo el Almirante, sino también su vecino y rival, el conde de Benavente, el marqués de Villena, el duque de Nájera. Esto tiene que haber sido alarmante para el Rey Católico, pero el rey Felipe habló con Fuensalida, para comunicarle que, a pesar de toda la evidencia, «él estava de propósyto de ser tan obidiente a V. al. [el Rey Católico], que todo el mundo conoçería que os hera hijo obydiente». Pero agrega el sagaz y veterano diplomático: «*Operibus credite*» («*et non verbis*», es el resto de la frase inspirada en el evangelio de San Juan, X, 37-38; despacho de 5 marzo 1505, *Correspondencia*, pág. 334). Para 2 mayo 1505, escribe al Rey Católico que «muchos Grandes del reyno [Castilla] están juntos para contradezir a V. al.», y da sus nombres, y aunque no menciona a Don Fadrique entre ellos, poco después añade: «El Almirante tanbyén está mal contento, y éste se cree que lo bulle todo de secreto» (*ibidem*, pág. 350). Termina Fuensalida informando a su monarca que el Almirante tenía como «persona estante» (o sea embajador) en la corte flamenca a un tal Zamudio, quien, a pesar de su apellido vasco, era converso (*ibidem*, págs. 359 y 362).

Al recibir las ofertas de Don Fadrique hechas por Zamudio, y sus cartas, el rey Felipe I reaccionó con extremo agrado, como bien era de esperar, y así se lo comunica en carta personal, fecha Bins, 4 febrero 1505: «Almirante primo: recibí vuestra carta y oí lo que por vuestra parte me dijo Zamudio, vuestro críado. Y todo ello me fue muy agradable, comoquiera que no le hube por cosa nueva, según la confianza [que] de vos tengo» (*CODOIN*, VIII, 278). Al mes siguiente insiste el rey Felipe I, archisatisfecho con el partidario que se ha ganado: «Yo quiero que conozcais más por obra que por escrito la buena voluntad y deseo que vos tengo» (Bruselas, 4 marzo 1505, *CODOIN*, VIII, 283).

No puede caber duda de que el Almirante ha comenzado a practicar la diplomacia de alta escuela. El arrebatado mancebo que hizo apalear a Ramiro Núñez de Guzmán se ha convertido en un calculador y maduro hombre de estado. No ha roto abiertamente con su señor y pariente, pero, sin mayores palabras, se ha puesto al lado del rey Felipe antes de que éste bajase a Castilla. Quince años más tarde, muertos ya los dos rivales, esto lo reconocerá el propio Almirante. En esta ocasión Don Fadrique es Gobernador del Reino en la ausencia del rey Carlos, y han estallado las Comunidades. En octubre 1520 el Almirante dirigió un requerimiento a la Junta de las Comunidades que comienza con esta declaración: «Como quiera que loarse hombre assí mismo no sea permitido a nadie, en el caso que estamos la razón me concede que pueda yo loar a mí mismo de algunas cosas que en favor del reyno he hecho». La primera acción benéfica al Reino que enumera es su elección, en 1505, del rey Felipe sobre el rey Fernando, lo que hace en términos categóricos:

Digo, señores, que cuando la Cathólica Reyna, nuestra señora, murió, dexó en su testamento que el Cathólico Rey gouernasse. Y puesto que por ser tan deudo de su Magestad [el rey Fernando], y su vasallo en dos reynos suyos, tenía [yo] más obligación que todos de no especular si aquello que la Reyna mandaua era bueno o malo, acordándome del Reyno más que del Rey [Fernando], a quien tanto deuía, pensé que si de seco en seco aquello passaua, que podría ser que venido el Rey D. Felipe, de gloriosa memoria, nuestro señor, si el rey D. Fernando contradixesse, que auiendo dos reyes el reyno sería perdido, que era bien mirar cómo firmauan [Felipe y Fernando]. Y assí, no yendo [yo] por el camino del testamento, sino por el que conuenía al Reyno, sin acordárseme de cosa mía ni de las mercedes que otros, en tales tiempos, suelen rescebir, firmé salvando la venida del rey don Felipe. De lo qual quedó el rey [Fernando] tan mal comigo que yo lo sentí en mi casa.[63]

Debo observar que esta declarada preferencia del Almirante Don Fadrique por el rey Felipe estuvo sustentada por otras consideraciones más prácticas, pero la verdad es que no había motivo alguno para anunciar esto a los de la Junta comunera. El trasfondo es éste: el rey Felipe I, que se demostró repetidamente tan astuto como su suegro, escribe carta personal a Don Fadrique, fecha Bruselas, 5 mayo 1505, donde le confirma en su cargo y privilegios de Almirante de Castilla y donde le nombra Almirante del reino de Granada, con los mismos privilegios anejos al Almirantazgo de Castilla (*CODOIN*, VIII, 295-296). Para formalizar todo lo anterior, los reyes Doña Juana y Felipe I expiden cédula a favor de Don Fadrique Enríquez, fecha Bruselas, 29 octubre 1505, en que se repiten los términos que acabo de esbozar y que lo confirman como Almirante de Castilla y lo nombran Almirante de Granada (*CODOIN*, VIII, 360-361).

No cabe duda que Don Fadrique había aprendido a jugar muy bien sus cartas. Ha seguido los dictados de su ardiente castellanismo y en un solo año (1505) ha doblado los privilegios que sus antepasados habían ganado a todo lo largo del siglo XV: Almirante de los reinos de Castilla y de Granada. Cuando comienza la primavera de 1506 los reyes de Castilla emprenden viaje por

63.   El requerimiento lo publicó en dos lugares Manuel Danvila y Collado, *Historia crítica y documentada de las Comunidades de Castilla*, II, en MHE, XXXVI (Madrid, 1898), 336-344 y 547-556: copio el segundo texto y doy mi propia puntuación y aclaraciones.

mar de Flandes a Castilla, que resultó tempestuoso e incidentado. Pero llegan sanos y salvos a La Coruña el 26 abril 1506, lo que de inmediato Felipe pone por carta en conocimiento del rey Fernando, instado por algo más sutil que los deberes de cortesía y parentesco. Con Felipe en Castilla, el Almirante y demás Grandes desafectos a Fernando de Aragón consideran que ha llegado el momento triunfal, después de todos los cabildeos que sucedieron a la muerte de la Reina Católica.

Al desembarcar, Felipe declaró su intención de reinar en toda la extensión de su derecho, lo que, inevitablemente, fastidió soberanamente al Rey Católico. En este momento, según nos informa Lorenzo de Padilla (*supra*, nota 62), el Condestable de Castilla, el duque de Alburquerque y el Almirante, «acordaron, visto que las cosas se iban dañando, de se ir para el rey Felipe». Pero a los cuatro meses ocurrió lo inesperado: el rey Felipe I murió súbitamente en Burgos, 25 agosto 1506. La reina Juana estaba incapacitada para gobernar, lo que era de toda evidencia. La opción era traer al rey Fernando desde Nápoles, posibilidad no aceptable para los anti-fernandistas, o bien nombrar a Maximiliano de Austria como regente. Con sus bríos acostumbrados el arzobispo de Toledo, Francisco Jiménez de Cisneros, puso coto a todos los turbios manejos, y llamó al Rey Católico. En las cortes de Burgos, 1507, el Almirante juró a Fernando como gobernador. Así y todo, a partir de este momento Don Fadrique tiene que haber comenzado a sentir «en su casa» lo mal que había quedado con su señor y pariente Fernando de Aragón.

El rey aragonés, con su insuperable tino, vio claro que no podía tomar duras represalias contra los Grandes castellanos que se habían pronunciado contra él y a favor de Felipe. Su matrimonio con Germana de Foix había contribuido a apartarle aun más de los intereses castellanos en los ojos del público, aunque había neutralizado el apoyo francés a su yerno. No hay constancia de que el Almirante Don Fadrique haya sufrido mayormente por su actitud, pese a sus declaraciones. Al contrario, nos queda la documentación histórica de que cuando el Rey Católico llegó a España desde Italia, reclamado por el cardenal Cisneros para asumir el gobierno de Castilla, sacudida por la Grandeza levantisca, al desembarcar en Valencia comunicó de inmediato con el Almirante, el único Grande castellano así destacado (carta de 22 julio 1507).[64] Fernando conocía muy bien el valor y primacía de su primo hermano entre los Grandes castellanos.

En esta segunda regencia el Rey Católico se vio obligado a actuar duramente contra ciertos Grandes andaluces, el marqués de Priego, en particular, pero en su capacidad de gobernador de Castilla, cuya autoridad real había sido ultrajada. Mantuvo, sin embargo, amistosas relaciones con el Almirante Don Fadrique. En su palacio vallisoletano nació (3 mayo 1509) el Príncipe Don Juan de Aragón, hijo del rey Fernando y de su segunda mujer, la reina Germana de Foix. En su calidad de Grande castellano y su súbdito siciliano, el rey Fernando le escribe desde Cáceres, de regreso de castigar con toda severidad al marqués de Priego, precisamente, con fecha 31 diciembre 1508, para tratar con él de la Liga de Cambray, concertada entre el emperador Maximiliano, Luis XII de Francia, el Rey Católico y el Papa Julio II

64. Barón de Terrateig, *Política en Italia del Rey Católico (1507-1516)*, I (Madrid, 1963), 59.

para efectuar el reparto de Venecia. Como esta Liga reconocía la posesión española en la Italia meridional todas estas consideraciones eran de vivo interés para el Almirante.

Para 1510 tenemos prueba concreta de que Don Fadrique había conseguido echar suficiente tierra sobre su pasado filipino como para obtener del rey Fernando la ratificación de su Almirantazgo del reino de Granada, que provenía de una merced conciliatoria de Felipe I, como ya se ha visto. Con fecha Valladolid, 26 enero 1510, encabezada con el nombre de la reina Juana pero firmada por su padre y regente, se expidió carta de privilegio que efectivamente ratificaba a Don Fadrique en el Almirantazgo mayor del reino de Granada, con los mismos privilegios que detentaba como Almirante de Castilla.[65] El cauto Rey Católico, sin embargo, hizo claro en la carta de privilegio que dicho honor se concedía sólo por los días de la vida de don Fadrique. Para ejercer sus nuevas funciones Don Fadrique suplicó que se le nombrasen los lugares y puertos apropiados, así como, en su capacidad de Almirante de Castilla disponía de Sevilla de la que era Veinticuatro (v. *supra*, págs. 22-23). Por Real Cédula fechada en Burgos, 6 marzo 1512, se le designan los puertos de Málaga, Almería y Marbella. Esto provocó reclamaciones contra la crea-

---

65. Véase Francisco Bejarano Robles, «El Almirantazgo de Granada y la rebelión de Málaga en 1516», *Hispania*, XV (1955), 73-109. El autor parte de una errónea interpretación de la posición de Don Fadrique ante el rey Felipe I, e ignora que el Almirantazgo de Granada fue merced filipina, confirmada por Fernando el Católico; así y todo, es de útil consulta, lo mismo que su libro *Catálogo de los documentos del reinado de los Reyes Católicos existentes en el Archivo Municipal de Málaga* (Madrid, 1961).

ción del Almirantazgo de Granada por ciudades y territorios que se consideraban afectados por el nuevo privilegio, como ser las ciudades de Granada y Málaga, el señorío de Vizcaya, el almojarigazgo mayor de Sevilla. Pero todo se decidió a favor de Don Fadrique, aunque sólo por los días de su vida.

Hubo una nueva e inmediata reclamación por parte de Málaga y Almería solamente ahora, y otra vez la decisión favoreció a Don Fadrique. Dentro del contexto de la historia del reinado de Fernando el Católico se comprenden los motivos de este obcecado favoritismo. Para el año de 1512 el Rey Católico se enfrenta con un año climatérico. Las tropas francesas en el norte de Italia, bajo el mando de su joven cuñado Gastón de Foix, duque de Nemours, obtienen la amplia victoria de Ravena, pero es un triunfo pírrico porque allí pierde la vida el propio Gastón de Foix. En ese mismo año, y ya en suelo español, Fernando contempla la maniobra genial de incorporar el reino de Navarra a Castilla, como lo hizo. Es muy de destacar que Navarra fue incorporada a Castilla y no a Aragón, como había sido la política de Juan II de Aragón, el padre de Fernando. Fue una magnífica recompensa a Castilla en momentos precarios para el Rey Católico y con la misma óptica, aunque a un nivel muy distinto, se pueden considerar las repetidas decisiones a favor de Don Fadrique, castellano castellanista, en la enfurruñada cuestión del Almirantazgo de Málaga. Pero este repetido favor tendría dolorosas repercusiones, no sólo para Don Fadrique sino también para el reino todo.

El caso es que el establecimiento del Tribunal del Almirantazgo del reino de Granada en Málaga trajo de inmediato el inevitable cortejo de rozamientos, diferencias y hasta conflictos de jurisdicción con el Ayuntamiento y sus autoridades. Con el evidente favor que el rey Fernando deparaba al Almirante, no es de extrañar que las decisiones normalmente favoreciesen a su Tribunal. Año a año se agrían más las relaciones entre los malagueños y los representantes del Almirante. En estas ominosas circunstancias ocurrió la muerte del rey Fernando.

Cuando el Rey Católico emprendió su último viaje terreno, a la búsqueda de los benignos cielos andaluces, le acompañaba, entre los pocos Grandes castellanos, su primo hermano Don Fadrique, que firmó como testigo de su testamento (Madrigalejo, 22 enero 1516; el rey murió tres días después). Debo anotar que este testamento es de máxima importancia histórica, porque antepone el nieto extranjero, Carlos, a su hermano el nieto tan querido y castellano, Fernando, lo que cambia todos los indicadores del futuro peninsular. Las Comunidades de Castilla están como infartadas en esa decisión, y allí el papel de Don Fadrique será decisivo. Pero ahora no debo romper el hilo cronológico. El rey moribundo olvida en su testamento la ficción de que la reina propietaria de Castilla era su hija Juana la Loca, y, por consiguiente, nombra al cardenal Francisco Jiménez de Cisneros como regente o gobernador efectivo (aunque estos términos no se usan) de Castilla hasta la venida de su nieto Carlos. La inminente conflagración malagueña con motivo de los derechos del Almirante Don Fadrique caerá bajo la jurisdicción del Cardenal Cisneros.[66]

66. Al llegar a este punto se debe consultar la nutrida monografía del Conde de Cedillo, *El Cardenal Cisneros, gobernador del reino*, en particular I (Madrid, 1921), 38-49, donde estudia los acontecimientos de Málaga.

Al saberse la muerte del Rey Católico las autoridades malagueñas escribieron a Cisneros, 11 febrero 1516, amparándose en «su gran seso y prudençia y sancto zelo» (Cedillo, II, 27). Pero poco después, y en menoscabo de la autoridad de Cisneros, las autoridades malagueñas se dirigieron directamente al príncipe Carlos en Flandes. Al enterarse de esto, y para encontrar una solución al ya enfadoso problema, el Cardenal envió un juez pesquisidor a Málaga, el bachiller y alcalde de corte Benavente, quien el 30 marzo 1516 ya estaba dispuesto a entrar en Málaga. Los habitantes salieron en tropel de la ciudad y casi mataron a pedradas al juez y su comitiva, que se salvaron protegidos por las autoridades. A todo esto el corregidor Fernando de Vega (a quien no hay que confundir con Fernando de Vega, Señor de Grajal, Comendador Mayor de Castilla en la Orden de Santiago) en la ciudad actuaba tímidamente, tratando de pacificar los ánimos. Pero los amotinados actuaban incontenibles, y así expulsaron de la ciudad al teniente del Almirante y a su mujer, de manera afrentosa, y los signos, símbolos y emblemas del poder de Don Fadrique fueron tirados por los suelos y quemados.

Para el mes de abril los rebeldes de Málaga se pronuncian contra toda autoridad y declaran que sólo obedecerán los mandatos emanados del rey directamente. El Cardenal Cisneros ve claramente la necesidad de obrar con energía y rapidez contra esta rebelión contra su propia autoridad de regente. No es mi intención hacer un estudio detenido del movimiento malagueño, que me interesa en la medida en que afectó la dignidad de Don Fadrique. El interesado en tal tipo de estudio lo puede hacer consultando las obras mencionadas del conde de Cedillo y de Francisco Bejarano Robles. Unas pocas pinceladas más serán necesarias para terminar mi esbozo. Lo primero es nombrar un nuevo corregidor de Málaga, y así se hizo con fecha 1 junio, en la persona de nuestro viejo conocido el comendador Juan Gaytán, a quien vimos con anterioridad enfrentado enemistosamente con el hermano menor del Almirante (*supra*, págs. 76-77). Lo segundo, dado que el uso de fuerza se ve como imprescindible, es nombrar un capitán general de la expedición. El 24 octubre se nombró como tal a Don Antonio de la Cueva, señor del Adrada (así lo escribe siempre Fernández de Oviedo en sus *Batallas y quinquagenas*), hijo del primer duque de Alburquerque, quien comandará unas fuerzas considerables: 400 jinetes y 6.000 infantes

Esta vez los rebeldes malagueños quedaron debidamente atemorizados y para alejar los inminentes peligros de un sitio recurrieron, a comienzos de noviembre, al concejo de Antequera. Los antequeranos aconsejaron desistir de la rebeldía. Málaga aceptó el consejo y entró en tratos con Don Antonio de la Cueva. Estas capitulaciones fueron ratificadas por Cisneros el 12 diciembre 1516, y lo sustancial de ellas era que el Almirantazgo se ponía en tercera mientras se ventilaba el pleito en la Chancillería de Granada, y que se nombraba un nuevo corregidor para Málaga. Este fue Don Luis de la Cueva, de Úbeda, cabeza del linaje de la Cueva, Señor de Solera, y Comendador de Bedmar en la Orden de Santiago, a cuyo cargo corrió la pacificación de la ciudad, y cuya puntual biografía trae Fernández de Oviedo en sus *Batallas y quinquagenas* (mi ed., págs. 334-340). Con entera satisfacción podía escribir Cisneros al rey Carlos lo que leemos en esta carta escrita el mismo día 12 diciembre: «Lo de Málaga se ha hecho muy bien y sjn

derramamjento de sangre y han venjdo todos a obediencia ... y los de Málaga ovieron por bueno de venjr a obediencia, se tovo cierto medio, como vereys por las escripturas que aquj os enbjamos, y mucho antes se oviera
esto hecho y ovieran venjdo a lo que agora vjenen sino
fuera por ciertas cartas que de allá se les avía escripto».[67] Y sigue dura crítica a las inoportunas ingerencias
de la corte de Flandes en este delicado asunto. La naturaleza exacta de estas interferencias se puede leer en carta de don Diego López de Ayala a Cisneros, Bruselas,
2 diciembre 1516 (Conde de Cedillo, *op. cit.*, II, 459).

El Tribunal del Almirantazgo quedó en Málaga en
manos de Don Fadrique Enríquez y los inevitables ro-
ces de antes se reanudaron. La única solución efectiva
iba a ser la muerte del Almirante, dado que ya hemos
visto que los términos de la confirmación del oficio por
el Rey Católico eran por vida de Don Fadrique nada más.
Vale decir que la solución final sólo se dio en enero de
1538, cuando Don Fadrique murió en su villa de Medina de Ríoseco. Apenas llegó esta noticia a Málaga, en
el acto cesó el cobro de los derechos del Almirantazgo,
y con esto se acallaron para siempre los reclamos inicia-
dos destempladamente en marzo de 1516.

Con breve intervalo Don Fadrique mantuvo intac-
tos sus privilegios en la ciudad de Málaga, y sin el menor conato de intervención personal. Dada la reconocida entereza del Almirante esta ausencia personal suya
en asunto de tanta importancia para su casa se explica
por grave enfermedad del prócer. En carta del Almirante

67.   En *Cartas del Cardenal Don Fray Francisco Jiménez de Cisneros dirigidas a Don Diego López de Ayala*, publicadas por Pascual
de Gayangos y Vicente de la Fuente (Madrid, 1867), págs. 184-185.

a Cisneros, Medina de Ríoseco, 28 mayo 1517, se lee: «Hago saber a vuestra señoría Reverendísima como, loado nuestro Señor, yo estoy bueno y sin quartanas, que todas tres me an dexado, y a seruicio de vuestra señoría» (Conde de Cedillo, III, 590). Además, es muy probable que Cisneros haya aconsejado a Don Fadrique acerca de su oportuna ausencia de Málaga.

Grato recuerdo de la intervención de Cisneros en el engorroso asunto de Málaga guardó Don Fadrique porque al año siguiente, en 1517, el octogenario gobernador estaba gravemente enfermo en el convento franciscano de La Aguilera. En estas circunstancias el Consejo Real se permitió desobedecer las órdenes del regente. La Grandeza de Castilla, encabezada vigorosamente por el Almirante, se agrupó con decisión alrededor de la figura del moribundo Cisneros. Este dedicó unas expresivas gracias a todos, destacando la figura de Don Fadrique, y ponía a los grandes señores castellanos como modelos a los nobles flamencos (Conde de Cedillo, I, 127). Si esta ejemplaridad hubiese tenido efectividad histórica muy otros hubiesen sido los acontecimientos que siguieron a la llegada del rey Carlos a sus nuevos reinos.

Así y todo, no siempre la Grandeza, y muy en particular Don Fadrique, estuvieron de parte del Cardenal Cisneros. Dos ejemplos, nada más. El primero: en su incansable labor de reforma Cisneros creó una milicia ciudadana o gente de la Ordenanza que provocó una fuerte reacción en contra por parte de los grandes señores, que la veían como amenazadora a sus derechos y privilegios. El centro de la rebelión fue Valladolid y los cabecillas fueron, precisamente, Don Fadrique, tan puntilloso en cuestiones de privilegios, como ya le conocemos, y su hermano bastardo Don Alonso Enríquez, Obispo de Osma (*v. infra*, págs. 152-153). De Madrid, y con fecha 14 octubre 1516, escribió el Cardenal al canónigo toledano Don Diego López de Ayala, su delegado en la corte flamenca: «Agora han procurado algunos dellos [los Grandes], como ha sido el Almirante y sus hermanos y parientes, de ynpedir en Valladolid que no se haga esta gente [de la Ordenanza]» (*Cartas de Cisneros*, v. nota 67, pág. 170). Pero Cisneros se mantuvo inflexible y triunfó, aunque este choque con el Almirante vino a coincidir en el tiempo con la defensa de los derechos y privilegios del Almirante en Málaga, como ya se ha visto.

Segundo ejemplo de enfrentamiento entre Cisneros y la Grandeza, en particular el Almirante: entre junio y septiembre de 1517, y con motivo de un pleito señorial entre el conde de Ureña y Gutierre Quijada acerca de varios lugares, entre ellos Villafrades, en Tierra de Campos, Don Rodrigo Girón, hijo de Ureña, usó de la fuerza y se posesionó del lugar, a pesar de las decisiones de la Chancillería de Valladolid. La Grandeza, con el Almirante en destacada actuación—como que estaba emparentado de cerca con ellos, según se verá—, se puso a favor de los Girones, lo que los llevó a un violento encontronazo con Cisneros. Pero los nobles no se atrevieron a combatir y Cisneros no los castigó, en particular a los Girones, con la severidad del caso (Conde de Cedillo, I, 61-64).

La actitud malagueña contra el Almirante es isócrona con otras actitudes semejantes en otros puntos del reino y contra otros señores, lo que da a estos movimientos valores sintomáticos. Sólo mencionaré el de Huéscar, ya que no es mi intento hacer historia, sino biografía, y aun eso en forma de esbozo. El rey Fernando había hecho merced de la villa de Huéscar, en nombre de su hija Juana, al segundo duque de Alba, Don Fadrique Álvarez de Toledo, primo hermano suyo y del Almirante. Muerto el rey, en febrero de 1516 (marzo fue el caso de Málaga), el vecindario se levantó en armas, apellidando el nombre del príncipe Carlos, en contra del Duque, para no convertirse en población de señorío. Cisneros envió un juez pesquisidor que, como el de Málaga, fue ahuyentado, con reimplantación del régimen de realengo. Todo esto con apoyo de egoísmo partidista por parte del marqués de los Vélez, favorecedor de los rebeldes, por motivos propios. El Cardenal Cisneros, esta vez con el apoyo de Flandes, para junio de 1516 obtuvo la sumisión del marqués de los Vélez y Huéscar quedó como población de señorío en posesión del duque de Alba (Conde de Cedillo, I, 32-38).

Asonadas anti-señoriales como Málaga contra el Almirante y Huéscar contra el duque de Alba y actitudes tajantes tales como «Castilla para los castellanos» son hilos que bien pronto dibujarán el complejo entramado de las Comunidades, y que en este momento se tejen alrededor de la vida de Don Fadrique, cuya intervención personal será decisiva en el momento comunero. En cuanto al Cardenal Cisneros, su actitud es, en todo momento, de absoluta ecuanimidad mientras no se atentase contra la autoridad real. Por ello lo encontramos en los casos mencionados como decidido defensor de la Grandeza, pero en ningún momento pierde la objetividad. Esto le obliga a escribir a su delegado en Flandes Don Diego López de Ayala: «Que mire en esto su Alteza [Carlos I] lo que haze y que no se fíe de Grande ninguno, porque ninguno dellos tiene ojo syno como sacará algo a su Majestad» (Madrid, 14 octubre 1516, en *Cartas*, v. nota 67, pág. 96).

Así y todo, a comienzos de 1517 las relaciones entre el Almirante y el Cardenal han adquirido relativa intimidad, a juzgar por el comentario de Jorge de Varacaldo, secretario de Cisneros: «El señor Almirante ha enviado aquí a poner su casa y persona en el Cardenal como de su hermano mayor».[68] Hasta casi el último momento Cisneros estuvo atento a los sinsabores familiares del Almirante. Con fecha Roa, 26 octubre 1517, escribe a su fiel delegado López de Ayala, en la corte de Flandes, que vigile maniobras contrarias en el caso de los bienes del conde de Ribadeo, Don Diego Pérez Sarmiento, sobrino de Don Fadrique, que le habían sido confiscados (*Cartas*, pág. 239). Pero muy poca vida le quedaba al anciano e indomable Cisneros. Su joven soberano había anunciado, por fin, su viaje de Flandes a España y se concertó que Carlos y Cisneros se encontrasen en Mojados, cerca de Valladolid. El octogenario cardenal no pudo llegar a la cita, ya que murió en el camino (Roa, 8 noviembre 1517). Pero el rey estaba en la península desde el 17 septiembre, cuando desembarcó en Tazones (Asturias). Su desencuentro con el Cardenal Cisneros está cargado de sentido simbólico, como si sus consejeros flamencos triunfasen en su intento de apartar los mejores valores de Castilla del camino del joven rey.

No cabe duda que España ha entrado en un nuevo período constitucional, que se abre con tristes presagios.

68. *Apud* M. Giménez Fernández, *Bartolomé de las Casas*, I, *Delegado de Cisneros para la reforma de las Indias (1516-1517)* (Sevilla, 1953), 277, nota.

El monarca no sabe español, está rodeado por una camarilla de nobles flamencos, a quienes van los mejores cargos y que proceden al despojo casi sistemático del erario nacional. Como cifra de la despreocupación total hacia los deseos de la Reina Católica («Castilla para los castellanos»), el sucesor de Cisneros en la iglesia primada de España es un joven noble flamenco, Guillaume de Croy, sobrino del señor de Chièvres, lo más parecido a un privado que jamás tuvo el futuro emperador. El país debe efectuar un reajuste total, que lo llevará de la monarquía dual al imperio, y que bien se puede ilustrar con la figura del propio rey Carlos I. A su llegada a Castilla no habla el idioma; una cuarentena de años más tarde abdica y escoge, de libre voluntad, irse a esperar la muerte en las faldas de la serranía de Gredos. En ese traumático reajuste jugará un papel capital nuestro Almirante Don Fadrique Enríquez, que contaba 57 años de edad cuando su nuevo monarca, de 17 inexpertos años, desembarcó en Asturias.

VI

LA CRISIS NACIONAL: LAS COMUNIDADES

En febrero 1518 se convocaron Cortes en Valladolid, donde Carlos fue jurado rey de Castilla, León y Granada, y donde el creciente malestar nacional se manifestó en diversas recomendaciones, como que el rey aprenda español, que el nuevo Arzobispo de Toledo, el joven Guillaume de Croy, resida en su archidiócesis, que no se provean cargos ni beneficios en extranjeros y que los funcionarios de la corte sean sólo españoles. A todo esto asistió Don Fadrique Enríquez, y a la jura, efectuada en domingo 7 febrero 1518, en la iglesia de San Pablo, cuyo testimonio firmó con su nombre de fiel enamorado de su mujer y sus títulos: «Don Fadrique Enríquez de Cabrera, Almirante Mayor de Castilla y de Granada, conde de Módica».[69]

En esta ocasión se llevaron a cabo en Valladolid unas fiestas de extraordinario lujo, donde se derrochó de todo, hasta las muestras de valor personal en las arriesgadas justas. El cronista flamenco Laurent Vital, que acompañaba al monarca en calidad de ayuda de cámara, nos ha dejado puntual relato de todo ello en su *Relación del primer viaje de Carlos V a España* (v. *Viajes de extranjeros por España y Portugal*, I, cf. *supra*, nota 9). Nos describe la entrada de los grandes señores, cas-

---

69. La jura se copia en *Documentos del Archivo General de la villa de Madrid*, coleccionados por Timoteo Domingo Palacio, IV (Madrid, 1909), 223-230.

tellanos y flamencos, a cual más esplendorosamente vestido y todos montados en briosos corceles ricamente enjaezados. Todos menos el Almirante Don Fadrique, quien en parte por sus achaques (las cuartanas, ya mencionadas, *supra*, pág. 97), sus años, ya casi sexagenario, y su progresiva atracción por la vida espiritual—sobre lo que disertaré largamente más adelante—desfiló montado en una mula, si bien su jaez era de oro batido (Laurent Vital, *Relación*, cap. LXXII). Toda suerte de cambios están ocurriendo en el ánimo, el espíritu y el físico de Don Fadrique, y es interesante el contraste con las intervenciones del Almirante cuando llegó a España el padre de su actual monarca. Los archiduques Juana y Felipe el Hermoso viajaron a Castilla en 1501 para ser jurados príncipes herederos. Este viaje fue puntualmente narrado por el noble flamenco Antoine de Lalaing, señor de Montigny, quien nos informa que en Valladolid Felipe el Hermoso se alojó en las casas del Almirante. Continúa: «El domingo 6 de marzo, el Almirante y su hermano y otras gentes de bien del país justaron, muy bien vestidos, a la manera de España. Allí estaba la mujer de dicho Almirante, con varias otras damas, y los justadores cumplieron muy bien su deber» (*Primer viaje de Felipe el Hermoso a España en 1501*, v. *supra*, nota 9, pág. 454). Es de triste evidencia que para 1518 el Almirante ya no estaba para justar, sino para montar en mula.

Con el fin de recabar la obediencia de sus nuevos súbditos, previo juramento, y subsidios de los otros reinos, el joven rey Carlos abandonó pronto Valladolid y siguió camino de Zaragoza y de allí, en 1519, pasó a Barcelona. La noticia culminante de su estancia en la ciudad condal fue su elección como emperador del Sacro

Imperio Romano Germánico, como sucesor de su abuelo Maximiliano. Para Don Fadrique, que asimismo se hallaba allí, en su calidad de gran señor feudal en tierras catalanas, el gran acontecimiento, de muy gratas repercusiones personales, fue la celebración, en el coro de la catedral de Barcelona, el domingo 5 marzo 1519, del primero y único Capítulo General que la Orden del Toisón de Oro ha tenido en España, y en el cual él fue investido con su magnífico collar. Esta Orden caballeresca había sido creada por la Casa de Borgoña y por agnación su Gran Maestre era el rey Carlos. Era una Orden extranjera, que no había tenido caballeros españoles en su seno, con la excepción muy reciente de Don Juan Manuel (v. *supra*, pág. 84). Pero en este Capítulo General Carlos I nombró caballeros de ella a diez súbditos españoles, de los cuales ocho castellanos, uno catalán y otro napolitano, amén de seis extranjeros. Los castellanos escogidos fueron éstos, aparte de Don Fadrique: el duque de Alba, el duque de Escalona, el duque del Infantado, el Condestable de Castilla, el duque de Béjar, el duque de Nájera y el marqués de Astorga. El noble catalán honrado fue el duque de Cardona, y el napolitano el príncipe de Bisignano. Los escudos de armas de todos estos caballeros fueron magníficamente pintados en cada uno de los sitiales del coro, donde se los puede apreciar hoy en día, aunque retocados no con el mayor acierto.

Todo esto me provoca ciertas reflexiones suavemente irónicas. El Toisón de Oro era, y es, máxima distinción entre las órdenes de caballería, pero eso no quita que para un español fuese, entonces, una Orden de extranjeros. Don Fadrique, castellano castellanista, según se lo ha visto en sus tratos con los reyes Felipe y Fernando, acepta esta Orden extranjera y, al mismo tiempo, no se sabe que se haya cruzado por ninguna de las cuatro históricas órdenes españolas. Es difícil aceptar la vanidad como factor actuante en su caso, dada su posición en los propios peldaños del trono. Más bien, creo yo que la aceptación de esta Orden extranjera (borgoñona, flamenca) fue una astuta medida para mantenerse a la altura de las circunstancias, de seguir siendo castellano y tan bueno como el mejor de los flamencos que acababan de invadir su patria, y que habían visto siempre al Toisón de Oro como la máxima consagración personal en la tierra. Con todo, no puedo dejar de ver este castellanismo reprimido, contenido, por el Almirante en esta ocasión, como algo desmedrado en comparación a los arranques de patriotismo xenofóbico de su rival y vecino el conde de Benavente, quien en esta ocasión rehusó el Toisón de Oro por ser orden extranjera (Dánvila, *Comunidades*, *supra*, nota 63; I, 215), y que quemó su palacio, antes que albergar al Duque de Borbón en 1527, al menos según los encendidos versos románticos del Duque de Rivas en su conocido romance *Un castellano leal*.

Los extraordinarios dispendios barceloneses del nuevo rey tenían su justificación política, ya que por un lado se atendía a la elección del Imperio, a lo que sirvió la boda de la reina viuda Germana de Foix con el Marqués de Brandenburgo, hermano del Elector imperial, cuyo voto así obtuvo Carlos, fastuosas bodas efectuadas en la ciudad condal a los pocos días del brillante Capítulo de la Orden del Toisón de Oro, y por otro lado había que atender a los cuantiosos gastos de la armada contra infieles que se montaba también allí en Barcelona, puesta a las órdenes de don Hugo de Moncada. Las cortes catalanas no estaban dispuestas a pagar todos estos gastos, y para vencer esa oposición el rey utilizó el viejo recurso del soborno, para lo cual invirtió 155.473 libras, de las cuales nuestro Almirante recibió la bonita suma de 13.156 libras.[70] No sólo honores cosechó don Fadrique durante esta estancia barcelonesa.

También durante su estancia en Barcelona, el Almirante Don Fadrique tuvo la visita de un pedigüeño y extraordinario pariente lejano suyo, Don Alonso Enríquez de Guzmán. Este ilustre aventurero sevillano, según nos cuenta él mismo en su vida, al hallarse huérfano y sin bienes de fortuna, viajó a Barcelona para entrevistarse con el Almirante y con Don Alonso de Aragón, Arzobispo de Zaragoza, y antaño precoz rival de Don Fadrique por la mano de Doña Ana de Cabrera (v. *supra*, págs. 66-67), para quienes llevaba cartas del Duque de Medina Sidonia. Nos cuenta Don Alonso: «De los quales fue [fuí] muy bien resçivido y tratado. Los quales me llevaron a besar las manos al Rey ... Y otro día le fue [fuí] a hablar en mis negocios, y fueron conmigo el duque de Véjar y el Almirante, que era a suplicarle me hiziera merçed del ábito de Santiago y un asiento en su casa».[71] La solicitud no prosperó, y esto despeñó a Don Alonso Enríquez de Guzmán por el camino de sus increíbles aventuras por tierras de Italia y de América. De esta trivial anécdota quiero destacar la actitud del Almirante hacia un desconocido y lejano pa-

---

70. Nos entera de todo esto Ricardo García Cárcel, «Las cortes de 1519 en Barcelona, una opción revolucionaria frustrada», *Homenaje al Dr. Juan Reglá Campistol*, ed. J. Cuenca Toribio, I (Valencia, 1975), 239-256, los datos del texto en pág. 254.

71. *Libro de la vida y costumbres de Don Alonso Enríquez de Guzmán*, ed. Hayward Keniston, *Bib. Aut. Esp.*, CXXVI, 9.

riente, a quien atiende, en el medio del tráfago barcelonés de esos días con esmerada corrección y cortesía y le apoya al punto de presentarle al recién electo Emperador. Este conocimiento de los hombres y esta atención al verdadero valor de ellos constituirán uno de los más subidos y notables rasgos del carácter del Almirante, que bien pronto le valdrán de mucho, al estallar las Comunidades y tener que barajarse con tirios y troyanos.

Otro triunfo tuvo el Almirante en Barcelona. Antes de abandonarla para recabar su nueva corona imperial, el rey Carlos expide real cédula en la que aprueba otra del Rey Católico, inserta en ella, en que se mandaba guardar al Almirante todos los privilegios de su oficio.[72] Poco después, y ya en tierras del Imperio, Carlos I (ahora emperador Carlos V, ya que la tradición atribuye todo esto a los actos de su coronación en Aquisgrán, mayo de 1520) concedió al Almirante una nueva, muy española, e insuperable distinción. En su calidad de Almirante Mayor de Castilla le fue concedida la Grandeza de España, con todos sus privilegios. En esa ocasión el emperador Carlos V concedió análoga distinción a veinte familias españolas poseedoras de veinticinco títulos distintos de nobleza, que de ahora en adelante llevaron aneja la Grandeza. Como explicó el gran linajista Francisco Fernández de Bethencourt, en su monumental *Historia genealógica y heráldica de la Monarquía Española, Casa Real y Grandes de España*, II (Madrid, 1900), Introducción, no existe ningún tipo de documento oficial que cree la Grandeza española con fecha par-

---

72. En *Catálogo de la Colección Pellicer, antes denominada Grandezas de España*, I (Madrid, 1957), doc. 39.

ticular, sólo la persistente tradición de que esto ocurrió con motivo de la coronación de Aquisgrán. A la muerte del Almirante (1538) su Grandeza se subrogó en la del ducado de Medina de Ríoseco, título concedido por el Emperador a Don Fernando Enríquez, hermano y heredero de Don Fadrique, en ese mismo año. El título ducal en la actualidad lo posee la Casa de Osuna. La Grandeza era una continuación y superación de la Ricohombría de los reinos de Castilla y León, y constituyó una separación efectiva entre los Títulos y los Grandes, que pasaron a constituir la más elevada dignidad seglar.

Al abandonar España Carlos I había dejado un país muy descontento. El viaje para obtener la corona imperial, y el dinero gastado en las elecciones, representaban nuevos y grandes gastos de la Corona. Para allegar el dinero necesario se convocaron nuevas Cortes en Santiago, que luego se mudaron a La Coruña. Con la protesta de varias ciudades se votó el servicio. Pero esto dejó a muchos castellanos con muy mal sabor de boca, porque el servicio representaba dinero para que el rey abandonase el país, sin garantía de regreso y para obtener una nueva corona. Al mismo tiempo, la ausencia del monarca imponía una nueva regencia, en momentos de dura crisis constitucional. Y aquí vino una nueva desilusión, que no pudo por menos que aumentar el descontento nacional. Porque el regente-gobernador designado fue el antiguo ayo de Carlos, el flamenco Cardenal Adriano de Utrecht. En otras palabras, un extranjero y de una nacionalidad odiada en Castilla desde los años de Felipe I. El nombramiento iba contra los históricos consejos de la Reina Católica, y contra las recientes declaraciones del propio Carlos. La designación del nue-

vo regente-gobernador fue un error táctico, cometido
por desconocimiento de sus nuevos súbditos, apoyado
por la soberbia de los consejeros flamencos, y que los
españoles consideraron como un desafuero contra la nación. Bien es cierto que el troquel humano de Cisneros
había desaparecido con él, y los cortesanos flamencos
no tenían ningún interés en dejar a un Grande español
a cargo del país.

Como era previsible, el descontento de las ciudades
aumentó, y en algunos casos llegó a la abierta rebeldía.
Cuando Carlos abandonó España (20 mayo 1520), después de dos años y medio de lo que muchos españoles
consideraban una larga sucesión de agravios, la ciudad
de Toledo llevaba más de un mes en rebeldía, y tras la
expulsión del corregidor proclamó su junta de gobierno, la Comunidad de Toledo. La ciudad imperial se sentía especialmente agraviada por la elección del mozal-
bete flamenco Guillaume de Croy como Arzobispo
sucesor de Cisneros. Segovia también formó su propia
comunidad, y los disturbios se propagaron por Zamora, Toro, Burgos, Salamanca, Ávila, Soria, Madrid,
Cuenca, Guadalajara y Murcia, y todas se constituye-
ron en comunidades. Para coordinar la acción se formó
en Ávila la Santa Junta. Estaba en pie la revolución de
las Comunidades de Castilla (1520-1521), que puso a
dura prueba el temple del monarca.

Me parece evidente que las Comunidades constitu-
yeron, de manera radical, un movimiento proto-nacio-
nalista provocado por las formas extranjerizantes de Carlos, y en esto estoy en total acuerdo con la interpretación
de José Antonio Maravall (*Las Comunidades de Castilla. Una primera revolución moderna*, Madrid, 1963). En
este sentido se puede decir que aunque los comuneros

fueron derrotados en Villalar, su espíritu triunfó, porque lo que la Historia presencia es la progresiva y medular españolización de Carlos V, que lo llevaría a morir en su retiro de Yuste. Alrededor del nacionalismo de las Comunidades se tejen una serie de hechos cargados de valor simbólico. Por lo pronto, cuando Carlos se entera de los graves acontecimientos en Castilla, lo primero que hace es nombrar dos asesores castellanos al flamenco Adriano, que son el Condestable de Castilla, Don Íñigo Fernández de Velasco, y el Almirante de Castilla, nuestro Don Fadrique Enríquez, dos destacadísimos representantes de la Grandeza del reino (9 septiembre 1520). El principal consejero flamenco de Carlos, verdadero imán del odio castellano, había sido Guillaume de Croy, señor de Chièvres, a quien se ha considerado como el único favorito que tuvo el emperador. Para los mismos días en que los comuneros caían derrotados en Villalar, en la lejana Worms moría de la peste Chièvres. Cuando Carlos vuelve a España (desembarca en Santander el 7 julio 1522) sólo están a recibirlo los gobernadores castellanos Velasco y Enríquez. Su viejo maestro flamenco, el Cardenal Adriano está en Tarragona, a punto de embarcar para Roma y asumir la tiara papal, donde murió bien pronto (14 septiembre 1523). Para 1522, con Chièvres muerto y Adriano en viaje a Roma, el joven rey-emperador se ha quedado sin sus dos más íntimos, valiosos y decididos consejeros flamencos. Para gobernar la pugnaz Castilla ahora tiene Carlos que escuchar los consejos de dos castellanos, muy en particular los del Almirante, como dejan traslucir los acontecimientos y los documentos.

Cuando el rey Carlos nombró al Cardenal Adriano como Gobernador, y un poco más tarde nombró, asi-

mismo como Gobernadores, al Condestable y al Almirante (5 septiembre 1520), el joven rey actuó con la naturalidad del absolutismo. Ahora bien, en Castilla las
leyes del reino, en su conjunto, nunca habían considerado la posibilidad de la ausencia del monarca, aunque
sí su minoría.[73] En esta propia coyuntura constitucional hay un abismo legislativo entre el monarca y las Comunidades, porque las ciudades invocaban el conjunto
de leyes tocantes a la minoría del rey, cuando había que
nombrar tutores (también llamados «gobernadores»), y
para ello las ciudades tenían que ser consultadas. Como
tal consulta no se había llevado a cabo, las Comunidades no reconocían la legalidad de los Gobernadores, y
se dirigieron a ellos para que no aceptasen tales dudosos oficios.

Para estos decisivos momentos el carácter de cada
uno de los Gobernadores contó como cantidad de excepción. No había quejas contra el carácter del Cardenal Adriano y su afabilidad religiosa, pero era extranjero y un extranjero no podía ser Gobernador. Al parecer,
Adriano consideró largamente esta circunstancia, pero
no se dejó guiar por ella. El Condestable era universal-
mente odiado, y se le consideraba capaz de toda la brus-
quedad y brutalidad propias del soldado profesional, al
punto que «con pregón han publicado [los comuneros]
por enemigos del Reyno y de las Comunidades al Condestable y al Conde de Alua de Liste», según informa
el Cardenal Adriano al rey, en carta de Medina de Ríoseco, 20 noviembre 1520 (Danvila, *Comunidades*, *supra*,

73. Ver el interesante trabajo de J. L. Bermejo Cabrero, «La
gobernación del reino en las Comunidades de Castilla», *Hispania*,
XXXIII (1973), 249-264.

nota 63; II, 513). El Almirante Don Fadrique constituye un caso particular, y que merece mención aparte.

Por lo pronto, Don Fadrique estaba en sus tierras
de Cataluña (en la provincia de Gerona) cuando el Rey
firmó su nombramiento como Gobernador. A fines de
septiembre un secretario real comunicó al monarca que
se había entrevistado con el Almirante en Blanes, la cabeza de sus posesiones catalanas, y había expresado su
conformidad en aceptar el oficio. Pero no se movió de
Cataluña. En Medina de Ríoseco gobernaba sus tierras
su hermano Don Enrique Enríquez, Adelantado de Galicia, quien amparó allí al Cardenal Adriano cuando éste
huyó de Valladolid, atemorizado por los comuneros. A
15 octubre 1520 el Almirante escribió al Condestable
para informarle que todavía estaba en Blanes y él y su
mujer la Condesa Doña Ana de Cabrera estaban enfermos. Esto lo comenta el Condestable al rey: «Creo que
tardará en el camino más de lo que abríamos menester»
(Danvila, *Comunidades*, II, 274). Pero el 14 noviembre
el Almirante había entrado en su villa de Medina de Ríoseco, según informó el refugiado Cardenal Adriano al
monarca (*idem*, II, 500). El muy diligente y bien informado Pedro Mártir de Anglería escribió con este motivo al Gran Canciller Gattinara, desde la cercana Valladolid, 5 diciembre 1520, que un numeroso grupo de
soldados había salido a recibir al Almirante, y que éste
había dicho con tristeza: «Contra los moros, contra los
moros haced estos preparativos. Todos son nuestros y
se ha de actuar por convencimiento y no con las
armas».[74]

74.   Pedro Mártir de Anglería, *Epistolario*, trad. José López de
Toro, IV (Madrid, 1957), 105.

Aquí, como en cifra, se encuentran las dos actitudes claves del Almirante Don Fadrique ante la revolución comunera. Primero, el demorado viaje de Cataluña a Castilla, el foco de la rebelión, es la práctica del viejo consejo del emperador Augusto, *festina lente*, un «vamos despacio, que tengo prisa» en latín. El Almirante necesita tiempo para reflexionar, y encuentra que el único remedio a mano es dar tiempo al tiempo. Segundo, ese *actuar por convencimiento*, que cita Pedro Mártir, se trata de la convicción de que uno tiene razón, que está en lo cierto y que puede actuar con la conciencia limpia. Lo malo es que esa convicción no existe todavía. Otro gran estudioso de las Comunidades, Gregorio Marañón, escribió al respecto: «El gran drama de las guerras civiles ... es la ambivalencia que inevitablemente acongoja a muchos espíritus rectos, que lealmente no saben quién tiene razón, porque ni los unos ni los otros la tienen por completo. Especialmente, el Almirante de Castilla fue un ejemplo admirable de esta recta y humana situación».[75]

En ocasiones son verdaderos gritos del alma los que consigna el Almirante en su nutridísimo epistolario de las Comunidades, como en esta carta suya a la Comunidad de Valladolid: «Aunque yo soy servidor del Rey soy tan natural del Reyno y tan castellano en mi voluntad que todos los trabajos quel Reyno ha rescebido en las cosas pasadas y presentes, sabe Dios la parte que a mí me ha cabido dellas» (Danvila, II, 335). En tales agonías espirituales es imposible contemplar el empleo de las armas; lo único atendible es negociar, o sea buscar

---

75. Gregorio Maríañón, *Los tres Vélez. (Una historia de todos los tiempos)*, segunda ed. (Madrid, 1962), pág. 49.

el convencimiento del adversario o el propio. Y a ello
se lanza desesperadamente Don Fadrique, al punto que
concierta la ayuda de su amadísima mujer Doña Ana de
Cabrera, Condesa de Módica, con todos los riesgos del
caso, según informa el puntual Pedro Mártir de Anglería al Gran Canciller Gattinara, Valladolid, 27 diciembre 1520: «La Condesa de Módica, esposa del Almirante,
va y viene constantemente de los Grandes a los Junteros. Ignoro lo que se trama. Cremos que es con el fin
de convencer, en nombre del Almirante, a D. Pedro Girón para que engañe a los Junteros» (*Epistolario*, IV,
113-114). Con admirable devoción marital mutua, la
Condesa de Módica se lanza en plenas épocas navide-
ñas a las dudosas y peligrosas tareas del agente semi-
secreto.

Otros agentes tenía también el Almirante que ofre-
cían términos favorables a los comuneros, como para
no llegar a las armas y evitar la depredación de sus feudos, temor que sobrecogía a todos los Grandes. Aquí
se debe consignar la muy cacareada y problemática participación del famoso fray Antonio de Guevara, tan bien
estudiada por Augustin Redondo.[76] Hay que recordar
que Don Fadrique había fundado en Medina de Ríoseco el convento de San Francisco, donde están enterrados él y su mujer, y allí, a fines de 1520, llamó al franciscano Guevara, quien se encargó de delicadas misiones
ante los generales comuneros, que culminaron en el conocido Razonamiento de Villabrágima (*Epístolas familiares* [Valladolid, 1539], epístola XLVIII, «Razonamien-

---

76.   Augustin Redondo, *Antonio de Guevara (1480?-1545) et
l'Espagne de son temps. De la carrière officielle aux oeuvres politico-
morales* (Ginebra, 1976), en particular págs. 116-147.

to hecho en Villabrágima a los caballeros de la Junta; en el cual el autor les requiere con la paz en nombre del Rey, y les dice muchas y muy notables cosas»). El propio Guevara, en ocasiones, se reconoce tan cruelmente escindido en el hondón de su espíritu, en sus actitudes hacia las Comunidades, como el propio Almirante, así cuando exclama: «Deseo que venza la parte de los caballeros, y pésame de que veo muertos y atropellados a los pobres, mayormente que ni saben lo que piden, ni sienten lo que hacen» (epístola XXXIII). Más adelante, al tratar de las relaciones literarias de Don Fadrique tendré que aproximarme nuevamente a la vidriosa personalidad de Guevara.

El más notable resultado inmediato de estas negociaciones del Almirante, ya fuesen efectuadas a través de la Condesa de Módica, o de fray Antonio de Guevara, o de los dos a la vez, es que Don Pedro Girón (primogénito del segundo conde de Ureña), capitán general del ejército comunero, en reemplazo de Juan de Padilla, desobedece las órdenes muy concretas de la Junta de dirigirse a Medina de Ríoseco (Danvila, II, 528-530), se desvía hacia Villalpando y el resultado es que los Grandes se posesionan de Tordesillas, residencia de la pobre reina Juana la Loca. Los comuneros, con rabiosa impotencia, «començaron a dezir que [Don Pedro Girón] era un traydor que a todos los traýa vendidos» (Danvila, III, 43). Don Pedro poseía un genio tan violento como rápido, y esto lo había demostrado ampliamente en su largo pleito sobre el ducado de Medina Sidonia, con cuyo título blasonaba. Al ser acusado de traidor, coaccionado como estaba por los mensajeros del Almirante, Girón reaccionó como solía y abandonó la causa comunera. Bien se podía ufanar Don Fadrique En-

ríquez, en carta posterior a Carlos V, de su oportunísi-
ma intervención en este asunto: «I tornando a lo de D.
Pedro Girón, digo que el Papa [= el antiguo Cardenal
Adriano, Gobernador del Reino] e io le escrivimos que
no saliese luego y que templasse lo que pudiesse. I assí,
quando fuimos a Tordesillas i quedó perdido lo nuestro, él se vino a esta villa [Medina de Ríoseco], que si
no mirara lo que tocava al servicio de V.M., tomara a
Medina de Ríoseco i a mi muger i todos nuestros estados, i con aquello se acabara todo, i quedáramos perdidos en Tordesillas, i no quedara cosa por levantar en
todo el Reino. I porque no lo hiço assí le llamavan traidor, i le quisieron matar quando aquí vino a esta villa
con la gente» (s.l.n.f., pero Medina de Ríoseco, finales
de 1522; Danvila, V, 226)

No pienso entrar en muchos más detalles respecto
a las actuaciones del Almirante durante las Comunidades, todas de excepcional importancia, como es lógico
esperar, dada su calidad de Gobernador del Reino en
continuo contacto con la Junta. No es mi intención hacer tal historia, que merece un detallado y pensado estudio de por sí, pero debo destacar algunos rasgos más
de su carácter que destacan contra este fratricida telón
de fondo. Debe observarse, para no salirme del caso de
Don Pedro Girón, que las sutiles gestiones de Don Fadrique privaron a la Santa Junta del abierto apoyo de
un Grande, el «Duque» [de Medina Sidonia], como le
gustaba firmar (el único Duque declaradamente comunero), quien, al mismo tiempo, tenía bien sentada fama
de audaz y decidido militar. Pero después de la defec-
ción de Don Pedro, era Don Fadrique quien quedaba
moralmente comprometido a que el aristocrático comunero no sufriese el justiciero y ejemplar destino de los

demás rebeldes. Acabo de citar un pasaje de carta del Almirante al Emperador en que intercede elocuentemente por Don Pedro Girón, y tres son las cartas de la misma época que dirige a su monarca para obtener su perdón y abogar por otros compromisos por él contraídos como Gobernador (Danvila, V, 220-233).

En la primera escribe a su monarca: «Ni los capitanes ni los consejeros [de las Comunidades] sabían do traían pies ni caueça, porque todo se lo auía yo quitado quando saqué a Don Pedro Xirón i a Don Pedro Lasso [presidente de la Junta y hermano mayor del poeta Garcilaso], i los otros capitanes y oficiales y gente de armas, que sobre mi palabra salió» (Danvila, V, 221). En la segunda insiste ante el Rey: «Parecióme que el maior servicio que le podía hacer [al monarca] fue entreuenir en deshacer la Junta; i assí se hiço, que sacalles a Don Pedro Girón fue deshacellos del todo por la autoridad grande que perdieron» (Danvila, IV, 224-225). En la tercera de las cartas vuelve a la carga y le dice claramente a Carlos I: «V.M. sabe lo que io trabaxé de sacar a Don Pedro Xirón de la Junta, porque la autoridad que les daba i su persona parecía que fundaba más sus males, el sabio por nuestro mandado i con mi intercesión. Dél [Don Pedro Girón] io recibo buenas obras, que me quemaran a Medina si no lo estorbara, y acabaran de destruir mi tierra. I visto el bien que hacía, el Papa [= el Cardenal Adriano] e yo le escrivimos que no se desamarrase dellos [los Junteros] del todo. El hiço lo que V.A. mandó i io trabaxé. En Flandes se tubo por buena negociación, como lo era. Justo sería que V.M. diesse ia fin en esto i le perdonasse i reciviesse por servidor. Porque aunque los beneficios hechos en pecado mortal no aprovechan para el Alma, que son las mercedes de

V.A., aprovechan al cuerpo, que es el perdón por el cual suplico a V.A.» (Danvila, V, 231-232).

De la misma época hay otro torrente de cartas del Almirante al Emperador, en que se traiciona su creciente irritación con el joven monarca, al punto que él mismo reconoce: «Yo pareceré a V.M. mui importuno por acordalle i suplicalle tantas veces» (Danvila, V, 274). El tema obsesionado de estas súplicas era éste: «A V. M. e suplicado muchas veces que quiera confirmar el perdón que io prometí a los que saqué de la Junta [Don Pedro Girón y Don Pedro Lasso], traiendo tanta necesidad que se tomó por remedio ofrecellos perdón y mercedes. Lo qual fue causa que estubiessen las cossas en el estado que oi están, pues a no tomarse este trabaxo la batalla fuera muy dudosa. V.M., que a goçado del prouecho, es justo que cumpla lo que yo por serbiros prometí» (Danvila, V, 273)

Lo que había ocurrido para exacerbar la pluma del Almirante era que Don Pedro Girón, como capitán general de la Junta, había sido exceptuado del perdón general de 28 octubre 1522, contra todo lo prometido por el Almirante-Gobernador. La inmediata intervención de parientes—vuelvo de inmediato sobre esto—, y muy en particular las elocuentísimas gestiones del Almirante, de las que he dado breve muestra, obtuvieron que Don Pedro Girón fuese perdonado por Real Cédula de 27 marzo 1524 (Danvila, V, 503). Vuelto así a la gracia real, Don Pedro, a la muerte de su padre en 1528, pudo acceder al título y nombrarse tercer conde de Ureña, hasta su muerte en 1531. Me gusta pensar que fue la elocuencia e insistencia epistolares de Don Fadrique las que obtuvieron para Don Pedro, cuando aun no era poseedor de su Casa, una muestra del máximo favor real.

En 1526, cuando la entrada solemne de Isabel de Portugal en Sevilla para sus bodas con el Emperador, Don Pedro Girón recibió el muy alto honor de llevar de la rienda el caballo de la Emperatriz.[77] Después de los enormes sinsabores personales de las Comunidades, muestras tan claras de la vuelta a la gracia real del antiguo capitán general de la Junta, en la que tan elocuente y repetidamente intervino el Almirante, tienen que haber alegrado el viejo espíritu de éste.

Aquí es preciso insertar una aclaración que iluminará muchos aspectos de aquellas vidas. El Almirante Don Fadrique y Don Pedro Girón estaban doblemente emparentados. Por parte de madre eran primos hermanos. La madre del Almirante era Doña María de Velasco y la de Don Pedro lo era Doña Leonor de la Vega y Velasco, ambas hijas de Don Pedro Fernández de Velasco, II Conde de Haro y I Condestable de Castilla de su familia. Por lo demás, una hermana de Don Pedro Girón, llamada Doña María Girón, había casado con Don Fernando Enríquez, hermano menor de Don Fadrique y con el tiempo heredero del Almirantazgo, y I Duque de Medina de Ríoseco. Se debe hacer claro, también, que Don Pedro Girón era, asimismo, sobrino carnal de Don Íñigo Fernández de Velasco, Condestable de Castilla, Gobernador del Reino. O sea que el Almirante y Don Pedro Girón, el Comunero, eran primos hermanos por Velasco, y sobrinos carnales del Condestable de Castilla y Gobernador del Reino Don Íñigo Fernández de Velasco, mientras que el Almirante, el Du-

---

77. Véase Francisco Fernández de Bethencourt, *Historia genealógica y heráldica de la monarquía española*, II (Madrid, 1900), 536-539.

que de Alba Don Fadrique Álvarez de Toledo y el Rey Católico eran primos hermanos por Enríquez. La Genealogía y la Heráldica, en ocasiones, sirven admirablemente para iluminar la Historia.

Durante las Comunidades no sólo sufrieron la conciencia y el honor del Almirante, sino también sus propios feudos, muchos de ellos quemados y saqueados, y sus vasallos muertos y torturados, y las mujeres violadas. Consecuente con mi intención de ilustrar brevemente las actuaciones del Almirante en esos tiempos tan recios, ya que la historia detallada cae fuera de mi objetivo, sólo citaré lo ocurrido a una de sus villas de señorío, Torrelobatón, un poco al sur de Medina de Ríoseco, y equidistante de ella y de Valladolid. Cito nuevamente al inestimable Pedro Mártir de Anglería, epístola 714, Valladolid, 4 marzo 1521: «El estrépito, bramidos y alboroto de los Junteros cayeron, con toda su violencia, sobre la antigua, noble y patrimonial plaza del Almirante que lleva el nombre de Torrelobatón. La atacaron con toda clase de cañones, la conquistaron y, después de saquearla, la demolieron, juntamente con su castillo, que parecía inexpugnable, y del cual se cuenta que en cierta ocasión se resistió a que lo tomase el enfurecido rey Juan de Castilla, aunque lo tuvo cercado y lo batió a cañonazos durante mucho tiempo». Y continúa Anglería narrando cómo el Almirante acudió con tropas, pero salió a su encuentro Juan de Padilla con el ejército comunero (Don Pedro Girón, gracias a los oficios del Almirante, ya se había ausentado), y Don Fadrique tuvo que retirarse, «lloroso y lamentando la calamidad de su pueblo».

Como me desentiendo de mayor responsabilidad historiográfica respecto al movimiento de las Comunidades, creo que puedo pasar, sin más pinceladas ilustrativas, a la actuación del Almirante en el encuentro final entre los Grandes y la Junta, vale decir, la batalla de Villalar, que se libró el día de San Jorge, martes 23 abril 1521. Para esto tenemos el parte oficial de la jornada de Villalar, dirigido al Emperador por el capitán general del ejército, el joven e inexperto conde de Haro, primogénito del Condestable. Se informa allí que el domingo 21 se habían reunido en Peñaflor las fuerzas del Almirante y del Condestable, mientras que los comuneros estaban en Torrelobatón. El martes, al saber los realistas que el enemigo levantaba campamento, Haro envió sus avanzadas «y luego llegó Herrera, capitán del artillería la cual iba delante de todos tirando, y tras ella iba la batalla real y el Almirante, y Conde de Benavente, y Duque de Medinaceli, y Marqués de Astorga, y otros muchos grandes y caballeros» (Danvila, III, 747). Es de notar que el avejentado Almirante, que pocos años antes había asistido a las justas en la jura de Carlos I en Valladolid pacatamente montado en mula, enjaezada de oro, eso sí (*supra*, págs. 89-90), ahora sale a mortal refriega, armado de punta en blanco y en la batalla real. Incomparable sentido del deber: el anciano Gobernador sabe que, en lo que promete ser la batalla decisiva contra los comuneros, tiene que estar con sus tropas. Y así lo hace.

La dolorida desilusión del Almirante ante la victoria de Villalar y sus comineras secuelas debe haber comenzado casi de inmediato. En el campo de batalla se habían capturado a los destacados jefes comuneros Juan de Padilla, Juan Bravo y Francisco Maldonado. Los encerraron en el castillo de Villalar y al día siguiente, tras un juicio sumario, fueron condenados a muerte y con-

fiscación de bienes, y casi de inmediato fueron degolla-
dos. La consternación cubrió como un velo los campos
de Castilla y León, y rápidamente se sometieron los comuneros, con las notorias excepciones de la viuda de
Padilla en Toledo, y del belicoso obispo Antonio de Acuña en Zamora. Cuando el Rey, ya en tierras españolas,
firmó el perdón general, que fue proclamado solemne-
mente en Valladolid (28 octubre 1522), el documento
lleva una lista larguísima de «exceptuados» (Danvila, V,
244-248). Es interesante anotar algunos nombres de estos «exceptuados», que, en diversas ocasiones, ya han
desfilado por estas páginas, como los de Don Pedro Girón y Don Pedro Lasso de la Vega—que habían sido perdonados personalmente por el Almirante—, el de Ramiro Núñez de Guzmán, su antiguo enemigo, y sus
cuatro hijos, y el de Juan Gaytán, el pundonoroso toledano que aleccionó severamente en Bruselas al conde
de Melgar, hermano menor del Almirante. La lectura
del perdón general causa la impresión opuesta: más que
una remisión de culpas, parece ser instrumento de una
muy severa represión y castigo, al punto que hasta los
ya ajusticiados, como Juan de Padilla, son exceptuados
con fines de mantener viva su infamia. La reacción del
Almirante fue típica: se negó a asistir a la solemne pro-
clamación del documento.

Entre el perdón y la represión Don Fadrique había
estado siempre por el primero, y todo el mundo tenía
conciencia de ello. Hay una preciosa carta del Condestable de Castilla en que se pintan de cuerpo entero estos dos Gobernadores y sus métodos diametralmente
opuestos de enfrentarse con las Comunidades. La parte que me interesa dice así: «El Almirante, por la vía
de fray Francisco de los Ángeles [con la condesa de Mó-

dica y fray Antonio de Guevara, otro de sus agentes]
anda en tratos con la Junta. Han tenido alguna esperança de concertarse, pero hasta aquí todo el trauajo ha
seydo en balde, porque si no es a fuerça de braços éstos
de la Junta no han de hazer ninguna virtud» (Burgos,
22 febrero 1521; Danvila, III, 230). No cabe duda: el
Almirante por la negociación; el Condestable por la fuerza bruta. Don Fadrique siente la íntima necesidad de
decir al Rey que él «sienpre escriue que trabaje [Carlos
V] de ganar estos Reynos con amor e no oya a los que
disen lo contrario» (s.l.n.f.; Danvila, IV, 356). A comienzos de 1521, en medio de la más negra crisis, escribe en tonos severos el Almirante en un mensaje ci-
frado a ser entregado al Rey por su agente Angelo de
Bursa: «Suplico a Su Al. que se le acuerde que no tengo
en mi casa parte que no esté perdida o muy cerca de per-
derse, que esto es más pago para que se vea que quiere
mi desonrra ... Su Al. comiença tenprano a desconfiar
de mí, e yo no enpeçé tarde a perder lo que tengo por
seruille». Y termina en forma obsesiva: «Sienpre le suplico [a Su Alteza] por el perdón general destos reynos»
Tordesillas, 12 enero 1521; Danvila, III, 73-74). Claro
está que el perdón general que emitirá el monarca, un
año y diez meses después de la carta citada, con su in-
terminable lista de exceptuados, no tendrá relación alguna con la visión amplia y generosa de Don Fadrique.

El acongojado sentir del Almirante se encona, ante
lo que tiene que haber considerado como indiferencia
de su rey por su honor personal empeñado. Instruye a
Angelo de Bursa que diga al Rey: «No tengo cobdicia
sino de honrra, sin ofensa de Dios i suia adquirida. I
que no es él [el Emperador] bastante a comprarme una
hora de travaxo, que en menguar de la vida no tiene equi-

valente precio debaxo de su corona para pagármela» (Vitoria, 20 enero 1522; Danvila, V, 12-13). Esa honra es la que siente puesta en crisis por su monarca, y, desesperado, insiste en la misma carta de creencia: «Dice un sabio que dos cossas son perdidas en el Mundo, al ciego mostralle pintura i dar consexo al Rey sordo» (*ibidem*). El dolor le llega a lo más hondo de sus sentimientos, allí donde se asienta su ferviente amor por su mujer: «Sólo lo que e dicho me hace andar descassado i atormentado i fatigado» (ib.). Con anterioridad ya le había dicho al Rey, refiriéndose a sí mismo en tercera persona: «Ha lx. años no tiene hijo ni fija, ni otro bien syno a su mujer» (Danvila, IV, 355).

En estas tremendas circunstancias le queda el triste consuelo de que siempre ha dicho y dirá la verdad a su monarca, y esto se lo plantea en forma axiomática al rey Carlos: «La maior necesidad de los Príncipes es tener quien les diga verdad». Y procede, ya en tono personal: «Siempre me precié de tratar con verdad libremente entre los hombres, y mucho más con mis Príncipes i señores naturales». Con clarividente tacto (y con similicadencia guevariana) le espeta al ausente monarca: «Hespaña ha menester Rei presente, prudente i diligente». Revisa los problemas de España, que cataloga bajo cinco categorías: «La primera y principal, la aussencia de V.M.; la segunda, concordia entre Hespañoles; la tercera, horden; la quarta, prouisiones; i la quinta, dineros». Esta notabilísima carta termina, en tono casi paternal, con este muy sesudo consejo: «Para todo conbernía que V.A. diesse mui alegres orexas a su mismo cassamiento con la Señora Doña Isabel, Infanta de Portugal» (s.l.n.f.; Danvila, V, 84-92). Es una forma muy práctica de españolizar al flamenco Carlos V.

Cuando Carlos volvió a España, el Almirante no pudo acudir en persona por falta de salud, como se lo explica en otra carta desbordante de severa franqueza (Danvila, V, 93-97). Ahora que el rey está en España, esto es lo primero que le recuerda: «No soys Dios, que podeys estar en todo cabo; haveys de sostener vuestros Estados con amor: éste no se adquiere, sin buenas obras». Establece una comparación entre Carlos I y sus abuelos los Reyes Católicos, ecuánime, pero con resultados sangrientamente irónicos: «Ellos eran Reyes sólo de estos Reynos; de nuestra lengua, nacidos y criados entre nosotros, conocían a todos, criaban los hijos e hijas en su Corte, arraygávase el amor». La evidencia histórica nos dice que Carlos se tomó todo esto muy a pecho, y que se españolizó a ultranza, como lo demostró su famoso desafío al rey Francisco de Francia, en Roma y en español. Hacia finales de la carta el tono se personaliza: «"En verdá, señor, lo que más olvidado yo tengo es mi particular, que, pues Dios me lleva a serville, espero en Él que me dará vida con que satisfaga mis daños". Evidentemente, ya está en marcha la profunda crisis espiritual del Almirante, tema a estudiar en el próximo capítulo, apenas se acabe el incidente de las Comunidades. Termina esta extraordinaria carta con desgarrada franqueza: «Yo quedo satisfecho con haver fecho lo que debo, vea vuestra Magestad si lo está con Dios y con las gentes».

Para agosto de 1522 la creciente crisis espiritual se ve fuertemente alentada por un roce con la Muerte, lo que le conmina a comenzar la carta en estos tonos: «Entre las causas que suele aver para que alguno osse decir la verdad a su Príncipe y señor la más cierta suele ser hallarse cerca de la Muerte». Ésta es su justificación final: «Determiné en mi voluntad antes que el cabo de la vida que cada día espero viniesse, de decir a V.M. mui claro lo que me parece que combiene a vuestro servicio». El pensamiento del Almirante está en fundamental armonía con la vieja copla popular: «Puesto ya el pie en el estribo, / con las ansias de la muerte, / gran señor, ésta te escribo». Lanzado a decir verdades, por más duras que sean, Don Fadrique se desemboza del todo y dice a su Rey: «Fuera más sano consejo acordar a V.M. que no sois Dios». Lo que sigue son fórmulas corteses para disimular lo tajante de la declaración. Es dudoso que Carlos V haya topado a lo largo de su vida con algo tan brutalmente veraz como esa hiriente llamada de atención. Y vuelve a la carga con su *ritornello*: «Yo he suplicado muchas veces a V.M. que quiera perdonar a aquellos caualleros que io saqué en tiempo que tan gran provecho os hice de las Comunidades». Para declararle taxativamente a su monarca: «Me agrabia V.M. condenándolos». Esta vez la entereza del Almirante le obliga a estampar esta aclaración: «Yo e suplicado a V.M. que esto se lea delante todos los de vuestro consejo porque para con Dios i con el Mundo descansso io que aia testigos que a mí me oian deciros la verdad» (Danvila, V, 198-201). Don Fadrique, cansado de la indiferencia de Carlos, que hace oídos sordos a todo, se adelanta, con entera osadía, a usar a todo el Consejo Real como cámara de resonancia de sus verdades. Tal vez este original y atrevido sistema megafónico incite al Rey a prestarle atención.

Pero los silencios y dilaciones reales continúan, y el Almirante se desespera: «No debría V.M. ... dexarme obligado como Almirante a lo que me obligué como Gouernador por servir a V.M.» (Danvila, V, 225). El achacoso Don Fadrique ya no puede esperar más y ya no solicita una respuesta formal: «Yo suplico a V.M. que en las márgenes deste memorial me mande responder su voluntad, porque mi hedad en algunas cossas no sufre dilación, i si me a de quedar la quenta con Dios, como conozco ia el Mundo, querría ser io como mi Albacea i mi heredero, si pudiesse, porque lo que io no hiciere creo que nadie lo hará» (Danvila, V, 226-227). El desasosiego espiritual del Almirante se extrema, y en otra carta de la misma época (finales de 1522) solicita del Rey que «me pueda retraer a mi cassa a dar cuenta a Dios de mis culpas, i a V.M. suplico que me mande tomar residencia». Se anhela el alejamiento de la vida pública y se busca la exoneración ante Dios y ante los hombres.

Los inusitados rigores que atienden el regreso del monarca invocan en el Almirante reacciones de integridad ejemplar: «Más seguridad ubiera en todo quanto menos sangre se ubiera vertido. Siempre fui io desta opinión, i no me arrepiento dello ni para con Dios ni para con el Mundo» (Danvila, V, 274). Aunque de pésima manera, se ha acabado el peligro nacional; lo que peligra ahora es su alma, y el pobre Almirante siente inescapables exigencias espirituales: «Io cumplí el mandamiento de V.M. i puse en harto peligro el alma, pues estando tan al cavo de la vida dexé de cumplir mi testamento, i lo que estaba apartado para él se gastó en vuestro servicio, i todo el tiempo que la necesidad duró tube io olvidada el Alma» (Danvila, V, 337). Al parecer, el viraje espiritual de Don Fadrique predataba las Comunidades, porque en la misma carta añade: «Estando retraído como io estaba, fue [= fui] sacado del servicio de Dios i fue [= fui] a servir al Mundo» (*ibidem*). Su

inusitado sacrificio (el servicio de Dios), bien merece
una sencilla recompensa (libertad de volver a su casa):
«Para cobrar lo que olvidé para serviros, que fue Dios,
combiene livertad, suplico a V.M. que, con su buena
voluntad, me la dé para ir [a] acabar de cumplir mi testamento a mi cassa» (*ibidem*).

La desatención del Rey a todos sus consejos constituye un verdadero «agrabio», pero ni esto acallará las
justas y muy sentidas recriminaciones del Almirante. En
mayo de 1523 escribe una muy larga y enérgica epístola
a Carlos I: «I puesto que este agrabio [la desatención
real] en otro haría tanta impresión que le dexasse mudo,
a mí no me lo dexa ser mis canas, las quales me acuer-
dan qué tan cerca tengo la sepoltura para que ose deciros lo que ninguno debría callaros, pues sólo Dios debe
ser temido» (Danvila, V, 411). El Almirante termina
con una maravillosa justificación de la longitud de su
epístola, que me debe valer como ejemplo de su última
recriminación al desatento monarca, para no hacer in-
terminable este capítulo: «Suplico a V.M. me perdone
si e alargado, que ... io estoi de camino para mi cassa,
i en ella entiendo que terné tanto que haçer con Dios
que oluidaré lo del Mundo» (*idem*, 415).

He practicado el más leve desbroce de la inmensa
correspondencia de Don Fadrique Enríquez con motivo de las Comunidades, y en ello sólo he estado atento
a lo que nos revela de sus interioridades espirituales,
como para captar algo del latido y el calor de tan extraordinario hombre. Muchísimo he tenido que omitir
conscientemente de esta breve antología espiritual. Las
inmensas dimensiones de su epistolario ya las comentó
el Condestable de Castilla en carta al Emperador, en
la que supuso, con sorna, «sy V.A. se huelga tanto de

leer como ell Almirante descriuir» (Danvila, IV, 375).
Con su habitual gracejo corrobora esta ilustrada grafomanía de Don Fadrique el famoso médico Francisco López de Villalobos, a la sazón su huésped en Medina de
Ríoseco, en una epístola a Doña María de Toledo, fecha 22 enero 1521: «El Almirante nunca entiende sino
en conciertos y pazes, y para esto desuélase y haze cartas más elegantes que Séneca y Tulio, las quales, leydas
en púlpito a la gente baxa y menuda, que son los que
ahora tratan la masa, entienden los primores y sutilezas dellas como las ouejas y las uacas entendían los altos versos que les contaba la Sibila» (*Algunas obras, supra*, nota 47; pág. 53).

Para no dejar cabos sueltos, en la medida de lo posible, conviene ahora salir al paso de la infundamenta-
da conjetura de que el conocido estilista fray Antonio
de Guevara redactó las pulidas epístolas del Almirante
durante las Comunidades.[78] Los testimonios anteriores
anulan tal posibilidad. Yo no insistiré que el lector lea
más del epistolario del Almirante, porque creo haber
recogido lo más valioso en el contexto de su lacerada
humanidad como Gobernador cristiano de una nación
en guerra civil. Así como la Historia nos indicia que la
crisis política de la nación está a punto de terminar, el
epistolario nos revela que la personal crisis del espíritu
se ahonda.

Al margen de las Comunidades, pero casi al mismo
tiempo, los Gobernadores del reino (y ahora me refiero
concretamente al Condestable y al Almirante) tuvieron

---

78. Así opinó Juan Marichal, *La voluntad de estilo* (Barcelona,
1957), pág. 323; para la segunda ed. (Madrid, 1971), pág. 255, no
había cambiado de opinión.

que hacer frente a un nuevo peligro. En mayo de 1521, inmediatamente después de Villalar, los franceses invadieron el reino de Navarra, so pretexto de defender los derechos del pretendiente al trono, Henri d'Albret. Las tropas navarras habían sido enviadas a la Castilla de las Comunidades. El reino estaba desguarnecido, y la única resistencia que los franceses encontraron fue en la ciudadela de Pamplona, defendida, entre otros, por un aguerrido militar vasco, Iñaki de Loiola, nuestro gran San Ignacio de Loyola. Como se verá en el capítulo próximo, la crisis espiritual del Almirante recorrió caminos paralelos a la del capitán Loiola, y ambos compartieron la misma campaña contra los franceses.

Lo que ocurrió en la campaña de Navarra es historia. Los Gobernadores marcharon con toda rapidez al Norte, mientras los franceses llegaban hasta Logroño. Éstos se vieron obligados a retirarse hacia Pamplona, y el 30 junio 1521 en un campo entre Noain y Esquiroz sufrieron una grave derrota, que puso fin a la invasión. En esta batalla la intervención del sexagenario Don Fadrique fue decisiva, y de ello escribe elocuentemente un estudioso contemporáneo suyo, el magnífico caballero Pero Mexía, Veinticuatro de Sevilla: «Al principio esta batalla estava muy dudosa y peligrosa por su parte; porque los franceses pudieron tomar sitio para su artillería tan a su ventaja, y hizieron con ella tanto daño antes que la vatalla se llegase a romper, sin rreçebirlo ellos de los de España, que fue causa que vn esquadrón de ynfantería de cinco mill hombres començó a retirarse y a dar muestras de huyda; y si no fuera porque el Almirante con alguna copia de cavalleros salió de la vatalla y con palabras y con obras los detuvo y compelió a tornar a rromper, ellos lo acabaran de hazer».[79]

Como último comentario a estas actividades político-militares de Don Fadrique Enríquez, citaré a otro gran historiador del Emperador Carlos V, que escribe ya con la perspectiva del siglo XVII. Me refiero a fray Prudencio de Sandoval, quien escribe: «Es bien de notar lo que el Condestable y Almirante de Castilla hicieron en servicio del Emperador y bien del reino, venciendo dentro de dos meses dos batallas de tanta importancia, con que conservaron los reinos de Castilla y de Navarra en la obediencia del Emperador».[80]

La crisis nacional, que había comenzado a la muerte de Isabel la Católica (1504), se había exacerbado al punto de estallar en las Comunidades. A esto le sigue dura represión, instigada por la presencia de Carlos en el reino y apoyada en su perdón general. Pero el rey toma el pulso a la situación nacional y decide no abandonar el reino por un rato largo, hasta 1529. Esta larga estadía de Carlos en el verdadero corazón de su imperio, puntuada por alegres acontecimientos como las bodas con Isabel (1526) y el nacimiento del príncipe heredero Felipe (1527), permite que el país entre en un período de progresiva armonía interna y de extraordinarios movimientos expansivos externos. La crisis de España se ha solventado. La crisis espiritual del Almirante aumenta su diapasón.

79. Cito su *Historia del Emperador Carlos V*, ed. J. de M. Carriazo (Madrid, 1945), pág. 273.
80. *Historia de la vida y hechos del Emperador Carlos V*, I (Valladolid, Sebastián de Cañas, 1604), libro X cap. vii.

VII

LA CRISIS ESPIRITUAL DEL ALMIRANTE

El epistolario de Don Fadrique da amplias muestras de que en el hondón de su espíritu bullía una sorda crisis, que predataba los sobresaltos de las Comunidades, y que, en el curso de ellas comenzó a aflorar paulatinamente, hasta que reventó con motivo del gravísimo problema personal creado por los «exceptuados» del perdón general del Emperador (28 octubre 1522). De allí en adelante el hilillo rojo denunciador de la crisis se convierte en un verdadero y amplio tapiz en que alternan las jeremíadas, las incomparables muestras de entereza moral y de un férreo código de conducta, y las ansias de dedicarse a la vida espiritual. Así acicateado, el Almirante dejó dos muestras físicas de sus intereses espirituales. Reedificó la planta del devoto monasterio franciscano de Valdescopezo, de lo que mucho hablaron sus contemporáneos, e hizo construir desde los cimientos la bella iglesia de San Francisco en Medina de Ríoseco, donde están enterrados él y su mujer, hoy monumento nacional. Por lo demás, obsérvese que en este momento en la vida de un hombre, nos hallamos ante un caso extraordinario. En contadas ocasiones se ha visto, en los peldaños del trono, un hombre con la integridad moral de Don Fadrique, y que todo lo que pide es que lo dejen volver a la soledad de su casa para mejor buscar a Dios.

La atalaya desde la cual enfilo hoy los hechos históricos me permite afirmar que la crisis espiritual que sufrió el maduro Almirante fue un fenómeno generacio-

nal. Y con esto no pretendo cometer la memez de insi-
nuar que su experiencia espiritual fue impersonal y trans-
ferible. En absoluto. Lo que veo desde mi atalaya es que
las primeras décadas del siglo XVI, en los cuatro costa-
dos de Europa, presencian fenómenos análogos y, en ocasiones, de muy amplias repercusiones sociales. Lutero
en Alemania, Calvino en Suiza, Enrique VIII en Inglaterra, Ochino en Italia, Valdés en España, y los ilumi-
nados, alumbrados, los focos de heterodoxia en Valladolid, Sevilla, etc. He escogido nombres-símbolos, que
representan muchedumbres con desazones espirituales
análogas a las de Don Fadrique.

Si a esta generalización de amplio alcance se la recorta y ajusta un poco, se podrá observar que, precisamente, las décadas de 1510 a 1530, cuando el Almirante sufre más ahincadamente sus inquietudes religiosas,
son las que concentran más actividad del mismo tipo
en otros niveles sociales y otros rincones de Europa. Hay
una estrecha interconexión entre religión y vida, entre
la vida espiritual y la vida política. En 1510 se da la so-
nora aldabada de la *Enchiridio sive Institutio Christiani
Principis* de Erasmo, traducido al español en 1526 y dedicado al Inquisidor General Don Alonso Manrique. El
período acotado se cierra con la más clara muestra de
la interrelación entre religión y política con la Confesión de Augsburgo y la Liga de Esmalcalda (1530). En
los años intermedios se afanan por expresar sus nuevos
deseos de comunicar con Dios, tipos espirituales tan di-
símiles como Lutero y Zwingli, Melanchthon y San Ignacio de Loyola. Cada uno de estos nombres tendrá su
propia marejada política. Al mismo tiempo tienen en-
tusiasta recepción obras sustancialmente tan distintas

como la Biblia Políglota Complutense, y el Nuevo Testamento de Erasmo o el de Lutero.

Ya se ha visto que cuando estallaron las Comunidades el Almirante y su mujer se hallaban en sus tierras catalanas, pero no dedicados a la vida feudal, sino a la vida espiritual. Así se lo recuerda Don Fadrique en tonos lastimados al Rey: «Quando [V.M.] me mandó venir de Cataluña a este Reino, ia io estaba apartado del Mundo i dando a Dios quenta i satisfación como quien temía la Jornada» (s.l.n.f, pero finales de 1522; Danvila, V, 337). Creo poder remontar un poco más en el tiempo esta crisis espiritual que, evidentemente, fue compartida por su amada mujer Doña Ana de Cabrera. En el año de 1518 tanto el Almirante como Doña Ana otorgaron sus testamentos particulares, él en Medina de Ríoseco, 14 octubre, ella en la vecina Villabrágima, con la misma fecha (Colección Salazar, Real Academia de la Historia, signatura antigua M-50, signatura actual 9/856, segundo documento). Es dudoso que ambos estuviesen enfermos, separados geográficamente y dispuestos a testar el mismo día. Dada la fuerte crisis espiritual que sacude al matrimonio, y que el propio Almirante admite como algo en marcha en Cataluña y en 1520, es de suponer que para la fecha de los testamentos de 1518, el matrimonio se había separado brevemente para alcanzar, en forma individual, una más profunda interiorización en su grave crisis espiritual, y, en fecha predeterminada, redactar su última voluntad y arreglo ante Dios y ante los hombres. A algo de todo esto alude, doloridamente, Don Fadrique en su correspondencia al Emperador de los años de las Comunidades (v. *supra*, pág. 128).

Se ha visto, también, que durante esa lucha fratri-

cida sus ansias espirituales se decantan y ruega poderse
«retraer a mi cassa a dar cuenta a Dios de mis culpas»
(*supra*, pág. 127). Las inquietudes religiosas de Don Fadrique deben haber sido bien conocidas, porque en vida
suya se compuso una sátira titulada el *Provincial segundo*, y la copla a él dedicada las destaca:

A DON FADRIQUE ENRÍQUEZ

A frai Fadrique Pachón
no piensses que te e olvidado
que el provinçial a mandado
qu'entres en la religión.
Es tanta tu discreción
que suplirá otros defetos
pues donde huviere discretos
... iendo mui gentil raçón.[81]

Es bien digno de acentuar el hecho de que la espiritualidad de Don Fadrique bien pronto adquirió un ses-
go decididamente práctico. A más tardar en la primera
mitad de 1525, llamó a sus tierras de Medina de Ríoseco al alumbrado sacerdote guipuzcoano Juan López de
Celain para llevar a cabo la evangelización de sus estados. Celain reunió a su alrededor un grupillo de ilumi-
nados que el pueblo pronto designó «los apóstoles del
Almirante».[82]

81. R. Foulché-Delbosc, «Notes sur les *Coplas del Provincial*»,
Revue Hispanique, VI (1899), 433.
82. Ver Marcel Bataillon, *Erasmo y España. Estudios sobre la
historia espiritual del siglo XVI*, segunda ed. (México, 1966), págs.
182-185; Ángela Selke de Sánchez, «Vida y muerte de Juan López
de Celain, alumbrado vizcaíno», *Bulletin Hispanique*, LXII (1960),
136-162; Melquíades Andrés Martín, «Implicaciones señoriales del

Para esos años Medina de Ríoseco no era la única corte señorial en Castilla que alentaba vívidas esperanzas de experiencias espirituales inéditas, al compás de una Europa sacudida por erasmismo, luteranismo, nuevas y viejas heterodoxias, reformas ortodoxas como la de Cisneros, y muchas aventuras más. No olvidar, además, que se trata de una Castilla que vive una dolorosa e inquieta post-guerra civil. En Guadalajara, el tercer duque del Infantado, jefe del poderoso clan de los Mendoza, acogía con simpatía las visitas de María de Cazalla, quien en 1532-1533 se vería procesada por la Inquisición. En Escalona, el viejo Marqués de Villena y Duque de Escalona, cuñado de nuestro Almirante, contrató como predicador, con excelente sueldo, al alumbrado Pedro Ruiz de Alcaraz y al mismo Marqués de Villena, como protector de espirituales de nuevo cuño, dedica Juan de Valdés su *Diálogo de doctrina cristiana* (Alcalá de Henares, 1529), y, poco antes, Francisco de Osuna había hecho lo mismo con su *Tercer abecedario espiritual* (Toledo, 1527), que instruirá, en su momento, a Santa Teresa de Jesús en la «oración de recogimiento». En Alba de Tormes, su Duque, y primo hermano del Almirante, apoya a la Beata de Piedrahita. Y así, por el estilo, en varias otras cortes de señorío. Pero basta el caso del Marqués de Villena, halagado tanto por la ortodoxia (Osuna), como por la heterodoxia (Valdés), para ilustrar el hecho de que todo esto no es un deseado «salirse de la Iglesia», sino que se trata de verdade-

---

alumbradismo castellano en torno a 1525», *Homenaje al profesor Antonio Vilanova*, I (Barcelona, 1989), 13-30; J. M. Carrete Parrondo, *Movimiento alumbrado y Renacimiento español. Proceso de Luis de Beteta* (Madrid, 1980).

ras *inquietudes* espirituales, sin norte definido, una ilusionada y vagante búsqueda por un *sentirse nuevo por dentro*, que tendrá abrupto fin en diversos procesos inquisitoriales contra todo asomo de novedad y heterodoxia.

No debe caber duda de que Don Fadrique Enríquez estaba a la cabeza de una ilustre falange de individuos que buscaban la interiorización y la pasividad como formas efectivas de la entrega a Dios. Se rondaban, de esta manera, tierras de individualidad personal lindantes con la heterodoxia. La verdad es que Castilla, en las primeras décadas del siglo XVI, fue tierra de estrepitosas novedades. En lo político, las Comunidades, por un lado, y la nueva dinastía extranjera, por el otro. Sus propios reyes llevan en los numerales que siguen a su nombre, el signo de su novedad: Felipe I, Carlos I. En lo religioso, un nuevo concepto de la vida religiosa en los *Ejercicios espirituales* de San Ignacio de Loyola (su compañero de campaña militar en Navarra), y una reforma de las viejas órdenes emprendida por el Cardenal Cisneros. En lo intelectual-espiritual, las ideas erasmistas informan toda una nueva serie de posturas críticas, y los círculos alumbrados, en sus nuevos tanteos anímicos, llegan a derivar hacia el luteranismo. Y aquí entra la represión inquisitorial, *urbi et orbe*.

Toda la evidencia histórica nos indica que la crisis espiritual de Don Fadrique se amplía y profundiza en los años inmediatamente posteriores a las Comunidades. Se había iniciado algo antes que ellas, como algo personal y en comunión con su amada mujer. Las Comunidades representaron un grave trastorno personal, a todos los niveles. En lo espiritual, lo que desencandenó sus ansias de *evangelizar* sus estados es el conocimiento que trabó con el presbítero guipuzcoano Juan López de Celain, probablemente a comienzos del verano de 1525.

Celain había nacido en 1488, y hacia 1523 estaba al servicio de Alonso del Castillo, capellán del Duque del Infantado, en Guadalajara, corte señorial ya mencionada como muy interesada por las nuevas corrientes espirituales. Entró en contacto personal con Pedro Ruiz de Alcaraz, quien se instalaría en la corte señorial del Marqués de Villena, en Escalona, y llegaría a ser el principal dogmatizador de los *alumbrados de Toledo*. También conoció al famoso predicador fray Francisco Ortiz, al que dedicaré mucho más espacio más adelante por sus estrechas relaciones con el Almirante. Ortiz sería condenado más tarde a reclusión en el convento de Torrelaguna, donde acabaría sus días. Dado que Don Diego López Pacheco, Marqués de Villena, y el Almirante Don Fadrique Enríquez eran cuñados, considero que alguien de la corte alumbrada de Escalona fue el punto de enlace entre Celain y el Almirante. El caso es que para mediados de 1525 Don Fadrique mandó llamar al presbítero vasco, que tenía fama de *buena persona* (expresión muy usada en los círculos alumbrados, casi como auto-designación), porque «quería descargar y comunicar ... cosas de su conciencia». Estas son declaraciones del maestro Juan del Castillo en el proceso inquisitorial del cantor toledano Luis de Beteta, que constituye la mejor fuente para la historia de «los Apóstoles del Almirante». Ahora amalgamo y armonizo datos recogidos de los trabajos citados en nota 79, sin más identificación.

Prosigue el maestro Juan del Castillo: «Juan López [de Celain] fue al Almirante y le habló, y después de comunicar con él las cosas que quiso de su conciencia, Juan López puso en la cabeça del Almirante que sería muy bien reformar toda su tierra para que viviesen bien y christianamente». Celain aseguró al Almirante «que él conocía por estas tierras acá muchos clérigos y amigos suyos, que su Señoría les escribiese que les haría buen tratamiento y les daría lo que hubiese menester e iría a entender en aquella cosa». Ya están en pie los elementos imprescindibles para el «apostolado» de Medina de Ríoseco; ahora falta que Celain entre esos «muchos clérigos y amigos suyos» encuentre y designe los doce apóstoles para la nueva evangelización. A un momento anterior a que Celain declarase quiénes serán los *electi*, pertenece un precioso fragmento de una carta suya al Almirante, fecha Toledo, 30 julio 1525. Es todo lo que nos ha llegado de Celain referente a este asunto, y dice así: «Por esto, si V. S. quisiera tomar la vandera de Dios y en ella seguir con la gracia y fuerzas que ese mismo Dios le diere, seré yo el trompeta y el pífaro, y aunque por mi maldad arto astroso: y así todos los llamados acudirán a la bandera y desta manera podrá V.S. ser principio de la reformación de la verdadera christiandad. Y si a V.S. le sirviese a Nuestro Señor por su bondad a emplear lo que le resta de su vida en esto y a mí me quisiera hazer merced de llamarme para que le syrva siquiera de estropajo, de solo V.S. está tal obra. Recibirá mi alma las mercedes que en toda su vida deseó y así lo ofrezco todo a Nuestro Señor para que aga en todo su santa voluntad». La utopía se ha tocado con la mano: *la reformación de la verdadera christiandad*. El Almirante ha asumido el papel de director del Gran Teatro del Mundo, y como tal procederá a evangelizar sus pueblos.

Como primera providencia Don Fadrique proveyó

a Juan López de Celain con una carta «para todos los clérigos y personas que quisiesen ir a entender en aquello, que él los recibirá y les daría todo lo que hubiesen menester», comenzando por un sueldo de 20.000 maravedíes al año y vivienda en una casa del Almirante, cerca de Medina de Ríoseco. Los últimos toques del plan de campaña religiosa de Celain incluían la construcción de un «monasterio» para la nueva hermandad y «traer una bula del Papa para que lo pudiese hazer». Con todo esto listo, Celain, con el alumbrado Diego López de Husillos, se largan a recorrer los centros *alumbrados* de Castilla la Nueva, «concertado de llevar personas notables ansí en letras como en exemplo de vida, predicadores y clérigos y frailes, al dicho Almirante, para predicar en aquella tierra».

El que «había de ser el principal de ellos» en predicar las nuevas doctrinas era el bachiller Bernardino de Tovar, de la universidad de Alcalá de Henares, medio hermano del conocido humanista y erasmista Juan de Vergara, ambos más tarde procesados por el Santo Oficio por motivos ajenos al «apostolado», y que marcaron el comienzo de la persecución oficial del erasmismo. Husillos y Celain entraron en contacto, además, con el maestro Juan del Castillo (que es el que provee toda esta información), profesor de griego en Boloña más tarde, antes de ser condenado, ya de vuelta en España, a la hoguera por luterano. También comunicaron con el clérigo Gaspar de Villafaña, el impresor alcalaíno Miguel de Eguía, yerno y heredero de Arnao Guillén de Brocar, el impresor de la *Biblia Poliglota Complutense*— Eguía estuvo en las cárceles de la Inquisición de 1531 a 1533—, con el «príncipe de los predicadores» fray Francisco Ortiz, ya mencionado, cuyo hermano, Juan

Ortiz, era secretario del Almirante, con el cura de la capilla de San Pedro, Miguel Ortiz, y el maestro Gutierre Ortiz del Colegio de Toledo (estos dos últimos Ortices no emparentados con el franciscano predicador), el clérigo cantor Luis de Beteta, Pero Hernández, canónigo de Palencia, el dominico Tomás de Guzmán, y el simpático y bien conocido humanista toledano Alejo Venegas.

Un excelente equipo, que nunca se reunió ni entró en funciones de evangelizadores. La verdad del caso es que la magnífica empresa espiritual del Almirante en relación con sus vasallos no tuvo lugar, ni siquiera pasó del despegue inicial. Las razones del fracaso no están muy claras, pero se han atado suficientes cabos como para poder llegar a varias conclusiones. Por lo pronto, el que «había de ser principal de ellos», el bachiller Bernardino de Tovar, al ver la carta del Almirante, según declara Juan del Castillo, «no hizo caso alguno de ella, teniendo a Juan López por hombre de poco juizio». Probablemente por motivos análogos, fray Francisco Ortiz tampoco quiso asociarse, aunque diez años más tarde todavía mantenía viva relación epistolar con el Almirante. Continúa la declaración de Castillo: «En fin, ninguna persona fue con el dicho Juan López a casa del ... Almirante a Medina de Ríoseco sino sólo este declarante». La realidad parece haber sido un poco distinta: el clérigo cantor Luis de Beteta y el otro clérigo Villafaña viajaron a Medina de Ríoseco, pero Beteta, en particular, recuerda Castillo que «no halló ningún acogimiento en casa del Almirante, ni para cantor ni para otra cosa». Prosigue Castillo que «el Almirante ya estava tibio en aquello», aunque no explica el motivo de la tibieza. Beteta, por su parte, declara en su propio proceso que él fue a Medina de Ríoseco «pensando que el Almirante le haría buen partido para su capilla ... con deseo de buena conversación, para aprovechar en letras con aquellas personas que allí se hallasen», entre las cuales destaca la posibilidad de «gozar de la doctrina del fray Tomás de Guzmán y ... del exerçiçio que pensaban tener en aquella casa que iba a edificar». Las exposiciones doctrinales del dominico Guzmán le elevaron, más tarde, a profesor de teología en San Gregorio de Valladolid.

Por lo pronto, la casa de devoción no pasó de ser un rasgo imaginativo de Celain, que en la práctica el Almirante nunca secundó, y cuando Beteta llegó a Medina de Ríoseco «no vido allí sino a Juan López y al maestro Castillo», y el cantor quedó bastante escamado por la conversación que tuvo con Castillo, que tenía, siempre según Beteta, «notable ignorancia en las cosas de theología». Al segundo día, como el Almirante seguía sin recibirle, «ni se hablaba en hazer aquel monasterio, ni de traer allí a los dichos letrados y religiosos», Beteta se dejó guiar por sus dudas, «lo tuvo por burla» y regresó a Toledo. Al poco tiempo el propio Castillo se marchó a Valladolid y el Almirante quedó solo con Juan López de Celain. Al proseguir su deposición en el pleito de Beteta, Castillo, «a lo que oyó dezir», declara que por fin aparecieron por Medina de Ríoseco fray Tomás de Guzmán, el canónigo palentino Pero Hernández y el impresor complutense Miguel de Eguía, y el grupillo creía que «Tovar había de venir a ser el dios de ellos». Pero en vez de esto, prosigue Castillo, «no sabe qué cosa fue y qué intervino, que todos se partieron de allí y se fue cada uno a su parte donde solían vivir». Hasta el propio Celain se marchó a Valladolid. Esta desbanda-

da marca el final del extraordinario proyecto de evangelizar sus estados por parte del Almirante.

Los motivos de este rápido y total fracaso se deben
atribuir a un cambio de intención por parte de Don Fadrique Enríquez, quien «ya estava tibio en aquello». Qué
indujo su tibieza se puede conjeturar por el hecho de
que dos de los principales «apóstoles» que se reunieron
en Medina de Ríoseco fueron el clérigo guipuzcoano Juan
López de Celain y el helenista y erasmista Juan del Castillo. Celain a fines de 1526 fue a Valladolid, de allí a
Alcalá de Henares y en 1527 ya estaba en Granada, como
capellán de la Capilla Real. Allí fue preso por la Inquisición muy a fines de 1528, y después de un proceso interrumpido por su repetida fuga, fue quemado por luterano, en 24 julio 1530. En cuanto al maestro Castillo,
helenista, erasmista e iluminado, las vehementes sospechas en contra suya se concretan en el proceso de Francisca Hernández, quien entre julio y septiembre de 1530
denunció como luteranos, entre otros muchos, a los
«apóstoles» Miguel de Eguía, Juan López de Celain, Diego López de Husillos, el clérigo Gaspar de Villafaña y
a nuestro clérigo humanista Castillo. Este tuvo la buena suerte de poder huir de España, pero la Inquisición,
convencida de que su captura era de capital importancia, lo buscó incansable, y lo encontraron en 1533 en-
señando griego en Boloña, de donde lo trajeron a las cárceles inquisitoriales. Su proceso fue larguísimo y el
helenista fue quemado en Toledo, 18 marzo 1537, por
luterano. Ahora bien, como nos recordó el maestro Marcel Bataillon, «es preciso entender este luteranismo en
sentido muy lato. La solidaridad del iluminismo con la
revolución religiosa europea es algo que no deja lugar
a la más pequeña duda. Pero su parentesco está, sobre

todo, en sus orígenes comunes» (*Erasmo* y *España*, pág. 185).

De todo esto es lógico suponer que el Almirante habrá entrado en tempranas sospechas acerca de las verdaderas inclinaciones espirituales de los «apóstoles» que acudieron a Medina de Ríoseco. En el socorrido proceso de Luis de Beteta declaró María Ramírez, criada de Francisca Hernández, respecto a los «apóstoles»: «Fue muy público y notorio que el señor Almirante los tenía allí pensando que eran buenas personas y que después, desque vio que era cosa del diablo, los echó de allí». Según la misma deposición «la cosa del diablo» era que sus «apóstoles» afirmaban «que Leutero [*sic*] era un gran siervo de Dios y sus escrituras eran muy santas y captólicas y buenas y ... que ellos querían ir y hazer aquellos apóstoles que dezían para irse allá con el dicho Leutero». Por más manga ancha que gastase el Almirante, y ya veremos que sí la tenía, era categóricamente impensable evangelizar sus estados con luteranos. Al enterarse de la verdadera vocación de sus protegidos, que era ni más ni menos que «cosa del diablo» en la Castilla de esas décadas, Don Fadrique tomó la decisión, lenta pero firme, de echarlos con cajas destempladas y acabar con el malhadado proyecto.

No creo, sin embargo, que Don Fadrique haya vivido amedrentado por los juicios de la Inquisición, como la inmensa mayoría de sus paisanos: «Ante el rey y la Inquisición, chitón». Parece, más bien, que mantenía una cierta desestima ante esos juicios, como semejan evidenciarlo dos hechos distintos. El primero es que durante su última enfermedad recibió la visita de Isabel de la Cruz, un caso típico de «dejamiento» no ajeno a los intereses espirituales del Almirante, según se verá de inmediato, en momentos en que ella llevaba el sambenito de los condenados por la Inquisición. El segundo caso merece mención aparte por la fama que adquirió.

Se trata del doctor Eugenio Torralba, natural de Cuenca, que fue médico particular de Don Fadrique en Medina de Ríoseco.[83] Torralba había vivido en Italia, donde se graduó en medicina y donde adquirió a su familiar Zequiel, uno de los espíritus más simpáticos en los anales de la Inquisición, y a quien el propio médico llamó «ángel bueno, espíritu de intelligencia». Uno de los grandes triunfos de Zequiel eran sus hazañas voladoras, en las que participaba Torralba «cavalgando en una caña por los aires y guiado por una nube de fuego». En 1527, cuando ya era médico del Almirante, Torralba y Zequiel volaron de Valladolid a Roma en una hora, para presenciar el famosísimo saco, y después volaron de regreso en hora y media. Todo esto lo contó el doctor Torralba con lujo de detalles, al punto que llamó la atención de la Inquisición, que lo procesó en 1528. En este momento intervino Don Fadrique, quien obtuvo su libertad en 1531, y lo volvió a tomar a su servicio, en que permaneció hasta la muerte de nuestro biografiado.

Tenemos dos testimonios excepcionales acerca de la fama que dejó Torralba. El primero es el del simpático cortesano y poeta Don Luis Zapata y su epopeya *Carlo famoso* (Valencia, Juan Mey, 1566). En los cantos XXVIII a XLI Zapata narra las distintas hazañas voladoras de Torralba y Zequiel, muy en particular la del saco de Roma, y recuerda muy bien las relaciones entre

83. Ver Samuel M. Waxman, «Chapters on Magic in Spanish Literature», *Revue Hispanique*, XXXVIII (1916), 440-456.

el médico y Don Fadrique: «A Torralva, un grande hombre y nigromante / médico y familiar del Almirante». Zapata agrega imaginativamente, con lo cual implica al Almirante en las nigromancias de su médico, cuando éste está de regreso en Medina de Ríoseco: «Y en un día natural a ella viniendo / lo visto al Almirante le contaba; / y en un día solo así se supo cuanto / en Roma había pasado por encanto».

El otro testimonio dio inacabable fama póstuma al doctor Torralba porque se trata de Cervantes en el *Quijote*, II, xli. Amo y escudero creen viajar por los aires, caballeros en Clavileño, y Sancho quiere destaparse para ver dónde están: «No hagas tal, respondió don Quijote, y acuérdate del verdadero cuento del licenciado Torralba, a quien llevaron los diablos en volandas por el aire, caballero en una caña, cerrados los ojos, y en doce horas llegó a Roma, y se apeó en Torre de Nona, que es una calle de la ciudad, y vio todo el fracaso y asalto y muerte de Borbón, y por la mañana ya estaba de vuelta en Madrid, donde dio cuenta de todo lo que había visto». El siglo pasado Ramón de Campoamor «filosofó» en ocho cantos la vida del *Licenciado Torralva* (1888), con fantaseada intervención femenina («la muliércula») y muerte del protagonista en la hoguera. De todas maneras, lo que me interesa destacar es la actitud de superioridad y despego que el Almirante manifestó hacia la Inquisición cuando su médico fue procesado. Don Fadrique intervino a favor de Torralba, obtuvo su libertad y lo repuso en su puesto palacial en Medina de Ríoseco. Esta actitud ante alguien procesado por el Santo Oficio es de todo punto extraordinaria.

Los intereses espirituales del Almirante por el «dejamiento» se patentizan en la pregunta 291 que hizo a fray Luis de Escobar, y que éste imprimió en *Las quatrocientas respuestas a otras tantas preguntas que el Illustríssimo. Señor Don Fadrique Enrríquez, Almirante de Castilla, y otras personas en diuersas vezes enviaron a preguntar al autor* (Zaragoza, Jorge Coci, 1545), fol. lxxxi vuelto. Por cierto que esta *pregunta* no figura en la primera edición de la obra de Escobar, Valladolid, Nicolás Tierri, 1526. El título de la *pregunta* es: «Pregunta CCXCJ. Y es la quarta destas cinco: Si es meior y más seguro dexarse el hombre del todo a Dios y a contemplación, que curar de hazer otros bienes». La primera copla real del Almirante (son cuatro), dice así:

> Hay diuersas opiniones
> en la forma de saluarnos,
> unos dizen que oraciones,
> otros que en los coraçones
> a Dios del todo dexarnos;
> otros hazer beneficios
> de limosna y caridad,
> otros hazer sacrificios,
> otros que otros exercicios
> y obras de piedad.

La larga respuesta de fray Luis de Escobar (son quince coplas reales) expone la doctrina oficial de la Iglesia al respecto, y destaco esta copla:

> Lo primero que es dexaros,
> es peligroso dexar
> porque podeys engañaros
> si Dios no quiere alumbraros
> por gracia muy singular;
> que podrá ser que creays

que es Dios el que en vos inspira,
y sea quien no pensays,
por do vos obedezcays
a spíritu de mentira.

Al imprimir y anotar las *preguntas* del Almirante disertaré sobre sus inquietudes espirituales, por lo que no ampliaré más este capítulo.

Para terminarlo apuntaré brevemente el hecho de que otros «apóstoles», de catadura francamente picaresca, vivieron en la tradición castellana, después de muerto el Almirante. El autor del *Viaje de Turquía* (cuya epístola dedicatoria está fechada 1 marzo 1557) cuenta de ciertos embaucadores («vellacos españoles») que provocan la siguiente pregunta de Juan de Voto a Dios: «¿Y a ésos qué les hizieron, que dignos heran de grande pena?», a lo que contesta Mátalascallando: «No nada, porque no los pudieron cojer; que si pudieran, ellos fueran a remar con Iesu Christo y sus Apóstoles y el Nuncio que estén en las galeras» (NBAE, II, 5b). Años más tarde el conocido escritor jesuita Pedro de Ribadeneyra publicó su *Tratado de la tribulación* (Madrid, Pedro Madrigal, 1589), donde dice: «Por no revolver las historias antiguas, y por hablar de lo que havemos visto en nuestros días, doce apóstoles falsos, forasteros, anduvieron en España predicando por las aldeas y pueblos pequeños, y confesando la gente, daban a entender que les habían sido revelados por Dios sus pecados, y en fin fueron descubiertos y echados a galeras» (libro II, cap. xv). Evidentemente se trataba de criminales comunes, totalmente apicarados, y como tales fueron tratados y arrojados a galeras. No como los «apóstoles» de Don Fadrique Enríquez, que, precisamente por tratar de materias espirituales heterodoxas cayeron en las cárceles de la Inquisición, y, en algunos casos, fueron quemados.

VIII

LOS ÚLTIMOS AÑOS

Para finales del año 1526 estaba disuelta la empresa de «los apóstoles del Almirante». Pero sabemos que los intereses espirituales suyos databan de antes de las Comunidades, y que se siguieron expresando después. Éstos son los años en que el Almirante acribillaba a preguntas en verso al franciscano Luis de Escobar, quien se las contestaba asimismo en verso y por todo lo largo. Las materias abordadas eran principalmente espirituales, y si bien Don Fadrique Enríquez no fue el único a solicitar ayuda en verso del buen franciscano, sus preguntas constituyen la mayoría de las que éste recogió e imprimió. Ya he dicho que la primera edición del libro de Escobar, desconocida hasta años recientes, es de Valladolid, 1526, y lleva como título *Respuestas quinquagenas*, y es estrictamente anónima, e incluye al final «vna muy notable epístola que el señor Almirante embió al auctor hablando de los males de España y de la causa dellos, con su respuesta». Todo lo último versa sobre las Comunidades. El único ejemplar conocido se custodia en la Biblioteca Nacional de Madrid, R.7990. El padre Escobar siguió adicionando la obra, eliminó la epístola, cambió la distribución de preguntas y respuestas y el título a *Quatrocientas respuestas a otras tantas preguntas* (Valladolid, 1545), y con esta nueva presentación se conocen varias ediciones posteriores. Más tarde preparó una segunda parte. Tiempo habrá para volver a todo esto al tratar de la obra literaria del Almirante.

Carezco de mayor documentación sobre los últimos años de Don Fadrique Enríquez. Dadas sus repetidas peticiones al Emperador que se le permitiese ir a su casa para mejor servir a Dios y salvar su alma, en su correspondencia de las Comunidades, eso es, con seguridad, lo que hizo. Esto explica, al mismo tiempo, la escasez de documentación oficial. Don Martín de Salinas, representante del Infante Don Fernando de Austria en la corte española de su hermano el rey Carlos, nos ha dejado un copioso y muy importante epistolario, que cubre los años de 1522 a 1539. Allí nos presenta al Almirante en estos términos, cuando, por fin, se respondió afirmativamente a su repetida solicitud de marcharse a Medina de Ríoseco, en carta de Valladolid, 4 noviembre 1522: «El Almirante se marchó la noche de antes [víspera de Todos los Santos] a su casa y diz que algo descontento, porque S.M. fue dél y de los otros Grandes muy suplicado por el perdón de Don Pedro Girón, y S.M. los despidió con buenas razones»[84] Dado el gran desvelo de Don Fadrique en que el Emperador cumpliese la palabra dada por él a Don Pedro Girón, problema de enorme desasosiego espiritual para el viejo Almirante (*vide supra*, págs. 116-119), es de sospechar que la expresión «algo descontento» usada por Salinas para describir el humor del Almirante al abandonar Valladolid, es un eufemismo para encubrir el soberano berrinche que le tiene que haber provocado la desatención del monarca a su honor empeñado.

El Almirante se fue a vivir, apartado de la Corte,

---

84. *El Emperador Carlos V y su corte según las cartas de Don Martín de Salinas, embajador del Infante Don Fernando (1522-1539)*, ed. Antonio Rodríguez Villa (Madrid, 1903), pág. 82.

aunque no mucho, en Medina de Ríoseco. Hacía tiempo que su salud estaba mala, y para el estallido de las Comunidades ya se ha visto que su viaje de Cataluña a Castilla en 1520 se vio demorado por enfermedad (*supra*, pág. 112). Pero cuando por fin llegó a Medina de Ríoseco, para finales de 1520, allí tenía excelentes médicos, entre ellos el saladísimo Francisco López de Villalobos, que ha dejado su nombre grabado en la historia de la literatura y de la medicina. Villalobos escribe al Almirante, con clara acusación de tacañería, escasez e ingratitud: «Yo siruo en vuestra casa por todas las vías y fuerzas que mi persona puede bastar; la paga desto otro la lleuará», Medina de Ríoseco, 4 abril 1521 (*supra*, nota 47, págs. 56). También vivió en Medina de Ríoseco, como médico particular de Don Fadrique, el doctor Eugenio Torralba, de fama inquisitorial, según se ha visto, y el doctor Céspedes, «médico famoso», según nos informan las *Cuatrocientas respuestas* de Luis de Escobar. Pero la salud del Almirante no mejoró con los ajetreos de las Comunidades, y así, el informado don Martín de Salinas avisa al Infante Don Fernando, con fecha Valladolid, 14 agosto 1523: «Habrá cuatro meses [o sea, a mediados de abril, 1523] que el Almirante de Castilla se vido enfermo, y como es hombre prudente y sabe las cosas deste reino, parecióle, en descargo de su conciencia, que era bien hacer saber a S.M. algo de lo que él entendía que cumplía a su servicio por descargo de su conciencia, y fue esta carta que ahý envío a V.A.». Es lástima que esa carta no está copiada en el cartapacio de Salinas. Es posible que se trate de la carta de agosto 1523, y que Danvila, sin fundamentos firmes, data agosto 1522, que brevemente estudié en págs. 126-127, y su tono desahuciado («En-

tre las causas que suele aver para que alguno osse decir
la verdad a su Príncipe y señor la más cierta suele ser
hallarse cerca de la muerte»), y parenético, parece de-
nunciarlo.[85] De todas maneras, es bien de notar que las
cartas del Almirante a su monarca gozaban de tal prestigio que circulaban, eran leídas y copiadas, al menos
dentro de un círculo que no puede haber sido muy amplio. Otro tipo de testimonio acerca de la popularidad
de las epístolas del Almirante nos lo brinda el asimismo
epistológrafo Pedro Mártir de Anglería. Este informa
que Don Fadrique, en su viaje de Cataluña a Castilla,
en 1520, desde Cervera «escribió a los vallisoletanos una
epístola en lengua vulgar, llena de elocuencia y rebo-
sante de sentencias de mucha utilidad» (epístola 697,
fecha 31 octubre 1520). La «carta del Almirante de Castilla a la villa de Valladolid, fecha en Cervera a 23 de
octubre de 1520» está publicada por Danvila (II,
278-281), y justifica ampliamente el elogioso juicio de
Anglería.

Para octubre de ese mismo año de 1523 el Almirante Don Fadrique perdió a su hermano bastardo, Don
Alonso Enríquez, Obispo de Osma. Con seguridad que
toda la ansiosa espiritualidad del enfermo y viejo Almirante se ahondó con esta muerte. Pero esto fue pérdida
personal, y desde ningún punto de vista, una pérdida
nacional. En 1506 el Rey Católico había nombrado a

---

85.   Continúa el Almirante: «A tres días … me vino a mí un
mal que en pocas horas me apretó tanto que pensé que era la Muerte, i aunque de aquél quedé bueno, loado Dios, como de vejez es
que es mal más incurable, me hallo flaco». Danvila fecha la carta,
gratuitamente, en agosto 1522, «escrita después que el Rey vino en
este Reino». Dado el testimonio de Salinas, me parece más probable agosto de *1523*.

Don Alonso para la sede vacante de Osma, y desde entonces el Obispo Enríquez había levantado considerable polvareda en los campos castellanos. Se había señalado en su actitud contra la Inquisición en la época del
Inquisidor General Deza y a la renuncia de éste (*CO-
DOIN*, CXII, 281). Esto no está muy alejado de la actitud de su hermano el Almirante en la ocasión del encarcelamiento de su médico Torralba. En Valladolid,
con el beneplácito de Don Fadrique, se había convertido el Obispo de Osma en personaje de gran influencia
y maniobrero, que tuvo parte principal en el violento
rechazo de las milicias de la Ordenanza en Valladolid
durante la regencia de Cisneros (*v. supra*, págs. 97-98).
Como expresó el gran cosmógrafo e historiador Alonso
de Santa Cruz: «Decía el rey don Fernando que de dos
cosas le acusaba grandemente su conciencia: la una, de
haber consentido esta renuncia de padre a hijo en dignidad tan principal [los dos Alonsos de Fonseca en el
Arzobispado de Santiago] ... y la otra, haber nombrado obispo de Osma a don Alonso Enríquez, hijo bastardo del Almirante de Castilla, que asimismo era hombre muy profano y sin doctrina alguna».[86]

Al año siguiente, 1524, el puntual Pedro Mártir de
Anglería da una noticia que ha inducido a error a su editor moderno. Escribe Anglería acerca de las guerras de
Italia entre franceses y españoles, y afirma: «Ya os dije
que el Almirante había sido herido por un disparo de
escopeta» (epístola 798). Como nos informa, de inmediato, que en el mismo encuentro murió el caballero Ba-
yardo es obvio que se trata de la batalla de Romagno

---

86. *Apud* Antonio Rodríguez Villa, *Crónicas del Gran Capitán*,
Nueva Biblioteca de Autores Españoles, X (Madrid, 1908), xlix.

(30 abril 1524). No menos obvio debe ser el hecho de que no puede tratarse de nuestro achacoso Almirante Don Fadrique. Se trata del almirante Don Hugo de Moncada, famoso soldado y marino, que bien poco después sería capturado, para no ser liberado hasta la Paz de Madrid (1526), cuando vuelve a sonar el nombre de nuestro Almirante.

El año 1525 es famoso en los anales bélicos de España porque en febrero de ese año se obtuvo la victoria de Pavía, donde murieron, o quedaron apresados, los nobles principales de Francia, el prisionero más destacado siendo su propio rey Francisco I. Las consecuencias de esta gran victoria fueron enormes, y lo hubieran sido más si el Emperador Carlos V, residente a la sazón en Valladolid, hubiese seguido los consejos de su vecino el Almirante Don Fadrique. La historia nos dice que Francisco I fue llevado a Madrid y encarcelado con rigor hasta que se firmó el Tratado de Madrid a comienzos de 1526. Puesto en libertad, Francisco I no tardó ni vaciló en faltar a su palabra y a su juramento, y para mayo de 1526 había formado la Liga de Cognac contra el Emperador.

Desde su retiro en Medina de Ríoseco Don Fadrique había seguido los acontecimientos internacionales con viva atención. Escribió a su monarca para darle el parabién por su extraordinaria victoria de Pavía y la prisión del rey francés. Con agudo sentido realista, nuestro Almirante aboga en su carta por la destrucción total de Francia. Sólo así Carlos V tendrá la oportunidad de dedicarse plenamente a la guerra contra el Turco y a la defensa de la unidad religiosa de la Cristiandad. Ve con claridad la inmensa responsabilidad de Carlos al tener preso a Francisco I, y que si lo suelta éste de inme-

diato buscará la venganza y revancha: «Y acuérdese V.
Md. que tiene preso el mayor Príncipe de una corona
de la Christiandad y que es joya muy peligrosa de guardar ... y también el daño y destruyción y mengua que
ha recebido Francia, y que menores cosas no suelen perdonar los franceses. Y que si esta vez no queda Francia
tan quebrada que no pueda rebollirse, que si vuelve
[Francisco I] a ella, trabajará de haber la enmienda».[87]
¡Qué distinta hubiese sido la historia europea de haber
seguido Carlos V los consejos del Almirante Don Fadrique Enríquez!

Estos mismos años de retiro y reflexión comienzan
a llenarse con homenajes intelectuales a este hombre que
ha dedicado una vida a examinarse a sí mismo, para mejor servir a Dios, y a examinar a los otros, para mejor
servirles, como Gobernador del Reino. *Dignum et jus-
tum est.* Recopilo lo poco que he podido escarbar al respecto, pero no vacilo en declarar que, con seguridad,
me quedo muy corto. De Valladolid y 1525 declaró mi
querido y admirado amigo Eugenio Asensio que era la
edición príncipe de ese anónimo y hermoso *Despertador de pecadores.*[88] Allí, en la *Carta* dedicatoria al Almirante, se dice esto acerca del nivel intelectual de los mo-
radores en el palacio de Medina de Ríoseco, de la calidad

87. *Apud* Manuel Fernández Álvarez, *Economía, sociedad y corona* (Madrid, 1963), págs. 99-100.
88. Eugenio Asensio, «Juan de Valdés contra Delicado. Fondo de una polémica», *Studia Philologica. Homenaje ofrecido a Dá-
maso Alonso*, I (Madrid, 1960), 108. Otro amigo excepcional, en
todos los sentidos, Antonio Rodríguez-Moñino, describe esta edición cuidadosamente y nos recuerda que hay ejemplar en la Hispa-
nic Society of America, *Diccionario de pliegos sueltos poéticos (siglo
XVI) (Madrid,* 1970), pág. 481.

de su lenguaje y de la fama poética de su señor: «Sabiendo de muchos años, en los quales vra. señoría me hizo merced de servirse de mí, quán inclinado y poderoso es vra. señoría en el verso y cómo la eloquencia os hizo presidente de su consejo y que vra. real casa es el contraste y contratación donde todas las sentencias y razones vulgares, vocablos y firmeza del castellano reciben el peso que merescen».

Del año de 1526 son las *Respuestas quinquagenas* de fray Luis de Escobar, donde se reúnen muchísimas preguntas en verso castellano del Almirante Don Fadrique. Según expliqué a comienzos de este capítulo, Escobar hizo segunda edición muy ampliada, después de muerto Don Fadrique, que tituló *Las quatrocientas respuestas a otras tantas preguntas que el illustríssimo señor don Fadrique Enríquez... (Valladolid, Francisco Fernández de Córdoba*, 1545). Escobar todavía sacó *La segunda parte de las quatrocientas respuestas* (Valladolid, Francisco Fernández de Córdoba, 1552). Por lo pronto, la continua adición de preguntas en verso del Almirante por parte de Escobar nos da la evidencia de que Don Fadrique siguió practicando el verso castellano hasta sus últimos días, lo que permitió al buen fraile franciscano recopilar estas colecciones póstumas de su poesía. Adelantaré ahora solamente este testimonio de la afición de sus contemporáneos por su poesía; al estudiar su obra literaria recogeré otros.

En ese mismo año la talla intelectual de Don Fadrique recibió otro merecido tributo. Antonio de Obregón, capellán de Su Majestad, había traducido los *Trionfi* de Petrarca, obra que le dedicó: *Triumphos de Petrarca. Traslación de los seys triumfos de Francisco Petrarca de toscano en castellano. Fecha por Antonio de Obregón, ca-*

pellán d'el rey (Sevilla, Juan Varela, 1526). La traducción tuvo éxito, y mereció varias reediciones posteriores. En la carta dedicatoria Obregón apunta: «Se me
ofreció la voluntad y deseo de su señoría tan conforme
a lo que yo más quería y deseaba, que era comunicar obra
de tanto valor, utilidad y excelencia a los de nuestra nación castellana, tanto me obligué a hacer y trabajar de
mejor gana lo que vuestra señoría sin mandármelo me
mandó, porque recibí en mí su voluntad por expreso
mandamiento, demás de haber yo juzgado a vuestra señoría por verdadero blanco a quien *Los Triunfos* se en-
derezan, así por las virtudes de dentro como por las obras
con que vuestra señoría de fuera los pone en ejecución».
Es digno de notar que el Almirante nunca practicó el
verso italiano, y que su castellanismo métrico es total,
características ambas que lo hacen receptor poco idó-
neo de una traducción petrarquista. Pero para estos años
de Boscán y Garcilaso el petrarquismo es ambiental, y
dentro de su «castellanidad» formal Don Fadrique com-
parte esa forma de sentir y expresarse.

Como botón de muestra de lo que fueron las actividades protocolarias de Don Fadrique como Almirante
Mayor de Castilla quiero consignar el hecho de que cuando, en 1528, el afamado conquistador Hernán Cortés
llegó a la corte imperial—que en esos momentos se hallaba en Monzón—, su introductor oficial ante el monarca fue Don Fadrique, acompañado por el Duque de
Béjar (con cuya sobrina se casaría Cortés) y el prepo-
tente secretario Francisco de los Cobos.[89] Los resultados de esta presentación fueron excelentes para el con-

---

89. Ver Hayward Keniston, *Francisco de los Cobos, Secretary
of Charles V* (Pittsburgh, 1959), págs. 108-110.

quistador. El Emperador le nombró Capitán General, Adelantado de la Mar del Sur, caballero de la Orden de Santiago y Marqués del Valle de Oaxaca. Sólo se le rehusó el título de Gobernador de la Nueva España.

En el año 1529 Carlos V decidió viajar a Italia, donde pensaba, entre otras cosas, ser coronado Emperador por el Papa Clemente VII, como ocurrió en Bolonia, 1530. Con tal motivo se dispuso una fastuosa comitiva, que se reunió en Barcelona, de donde zarparía la flota. En Barcelona hallamos a nuestro anciano Almirante, aunque sus años no le permitan ya comandar escuadras. Don Martín de Salinas también está en Barcelona, e informa al Infante Don Fernando, ahora rey de Hungría: «El Duque de Alba y el Almirante vienen no sé de qué manera; pero yo creo que es más a estorbar la pasada que no a otro efecto» (6 mayo 1529). El Duque de Alba era Don Fadrique Álvarez de Toledo, y tanto él como su primo hermano y tocayo, el Almirante, eran dos ancianos. No acierto con el motivo de la sospecha de Salinas que los dos querían «estorbar la pasada». El hecho de que el Almirante se encontrase en Barcelona tiene su explicación más que ceremonial, ya que tenía grandes propiedades en Cataluña, y allí fue donde le llegó la noticia de su nombramiento de Gobernador del Reino en 1520. En Barcelona, además, nuestro Don Fadrique contaba con la firme amistad personal y poética de Juan Boscán, quien, por cierto, era ayo del futuro Gran Duque de Alba, nieto y heredero de Don Fadrique Álvarez de Toledo. Desde Barcelona, como en todo lugar y en todo momento, Don Fadrique atendió a los asuntos del Almirantazgo: el 25 julio 1529 firmó el nombramiento de alguacil de la Casa de Contratación de Sevilla a favor

de Pedro de Sarabia (v. Colección Pellicer, *supra*, nota
71: I, doc. 43).

En 1530 el Almirante Don Fadrique recibió un nuevo homenaje intelectual a entrelazar en su archi-mere-
cida guirnalda de ofrendas semejantes. Ahora se trata
del conocido escritor ascético minorita fray Francisco
de Osuna, quien le dedicó su *Gracioso conbite de las gracias del Sanctísimo Sacramento del altar hecho a todas las
ánimas de los xpianos* (Sevilla, Juan Cromberger, 1530).
Bien poco antes Osuna había dedicado otro libro, im-
portantísimo, al cuñado del Almirante, el Marqués de
Villena, otro protector de «espirituales» de nuevo cuño
(*supra*, pág. 124). Por lo demás, ya se han visto repetidas instancias de la particular devoción que el Almirante
tuvo por la Orden de San Francisco, por lo cual esta
hermosa dedicatoria queda plenamente merecida.

De 1532 a 1535 el Almirante Don Fadrique se vio
liado en un engorroso pleito, cuyo desenlace le causó
considerable irritación. La vidriosa cuestión pleiteada
era el doble desposorio del cuarto Conde de Ureña, Don
Juan Téllez Girón, hermano menor y heredero de nuestro viejo conocido Don Pedro Girón, el de las Comunidades, y por lo tanto primo hermano del Almirante (v.
supra, pág. 119). Esta anómala situación matrimonial
del Conde de Ureña, a quien más tarde apodaron *el Santo*, escandalizó a toda la corte española y llegó hasta el
propio Vaticano. La mejor fuente para estudiar el escándalo y pleito es la correspondencia de la Emperatriz
Isabel de Portugal con su ausente marido Carlos V. No
seguiré el pleito en todos sus entresijos, pero dejaré bien
claro su punto de partida y de llegada. Con fecha de Medina del Campo, 13 mayo 1532, la Emperatriz explica
en detalle a su marido la escandalosa situación creada

entre destacados miembros de la Grandeza del reino. La cito, con mis aclaraciones entre corchetes:

Parece que entre el Duque de Alburquerque y el Conde de Ureña se concertó de casarse el dicho Conde con Doña María de la Cueva, hermana del dicho Duque [Don Beltrán de la Cueva, III Duque de Alburquerque], mi dama. Y por virtud de un poder de la dicha Doña María, se desposó en persona por palavras de presente con el dicho Duque. Sabido este concierto por el Almirante, me dixo quél sabía quel dicho Conde estava muchos días a desposado con hija de Doña Ynés Puertocarrero,[90] y que, hasta que por juez eclesiástico fuese determinado quál destos matrimonios avía de valer, no diese yo lugar que lo de Doña María de la Cueva pasase adelante. En este tiempo el Almirante se fue a Valladolid y el Conde de Ureña vino aquí, porque yo le avía scrito antes que partiese un exsecutor que pedía la Condesa, su cuñada, que holgaría que veniese para tomar algún concierto entrellos. Y después otro día llegó el Duque de Alburquerque; y después, dos días después que me ovieron besado las manos, me vinieron a dezir cómo estavan concertados, y que por casado con mi criada [Doña María de la Cueva] me quería el Conde [de Ureña] besar las manos. Yo le dixe que holgava dello, y así él y el Duque y sus debdos, como cosa fecha, me las besaron otro día. El Almirante enbió una scriptura quel dicho Conde avía dexado a la dicha Doña Ynés [Puertocarrero], en que le prometía de bolver libre y efectuar lo que tenían concertado, con muchos juramentos y firmada de su nombre y sellada de su sello, cuyo traslado, con otro del concierto entre los dichos Duque y Conde, porque V.M. esté más ynformado, yrán con ésta. Y aun-

90. El interés del Almirante se explica porque Doña Inés Puertocarrero estaba casada con Don Fernando Enríquez, su primo, padres del II Marqués de Tarifa y de Doña María Enríquez, con quien se había desposado anómalamente el Conde de Ureña, v. Gonzalo Fernández de Oviedo, *Batallas y quinquagenas*, mi ed., pág. 27.

que se le pidió al Almirante que mostrase sy tenía otras scrip-
turas, dixo que inbiaría por ellas, pero que para diferir este
negocio bastava la que por su parte se avía presentado. El Duque insystía mucho que, pues me constava del desposorio de
su hermana [Doña María de la Cueva], que yo la llamase y tratase como a muger del Conde [de Ureña]. Y estando en esto
el dicho Conde se quiso partir con achaque que avía ydo del
Consejo el dicho exsecutor, el qual, aunque se detuvo algunos días creyendo quel Conde viniera luego, él se detuvo tanto que fue nescesario a instancia de la Condesa de le despa-
char, y dízenme que el Duque a procurado, después de llegado
aquí, que el Conde se desposase personalmente con Doña María [de la Cueva], y no lo a podido acabar. Visto que sy el dicho Conde se fuera de aquí pudieran subceder cosas de enojo
y aun escándalo, porque la una de las partes avía de quedar
agraviada dél, y por ser el negocio de la calidad ques y entre
tales personas, yo mandé al dicho Conde que no se partiese,
porque quería veer lo quel Almirante dezía en este caso y que
en Consejo se viese y determinase lo que se devía hazer. En
este estado queda agora este negocio. De lo que subcediera
se dará aviso a V.M., y entretanto que se determina, he sus-
pendido de llamar Condesa a Doña María [de la Cueva] y de
tratarla como a muger del Conde. Paresció me advertir de todo
a V.M. por que sepa lo que pasa cerca dello.[91]

El embrollo se complicó aun más y ahora paso a resumir la información contenida en el epistolario de la
Emperatriz Isabel. Me desentiendo de las cominerías
inevitables en tal tipo de causa, y destaco lo esencial.
El primer paso fue acudir al Duque de Alburquerque
y al Almirante (como sustentador de la parte agravia-

---

91. Todo este epistolario está publicado por María del Carmen
Mazario Coleto, *Isabel de Portugal, Emperatriz y Reina de España* (Madrid, 1951), el texto se halla en págs. 341-342.

da) para «que nonbrasen juezes para que de su consentimiento subdelegasen en ellos la causa» (Medina del Campo, 28 julio 1532). El Conde de Ureña, mientras tanto, había tomado la decisión de ir a abogar su causa en Roma, lo que le negó la Emperatriz («no se daba licencia al Conde por agora», 4 septiembre 1532). Dado que las partes no han nombrado jueces, se solicita breve del Papa para nombrar como tales a los Obispos de Badajoz y Orense y a Hernando Niño (17 septiembre 1532). Todo este tiempo el Conde de Ureña, impedido por orden imperial de volver a Andalucía, ha estado en Llerena casi prisionero de la familia de Doña María Enríquez, representada por su hermano Don Pedro Enríquez de Ribera, II Marqués de Tarifa («Le tienen [al Conde de Ureña] en Llerena muy subjeto los debdos de Doña María Enrríquez y Don Pedro, su hermano», 5 enero 1533). Para fines de ese mes de enero ha terminado la deposición de Doña María de la Cueva y del Conde de Ureña (carta de 29 enero 1533).

Es en este momento que se debe considerar que la parte verdaderamente agraviada había sido Doña María Enríquez, la sobrina del Almirante. Algo debe hacerse en su desagravio, y esto se busca en la familia «ofensora», la del Duque de Alburquerque. Escribe la Emperatriz: «Entre Don Bartolomé de la Cueva, por parte del Duque de Alburquerque, y Gonzalo Hernández [de Córdoba], por parte del Almirante, Marqués de Tarifa y Doña Ynés Puertocarrero, y tanbién el Condestable [de Castilla. Don Pedro Fernández de Velasco, III Duque de Frías, primo del Almirante y del Conde de Ureña] por anbas partes, se a platicado de concertar el casamiento del Marqués de Cuéllar [Don Francisco Fernández de la Cueva, hijo del Duque de Alburquer-

que] con Doña María Enrríquez, y ... se le darán en docte
con la dicha Doña María treynta quentos y medio y mill
ducados cada año durante la vida del Duque» (Madrid,
22 marzo 1535). Todo esto no agradó al Almirante, o
le pareció poco, porque la Emperatriz notificó, un par
de meses después, que el Almirante la había escrito que
de ese casamiento «no se hablase en ello» (8 mayo 1535).
Como dato incidental, y para pacificar la memoria de
nuestro Don Fadrique, el Marqués de Cuéllar no casó
con Doña María Enríquez, sino con la hija del famosísimo y muy rico capitán hispano-italiano D. Antonio
de Leyva, en 1539. Por su parte, y en este ínterin, el
Conde de Ureña se metió de hoz y de coz en otro ato-
lladero fenomenal, pero ajeno a los negocios del Almirante. Daré escueta noticia, en palabras de la Emperatriz: «El Conde de Ureña hizo dar un garrote y colgar
de las almenas de la fortaleza de Peñafiel a Robledo,
su secretario» (18 abril 1535).

El Almirante y Doña Inés Puertocarrero siguen in-
satisfechos con los arreglos económicos con la familia
de la Cueva para solventar los problemas del matrimonio entre Doña María Enríquez y el Marqués de Cuéllar. La Emperatriz da cuenta a Carlos V de un verdadero chalaneo entre estas partes: «Y venido a lo que el
uno deva baxar de lo que pedían, y el otro subir en el
docte de lo que havía ofrescido, Don Bartholomé [de
la Cueva] dixo que de la diferencia que havía de los cient
mill ducados en dinero y el quinto de juro de por bida,
que el Duque [de Alburquerque] pedía que a lo que le
havían ofrescido, baxara la mitad» (24 mayo 1535). Pero
aquí, perdió el Almirante: Doña María Enríquez nunca se casó con el Marqués de Cuéllar. En cuanto al Conde
de Ureña, la Emperatriz consideró que había pagado por

sus variados atropellos, y escribió al Emperador: «En lo del Conde de Ureña con el rey de armas screví a V. M. que, por haver venido con tanta obediencia y haver satisfecho a las partes con buena cantidad de dineros, y el exenplo que se a dado en lo de la fortaleza de Peña- fiel, y en tenerle tanto tienpo preso, que paresca que estava bien castigado, mayormente haviendo dado tan- ta ocassión el difunto a su hierro, y que V. M., por ser la Condesa [de Ureña] nuestra criada, les deva hazer mer- ced de dar livertad a su marido y bolverle su fortaleza. Lo mismo me paresce agora, y en que así lo provea res- civiré mucha merced de V. M.» (27 enero 1536).

Todo esto produjo una viva insatisfacción a Don Fa- drique Enríquez y a los de su alcurnia. Como anota el cronista y licenciado Pedro Girón en su *Crónica del Em- perador Carlos V*, al informarnos del fallo de los jueces pontificios sobre los dobles desposorios del Conde de Ureña: «El Almirante y los otros cavalleros se agravia- ron mucho desto al Rey, y el Rey dixo que no pasava tal cosa, y ansí se creyó de la persona del Emperador, aunquel Almirante quedó mal satisfecho y descon- tento».[92]

Detrás de todo este sórdido embrollo matrimonial, y a través del epistolario de la Emperatriz, creo distin- guir, con creciente nitidez, al seguir la hilada de las car- tas, un notorio desencuentro de voluntades entre el Al- mirante Don Fadrique y la Emperatriz Doña Isabel de Portugal. Lo comienzo a notar cuando Doña Isabel des- taca, a los tres meses de comenzado todo el lío ya resu- mido, «las maneras quel Almirante trae en todos estos negocios» (8 agosto 1532). Diez días después la Empe-

92.   Ed. Juan Sánchez Montes (Madrid, 1964), pág. 54.

ratriz ya se declara en forma categórica acerca de «la
turbación e ynpedimiento que el Almirante da a los negocios que aquí se tratan», y termina: «Se a publicado
por parte del Almirante, que en estos reynos no avía juezes sin sospecha, por estar en mi casa Doña María de
la Cueva» (18 agosto 1532). El Almirante, sin pelos en
la lengua, pone en términos casi ofensivos la participación inevitable de la Emperatriz en este escandaloso
asunto, y la Emperatriz Doña Isabel, al transmitir esas
expresiones al Emperador, recorta gravemente la silueta del Almirante. Me parece evidente que hay dos fuertes voluntades en pugna, ambas claramente definidas.
El Almirante, ex-Gobernador del Reino, resiente las intervenciones, que afectan a su linaje, de la actual Go-
bernadora del Reino, y lo expresa con detonante claridad.

A pesar de sus años, en 1533 Don Fadrique Enríquez viajó a Sevilla, de lo que nos informa Pedro Girón, en su *Crónica del emperador Carlos V*: «El Almirante
Don Fadrique Enríquez, que también estava en Sevilla, partió de aquella ciudad después que el Cardenal»
(pág. 26). El Cardenal es el erasmista Don Alonso Manrique, Inquisidor General, Cardenal y Arzobispo de Sevilla, hermano del poeta Jorge Manrique. Nuevamente, es perfectamente natural hallar a Don Fadrique en
Sevilla, ya que hemos visto que anejo a su título de Almirante iba la Veinticuatría de Sevilla, como puerto principal y ciudad en la que estaba radicada la Casa de Contratación, que llevaba adelante todo el comercio con
Indias.

Poco después del disgusto familiar atraído por las
pugnas matrimoniales del Conde de Ureña, en 1536, el
anciano Almirante se vio metido en nuevo e ingrato plei-

to de familia, que le tiene que haber dolido aun más que el anterior. Da cuenta de todo el enredo familiar el puntual Pedro Girón en su *Crónica*, págs. 71-72, pero antes de citarlo creo conveniente anticipar ciertos datos genealógicos para atajar malentendidos por la alarmante sinonimia de los personajes. Don Fadrique Enríquez y su mujer Doña Ana de Cabrera, Condesa de Módica, no habían tenido hijos y Don Fadrique, por mucho tiempo, usó el título condal. Su mujer Doña Ana murió antes de 22 agosto 1530, fecha en que el Almirante viudo firmó una escritura de capitulaciones con Doña Ana de Moncada, viuda de Don Juan de Cabrera, y la hija de éstos y sobrina de Don Fadrique, Doña Ana II de Cabrera, de una parte; y de la otra parte Don Fernando Enríquez (hermano de Don Fadrique, y a su muerte Almirante de Castilla y I duque de Medina de Ríoseco por concesión del Emperador, 22 abril 1538), y su hijo Don Luis Enríquez (después Almirante de Castilla y II duque de Medina de Ríoseco) para el matrimonio de Don Luis con Doña Ana II de Cabrera, llevando ésta en dote el condado de Módica. Con la misma fecha, 22 agosto 1530, el Almirante Don Fadrique firmó una escritura de cesión del condado de Módica y de los vizcondados de Cabrera y de Bas y demás estados de Cataluña, a favor de su sobrino Don Luis Enríquez y su mujer Doña Ana II de Cabrera. La escritura de los desposorios entre ambos es de Medina de Ríoseco, 29 agosto 1530. A partir de esta fecha el conde de Módica ya no lo es más Don Fadrique, sino su sobrino Don Luis Enríquez y su mujer Doña Ana II de Cabrera.[93]

93.   Toda esta documentación se conserva en la Colección Salazar de la Real Academia de la Historia (v. *supra*, nota 56), M-41, signatura actual 9/847, documentos números 57, 58 y 60.

Espero que con estas aclaraciones por delante el lector comprenda mejor el lío legal-familiar en que lo metieron al Almirante a finales de su vida. Para evitar posibles traspiés, insertaré alguna apostilla que otra al siguiente largo texto de Pedro Girón:

En fin deste mes de agosto [1536] se querelló a la Emperatriz, nuestra señora, Doña Ana de Moncada, madre de la Condesa de Módica [Doña Ana II de Cabrera], del Almirante Don Fadrique Enríquez de tres cosas: la una, que quiere hazer otorgar a su hija la Condesa doña Ana [II] de Cabrera un poder para una persona quel Almirante quería que fuese governador en el estado que la Condesa tenía en Sicilia; la otra, que la avíe el Almirante hecho echar de la casa y compañía de la Condesa, su hija, y fuera no tenía de qué se mantener, y pidió que, pues el Almirante llevaba el usufruto del estado de su hija, que le diese alimentos o la tornasen a casa de su hija; lo tercero, se agraviava de ciertas palabras injuriosas que el Almirante le avíe dicho. S.M., comunicado con el Consejo, enbió a don Antonio del Águila, deán de Ciudad Rodrigo, de su Capilla, a hablar al Almirante y al Conde y Condesa de Módica, a Mansilla y a Ríoseco, donde estavan, y les escrivió sus cartas de creencia. Y el Almirante dio razón del derecho que tenía para que el governador se pusiese a su voluntad; y en lo de las palabras dixo que no las avíe dicho; y en lo de Doña Ana [II de Cabrera] respondió que ella [Doña Ana de Moncada] hazíe mal casados al Conde y a la Condesa [de Módica, Don Luis Enríquez y Doña Ana II de Cabrera], y que por esto no devíe S.M. mandar que [Doña Ana de Moncada] estuviese con ella [Doña Ana II de Cabrera]; y en lo de sus alimentos quél [el Almirante] no era obligado a dárselos, y, porque esto hazíe Don Hernando Enríquez, su hermano [consuegro de Doña Ana de Moncada], suplicó a S.M. que fuese servida que se determinase entre ellos [los dos hermanos, el Almirante y Don Fernando Enríquez] algunas diferencias que tenían; y en-

bió ciertas escripturas para que se viese su derecho. Y puesto
que duró esta diferencia algunos días y Don Hernando Enríquez, hermano del Almirante, favorescía a Doña Ana de Moncada, y se dieron cédulas para que Don Luis Enríquez de Cabrera, conde de Módica, y para Doña Ana [II] de Cabrera,
hija desta Doña Ana [de Moncada]. muger del dicho Conde
[de Módica, Don Luis Enríquez], en que la Emperatriz les
mandava que tornasen a su madre [Doña Ana de Moncada]
a su casa [de los condes de Módica], y en ella la alimentasen,
o fuera le diesen los alimentos necesarios, ellos [los condes de
Módica] respondieron que la renta del condado de Módica y
de los otros estados que ellos tenían en Sicilia y Cataluña llevava el Almirante Don Fadrique y que lo que les daba [a los
condes Don Luis y Doña Ana II] no bastava para su mantenimiento, cuanto más para alimentar a la dicha Doña Ana [de
Moncada]. Nunca se concluyó cosa alguna.

Queda claro que la cesión del título de Conde de Módica a sus sobrinos no representó en ningún modo la cesión de las rentas de los estados anejos, ni en Sicilia ni
en Cataluña. El Almirante las mantuvo hasta su muerte. Pero, así y todo, semejante pleito de familia, que in-
volucraba nombres tan sentidos para él como el de Doña
Ana de Cabrera, así fuese ahora el de su sobrina, habrá
golpeado muy fuerte el viejo corazón de Don Fadrique.
Para 1537 el Almirante tenía 77 años y sólo debía
andar para cosas y tratos ceremoniales. Esto, precisamente, es lo que atestigua Pedro Girón (*Crónica*, pág.
126): «Vinieron a besar las manos y a hazer reverencia
a S.M., luego que llegó a Valladolid, el Almirante Don
Fadrique Enríquez y...». Carlos ha vuelto brevemente
a España después de sus triunfos tunecinos y el Almirante, con todos sus años a cuestas, acude de Medina
de Ríoseco a Valladolid a dar el beso vasallático. Don

Fadrique expresa así, una vez más, la lealtad al trono en que se sienta el maduro Emperador, quien en sus años mozos, en forma irreflexiva, casi desvirtuó la palabra de honor empeñada por el Almirante y Gobernador ante ciertos aristócratas comuneros.

Muy a comienzos de 1538, el 9 enero, para ser exacto (dato que proporciona fray Luis de Escobar en el «Argumento del presente libro», *Quatrocientas respuestas*), Don Fadrique Enríquez murió en su palacio de Medina de Ríoseco. Su muerte tiene el valor simbólico de un intento de transmutación de los viejos valores en algo nuevo e inédito. En su estudio sobre *Las Comunidades como movimiento antiseñorial* (Barcelona, 1973), págs. 156-158, Juan Ignacio Gutiérrrez Nieto estudió la rebelión de Medina de Ríoseco contra Don Fadrique como «una revuelta indicadora de la postura antiseñorial de Medina de Ríoseco». Un resultado directo y concreto de la revuelta fue que el disgusto recibido por el Almirante fue de tales dimensiones que le provocó un mortal ataque al corazón. Pondré las cosas en un poco de perspectiva histórica, como para poder mejor entender este último gesto definitorio de nuestro Almirante.

El admirable Don Martín de Salinas adelanta los datos mínimos indispensables en informe al secretario de su amo, el rey Fernando, que lo era el donoso poeta Cristóbal de Castillejo, Barcelona, 9 febrero 1538: «El día de año nuevo murió el Almirante de Castilla de un enojo que hubo; y la causa fue que nombraron los de Ríoseco los oficiales del gobierno de la villa para este año, según tenían de costumbre, los cuales había de confirmar el Almirante, y no lo quiso hacer, antes les mandaba nombrar otros a su voluntad; sobre lo cual vinieron en diferencia, de suerte que huvo gran grita y multitud del pueblo, llamándose de la Corona Real, lo cual dio tanto enojo al pobre viejo el día de año nuevo por la mañana, que morió a la tarde; y sobre ello está allá Ronquillo, que llevará más provecho que los culpados».

El Ronquillo mencionado por Salinas es el severo e inexorable alcalde Rodrigo Ronquillo, de adusta fama durante las Comunidades, en particular en referencia a la muerte del obispo de Zamora, el comunero don Antonio de Acuña. Por feliz casualidad tenemos la carta-informe original del alcalde Ronquillo al cardenal fray García de Loaysa, del Consejo de Castilla, y la copia del discurso que el Almirante hizo a sus vasallos con motivo del tumulto, todo lo cual conservó el puntual Pedro Girón entre sus notas y apuntes para enriquecer su *Crónica del Emperador Carlos V*, ed. cit., págs. 239-248. La carta de Ronquillo es demasiado larga para copiar en su integridad, pero la abreviaré y parafrasearé. Sí copiaré *in extenso* «el parlamento que hizo el señor Almirante al pueblo en la iglesia de Nuestra Señora», como última muestra de la facundia de mi biografiado.

La carta-informe de Ronquillo comienza por explicar que la villa de Medina de Ríoseco tenía como «costunbre antigua» elegir todos los años alcaldes, regidores y un procurador general. El número de candidatos era el doble de las plazas, y todos los nombres se enviaban al Almirante a fines de año, «do quiera que está». El Almirante entonces escogía de la lista la mitad de los nombres, y esta decisión-elección se llevaba a la iglesia de Santa María, donde, el día de año nuevo, se les tomaba juramento y se les entregaban sus varas, y eran oficiales hasta el próximo da de año nuevo. Para los nombramientos de año nuevo de 1538 hubo una coalición de factores anti-señoriales que desencadenaron el tumulto. Por lo pronto, el Almirante había dispuesto un nuevo emplazamiento para la venta de trigo que perjudicaba a los vecinos ricos; un término en Berrueces, municipio a ocho kilómetros, era considerado propio por la villa de Medina de Ríoseco, pero se lo había apoderado Don Fadrique; y, por último, la villa quería finiquitar un tributo anual de gallinas a Don Fadrique por considerarlo «inpusiçión», odioso nombre del vocabulario revolucionario anti-señorial.

En palabras del alcalde Ronquillo los «más mandones» de la villa, con fines de agraviar al Almirante y disponer el encuentro con él en términos favorables a ellos, confeccionaron una lista de candidatos propicia a «hazerle desabrimiento o a lo menos de no hazer cosa de que recibiese plazer o contentamiento», El Almirante, en forma natural, «les dixo quél no avía de elegir de aquellos que avían nombrado». Poco dispuesto a evitar el encuentro, Don Fadrique notificó a las autoridades municipales «que ya sabían cómo su año hera pasado y no podían usar de sus ofiçios, que no traxesen más varas ni usasen más dellos so çierta pena y que nonbrasen otros, quél estava presto de elegir y confirmarlos». Ante esta decisión los «más mandones», o sea la alta burguesa, se amotinaron y «respondieron que ellos tenían nonbrado conforme a sus costunbres y que no se les avían de quebrar sus libertades». Ha surgido otro vocablo típico de los movimientos revolucionarios populares: *libertades*.

El enfrentamiento es completo: el Almirante exige las varas de los alcaldes salientes y éstos se niegan a entregarlas a menos que se den a los alcaldes electos. La burguesía, los «más mandones», utilizan el ayuntamiento como instrumento de su maniobra anti-señorial. Don

Fadrique, «viendo que esta gente se le començava a de-
sacatar y desvergonçar», y sabedor del hecho que estos
burgueses maniobraban ahora para atraerse al «pueblo
y gente común», decidió contraatacar y desarticular estas maniobras. Con tales fines, «acordó de juntar toda
la gente del pueblo para quel día miércoles después de
año nuevo, en la iglesia de Santa María, para hazerles
allí una plática», con la cual esperaba provocar un enfrentamiento de clases sociales al hacer ver al pueblo
que «todo [era] al revés de lo que los ofiçiales del regimiento les dezían». Pero antes de la plática el Almirante envió a su gobernador y pariente, Don Juan Enríquez,
a que quitase las varas a los dos alcaldes, como lo hizo.
Pero éstos habían prevenido el caso y se habían mandado hacer varas de repuesto.

Enterado Don Juan de que los alcaldes «avían tornado a tomar las varas», volvió a la carga, con cinco o
seis criados del Almirante y un alguacil, y les dijo: «Mientras más varas avrá, más abtas para jugar a las cañas».
E insistió: «Dexá las varas». A lo que respondieron: «No
hemos de dexallas, y hemos de defender nuestras costunbres y libertades, y apelado tenemos». Con esto comenzó una empeñada refriega, acompañada de gritos
(al estilo de *Fuenteovejuna*) de: «No dexen las varas, no
dexen las varas, antes muramos todos».

En este momento, «y harto a buena sazón y coyuntura, llega el Almirante en un quartago, al qual pareçe
que los unos y los otros tuvieron poco respeto y acatamiento, antes la gente le traía a una parte y a otra, por
manera que no podía governar el cavallo». Pero Don Juan
pudo quitar las varas y el Almirante aprovechó para decir a todo el mundo que viniesen a la iglesia con él, que
les quería hablar. Pero le siguió «poca gente del pue-

blo», la mayoría se quedó con los alcaldes, regidores y
procurador. Al llegar a la iglesia y ver esto, Don Fadrique envió un predicador a instarles que fuesen a la iglesia con fines de oírle. Los alcaldes, mientras tanto, habían echado mano a un nuevo juego de varas, y así fueron
todos juntos a la iglesia. Allí estaba el Almirante senta-
do en una silla junto al altar mayor, y les hizo la plática
y razonamiento que copiaré más abajo. Pero es digno
de notar el hecho de que el procurador le contradecía,
en ocasiones, «con harto poco acatamiento». Al terminar, el Almirante consideró que por su «baxa voz no le
avían todos oído ni entendido», y así hizo que el predicador y Don Juan Enríquez se subiesen al púlpito y re-
pitiesen lo dicho por él. Así lo hicieron, pero el procurador ahora «respondía y contradezía muchas vezes,
estando levantado de pies ençima de un vanco o poyo».
Mientras tanto el Almirante ha solicitado de viva voz
y obtenido que los alcaldes le den las nuevas varas. Ahora
él aconseja a todo el mundo que piense en lo que les ha
dicho y que le respondan al día siguiente.

La gente comienza a salir de la iglesia, pero induci-
dos por uno de los regidores «una ola de gente» volvió
a entrar impetuosamente en la iglesia, «como gente al-
borotada y desacatada», chillando: «Varas, varas; ¡dal-
des varas!». La barahunda era increíble, al punto que
el «Almirante llamó a los alcaldes y les dio las varas y
les abraçó … no de su buena graçia, sino haziendo virtud de la neçesidad». Con este momento de sosiego el
Almirante se salió de la iglesia y se volvió a su palacio
con los suyos. Los alcaldes, oficiales y pueblo se fueron
a la casa de donde habían salido con sus varas. Ronquillo apostilla que si Don Fadrique no hubiese devuelto
las varas «le hicieran otro mayor desacato o oviera muer-

tes de onbres allí sobrello, segúnd la gente estava desvergonçada y alterada como en tiempo de comunidad». Comentario este último muy significativo

Muy poco después llegó a Medina de Ríoseco el alcalde Ronquillo, enviado por el Consejo de Castilla, hizo sus investigaciones, se apersonó al Almirante y le reprendió por su imprudencia al hacer junta y ayuntamiento del pueblo en ocasión en que podía ser impunemente desacatado. Continúa Ronquillo: «Y con esto y otras cosas que le dixe le puse muy marchito y muy blando y muy preparado para perdonar y pedir perdón, sino que nuestro Señor le ha puesto impedimiento, aunque quando le començó a tomar aquel paroxismo, antes que se le quitase la habla, dixo quél perdonava a los de la villa y les pedía perdón». Termina Ronquillo su informe con la lista de las personas que ha aprisionado y aconseja «hazerse algúnd castigo público», aunque reconoce que de haber vivido Don Fadrique los culpables serían perdonados y sueltos.

Antes de copiar el razonamiento del anciano Almirante a sus vasallos, quiero hacer algunas consideraciones respecto a estos acontecimientos. Por lo pronto se trata de las últimas acciones en vida de Don Fadrique, y creo distinguir un curioso paralelismo con sus primeras acciones, con las que explosivamente irrumpió en la imaginación popular con motivo de la trifulca que tuvo con Ramiro Núñez de Guzmán. En el caso de los palos a Ramiro Núñez la soberbia y el honor injuriado del joven Don Fadrique le llevarán a «defendella y no enmendalla», como dirá el padre del protagonista en *Las mocedades del Cid*. En el enfrentamiento con sus vasallos, el viejo Almirante, que mucho había aprendido en sus años intermedios, prefirió la maniobra diplomática a la fuerza bruta, pero cuando la oratoria diplomática fracasó, él hizo virtud de la necesidad—y no es la menor de las lecciones aprendidas en su larga vida—, como lo entendió el alcalde Ronquillo, y devolvió las varas, o sea, una suerte de «defendella hasta enmendalla».

Los habitantes de Medina de Ríoseco tenían una lista de desafueros y agravios por parte de Don Fadrique que, como nos recuerda Juan Ignacio Gutiérrez Nieto (v. *supra*, pág. 169), es la que forma el trasfondo humano al motín de 1538. Entre estas antiguas ofensas se contaban, y cito a Gutiérrez Nieto: «1. echar arbitrariamente repartimientos; 2. perseguir a alcaldes y regidores si no se domeñaban a su voluntad; 3. apropiarse de propios; 4. obligar al vecindario y al concejo a prestarle dinero; 5. poner fiscal general en lugar de los alguaciles ordinarios». Junto con crueles castigos, tales como mandar cortar la lengua a un desgraciado que había hablado mal de su señorío, o hacer encarcelar a alcaldes y regidores por haberse quejado al Rey Católico de las sinrazones del Almirante. O sea que Don Fadrique tenía bien ganada la fama de tener redaños como para echar por la calle ancha y hacer dar de palos a medio mundo y encarcelar a la otra mitad al sentirse contrariado. Que no lo hizo y que prefirió contemporizar y usar la diplomacia se debe contrastar con dos tipos de experiencias vivenciales del maduro Don Fadrique. La primera y más notable es su mucho maniobrar durante las Comunidades, precisamente para evitar la violencia y la efusión de sangre. La segunda y menos visible es su crisis espiritual, en una de cuyas manifestaciones imaginó reunir los doce «apóstoles del Almirante» para evangelizar sus estados. La segunda experiencia, en particular, nos aleja

por completo del arrogante señor feudal que ordena des-
lenguar vasallos criticones.

Si Medina de Ríoseco fue ciudad eminentemente realista durante la guerra de las Comunidades, esto se de-
bió a los esfuerzos de Don Fadrique y de su hermano
Don Enrique Enríquez, Adelantado de Galicia (v. *supra*, pág. 112). Pero sus habitantes tenían una abundante
lista de agravios anti-señoriales, que esperaba el momento adecuado para explotar. Esto ocurrió con motivo de
las acostumbradas elecciones concejiles a fines de 1537
y comienzos de 1538. La explosión entonces fue violenta y hubiese habido muchas muertes, si el Almirante no hubiese hecho «virtud de la necesidad», en frase
de Ronquillo, vale decir, si no hubiese preferido contemporizar con sus vasallos y no echarlo todo a rodar.
En las Comunidades Don Fadrique había aprendido a
gobernar al pueblo, no a tiranizarlo, y en su contemporánea crisis espiritual había aprendido a tocarse el alma
con el dedo, en el afán de salvarse. Su desasosiego espiritual acompañado de su conocimiento de los hombres
le llevaron a rehuir la fuerza en 1538 y perdonar a sus
vasallos en su lecho de muerte.

Debo admitir que al llegar a este solemne momento
el anónimo autor del *Memorial de linajes* depone su notoria predisposición contra Don Fadrique (*v. supra*, págs.
53, 65, 79), y escribe: «Vino el alcalde Ronquillo y comenzó a hacer la pesquisa y a prender a los culpados.
Envió a Valladolid por un verdugo para ejecutar la justicia, y sabido por el Almirante una mañana que se estaba vistiendo, que el alcalde los quería mandar justi-
ciar por el verdugo, tomó tan gran alteración y pesar
que a su causa y por su mandado sus vasallos, que por
hijos tenía, fuesen justiciados, que luego que se lo dije-

ron se le quitó la habla, y así estuvo casi tres días, que
fallesció al fin sin decir más palabras que "Páguenle y
váyase". Lo cual decía por Ronquillo, que le pagasen
y sin hacer justicia se fuese». Admirables últimas palabras, que encierran en su sencillez la lección aprendida
a lo largo de toda una vida respecto al cristiano trato
de los otros hombres, muy en particular el de sus vasallos.

Copio a continuación el razonamiento de Don Fadrique Enríquez a sus vasallos como muestra de sus últimas palabras públicas:

ESTE ES EL PARLAMENTO QUE HIZO EL SEÑOR ALMIRANTE AL PUE-
BLO EN LA IGLESIA DE NUESTRA SEÑORA.

«Hermanos y onrados honbres: Yo soy venido aquí para deziros lo que vereis y para que sepais la verdad de lo que pasa,
porque sée que os aun informado y dicho muchas cosas que
no son verdad y por rebolverme y alteraros conmigo y por os
indinar contra mí. Y porque sepais la verdad os quiero hablar
delante de los del regimiento que aquí están presentes. E sido
informado que os an dicho que la demanda quel regimiento
desta villa me a puesto sobre el término de Berrueces y gallinas me le avían puesto contra mi voluntad e contradiziéndolo
yo antes que la pusiesen, lo qual no es assí». Y en esto se bolvió al procurador de la villa e le dixo: «Bien saveis vos, procurador, que yéndome a hablar vos e otros del regimiento sobre esto porque lo queríades poner en manos de letrados o de
mis descargos, como yo quisiese, yo respondí que esto tocava
al mayoradgo y no lo podía poner en descargos ni en manos
de ninguno, salvo que se pidiese en justicia en el Audiencia
de Valladolid e que pasase por sentencia, porque así cumplía
a la villa e al descargo de mi conçiençia». E dixo el dicho Almirante: «¿Es así, procurador?». A lo quel procurador respon-

dió: «Verdad es lo que V.S. dize, pero díxonoslo con enojo». A lo qual respondió el Almirante: «¿Qué se os dava a vos que respondiese con enojo, pues holgava dello?». Aquí se bolvió el Almirante e tornó a dezir al pueblo: «Veis aquí, honrados honbres, cómo ya no paresce verdad lo que os an informado, pues por mi voluntad se pusso la demanda de Verruezes e gallinas. También me an puesto por demanda diziendo que yo os mandava tomar vuestros alcaçeres e las carretas que he avido menester por premia e contra vuestra voluntad y que no se os pagavan algunas vezes, lo qual todo, si así a sido, me pesa mucho y estoy muy inocente dello, porque avrá sido por falta de mis ofiçiales e no por mi voluntad, porque yo siempre he querido que se os pague y me lo deis e vendais como a un estrangero, e que la carreta me la deis como a un burgalés; y pues esto hera cosa que tocava a mi conçiençia, bien fuera que se me pidiera en mis descargos, porque donde se an pagado quarenta mil ducados, no fuera inconveniente pagar diez o veinte que podía montar esto. Quiero que sepais mi voluntad, que es ésta: que lo pasado se os pague con el doblo, y lo porvenir os mando que de aquí adelante, si no me quisierdes dar los alcaçeres y carretas que oviere menester, que no me los deis, e, si me los dierdes, sea al preçio que los dierdes a vuestro vezino; y en lo de las carretas digo lo mismo. Y porque más seguros esteis desto, os daré mandamientos firmados de mi nonbre para que se apregone por la villa. Tanbién sé que os an dicho que yo hago muy grand agravio en la mudança que he hecho del pan en pasarlo a la plaça de Nuestra Señora, lo qual mi intençión nunca fue de agraviaros, porque, tomada la informaçión de quál era más provechoso, hallé que lo que yo mandé hera más útil e provechoso a la mayor parte de todo el pueblo; mas comunicaldo entre vosotros, e, si os paresçiere que está bien hecho, estése así y, si no, hazed lo que os paresçiere, y buélvase donde estava, que a mí no se me da más que esté a un cavo que a otro, sino hacer lo que convenga a toda la villa. Y asimismo vine aquí a deziros que comuniqueis entre vosotros y me deis vuestro paresçer sobre esto, porque yo haga, visto vuestro paresçer, lo que más convenga al pueblo, y es que, teniendo esta villa un quento e quatroçientos mill maravedís de propios, parésçeme que se haze agravio a muchos pobres consentir esta sisa. Ved lo que os paresçiere, y aquello se hará. Tanbién quiero que me deis vuestro paresçer çerca del nombramiento que se a hecho de los ofiçiales deste año, porque me paresçe quel que an hecho es contra razón y justicia, y porque he sido informado quel regimiento anda en esta villa entre quarenta o çinquenta personas y que se a quebrantado la costumbre que se tenía que anduviese por velas; y porque no me paresçe justo que los padres nonbren a los hijos y los yernos a los suegros y los suegros a los yernos y que ande la cosa entre parientes, yo les he requerido y mandado que hagan otro nonbramiento que sea justo y bueno y como convenga al pueblo, y no lo an querido hazer. Vosotros os podeis juntar de aquí a mañana y nonbrar en vuestras quadrillas ofiçiales a quien os paresçiere que es razón, que yo los confirmaré. Y si en esto os paresçiere que hago cosa en que venga a quebrantar alguna hordenança, no haré más de lo que vosotros quisiéredes. Agora, honrada gente, que os he dicho mi paresçer y pedido el vuestro, os quiero dezir la causa que a éstos les a movido a tomar las pasiones que an tomado conmigo y a alvorotar, y es que vosotros sabreis que a mí se me ha hecho e haçe conçiençia de ver que la feria de Medina del Campo se aposenta en mill e quinientos e doss mill casas, y aquí se aposenta en çiento e çinquenta o dozientas; y pues las ferias se dieron a esta villa y a mí, razón es que todos gozeis dellas, y como éstos biven todos y tienen sus casas en el aposento donde está toda la feria, an querido con boz de pueblo estorvar mi buen propósito y hazeros creer todo lo que os he dicho, rebolviéndome con vosotros e callando esto que les tocava a ellos, y todo por desonrarme. Y os ruego mucho que mireis en todo ello, y, pues yo sienpre os he tenido por hijos y en las obras que he podido os las he hecho de padre y he procurado todo el bien que he podido para este pueblo, como todo el mundo lo save y es notorio, lo querais todo mirar y no creer a éstos, porque no es de pensar que mi intençión aya sido ni sea de os perjudicar ni quebrantar vuestras libertades, las quales yo con tanto travajo he procurado sienpre de os las guardar y aumentar, y me respondais en todo vuestro paresçer. Lo qual todo os he querido dezir para que sepais mi intinçión y daquí a mañana veais en ello e lo vengais ante mí para que se provea aquello que cumpla a la buena governaçión deste pueblo».

Y porque su señoría enronquesçió mandó a un predicador e a Don Juan Enríquez que todo esto lo declarasen e dixesen así a todos, para que lo oyesen e supiesen que su voluntad hera de hazer lo que les cumpliese. E así se subieron en el púlpito e lo dixeron todo como su señoría lo avía dicho. E con esto el Almirante se salió e fue a su casa.

Yo, Pedro de Villafranca, testigo jurado, digo que, so cargo del juramento que tengo fecho, que esto pasó como aquí va escripto el miércoles siguiente después del día de año nuevo en la dicha iglesia, a mi pareçer e segúnd me pareçió en Dios e mi conçiençia; e lo firmé de mi nombre. Pedro de Villafranca.

Se puede observar que las artes suasorias del Almirante están aplicadas a una dialéctica bien definida y no muy sutil. «Dividir para reinar», o sea, convertir el mitin en una lucha de clases, en la que los opositores no sean la villa contra el Almirante, sino «éstos» (los «más mandones») *versus* «el pueblo». Obsérvese que en ningún momento Don Fadrique menciona a «éstos» por sus nombres propios, lo que hubiese sido muy fácil de hacer ya que estaban todos reunidos en el recinto de la iglesia de Nuestra Señora. Pero eso hubiese concedido a «éstos» la importancia que ellos se arrogaban, lo que traicionaría la estrategia oral del Almirante. La táctica adoptada es análoga a la que usó en su temprano y tremebundo encuentro con Ramiro Núñez de Guzmán. Allí Don Fadrique no respondió al mortal insulto de Ramiro Núñez con la espada, lo que hubiese reconocido la igualdad social del leonés y concedídole una importancia totalmente ajena a las intenciones del castellano. Hizo darle de palos, como a un lacayo, con un castigo envilecedor. Al final de su vida, al rehusar nombrar a sus adversarios y reducirlos a un colectivo «éstos», les confiere, con extraordinaria eficacia, la anonimia de la canalla.

La estrategia dialéctica de Don Fadrique es admirable en su sencillez. Comienza por declarar que «los mandones» («éstos») han mentido a sus «hermanos y onrados hombres». Él, Don Fadrique, había aceptado con ecuanimidad el pleito por el término de Berrueces y el tributo de las gallinas: «Por mi voluntad se puso la demanda». Respecto a la acusación de que tomaba cosas sin pagarlas, esto «tocava a mi conçiençia», y ya hemos visto, con crisis espiritual o sin ella, al tocarle en ese rincón del alma el Almirante se engallaba hasta con el propio Emperador. Acepta tácitamente haber hecho lo que se le acusaba y así decide pagar «el doblo» de lo que había tomado. La mudanza del pan quedará sin efecto: se hará «lo que convenga a la villa». Aquí termina la parte defensiva del razonamiento. Ahora Don Fadrique pasa al ataque.

Sin mencionar el hecho de que el nombramiento de alcaldes, regidores y procurador era la principal causa de la desavenencia, acusa a «éstos» de haber establecido un verdadero monipodio de los cargos del regimiento entre un grupillo de familias. O sea, hay una oligarquía en Medina de Ríoseco («la cosa [anda] entre parientes»), que va contra los intereses de la mayoría.

Hay que volver al sistema de «velas» (turnos) y de «cuadrillas» que eliminará a esta oligarquía burguesía y restituirá el poder a las fuerzas vivas. Con un uso admirable de la antífrasis el orador apabulla a sus adversarios al exhortar al regimiento a «que hagan otro nonbramiento que sea justo y bueno y como convenga al pueblo». En forma antifrástica lo que expresa el Almirante es que el nombramiento original «no era ni justo ni bueno ni convenía al pueblo». Una comparación con las ferias de Medina del Campo sirve para ultimar a sus adversarios: en Medina del Campo el usufructo se reparte entre 1.500 ó 2.000 casas, en Medina de Ríoseco entre 150 ó 200, donde «éstos biven todos», o sea que en la villa las ferias son el monopolio de la burguesía oligárquica, sin beneficio de otros. Para terminar esta plática demostina el Almirante usa adrede el vocabulario revolucionario para recabar así el liderazgo: «No es de pensar que mi intención aya sido ni sea de os perjudicar ni quebrantar vuestras libertades, las quales yo con tanto travajo he procurado sienpre de os las guardar y aumentar».

Con este golpe maestro de dialéctica suasoria se cierra la vida del Almirante Don Fadrique Enríquez. Pero así como es fácil para la oratoria poner en marcha los acontecimientos históricos, en pocas ocasiones los sucesos se han detenido magnetizados por la elocuencia. El pueblo de Medina de Ríoseco ya estaba amotinado, «éstos» y los «honrados hombres» no estaban para oír razones, y atropellaron las del Almirante, quien sólo detuvo la marea por la devolución de varas. Con todos sus años a cuestas el resultante enojo de Don Fadrique fue superior a su fatigado corazón, que ya no pudo latir más.

Pocos meses antes el Almirante había otorgado su nuevo y final testamento, con fecha 13 mayo 1537, que se conserva en el Archivo Histórico Nacional, *Osuna*, leg. 424, no. 614). Se ha visto con anterioridad (pág. 134) que los testamentos de 1518 de Don Fadrique y Doña Ana de Cabrera eran, probablemente, síntomas de esa grave crisis espiritual que los comenzó a aquejar sobre esas fechas.

Aunque no fue designado como epitafio, un contemporáneo un poco más joven que Don Fadrique, nos ha dejado una bella y breve semblanza suya con que cierro mi esbozo biográfico. El autor fue Alonso Fernández de Madrid, Arcediano del Alcor, y la obra su *Silva palentina*, donde dice:

Don Fadrique Enríquez de Cabrera, que en su muy honrada y próspera senectud murió en el principio del año del Señor de 1538, al qual, aunque nuestro Señor no dio generación de hijos, Dios le dio voluntad y aparejo de criar muchos hijos de otros caballeros y hacer mucho bien a pobres y a iglesias y monesterios, segúnd se paresce en el insigne edificio que desde los cimientos hiço en Sant Francisco de Medina de Ríoseco, donde hay muy ricas y memorables sepulturas para él y para la señora condesa de Módica, su mujer, y también reedificó la casa del devoto monesterio de Valdescopeço y otras muy buenas obras.[94]

Como tributo final, póstumo, indirecto, pero efectivo a la memoria de su leal y dedicado consejero, el Emperador Carlos V, con fecha Barcelona, 22 abril 1538, emitió una real provisión por la que hacía merced a don Fernando Enríquez, hermano y sucesor de Don Fadrique, del oficio de Almirante Mayor, y lo creaba primer

94. *Apud* Arcediano del Alcor, *Silva palentina*, ed. Jesús San Martín Payo (Palencia, 1973), págs. 174-175.

duque de Medina de Ríoseco (*apud Colección Pellicer*, v. nota 72; I, doc. 47). Los títulos de nobleza que Don Fadrique usó en vida eran de su amada mujer Doña Ana de Cabrera, pero su extraordinaria labor por el trono español fue reconocida en este ducado de Medina de Ríoseco, concedido a todos los futuros Almirantes de Castilla.

IX

RELACIONES LITERARIAS

Todo magnate tiene sus paniaguados, y si aquél es humanista y literato es razonable esperar que la mayoría de éstos también lo sean. En una hermosa semblanza de nuestro Don Fadrique el gran Menéndez Pelayo tuvo, en parte, esto que decir: «Admirable tipo de gran señor castellano, profundamente religioso sin sombra de hazañería, lleno de entereza y dignidad en sus relaciones con el Rey, generoso y clemente con los vencidos, denodado en el campo, prudente en el consejo, festivo y libre en su hablar, garbosamente desenfadado en dichos y hechos, cultísimo en sus estudios y aficiones, protector y mecenas de toda la literatura de su tiempo».[95] Mecenas de todos los escritores de su tiempo el Almirante lo fue, en intención, si no de hecho. Claro está que es absurdo plantear sus relaciones literarias a este nivel. Tengo que acotar con cuidado el terreno de este tipo de relaciones, como para que el presente apartado salga domeñable. Por lo tanto, empiezo por declarar que sólo me haré cargo de esos literatos que tuvieron activo intercambio con Don Fadrique Enríquez de Cabrera de cartas, poesías, desenfados orales o escritos según los conservan los anecdotarios de la época, y semejantes instrumentos literarios. El campo de las letras españolas del reinado de los Reyes Católicos y del Emperador Car-

---

95.   Marcelino Menéndez Pelayo, *Antología de poetas líricos castellanos*, XIII (Madrid, 1908), 251.

los V acotado por mí, queda, en consecuencia, muy reducido. No seguiré ningún orden particular en los personajes a estudiar en las páginas siguientes. Sólo el azar de mis lecturas y la ocurrencia de mis fichas.

Francisco López de Villalobos (1473?-1549) fue un converso zamorano de contumaz parlería, cualidades ambas ampliamente reconocidas por sus contemporáneos, y atestiguadas por las muchas anécdotas suyas recogidas en *florestas*, *floretos* y *silvas* de la época. Era natural de Villalobos, al N.E. de la actual provincia de Zamora, en tierras de los marqueses de Astorga, a quienes su familia había servido por generaciones en calidad de *físicos*, como reconoce en las coplas dedicatorias de su *Sumario de Medicina con vn tratado de las pestíferas buuas* (Salamanca, Antonio de Barreda, 1498). Estudió en Salamanca y de él nos dice Luis S. Granjel, actual catedrático de Historia de la Medicina en la misma universidad: «Francisco López de Villalobos es el más caracterizado representante de la primera promoción de médicos renacentistas, pues en él se hace patente con la filiación arabigoescolástica del saber en que apoyó su ejercicio profesional la influencia de los afanes intelectuales que comienza a imponer el Renacimiento».[96]

Sirvió a varios señores, como el Duque de Alba, primo y tocayo de nuestro Almirante, después, a partir de 1510 fue médico del Rey Católico, época en la que fue encarcelado por el inquisidor Lucero, de triste fama. Esta experiencia, abierta a cualquier catástrofe, la narró sobriamente en una epístola latina dirigida al Obispo de Placencia D. Gómez de Toledo y Solís, que reco-

96. Luis S. Granjel, *La Medicina española renacentista* (Salamanca, 1980), pág. 18.

gió en sus *Congressiones (vide infra)*, relato que termina: «In fine, octoginta dierum, Dei beneficentia veritatisque patrocinio liberatus et honoratus euasi». Después sirvió al Emperador y fue médico de la Emperatriz, a cuya muerte en 1539 abandonó la corte y se fue a vivir a Valderas, villa de la actual provincia de León. Las largas estancias cortesanas del médico y humanista Villalobos explican sus tornasoladas relaciones con el Almirante Don Fadrique, a quien le aunaban intereses comunes como la poesía, el lenguaje y las humanidades.

La obra impresa por el propio López de Villalobos consta de los siguientes títulos: el ya citado *Sumario de Medicina*, en verso y de tema profesional; *Congressiones, vel duodecim principiorum liber nuper editus* (¿Salamanca, 1514), asimismo de tema médico, pero que lleva un manojo de cartas latinas de nuestro médico humanista de gran interés biográfico; *Amphytrion* (Salamanca?, 1515), hermosa traducción de Plauto que pronto fue adicionada a los *Problemas* de Villalobos, a los que aludo más abajo; *Glossa literalis in primum et secundum naturalis historie libros* (Alcalá de Henares, 1524), comentario de Plinio que fue atacado por el famoso Comendador Griego, Fernán Núñez de Guzmán, y gallardamente defendido por Villalobos en un atildado intercambio de epístolas castellanas; *Los problemas* (Zamora, 1543), apuesta miscelánea en que trata problemas relacionados con las ciencias naturales y con la moral, todos presentados en coplas reales, con una canción del autor con larga glosa en prosa, otros textos varios y la traducción de Plauto ya mencionada. Varias poesías cortesanas suyas se recogieron en el *Cancionero general* de 1554, y varias cartas castellanas fueron publicadas por Antonio María Fabié en su útil edición de

Algunas obras de Villalobos (Madrid, 1886). Con seguridad queda mucho inédito; por lo pronto sé que hay cartas suyas desconocidas en la British Library.

Las relaciones de Villalobos con el Almirante, humanas y literarias, están testimoniadas por unas epístolas que intercambiaron y unas malévolas coplas de ambos anejas a éstas. Todo se puede hallar en el libro de Fabié. El primer testimonio en el tiempo data de Zaragoza, 7 diciembre 1518, y es una epístola de Villalobos al Almirante. Su contenido revela una íntima relación entre los dos, que debe antedatar por mucho el año de 1518. Villalobos alaba la producción poética de Don Fadrique: «Aquellas coplas son muy buenas, y todo cuanto V.S. haze es sabroso y dulce; por eso es bien que las vean todas». Pero al despedirse añade un malicioso comentario seudo-clínico: «Se deue creer que es enfermedad ésta que V.S. tiene de coplear: es fluxo de coplas como de cámaras». La juguetona opinión del afamado médico Villalobos es que las coplas del Almirante son excrementicias, o poco menos. Entre ambos extremos críticos, propios del zigzagueante humor cortesano de la época, hay, en la misma epístola, una alusión curiosa y apicarada: «No conviene que les muestre [a todos] V.S. mi carta, porque quien la viere así burlar de los amores, y supiere que V.S. es enamorado, luego conocerá que aquellas coplas, assí crueles y vengativas, son más para vengar la vejez luxuriosa del señor que para defender la casta juventud de la señora». En 1518 Don Fadrique tenía 58 años, y todas las indicaciones son de que estaba felizmente casado con Doña Ana de Cabrera, de cuya «juventud» ya no se podía hablar. ¿Cómo descifrar la anterior alusión? El Almirante dejó poesía amorosa, no mucha, plasmada por los cánones del amor cortés, lo que

era inevitable para su época. Lo que claramente insi-
núa Villalobos es que algunos tópicos de la poesía amorosa de Don Fadrique, a pesar de sus circunstancias bio-
gráficas, no eran tópicos, sino experiencia vivida. Es
interesante notar esto porque puede servir de caución
al leer la poesía amorosa y cortesana de la época.

La próxima evidencia es otra epístola de Villalobos
al Almirante, fecha Medina de Ríoseco, 10 mayo 1520.
Se recordará que el destinatario estaba en la ocasión en
sus tierras catalanas (*vide supra*, págs. 112-113). Al parecer, el médico zamorano estaba en Medina de Ríoseco por invitación *in absentia* de Don Fadrique: «Beso
las manos a V.S. por la merced y buena esperança que
me dio con su carta». Villalobos había abandonado el
servicio del Duque de Alba, pero no da más explicaciones: «La [persecución] que yo sentí más graue, fue de
sacar de raýz mi casa de Alua, y despedirme de la buena compañía del Duque». Probablemente al servicio de
Don Fadrique, el médico Villalobos residió por cierto
tiempo en Medina de Ríoseco: ahí murió su mujer, en
5 agosto 1520, y en una epístola fechada allí, 22 enero
1521, ya en plenas Comunidades, se burla de la atilda-
da grafomanía de Don Fadrique, en texto citado *supra*,
pág. 129.

En otra epístola fechada en Medina de Ríoseco, 18
febrero 1521, dirigida a Doña Francisca Sarmiento, y
escrita cuando el Almirante y Doña Ana de Cabrera ya
estaban en la villa (*vide supra*, pág. 113), el médico zamorano suena la primera nota de sus quejas contra Don
Fadrique, nota que pronto adquirirá sonoridades estrepitosas. Dice así Villalobos: «Nunca el Almirante me
hará esta merced [cobrar un libramiento suyo], ni otra
que valga menos, porque en saber que soy de su tierra

le tengo enhastiado». Como insinué con anterioridad (*supra*, pág. 71), es posible que en este distanciamiento entrasen los celos profesionales, porque poco más abajo en la misma epístola se queja de que don Fadrique importaba cirujanos de Sicilia. Termina la epístola con malévolas alusiones a la espiritualidad de Don Fadrique y muy en particular de su mujer Doña Ana de Cabrera, Condesa de Módica (*supra*, cap. VII): «Ésta es una consideración con que yo estoy muy consolado, y me pessara si entrase en gracia del Almirante. Ni tampoco quiero seruir a la Condesa de Medina [*sic* por *Módica*], mi señora, porque según la doctrina de san Pablo, es tanta su conversación en el cielo que allá aguarda [*sic* por *guarda*] todas sus cosas, pensamientos, cuydados, joyas de plata y de oro, mantequillas de León, y todo cuanto le traen, que no podemos alcançar cosa dellas los terrenales que somos, por mucho que saltemos».

Dos meses después Villalobos ya se queja directamente al Almirante. En carta fechada Medina de Ríoseco, 4 abril 1521, le dice claramente: «Yo siruo en vuestra casa por todas las vías y fuerças que mi persona puede bastar; la paga desto otro la llevará». Termina con aun mayor amargura: «Yo bien claro hablo, mas aprovéchame tan poco, quanto es poco lo que se me da por ello». La acusación es bien clara: Don Fadrique es ingrato y escaso. En forma evidente, Villalobos estaba dispuesto a abandonar su servicio. Que esto ocurrió bien pronto lo atestigua una carta del Almirante al doctor Villalobos, fecha Medina de Ríoseco, 15 abril 1525, y publicada por Fabié entre las obras del médico zamorano. Sea cual fuese la actitud de Villalobos hacia el Almirante, éste no había perdido su simpatía hacia el quejoso doctor. Así comienza la carta: «A toda Castilla teneys es-

pantada, señor Doctor, de la mudança que haueys hecho, porque todos los médicos cuentan por suma feliçi-
dad viuir con el Emperador y seruir a su Magestad con
su officio; y vos, teniendo tan buen lugar en la Corte,
tanta cabida con todos los Grandes y tan buen salario
en la Casa Real, haueros salido de la Corte tan determinado y desterrado de vuestra naturaleza [= patria], donde vos teneys tantos y tan buenos feligreses, por viuir
en Estremadura, tierra inculta y inhabitable».

Al dejar el servicio de Don Fadrique, Villalobos entró al servicio del Emperador, pero para 1525 había sido
desbancado en el favor real por el médico italiano Narciso Ponte (*v. supra*, pág. 71), y, amargado, se había ido
a servir al Marqués de Pliego (Priego). En un acto de
simpatía, el Almirante quiere sacar a Villalobos de esa
«tierra inculta y inhabitable», y le ofrece un opíparo
puesto en Valladolid, con 200.000 maravedíes de sueldo, pagado por él y los otros señores de allí, entre quienes destacaba el Conde de Benavente, con quien nuestro médico ya había tenido largas relaciones. La carta
termina en tono de franca chanza, con buena muestra
del avieso humor que podía gastar Don Fadrique: «Respondedme también a essas coplas, porque quiero ver si
entre los pastores haueys también perdido el metro como
la prosa». Las cuatro coplas reales del Almirante se co-
piarán en su cancionero; ahora sólo quiero destacar sus
malévolas alusiones al encarcelamiento del médico converso por el inquisidor Lucero con varias cuchufletas
más acerca del Santo Oficio. Termina Don Fadrique,
con supremo desgarro, afirmando «que acá no hay Inquisición», como para tranquilizar al pobre Villalobos,
cuando en Valladolid existía el más poderoso tribunal
de toda Castilla la Vieja, a punto de reverberar con so-

nadísimos autos de fe. No cabe duda que la aspereza
era un ingrediente principal del humorismo de la época, y Don Fadrique tenía su buen acopio.

El genio de Villalobos recibió todo esto con tanto
gracejo como falta de ecuanimidad, y esto lo demuestra
su respuesta al Almirante, fechada en Zafra, 10 mayo
1525. Su salida de la Corte no era nada extemporáneo,
él había sido agraviado allí y caballeros de Zaragoza y
de Valencia le invitaron a ir allí. Los agravios habían
partido del médico Narciso Ponte, «mançebo italiano
de muy pocas letras y de ninguna experiençia». Las quejas contra Don Fadrique ya van *in crescendo*: «Todo esto
supo V.S. y lo ponderábades más que yo, mas por esso
no me hablastes palabra de assiento, ni me distes esperança ni consolación ninguna; y pensaba yo que aunque
V.S. no tuuiera necesidad de mí, acordándoos que yo
hauía tenido mucho fauor con el bienauenturado Rey
Católico, y viéndome ahora tan corrido, me recogiéra-
des en vuestra casa». Más tajante todavía, agrega: «Parece que no quereys comprar los buenos esclauos quando se os ofreçen, sino esperar que se mueran de hambre
por hauellos de balde». En forma lapidaria continúa: «Es
tan grande el miedo que teneys de hazer bien a nayde,
que por no caer en este peligro, quereys incurrir en daño
de vuestras honrras y vidas». Remata todo esto con llamar *judío* a Don Fadrique (v. *supra*, pág. 56). En su respuesta a las maliciosas coplas del Almirante, procede
el autor por aludir a su émulo, el médico italiano Narciso Ponte, y de inmediato responde a las insinuaciones
hechas acerca del inquisidor Lucero. Reniega de la vida
de palacio, que es una suerte de lucha contra perros y
víboras, para concluir: «No me espanteys con Luzero
/ que aunque me queme es mejor, / que el quemado a

sinrazón / puede haber descanso luego / ... / O, clarísimo Almirante, / justo padre de la patria, / huyamos de esta idolatría».

Para la misma época Don Fadrique despachó dos coplas novenas contra el médico zamorano ('Pues con mi mal os va a la mano»), en las que insiste en su calidad de converso, y auna esto a su «ultraje» en la corte imperial. Villalobos responde en seis coplas novenas, y comienza por atender a «los físicos italianos» (vale decir, Narciso Ponte), con insinuaciones a su homosexualidad, repite las acusaciones de judío al Almirante, y termina con una dolorida alusión a los estatutos de limpieza de sangre: «Nunca hizo en sus ouejas / apartamiento el Señor». Se conserva otra copla real de Villalobos contra Don Fadrique («Podeys hacer sin reçelo»), de la época de las Comunidades, cuando Villalobos residía en Medina del Campo, y en la que insiste con donaire en el judaísmo de su huésped. Y todo este entreverado intercambio entre el prócer y el médico converso termina con una copla real del doctor Villalobos en que nos brinda un retrato físico del Almirante. La desmedrada talla física de éste era cosa de universal chirigota y la copla del doctor me exime de citar más ejemplos, motivo por el cual la copio íntegra:

De gatilla tiene el tono
quando más alto se entona,
de la cinta arriba es mona,
de la cinta abaxo es mono;
los pies de macho los toma,
las piernas son de vencejo,
algo tiene de conejo,
mucho tiene de paloma.

En el polo opuesto de la escala social al del converso zamorano se halla el desenfadado Don Juan de Mendoza, poeta del *Cancionero general* de Hernando del Castillo (Valencia, 1511 y 1514), y con alguna composición
más en lo que mi admirado José Manuel Blecua ha de-
nominado «un cancionerillo casi burlesco» (*infra*, nota
103). Hasta ayer era un solemne desconocido, como ha
ocurrido con tantos poetas de la época que no pasan de
ser nombres hueros. Últimamente, con la ayuda de Gonzalo Fernández de Oviedo y sus valiosísimas *Batallas y
quinquagenas* (mi edición, págs. 222-224) he podido identificarlo cumplidamente, y los resultados los he dedicado a mi querido amigo Maxime Chevalier, en su libro-
homenaje. Resumo ahora algunos de mis resultados.

Según nos informa Oviedo, Don Juan de Mendoza
fue un cortesano capitán comunero, «ombre de poco o
ningún rreposo, pero acutísimo e de biuo ingenio para
liuiandades», famoso por sus «chistes y rremoquetes y
aquel encaxar de maliçias en sus versos y coplas». En
fin, «era biuo sobremanera e de linda dispusiçión e gra-
çioso e muy bien hablado, gentil latino, trobaua e tañía
e cantaua, e hazía muy bien qualquiera cosa de cauallero diestro a pie o a cauallo». Era el menor de los hijos
bastardos del Gran Cardenal de España, Don Pedro
González de Mendoza (1428-1495), y, por consiguiente, era nieto del Marqués de Santillana. Sus hermanos
mayores eran Don Rodrigo de Mendoza y Vivar, Marqués del Zenete, y Don Diego de Mendoza, Conde de
Mélito. Su padre le dedicó a la Iglesia, pero su genio
le impidió seguir tal hábito. Se casó dos veces, con tristes resultados. Cuando las Comunidades tuvo una destacada actuación anti-imperial, que se puede seguir en
cualquiera de las historias de tal movimiento. Fue de

los exceptuados del perdón general y huyó a Francia, donde entró al servicio de Francisco I, y lo mataron en un «rruydo entre soldados» en Lombardía, en Alessandria della Paglia. Una vida frustrada y un triste destino, a los cuales bien les puede servir de epitafio lo que escribió Oviedo: «Murió desastradamente e con poca onrra e fuera de España, en desgraçia del Emperador, su rrey e señor natural, siruiendo al rrey Francisco de França, su enemigo».

Este desatinado caballero tuvo regocijados encuentros poéticos con el Almirante, mucho antes de las Comunidades, que los volvieron a enfrentar, esta vez en forma trágica. Evidentemente, las Comunidades polarizaron la nación, como ya nos lo demostró el caso de Ramiro Núñez de Guzmán. De todas maneras, la segunda edición del *Cancionero general* (Valencia, 1514) trae nuevos poemillas festivos de Don Juan de Mendoza, uno de los cuales lleva como título «Copla sola de Don Juan de Mendoça porque ell Almirante, queriéndose partir de la corte, vino a despedirse de las damas con vn papahigo». Ni corto ni perezoso, el Almirante le contestó con otra, asimismo impresa en el *Cancionero general* y que recojo en su cancionero. La réplica de Don Fadrique comienza así: «Siempre os vi, señor Don Juan, / armado despada y capa, / contra las cosas del Papa / por seguir las de galán». El Almirante descompone el sustantivo *papahigo*, 'montera', y juega del vocablo con el componente «papa = Papa», 'Pontífice'. La encarnizada malicia de Don Fadrique subraya el hecho de que Don Juan de Mendoza, hijo del Gran Cardenal de España, había sido destinado y educado para el sacerdocio, y se burla de su voluntario abandono vocacional.

Con otro converso de requintado ingenio tuvo tra-

tos literarios Don Fadrique Enríquez. Ahora se trata
del bufón imperial Don Francesillo de Zúñiga
(1480?-1532), salmantino, de Béjar, que nos dejó una
maravillosa *Crónica burlesca del Emperador Carlos V*. La
obra tuvo enorme difusión en su tiempo, aunque nunca
se publicó, lo que explica, entre otras muchas cosas, el
hecho de que los textos conservados son problemáticos.
La *Crónica* echa pullas al Almirante cada vez que lo menciona, lo que ocurre con todos los otros personajes citados, y nos deja un *esperpento* de Don Fadrique, al punto de llamarlo su «deudo», por lo del judaísmo de ambos
(*supra*, pág. 57). Por ejemplo, cuando en 1518 Carlos
I se presentó ante las Cortes de Valladolid, Don Francesillo nos informa que «Don Fadrique Enríquez, Almirante de Castilla, se llegó al Rey muy acompañado,
y dijo a Su Alteza: "Señor, cuanto a lo de Dios soy hombre, y cuanto a lo del mundo no lo parezco, y lo más
del tiempo ando debajo de la tierra como topo"».[97] No
se puede hiperbolizar más la diminutez física del Almirante. Aunque mucho más tarde Don Francesillo insis-
tirá aviesamente: «En este tiempo Don Fadrique Enríquez, Almirante de Castilla, después de la muerte de
la Condesa de Módica, su mujer, pareció ratón con gual-
drapa» (pág. 167).

Nos queda evidencia que no todos los tiros debían
partir del bufón imperial, porque éste inserta en su *Crónica* una «Respuesta de una carta de Don Fadrique Enríquez, Almirante de Castilla, que escribió a este Conde Don Francés a la Corte, rogándole que le escribiese
y enviase las nuevas que en ella había» (págs. 160-161).

---

97.   Cito la *Crónica burlesca del Emperador Carlos V* por la edición de Diana de Avalle-Arce (Barcelona, 1981).

La fecha es Burgos, 1527. No cabe duda que la correspondencia entre el magnate y el bufón fue real, aunque no nos quedan muestras de la participación del Almirante en ella. La seguridad de la existencia de tal carteo me la da el hecho de que Don Francesillo comienza su carta diciendo: «Micer Angelo, vuestro solicitador, me dio una carta de Vuestra Señoría ...» Este Micer Angelo es el mismo Angelo de Bursa que sirvió de mensajero y correo a Don Fadrique cuando las Comunidades (*supra*, pág. 123). Insiste Don Francesillo en la desmedrada talla de su corresponsal que da muestras de cierto enfado: «Todos los ratones, por la mayor parte, son coléricos y de muy poca diligencia». Sigue una oscura alusión a relaciones indescifrables entre los dos: «Vuestra Señoría sea cierto que la liga y amistad que hicimos, por mí nunca se quebrará». A continuación se alude a la bien documentada crisis espiritual de Don Fadrique (*supra*, cap. VII): «Las nuevas que acá hay, son que dicen que Vuestra Señoría se quiere meter fraile», lo que provoca otras facecias acerca de su diminuta estatura. La *Crónica* termina con un 'conjuro', en que invoca «las cartas que el Almirante escribió sobre esta armada, sin parecer a las *Quincuagenas*», lo que confirma la popularidad que gozó la obra de fray Luis de Escobar, *Las respuestas quincuagenas* (Valladolid, 1526), en la que la participación de nuestro Almirante es descollante

El innovador poeta barcelonés Juan Boscán (1487?-1542) mantuvo largas relaciones poéticas con Don Fadrique Enríquez. Tenían ambos varios puntos de contacto que justifican la intimidad poética entre los dos: por lo pronto, Cataluña, donde el Almirante tenía grandes propiedades y donde pasaba largas temporadas, como ya se ha visto (*supra*, cap. VI). Además, Boscán fue por varios años ayo de Don Fernando Álvarez de Toledo, el futuro Gran Duque de Alba, puesto para el que fue designado por el abuelo de Don Fernando, el segundo Duque de Alba Don Fadrique Álvarez de Toledo, tocayo y primo hermano del Almirante. Por último, a pesar de la domesticidad cantada en tantos de sus poemas, Boscán fue por casi toda su vida un servidor de la casa real, primero del Rey Católico y después de su nieto, el Emperador Carlos V, y llegó tarde a la vida matrimonial: sus bodas con Doña Ana Girón de Rebolledo se celebraron en 1539, cuando el poeta era, por lo menos, un cincuentón.

Como es sabido, el propio Boscán había preparado sus obras para la imprenta, y las de su íntimo amigo Garcilaso de la Vega, pero murió el 21 septiembre 1542, unos meses antes de que se imprimiese la obra: *Las obras de Boscán y algunas de Garcilasso de la Vega, repartidas en quatro libros*, Barcelona, Carles Amorós, 20 marzo 1543, según reza el colofón. Para la publicidad garantizada por la letra de imprenta, Boscán sólo consideró digna de salvaguardar una copla suya dirigida al Almirante, y es la que dice «De Boscán al Almirante de Castilla», y comienza «Otro mundo es el que ando». Del Almirante no publicó nada, quizá por respeto a su memoria, ya que Don Fadrique había muerto en 1538, quizá por el deseo de no publicar coplas ajenas, como ocurre en los tres libros de sus *Obras*. El cuarto libro contiene los versos de Garcilaso, y es posible que Boscán haya pensado que con éstos no había necesidad de más versos ajenos. La correspondencia poética entre Boscán y el Almirante permaneció inédita hasta el siglo pasado, cuando la publicó William I. Knapp en su edición de *Las obras de Juan Boscán repartidas en tres libros* (Madrid,

1875). Investigadores posteriores han comprobado que
dicha correspondencia se conserva en dos manuscritos,
uno es el titulado *Cançiones y sonetos de Boscán por ell
arte toscano*, Biblioteca Nacional de Madrid, ms. 17.969,
conocido por los especialistas como el mansucrito Las-
tanosa-Gayangos; de aquí la tomó Knapp para su edición. El otro texto manuscrito es el *Cancionero de Juan
Fernández de Híxar*, editado por J. M. Azáceta (Madrid,
1956). Parte de dicha correspondencia se publicó en *Estas obras de Ivan Boscán y algunas de Garcilasso* (Amberes, Martín Nucio, 1544).

El hecho es que la participación del Almirante en
esta correspondencia, tal cual se ha conservado, fue mínima. Se trata de unas coplas «Del Almirante a Boscán,
preguntándole ciertas cosas de unos amores ya pasados
de mucho tiempo». Son diez coplas reales, que comienzan «Pídoos por merced, Boscán». El tema es decididamente amoroso, se menciona el nombre de Petrarca, y
se usa el apropiado vocabulario del amor cortés, por
ejemplo, «galardón», y aparece en forma alusiva la *cárcel de amor*. Pero parece que el Almirante ya se ha apartado del amor, al menos del no conyugal: «Que aquí
quando me duelo, / las hermosas contempladas / son imágenes pintadas / que me muestran las del cielo». Pero
Don Fadrique termina con una nota de amor profano
y cortesano: «Por tener amor poder / de matarme acá
de zelos». Las coplas las escribe el Almirante en ausencia de Boscán: «Hálloos menos en la corte / adonde Dios
me ha traído, / menos por ser allá ido, / menos por vuestro deporte» (ed. Knapp, págs. 79-82). La «Respuesta
de Boscán al Almirante de Castilla» consta de ocho décimas y comienza «Otro mundo es el que ando» (ed.
Knapp, págs. 82-85). Es interesante observar que con

el título cambiado a «De Boscán al Almirante de Castilla» estas coplas constituyen el cierre poético del libro
primero de las *Obras* impresas de Boscán, quizás por es-
timarlas él como una suerte de tributo póstumo a la memoria de su amigo y corresponsal poético. De todas maneras, lo evidente de este intercambio es que Don
Fadrique está en la corte y Boscán no: «Otro mundo es
el que ando, / otras tierras y otros cielos». A juzgar por
esta evidencia Boscán ni siquiera está en España, y sabemos de dos ausencias suyas de la Península, una en
1522, cuando con Garcilaso se halló en la expedición
que fue al infructuoso socorro de la isla de Rodas, y otra
en 1532 cuando formó parte de la expedición de Carlos
V en socorro de Viena.[98] Allí estuvo a las órdenes de
su antiguo discípulo, el Gran Duque de Alba. Sospecho que ésta es la ocasión poetizada, por la relativa fa-
cilidad de contactos con España. Nuestro Almirante estaba vivo en ambas ocasiones, aunque para 1522 ya
contaba con 62 años, y 72 años para el socorro de Viena.

En el resto de las poesías, según la edición de William I. Knapp, no hay ninguna de Don Fadrique Enríquez, aunque algunas de sus rúbricas son de vivo interés por lo que revelan. A la «Respuesta» citada siguen
ocho décimas «De un frayle respondiendo a Boscán en
nombre del Almirante» («Yo me estoy maravillando»):
dada la avanzada edad del Almirante para estas épocas,
una intervención ajena y anónima en este discreteo poético está justificada. A Boscán, sin embargo, no le hizo
mucha gracia y compuso una «Respuesta de Boscán al
frayle en nombre del Almirante» en catorce coplas no-

---

98.   V. Martín de Riquer, *Juan Boscán y su cancionero barcelonés* (Barcelona, 1945), págs. 13-16.

venas («Reverendo, honrado frayle»), en las que lo acusa, entre otras muchas cosas, de indeseado e importuno: «Respuesta es de castigar / la vuestra, aunque fuera buena: / que el frayle no debe entrar, / sin licencia, en casa agena» (ed. Knapp, pág. 89). A estos desahogos siguen diecisiete décimas completadas por una copla novena «De Boscán al Almirante respondiendo a unas coplas que le envió diciéndole que era muy mudable y que ya lo había visto enamorado en otra parte y después había comenzado otros amores». El archi-enamoradizo es el poeta catalán y, para evitar reacciones mojigatas, conviene recordar que Boscán casó al año de la muerte del Almirante. Al terminar su justificación Boscán aduce, con amistoso gesto: «No se diga que a las gentes / las confunde un Almirante» (ed. Knapp, pág. 99). «De Boscán al Almirante en nombre de un caballero» son cuatro coplas novenas en las que se juega acerca del blanco poético marrado por Don Fadrique en unas coplas suyas que no tenemos («Quien para tirar estira», ed. Knapp, pág. 100). Dos coplas novenas poetizan «Del mismo respondiendo al Almirante que le preguntó si el mal que tenía lo había traído de Castilla, o si lo había habido allí, porque él estaba tan desatinado que no lo sentía». Evidentemente, las coplas se compusieron en Cataluña, donde había nacido el nuevo amor de Boscán («Quando el golpe está caliente», ed. Knapp, pág. 102). Diez décimas son de «El mismo respondiendo al Almirante que le envió a decir que según eran sus coplas no esperaba poder pagallas, y tornaba a tocar en su mal». En ellas se queja el autor de que Don Fadrique es el que quiere seguir versificando de amores: «Por do cese la porfía / de hablar más en amor /que es en Vuestra Señoría; / hablemos en el dolor / que padece el alma mía»

(«Conmigo se ha bien complido», ed. Knapp, pág. 103). Don Fadrique no cambia los temas poéticos, sin embargo: «Preguntó el Almirante a Boscán si amaba do solía, o si tenía nueva fe», donde confiesa la muerte de un amor («Del dolor que me ha buscado», ed. Knapp, pág. 107). Dos décimas comprenden la «Respuesta del mismo al Almirante sobre que le acertó una sospecha que tenía dél, y después tócale en lo que sospechaba», siendo las sospechas, desde luego, de índole amorosa («Mi alma piensa y sospira», ed. Knapp, pág. 108). Otras coplas perdidas del Almirante quedan perfiladas en esta rúbrica: «Al mesmo, porque después de haberle encarecido mucho su mal, al cabo le dixo que estaba remediado y que su mal afloxaba» («La persona que es llagada», ed. Knapp, pág. 109, dos décimas). Las coplas que siguen ya no tienen que ver con nuestro Don Fadrique Enríquez.

Es interesante observar que este largo trato poético con el innovador Boscán, que introdujo los versos italianos a nuestro Parnaso, se llevó adelante sólo en metros castellanos, y más, aún, es de subrayar el hecho de que a pesar de su amistad con el poeta barcelonés, nuestro Almirante Don Fadrique practicó únicamente la tradicional métrica castellana. Y por último, para cerrar el capitulillo de esta noble amistad poética, debo citar el hecho de que Boscán, en su famosa carta en prosa a la Duquesa de Soma (*Obras*, libro II, ed. Knapp, pág. 171), cita al *Señor Almirante* como gran amante de la poesía de Ausias March: «Destos proenzales salieron muchos autores ecelentes catalanes. de los quales el más ecelente es Osías March. En loor del qual, si yo agora me metiese un poco, no podría tan presto volver a lo que agora traigo entre las manos. Mas basta para esto

el testimonio del Señor Almirante, que después que vio
una vez sus obras, las hizo luego escribir con mucha diligencia y tiene el libro dellas tan familiar, como dicen,
que tenía Alexandre el de Homero». Este Almirante no
es nuestro Don Fadrique, error en el que ha caído, entre otros, un reciente biógrafo de Boscán, sino el Almirante de Nápoles, Don Fernando Folch de Cardona, Duque de Soma, gran admirador de la poesía de Ausias
March, de la que patrocinó dos ediciones hechas en Barcelona y por Carles Amorós en 1543 y 1545.[99]

El gran cronista de Indias Gonzalo Fernández de
Oviedo (1478-1557) y el Almirante tuvieron amistoso
trato personal, como lo declara repetidamente el propio cronista. Oviedo partió para las Indias en 1514 y
allí vivió toda su vida, pero estaba de vuelta en España
para 1516, y después hizo cinco viajes, y en el último
la muerte le alcanzó en Valladolid. Durante estas estancias en España fue cuando Oviedo tuvo trato con el Almirante. Acerca del hipotético intercambio de epístolas entre los dos, «De los males d'España y de la causa
dellos», de la época de las Comunidades, me explayaré
más tarde, al tratar de fray Luis de Escobar (*infra*, pág.
237). En dos de sus obras, en particular, se hizo cargo
Oviedo de la figura de Don Fadrique. Las dos son de
dimensiones ciclópeas, se conservan en autógrafo y las

99. V. David H. Barst, *Juan Boscán* (Boston, 1978), pág. 136.
Menéndez Pelayo, que estuvo a pique de caer en el mismo error,
se autocorrigió, v. *Antología* (*supra*, nota 93), págs. 165 y 480-482.
El distinguido hispanista francés, Alfred Morel-Fatio, cayó en ese
error, que le llevó a designar a Don Fadrique como «grand amateur
de poésie *pétrarquesque*—témoin son admiration pour les oeuvres
de'Auzias March», *L'Espagne au XVIe. et au XVIIe. siècle* (París,
1878), pág. 499.

he publicado. Una es *Las qvinqvagenas de los generosos e illustres e no menos famosos reyes, príncipes, duques, marqueses y condes e caualleros e personas notables de España*, que yo publiqué con el título de *Las memorias de Gonzalo Fernández de Oviedo*, 2 vols. (Chapel Hill, North Carolina, 1974; *vide supra*, nota 1). La otra es las *Batallas y quinquagenas* (Salamanca, 1989). Oviedo simultaneó la redacción de las dos obras, pero terminó la primera, cuyo precioso colofón reza: «Acabé de escriuir de mi mano este famoso tractado de la nobleza de España domingo primero día de Pasqva de Pentecostés XXIIII de mayo de 1556, Lavs Deo, y de mi edad 79 años». Nos ha llegado en tres magníficos volúmenes conservados en la Biblioteca Nacional de Madrid. Las *Batallas y quinquagenas* no fueron terminadas y nos han llegado en lamentable estado; así y todo, forman un volumen de más de quinientas páginas impresas.

Citaré primero los principales testimonios de esta amistad en las *Memorias*, que comienzan por explicar el uso de la palabra *quinquagena* y dice: «El illustre Don Fadrique Enrríquez (segundo de tal nombre), Almirante de Castilla, compuso otras quinquagenas en versso castellano» (I, 20-21). Don Fadrique no compuso quinquagenas en verso. El error de Oviedo parte del hecho de que la obra de fray Luis de Escobar donde recogió las preguntas en verso castellano del Almirante, y muchos otros, se publicaron anónimas con el título de *Respuestas quinquagenas* (Valladolid, Nicolás Tierri, 1526). Como la obra es anónima y Oviedo confundió la parte con el todo, atribuyó toda la obra a Don Fadrique, autor de muchas de las preguntas en verso, eso sí. El primer recuerdo cronológico es indirecto: «Estando el Cathólico rrey Don Fernando, quinto de tal nombre, en Valladolid, año de 1513, justaron caualleros en su presencia delante la casa del Almirante de Castilla donde el Rrey posaua» (II, 609). Es interesante agregar este detalle a la breve historia de las difíciles relaciones del Almirante con su primo hermano, el Rey Católico (cf. *supra*, págs. 86-87).

Para abreviar en lo posible estos testimonios, citaré los desmayados versos de Oviedo, en vez de su desenvuelta prosa: «Los españoles le tienen / a Don Fadrique segundo / por el ombre deste mundo / que muy bien siruió a su Rrey. / Del qual dize Gracia Dei / ser más posible topar / con quatro fénix que hallar / otro señor tan bastante. / Ni creays que vido Dante / perssona tan excelente». El gallego Pedro de Gracia Dei fue cronista de los Reyes Católicos. En la declaración en prosa de estos versos continúa: «Pero pues yo vi e conosçí a este señor Almirante Don Fadrique 20. e a la señora Condesa de Módica, su muger, a mi parescer todo lo que está dicho en su loor es muy poco a rrexpetto de sus excelencias y altos méritos verdaderamente. E mucho más y más que se diga en su alabança cabe e cupo en sus muy illustres perssonas» (II, 428). Poco antes había escrito Oviedo: «De la Condesa de Módica, Doña Ana de Cabrera, muger del muy illustre señor Almirante Don Fadrique 20. de tal nombre, a la qual yo vi muchas vezes, todos la loauan por muy excelente señora. Quanto a la dispusición esterior fue vna de las más lindas y agraciadas señoras de España, e christianíssima e deuota, e tan honesta que fue gran exemplo a todas las mugeres de su tiempo, e muy gran limosnera e piadosa con los pobres. Ella murió algunos años antes quel Almirante, y él fue el biudo más biudo de quantos yo he visto, e todo lo restante de su vida truxo luto hasta que murió, e no solamente sobre su perssona, pero su casa entoldada de lo mismo» (II, 427).

Todo lo anterior lo amplía mucho Oviedo en sus *Batallas y quinquagenas*, al punto que dedica todo un largo diálogo a Don Fadrique, ilustrado con un magnífico dibujo de su escudo de armas, en el que están acuarteladas las de Enríquez y de Cabrera, otra galante y cortesana forma de expresar la armónica unidad matrimonial de Don Fadrique y Doña Ana (págs. 101-109). Por lo pronto, respecto a Doña Ana de Cabrera, nos informa que el famoso pintor Alonso Berruguete había pintado su retrato, a un lado con una montaña y un águila en la cumbre: «E estaua tan al natural aquella señora que yo, que la avía visto muchas vezes, quedé espantado viendo la perfiçión desa pintura. La qual el mismo señor Almirante me enseñó en Barçelona, año de 1519 años, e me dixo que aquella montaña e áquila quería de ay adelante traer por timbre de sus aīmas» (pág. 105).[100] Así dibujó Oviedo las armas de Don Fadrique, quien al imponer la montaña y el águila como timbre de ellas siguió una moda cortesana: la M de *montaña* es la M de Módica [Condesa de], y la A de *águila* es la A de Ana [de Cabrera]. Ya hemos visto que siguiendo otra moda cortesana el Almirante había agregado el apellido de su mujer al suyo propio, llamándose Don Fadrique Enríquez de Cabrera (vide *supra*, págs. 69-70).

Oviedo encabeza su diálogo dando todos los títulos nobiliarios de Don Fadrique, a quien llama «Conde de Módica e de Melgar, e Vizqonde de Cabrera e de Bas».

---

100.   La fecha de 1519 que da Oviedo para el cuadro de Berruguete crea un problemilla cronológico del que me hice cargo en mi edición de las *Batallas y quinquagenas*, pág. 105 nota.

Don Fadrique heredó el condado de Melgar a la muerte
de su hermano Don Bernardino, quien lo había recibido en 1494 por concesión de los Reyes Católicos (*supra*, pág. 67). El condado de Módica era el título siciliano que ostentaba Doña Ana de Cabrera, y suyos eran
también los vizcondados catalanes de Cabrera y de Bas,
como lo explica largamente Oviedo. Debo destacar que
el Almirante nunca usó ninguno de esos títulos. Oviedo comienza su diálogo con la siguiente certera descri-
pición: «Don Fadrique Enrríquez, 20. de tal nombre,
Almirante de Castilla e cabeça del linaje de Enrríquez,
fue en su tiempo e nuestro vno de los mayores señores
de España en rrenta e vasallos. E por su mucho valor
y edad y generosidad muy acatado e estimado, e por su
prudençia e perssona muy bien quisto e amado». Siguen
largos apuntes genealógicos, a los que era aficionadísi-
mo nuestro cronista, en los que categóricamente niega
la posibilidad de descender todo el linaje de «vna judía
hermosa llamada doña Paloma», sino, más bien, de «vna
dueña hijadalgo e hermosa muger ... casada con vn mayordomo» del Maestre Don Fadrique (*vide supra*, págs.
15-17). Es evidente que Oviedo, a pesar de su afán de
limpiar el linaje Enríquez de toda mancha, no llegaba
a aceptar la versión tan halagüeña recogida en el romance
«Entre las gentes se suena». Al hablar de las bodas de
Don Fadrique, insiste Oviedo: «Esta generosa e jllus-
tre señora [Doña Ana de Cabrera] fue de las más agra-
çiadas mugeres de España en nuestros tiempos, así por
su marido como por su propria perssona e maneras, e
de las hermossas en dispusiçión e de muy sanctas e cari-
tatiuas obras».

Recuerda Oviedo que Don Fadrique, después de las
Comunidades, había hecho esculpir sobre la puerta prin-

cipal de su palacio en Valladolid la siguiente quintilla
en letras de oro:

> Pudo el rey con gran victoria
> esta casa y tal vezino
> siempre quede por memorja
> la [una palabra ilegible] triumpho y gloria
> por él a España vimos [una o dos palabras ilegibles].

Siguen largas consideraciones acerca de las armas de los
Enríquez y los Cabrera («que vi muchas vezes en rre-
posteros del Almirante»), propias del linajista y perito
en blasones y heráldica como lo fue en la realidad el cronista Oviedo. Atribuye a «perssonas de crédito» su conocimiento de que «quando este señor Almirante Don
Fadrique 2 casó con esta señora Condessa de Módica
se dio tal asiento en su matrimonio que juntaron estas
casas para siempre», lo que llevaba visible en su apellido Don Fadrique, como hemos visto.[101] Como suelen

---

101.   Ya adelanté (*supra*, págs. 53, 65 y 79, pero ver también
págs. 176-177), que el anónimo autor del *Memorial de linajes* que
recogió el romance «Caballeros de Castilla», no estaba muy bien dispuesto hacia el Almirante. Al hablar de la muerte de Doña Ana, añade
maliciosamente: «Nunca se quiso tornar a casar, aunque mucho había
que muriera la Condesa de Módica, su mujer, sin hijos, aunque no
se dirá por amar castidad, porque no le parecían mal las mujeres».
Algo de la evidencia poética recogida en este capítulo parece concu-
rrir con esta última opinión. En el *Cancionero general* (Valencia, 1511)
hay una larga composición de un desconocido Tapia que también
parece confirmar lo anterior: «Otra obra suya [de Tapia] a vna partida que hizo de la corte Doña Mencía de Sandoval, y él, viendo
quán tristes quedauan sus seruidores, habla en persona de cada vno
dellos, y dize lo que ellos podían dezir». El primero en hablar es
el primo hermano del Almirante, el Duque de Alba Don Fadrique
Álvarez de Toledo, el segundo servidor en hablar es nuestro Don

terminar los diálogos de las *Batallas* y *quinquagenas*, éste
asimismo trae consideraciones acerca de la renta y vasallos del Almirante: «En todo passa de septenta mill
ducados de rrenta en cada vn año, e [espacio en blanco]
mill vasallos e más». La reflexión final de Oviedo hace
justicia a la pareja ejemplar que fueron Don Fadrique
y Doña Ana: «Dos perssonas fueron el Almjrante e la
Condesa que a toda España le dolió no averles dado Dios
hijos».

Recogido en el *Cancionero general* de 1514 hay un
gracioso encuentro poético entre el Almirante y su primo Don Antonio de Velasco, de la familia del Condestable de Castilla.[102] Don Antonio fue correcto versifi-

---

Fadrique Enríquez, quien «dessea más morir / que beuir sin vos vn
ora», fol. 176v.

102. Cons. Ian Macpherson, «Conceptos e indirectas en la poesía cancioneril: el Almirante de Castilla y Antonio de Velasco», *Estudios dedicados a James Leslie Brooks*, ed. J. M. Ruiz Veintemilla
(Barcelona, 1986), págs. 91-105, y «The Admiral of Castile and Antonio de Velasco: *Cancionero* Cousins», *Medieval and Renaissance
Studies in Honour of Robert Brian Tate*, ed. Ian Michael y Richard
A. Cardwell (Oxford, 1986), págs. 95-107. Una lista de la producción poética de Don Antonio se puede ver en Brian Dutton, *Catálogo-Índice de la poesía cancioneril del siglo xv* (Madison, 1986), II,
196; por cierto que Dutton omite por completo el nombre del Almirante Don Fadrique Enríquez en sus exhaustivos índices. Muchas
poesías de Don Antonio están publicadas en el *Cancionero castellano del siglo xv*, NBAE, XXII, 620-624. Don Luis Zapata, *Miscelánea* (*supra*, nota 8), pág. 388, cita un poema suyo contra el Almirante («El Almirante se parte», que cito más abajo en el texto), y lo
atribuye a un «poetastro». La caricaturesca descripción del Almirante («De gatilla tiene el tono»), que copié más arriba como obra
de Francisco López de Villalobos (pág. 193), se atribuye en el *Cancionero de varias poesías* (*infra*, nota 106), y en otros lugares, a Don
Antonio de Velasco.

cador cortesano, lo que equivale a decir que escribió ingeniosa poesía amorosa en el lenguaje-código del amor cortés. No fue poeta de mucha producción: se conservan de él dos poesías en el *Cancionero general* de 1511, y nueve más en su segunda edición de 1514. Por su parte, el Almirante tiene cinco poesías en ambas ediciones. La única poesía de Don Antonio que me interesa en la ocasión es una que se publicó en el *Cancionero general de 1514*, y provocó respuesta de su primo, y que comienza «Pues con seys servidores», replicada por el Almirante con «Salga el cabo de Castilla», que será copiada en su lugar. El epígrafe de los versos de Don Antonio nos dice que van «a una dama de la Reyna, porque, aunque teniendo seys servidores, en unas justas que se hizieron no salió ninguno d'ellos a justar». Comienzan así: «Pues con seys servidores / no poneys tela, señora, / no soys buena tejedora». Las procacidades encubiertas son tan numerosas como los versos: 'servidor' es el que atiende al servicio sexual de la dama; 'tela' es la membrana vaginal; 'tejer' es el acto sexual. La copla dedicada al Almirante juega con el sentido sexual y su diminuta estatura:

> El Almirante desseo
> que viniesse aquí a justar:
> no le podríen encontrar
> sin hazer encuentro feo.
> Todos diríen: «No le veo».
> Quexars'en de vos, señora,
> que no soys buena texedora.

En la estrofa anterior Don Antonio de Velasco se ha burlado del V Conde de Benavente, Don Alonso Pimentel, pariente suyo y de Don Fadrique, y en la estrofa siguiente y última se reirá de los condes de Saldaña (de la casa de Mendoza) y Haro (casa de Velasco), asimismo parientes en diversos grados. De todos ellos fue Don Fadrique el que recogió el guante y entró en duelo poético con su primo Don Antonio, y lo hizo con una maravillosa hipérbole de la falta de estatura de su pariente (ya se ha visto que la del Almirante no puede haber sido mucho mayor), aparte de otras lindezas que se podrán leer en su cancionero, que publico:

> Salga el cabo de Castilla
> con su lengua de picaça,
> y Don Antonio con su maça,
> puesto de pies en la silla;
> y será gran maravilla
> si le vier(e)des vos, señora:
> no soys buena texedora.

Hay cuatro composiciones más de Don Antonio de Velasco en lo que mi querido amigo José Manuel Blecua denominó un *cancionerillo casi burlesco*,[103] incluso el de «Ostias pudiera enbiar», que causó las delicias de Juan de Valdés en su *Diálogo de la lengua*. Hay una copla castellana a su primo Don Fadrique: «Del mismo, al Almirante, que viniendo a la Corte le salieron a recibir» (comienza «Donoso señor tenemos»), y otra copla castellana a su primo: «Otra suya al Almirante, porque partiendo de su amiga le dixo que avnque se partía, quedaua con ella» (comienza: «Si el Almirante se parte»).

---

103. Ver José Manuel Blecua, «Un cancionerillo casi burlesco», *Homenaje a Don Agapito Rey*, ed. Josep Roca-Pons (Bloomington, Indiana, 1980), págs. 519-520

No conozco respuesta poética de Don Fadrique a estos nuevos acosos en verso.

En el mismo *Cancionerillo casi burlesco* de José Manuel Blecua hay dos coplas novenas del prolífico y desconocido poeta cancioneril Soria, «Del dicho [Soria] al Almirante, porque l'enbió vnas coplas que avía hecho a su amiga en que le dezía que en su mal avía creçiente y menguante como en la mar» (empiezan «Quando el mal fuere menguante»). Es de suponer que este intercambio poético, del cual no he hallado la contribución de Don Fadrique, debe fecharse después de la muerte de la Condesa de Módica (1523). En el mismo *Cancionerillo* siguen dos coplas castellanas «Del mismo [Soria] a Don Antonio de Velasco, porque se le ava caído vn diente y el Almirante l'enbió otro».[104] En el *Cancionero de poesías varias*, Biblioteca Real de Madrid, ms. 6171,[105] hay una copla de pie quebrado: «Soria al Almirante, que le imbió una rrana y un sapo y un mochuelo» (empieza «Otra trinidad hallamos»).

En el mismo *Cancionero de poesías varias* se contiene una pequeña andanada poética contra el Almirante, algunos de cuyos proyectiles quedan mencionados. Destaco ahora una de su músico, Gabriel de Mena, de quien

104.   Acerca de la identidad de Soria conjeturó infructuosamente José María Azáceta, en su edición de *El cancionero de Gallardo* (Madrid, 1962), págs. 63-67. Hubo otro poeta cancioneril de abundante vena, Antonio de Soria, a quien, en forma inevitable, dada la casi total homonimia, se le han atribuido poesías del otro Soria, v. por ejemplo, Dutton (*supra*, nota 100), I, 145, «Quando el mar fuere menguante». Una lista de la producción poética completa de Soria y de Antonio de Soria trae Dutton, *op. cit.*,, II, 187-188.

105.   Escrupulosamente editado por el equipo de José J. Labrador, C. Ángel Zorita y Ralph Di Franco (Madrid, 1986).

me ocuparé más abajo («Con pulgas y con dolor»), otra
del doctor Melgar («Al Almirante no miren»), y otra del
contador Santisteban («La respuesta que os escriuo»),
seguramente el mismo Francisco de Santestevan estudiado en el próximo párrafo. Son minucias de copleros
que, por lo menos, apuntan a un activo versificar por
parte de Don Fadrique. El doctor Melgar, por lo pronto, fue, como Francisco López de Villalobos, médico imperial, y, además, corresponsal de fray Antonio de Guevara, quien le dedicó una de sus *Epístolas familiares*
(Valladolid, 1539), fechada en Madrid, 27 diciembre
1520: «Letra para el Dr. Melgar, médico, en la cual se
toca por muy alto estilo el daño y el provecho que hacen los médicos». Es posible que antes de 1520, cuando ya era «cesáreo médico», como le llama Guevara, el
doctor Melgar hubiese sido médico del Almirante, como
amplío más abajo (pág. 217).

En el *Cancionero general de obras nuevas, nunca hasta aora impressas, assí por ell arte española como por la
toscana* (Zaragoza, Esteban G. de Nágera, 1554) hay una
carta en verso de Francisco de Santestevan (Santeste-
ban, Santisteban) a nuestro Almirante, que comienza
«No siento cosa ninguna», y consta de nueve coplas castellanas y un cuarteto final.[106] Trata el trillado tema
del «miedo de la Fortuna», sin mayor originalidad. Hay
otra carta del mismo Santestevan, aunque no al Almirante, y una copla oncena de éste («Sostener la gentileza») contra el desdichado Don Juan de Mendoza, de
quien me hice cargo más arriba (págs. 194-195), y de
quien también hay muestras poéticas. Conozco dos com-

---

106. *Cancionero general de 1554*, ed. Morel-Fatio (*supra*, nota
97) págs. 519-521.

posiciones suyas más, satíricas, contra la avaricia de un tal Montemayor, que no creo que sea el novelista por las fechas tempranas de las relaciones poéticas entre el Almirante y Santestevan.[107]

Por su parte, Don Fadrique le dirigió una carta en verso («Justa cosa es que notemos»), que se conserva en la Biblioteca Nacional de Madrid, ms. 7075, junto con otras cuatro poesías y una copia de su «notable y moral epístola», dirigida a fray Luis de Escobar y publicada en las *Respuestas quinquagenas* (Valladolid, Nicolás Tierri, 1526).

Francisco de Santisteban tiene que haber pertenecido al viejo linaje de los Santisteban de Valladolid, lo que explica su cercanía a Don Fadrique. El cargo de contador era anejo a la casa real y a algunas casas señoriales. Sospecho que Francisco de Santisteban era contador de la casa del Almirante, y paniaguado de su tertulia de Medina de Ríoseco. Aparte de los tratos poéticos ya mencionados, Don Fadrique le dirigió otra larga poesía que fray Luis de Escobar, que la publicó en las *Respuestas quinquagenas* (fol. lxxviiir), y prologó con estas palabras: «Vna carta en metros que Vuestra Señoría embió al prudente varón Francisco de Santesteuan estando en Valladolid, en las primeras Cortes del Rey». Las ocho coplas castellanas del Almirante, que Escobar imprime a renglón corrido, comienzan «Justa cosa es que notemos», y me parecen indudable respuesta a la carta de Santisteban «No siento cosa ninguna». Las primeras Cortes de Carlos I en Valladolid fueron las de febrero, 1518, donde fue jurado rey de Castilla, León y Granada (*supra*, pág. 102). El presente intercambio poético entre

107.   En el *Cancionerillo casi burlesco*, ya citado, *supra*, nota 101.

Francisco de Santisteban y Don Fadrique Enríquez tiene
que datar de la misma fecha.

Ya hemos visto (*supra*, pág. 57) cómo el Almirante motejó a su criado Gabriel de Mena de judío, y cómo
éste se desquitó motejando a su amo de lo mismo. Este
Gabriel de Mena (Gabriel a secas, se lo llama en muchas ocasiones) fue poeta, cantor y músico, primero de
la capilla del Rey Católico y a su muerte en 1516 pasó
al servicio del Almirante.[108] Don Luis Zapata en su
Miscelánea (pág. 372), escribió: «Gabriel, un criado del
Almirante, muy admitido en el mundo y muy admiti-
dos sus donaires». Se conservan poesías suyas en el *Cancionero general* de Hernando del Castillo (Valencia,
1511), y sus composiciones poético-musicales se hallan
desparramadas por varios cancioneros musicales, muy
notablemente el *Cancionero musical de Palacio*. Varios
motes suyos fueron glosados por Quirós, fértil poeta del
Cancionero general, quien también estuvo relacionado
con Don Fadrique Enríquez, como que sometió una pregunta a fray Luis de Escobar, *Quatrocientas respuestas*
(Valladolid, Francisco Fernández de Córdoba, 1545),
quien en su respuesta le acusa de ser «trobador» (fol.

108. Sobre Gabriel de Mena v. *Cancionero musical de Palacio
(siglos XV-XVI)*, ed. José Romeu Figueras, I (Barcelona, 1966), 209.
Las composiciones de Quirós, a las que aludo en el texto de inmediato, se pueden ver en *Cancionero castellano del siglo XV*, NBAE,
XXII, 308-309. Las coplas que Don Luis Zapata atribuye a Gabriel,
y copio en el texto, están atribuidas al doctor Melgar (vide *supra*,
págs. 212-213) en el *Cancionero de poesías varias. Manuscrito no. 617
de la Biblioteca Real de Madrid* (vide supra, nota 103), y con mejor
lectura: el verso 6 lee en este Cancionero, «es jota del 'abecé'». Se
hallan poesías de Gabriel en Brian Dutton, *El cancionero del siglo
XV*, II (Salamanca, 1990), 451, 524, 578, 580, 581, 584, 585, 589,
590, 592, 594, 597, 599.

96v). Don Luis Zapata en su *Miscelánea* (*supra*, nota 8) trae varias anécdotas y coplas de Gabriel de Mena, y de ellas se desprende el especial favor que le dispensaba el Almirante. Copiaré sólo una, para no alargar demasiado el texto, pero muy ilustrativa al respecto:

El Almirante Don Fadrique, que venció con el Condestable la batalla de Pamplona a los franceses, y a los comuneros la de Villalar, gustaba mucho con hombres de ingenio, de coplas, y ansí activas y pasivas corría entonces esta mercadería agradable, y por esto era su muy privado el discreto Gabriel, que otras veces he dicho, el cual, por ser el Almirante muy pequeño de cuerpo y señor del estado de Módica, en Sicilia, le hizo estas coplas:

> Almirante, no le miren
> porqu'es malo de hallar,
> y aunque de cerca le tiren,
> nadie le podrá acertar
> Él es mínimo en natura
> y paviota en el cebo,
> y porque módico fue
> Módica fue su ventura

(Zapata, *Miscelánea*, pág. 387).

Nuestro conocido, el festivo pero desdichado poeta Don Juan de Mendoza, que tuvo varios encuentros poéticos con Don Fadrique, en una ocasión le acusó de que sus versos estaban compuestos por Gabriel de Mena, con la asistencia de Coca, uno de sus secretarios (en el *Cancionero general de obras nuevas*, *v. supra*, pág. 213; las coplas de Don Juan están a la página 522). Desde luego que se trata de una acerada pulla, sin base en la realidad, porque el Almirante fue poeta de abundante vena. Copio sólo la primera de las tres aviesas coplas castellanas de Don Juan:

> De la copla que me toca
> no es vuestro más del papel;
> oyo la boz de Gabriel,
> siento las manos de Coca.
> No es mucho que me ganés,
> pues no me vale remedio
> trobando contra mi tres,
> o a lo menos dos y medio

Hemos visto que tres servidores del Almirante eran poetas: Gabriel, el contador Francisco de Santisteban y el doctor Francisco López de Villalobos. Con el doctor Melgar dos de ellos participaron en lo que denominé «andanada poética» (págs. 212-213) disparada contra el Almirante. Las *Respuestas quinquagenas* de fray Luis de Escobar nos certifican que Don Fadrique se rodeó de servidores que podían versificar (*plus minusve*), lo cual me lleva a suponer que quizás el doctor Melgar fue médico suyo antes de serlo del Emperador. Por lo pronto, el propio fray Luis de Escobar, autor principal de esas *Respuestas quinquagenas*, era un franciscano que con seguridad servía en la iglesia de San Francisco en Medina de Ríoseco, fundación del Almirante, y que respondió en verso todas las preguntas, lo que no quiere decir que fuese poeta. La primera pregunta impresa en dicha obra es de Alonso de Ledesma, secretario del Almirante, que dispuso toda la obra para la imprenta en su edición de 1526, según nos lo expresa en el prólogo en prosa. Siguen varios versificadores anónimos, pero probablemente relacionados con la casa del Almirante, como ser un «letrado en derechos», «un médico», «un gran letrado médico» (¿Melgar, Villalobos?), «un caballero», «un clérigo theólogo», etc. Pocos nombres propios aparecen en los epígrafes de las preguntas, ya que la intención de Escobar era la de mantener un anonimato casi total, pero ahí están «el bachiller Yanguas» (pregunta XXII), Salazar (pregunta XLVIII), el señor Don Beltrán de la Cueva (pregunta LXIII) (*supra*, págs. 160-164), el secretario Alonso de Ledesma (pregunta C), un músico Valdés (pregunta CX, ¿de la capilla del Almirante, como Gabriel?), el conocido poeta Quirós (pregunta CLXII, «De Quirós, el qual viendo las respuestas del libre aluedrío que el auctor auía dado al señor Almirante, torna a argüir por mandado de su Señoría», también es suya la pregunta CLXIV; sobre Quirós y sus íntimas relaciones poéticas con Gabriel, *vide supra*, pág. 215). Cuando las *Respuestas quinquagenas* se ampliaron, para convertirse en *Las quatrocientas respuestas a otras tantas preguntas* (Valladolid, 1545), fray Luis de Escobar accedió a identificar algunos otros nombres, tales como el de los médicos doctores Gabriel de Toro y Céspedes.

La evidencia es que en su corte señorial de Medina de Ríoseco el Almirante Don Fadrique formó una tertulia literaria, con muchos servidores suyos, como el músico Gabriel, el contador Santisteban, el poeta Quirós, los médicos Villalobos y Melgar), y con algún visitante ilustre, como Don Beltrán de la Cueva, más tarde III Duque de Alburquerque. En el siglo XVII este tipo de reunión semi-institucionalizada se hubiese llamado *academia literaria*; para la época del Almirante no tenía nombre particular. Pero la reputación del grupo intelectual formado por el Almirante en Medina de Ríoseco se reflejaba claramente en la alta estima expresada en ciertas palabras de la dedicatoria del anónimo *Despertador de pecadores* (Valladolid, 1525, *supra*, pág. 156), y que conviene recordar: «Vra. real casa es el contraste y contratación donde todas las sentencias y razones vulgares, vocablos y firmeza del castellano reciben el peso que merescen». Este tipo de afirmación, desde luego, lleva directamente a la crisis artística del castellano (¿cuál modalidad es mejor?), que Cervantes expresó así: «El lenguaje puro, el propio, el elegante y claro, está en los discretos cortesanos, aunque hayan nacido en Majalahonda» *Quijote*, II, xix).

Dados los intereses de Don Fadrique, que han quedado evidenciados y recogidos en páginas anteriores, es fácil suponer que los principales temas discutidos (oralmente o por escrito, en prosa o en verso) serían de poesía y de espiritualidad , aunque a menudo se ampliaran a *de omni re scibili*, como las curiosidades del Almirante. Algo de todo esto vertebró las *Respuestas quinquagenas* de fray Luis de Escobar, que en este sentido concreto y particular se pueden leer como una suerte de minuta de sesiones de la tertulia de Don Fadrique en su corte señorial de Medina de Ríoseco.

Fray Antonio de Guevara, cortesano primero y franciscano después, no necesita introducción particular, sobre todo cuando ya ha aparecido en estas páginas con motivo de las negociaciones que Don Fadrique tuvo con los comuneros (*supra*, pág. 114). Las actividades de fray Antonio ante las Comunidades no son de mi incumbencia, ni tampoco lo es su prolífera actividad literaria, ni mucho menos enjuiciarlo como mendaz historiador o como atildado retórico. Sólo me conciernen cuatro de

sus *Epístolas familiares* (Valladolid, 1539), dirigidas al
Almirante y en las que dialoga con él en tono familiar
y bastante a lo dómine, como le gustaba hacerlo en toda
ocasión. Ya dije, con anterioridad, que Don Fadrique
llamó a Guevara a Medina de Ríoseco hacia finales de
1520, y esto arguye un trato bastante anterior. Las epístolas de Guevara, sin embargo, son todas posteriores
a esa fecha, el año del estallido de las Comunidades. En
orden cronológico son: epístola XXXI, «Letra para el
Almirante Don Fadrique Enríquez, en la cual se expone por qué Abraham y Ezechiel cayeron de bruces y Helí
y los judíos, de colodrillo», Madrid, 11 noviembre 1528;
epístola XXX, «Letra para el Almirante Don Fadrique
Enríquez, do declara que los viejos se guarden del año
de sesenta y tres», Madrid, 15 octubre 1529; epístola
LXV, «Letra para el Almirante Don Fadrique, en la cual
el auctor toca la manera que tenían los antiguos en las
sepulturas, y de los epitaphios que ponían en ellas. Es
letra notable y graciosa», Valladolid, 30 marzo 1534.
La cuarta es la epístola XXXIII, y no tiene año, «Letra
para el Almirante Don Fadrique Enrríquez, en la cual
se declara una auctoridad de la Sagrada Escriptura muy
bien tocada», Madrid, 25 marzo.

En tres de ellas Guevara, en el encabezamiento de
la carta, se dirige al Almirante con su pedantería habitual, y le llama «muy ilustre archimarino».[109] En la última, hasta en sentido cronológico, Guevara se dirige

109.   Nicolás Antonio le fue a la mano a fray Antonio de Guevara, cuando llamó a Don Fadrique «Castellae archithalassus», pero
añadió de inmediato «Almirante nos dicimus», *Bibliotheca Hispana
Nova*, I (Madrid, 1783), 363. Pero el príncipe de los bibliógrafos
escribía en latín, a lo que trataba intencionalmente de acercarse,
en ocasiones y en diversas formas, el castellano de Guevara.

ya, en tono más familiar, al «Muy ilustre Almirante y curioso señor». Los temas de las cuatro son los que hacían las delicias de fray Antonio, en los que puede demostrar su inmensa y esotérica seudo-erudición, con lo que demuestra que, en el fondo, él fue un magnífico humanista de poco calado. Pero a lo que voy es a lo que nos pueden revelar del aspecto humano del Almirante de Castilla. Algunas citas son de elevado interés; las coloco en el orden cronológico de redacción de las epístolas.[110] Es apropiado indicar que no se conservan las epístolas originales del Almirante.

En la epístola XXXI fray Antonio nos indica que Don Fadrique le ha escrito con quejas «porque no respondí ogaño a su carta y ... porque no le envié absuelta su duda» (pág. 205). Parece evidente que el Almirante usó de Guevara en prosa, como de fray Luis de Escobar (otro franciscano) en verso: para que le aclaren y contesten preguntas de casi cualquier orden. Este tema de las *preguntas* está bien documentado en las letras del siglo XV, y en la poesía cancioneril casi llega a constituir un subgénero literario. De todas maneras, conviene subrayar la universal curiosidad intelectual que caracterizaba a Don Fadrique, que, al parecer, en ocasiones molía a sus interlocutores o corresponsales. Sigue una casi ritual referencia a su escasa talla y a su gran arrojo: «Vuestro cuerpo es pequeño y vuestro coraçón está mejorado sobre él en tercio y quinto» (*ibidem*). Sigue otra declaración apodíctica de Guevara: «Vuestra Señoría naturalmente es colérico y mal sufrido» (pág. 205). Esto

110. Cito las *Epístolas familiares* por la edición de un gran amigo desaparecido, Don José María de Cossío, 2 vols. (Madrid, 1950); todas mis citas son del tomo primero.

ya se podía sospechar desde el famoso incidente de los palos propinados a Ramiro Núñez de Guzmán. Con modales cortesanos, tan propios de su personalidad, Guevara continúa: «Vuestra Señoría tiene mucho, puede mucho y vale mucho, y por eso le tenemos todos en mucho. Dexar yo de conoscer en vuestra persona tanta grandeza de estado, tanta limpieza de sangre, tanta delicadeza de ingenio, tanto exercicio en las letras y tanta destreza en las armas. Causarlo ýa [= causarlohía] en mí sobrada locura o falta de cordura» (*ibidem*). Todo es verdad, como queda acreditado en los capítulos anteriores, pero esa referencia a la *limpieza de sangre* del Almirante me suena a malicioso toque guevariano. No hay que olvidar que Guevara, en todo momento, observa el mundo circundante desde la altura de su linaje y su cuna montañesa, todo de limpieza de sangre incontrastable, frente a los dudosos orígenes de los Enríquez, recordados en el sangriento insulto de Ramiro Núñez de Guzmán y repetidos en infinitas pullas, algunas de las cuales quedan recogidas en este capítulo.

La epístola XXX nos confirma otro aspecto esencial del carácter de Don Fadrique, que es su faceta burlona: «Osaré con verdad escrebir a Vuestra Señoría que ninguna cosa a la sazón estaba tan fuera de mi memoria como era su carta cuando la vi entrar por mi celda, y luego imaginé entre mí que me escrebía alguna burla, o me enviaba a declarar alguna dubda» (pág. 199). Insiste Guevara en el carácter burlón del Almirante, lo que queda confirmado por tantas anécdotas como he recogido aquí, e insiste, asimismo, en aspectos más nobles de su genio, aunque la «gran presteza en el escribir» probablemente tiene su mácula de ironía: «Podré con verdad decir que algunas veces, señor, me escrebís algunas burlas que me alegran y otras veces me pedís algunas cuestiones que me desvelan. Pues Vuestra Señoría tiene el juicio tan claro, la memoria tan facunda, la escriptura tan en prompto, el tiempo tan repartido y sobre todo gran presteza en el escribir y mucha costumbre en el leer, muy grande agravio me hace en importunarme tantas veces a que le declare lo que no entiende» (pág. 200). Confirma, además, Guevara algo perfectamente atendible en alguien del carácter de Don Fadrique: «Vuestra Señoría es tan amigo de novedades» (*ibidem*). El tema general de la epístola, fechada en 1529, es acerca de los peligros que corren los viejos al llegar a los 63 años. En esa fecha Don Fadrique contaba 69 años, a lo que con recatada galanura cortesana fray Antonio no alude nunca, pero, a la vista de estos datos la epístola suena a amistosa congratulación por haber pasado el «año climatérico» de 63 años de edad. Recuerda Guevara que aun aquellos que sobreviven ese climatérico año tienen que «andar muy recatados, porque es aquel año tan peligroso que ninguno le pasa sin padescer en él algún peligro» (pág. 202). Si se practican las necesarias operaciones matemáticas, se ve que el año climatérico de Don Fadrique había sido 1523, el año en que perdió a su mujer Doña Ana de Cabrera. La discreción cortesana de Guevara al no mencionar nada de esto es ejemplar.

La epístola LXV se inicia en tono querelloso acerca de la grafomanía de Don Fadrique, de la cual ya se burlaba el Condestable de Castilla, en época de las Comunidades (*supra*, pág. 129). Una cosa consuela a Guevara, y es la adelantada edad de los dos. Pero el carácter del Almirante no ha cambiado, y sigue con su misma veta burlona: «Dexadas aparte sus burlas y mis quexas, yo, señor, estoy determinado de aquí adelante de responder con toda brevedad a sus cartas» (pág. 459). La mención de la edad de ambos corresponsales está de acuerdo con la pregunta de Don Fadrique, que Guevara resume: «Quereis entender en vuestra sepultura y ordenar el letrero que habeis de poner en ella» (*ibidem*). La crisis espiritual por la que pasó Don Fadrique no puede dejar duda acerca de su vivo interés en el asunto, y la forma en que dispuso su sepultura es confirmación de todo ello (*supra*, pág. 70).

La epístola XXXIII no tiene constancia del año, pero esto no afecta mis fines. Fray Antonio de Guevara se declara gravemente afectado por la grafomanía de su corresponsal, en lo que se puede descontar el elemento *burla*: «Como sois, señor, tan contino en me escrebir y vuestro solicitador no es perezoso en me solicitar, yo confieso que muchas veces doy al demonio al criado, y aun a la sazón que no ruego a Dios por el amor» (pág. 213). Así se cierra esta unilateral correspondencia, que sirve, a maravilla, para puntualizar algunos rasgos del carácter de Don Fadrique Enríquez: colérico y mal sufrido, burlón y amigo de burlas y novedades, ávido lector y de irrestañable pluma. Esto, y su diminuta estatura son rasgos que quedan claramente perfilados.

Fray Francisco Ortiz fue un afamado predicador franciscano, que en ocasiones actuó ante la corte imperial (1524), y fue un muy atildado prosista, autor de muchas obras en latín y de unas *Epístolas familiares* (que no tienen nada en común con las de Guevara, fuera del título), publicadas por su cuñado después de su muerte (Alcalá de Henares, Juan de Brocar, 1551). La obra tuvo éxito inmediato y fue reimpresa en Zaragoza, Bartolomé de Nagera, 1552. Fray Francisco tuvo enorme fama

en vida, como nos da a entender el impresor toledano
Miguel Ferrer en una carta prologal al Obispo Pedro del
Campo, en su edición del *Libro de Via Spiritus* de fray
Andrés de Ortega (Toledo, 1550), donde dice de él que
es «tan conocido que no ay necessidad de nueua enco-
mienda para dalle crédito». Ortiz fue oriundo de Toledo, nació en 1497 y era de linaje de conversos. No hay
que confundirle con su homónimo, fray Francisco Ortiz, «el Nuncio», fundador del famoso hospital para de-
mentes en Toledo, quien murió en 1502, ni tampoco con
otro franciscano llamado Francisco Ortiz, quien en 1578
se vio en líos con su Orden por querer opositar a la cá-
tedra de Escritura en Alcalá de Henares.[111]

Nuestro fray Francisco Ortiz, era uno de tres hermanos, el mayor Juan Ortiz fue secretario de nuestro
Almirante Don Fadrique, el del medio era nuestro fraile franciscano, y el menor Pedro Ortiz fue catedrático

111.   Sobre Francisco Ortiz, «el Nuncio», ver Vicente Beltrán
de Heredia, O.P., *Cartulario de la Universidad de Salamanca. La Universidad en el Siglo de Oro*, II (Salamanca, 1970), 175-184; sobre Francisco Ortiz, opositor complutense, *ibidem*, III (Salamanca, 1971),
590-591. Sobre nuestro fray Francisco Ortiz, ver Marcel Bataillon,
Erasmo y España, segunda ed. (México, 1966), *passim*; Ángela Selke, *El Santo Oficio de la Inquisición. El proceso de Fr. Francisco Ortiz* (Madrid, 1968); Antonio Márquez, «¿Conciencia personal o conciencia social? Un franciscano frente al Santo Oficio», *Miscelánea
de Estudios Históricos en homenaje al doctor José Vives (1888-1968)*,
en *Hispania Sacra*, XXIII (1969, [1970]), 447-458. Las *Epístolas espirituales* del P. Ortiz se pueden leer en *Bib. Aut. Esp.*, XIII, 251-294.
En su libro, Ángela Selke, como apéndice, págs. 385-393, publica
una epístola inédita de fray Francisco al Almirante, sin fecha, que
es respuesta a una de éste (que no se conserva), «de tanta importa-
tia que me hallo inábil para rresponder», aunque lo hace, «por orden a los capítulos de la carta de V.Sa.», de lo que me aprovecho
en el texto.

de Biblia en Salamanca y agente del Emperador ante el Vaticano en el pleito entre Catalina de Aragón y Enrique VIII de Inglaterra (*Cartulario de la Universidad de Salamanca, supra*, nota 111, III, 525-550). Los tres hermanos Ortiz estudiaron en Alcalá y Francisco entró en la orden franciscana. Pronto se distinguió, y con fray Francisco de Osuna inició a otros en la oración de recogimiento. Para 1525 el evangelizador Juan López de Celain (*supra*, págs. 138-143) sondeó a fray Francisco Ortiz para meterle en el grupo de los «apóstoles del Almirante», pero el asunto no prosperó. Para el mismo año de 1525 la Inquisición apresó a Francisca Hernández, lo que provocó una reacción en cadena entre los alumbrados castellanos. Fray Francisco «tenía por esta mujer verdadero culto» (palabras del maestro Bataillon), y cometió la indiscreción de denunciar esa prisión como un gran pecado, en un sermón público en San Juan de los Reyes (Toledo). De inmediato fue puesto en las cárceles inquisitoriales, y su proceso ha sido ampliamente estudiado por Ángela Selke. En 1532 se retractó fray Francisco y fue condenado a reclusión en el convento franciscano de Torrelaguna. Por una ironía de la Historia, Torrelaguna había sido el lugar de nacimiento del Cardenal Cisneros, el reformador de la Orden de San Francisco, tema al que volveré hacia finales de este capítulo. Una vez cumplida su condena, fray Francisco rehusó salir de Torrelaguna, se dedicó a una vida de meditación y escribió todas sus *Epístolas familiares*.

Durante todo el proceso inquisitorial su hermano, el doctor Pedro Ortiz, estaba en Roma, como agente imperial ante el Papa. A la conclusión del proceso escribió una dolorida carta a la Emperatriz, fecha 1 junio 1532. Comienza así: «Ya V. Mt. ha visto lo que se ha

echo con fray Francisco Ortiz, mi hermano, y cómo la
conclusión de su causa ha sido de calidad que, aunque
yo fuera más extraño, me cupiera mucha parte». El doctor Ortiz entiende que la falta del atrevido sermón de
San Juan de los Reyes «fue pasión de celo indiscreto».
Recuerda, también, que el anciano Almirante trató, infructuosamente, de intervenir a favor de fray Francisco (*Cartulario*, III, 547-548). El favor de Don Fadrique
a un procesado por la Inquisición es insólito gesto en
la España de su tiempo, pero ya hemos visto que la integridad del prócer se las tenía tiesas con el Santo Oficio en las cosas que le importaban (*supra*, págs. 144-145).
En el caso de fray Francisco Ortiz dicho favor tiene una
doble explicación: ya queda mencionada la tentativa de
Celain de sumarlo a los «apóstoles del Almirante», y también el hecho de que su hermano mayor, Juan Ortiz, era
secretario del Almirante.[112] Sabemos, a través de Ángela Selke (*supra*, nota 111, pág. 320), que el Almirante
solicitó, en esa coyuntura, que el penitente fray Francisco fuese mudado a Valdescopezo, el monasterio bajo
su patronato cerca de Medina de Ríoseco.

Este exaltado franciscano, que vivió una vida espiritual en las fronteras de la ortodoxia, hasta su cita con
el Santo Oficio, este fray Francisco Ortiz, tuvo muy
amistoso trato epistolar con nuestro Don Fadrique Enríquez, después del proceso inquisitorial, y probablemente antes también. Por parte de Don Fadrique no pueden

112. Es triste decir que después de la muerte del Almirante
y del doctor Ortiz, que mantenía a sus hermanos, Juan Ortiz, secretario de Don Fadrique, y sus hermanas, todos ellos quedaron muy
necesitados, situación que el Príncipe Don Felipe, en carta a su padre, el Emperador (Alcalá, 3 febrero, 1548), suplicaba que se ayu-
dase, v. *Cartulario*, III, 550.

extrañar estas temeridades espirituales, al punto que dejó
fama en su tiempo de ser el Grande del reino que quiso
evangelizar a sus vasallos, y que para ello delegó un sacerdote vasco quemado después por la Inquisición. Conviene destacar también, con fines ulteriores, el hecho
de que el P. Ortiz, persona a quien Don Fadrique muy
especialmente quería tener a su lado como consuelo en
sus últimos años, según se verá de inmediato, era un franciscano.

Las *Epístolas espirituales* de fray Francisco traen el
atractivo intercambio epistolar entre el magnate castellano y el fraile penitenciado. Hay que recordar que todas estas epístolas están escritas en los últimos años de
Don Fadrique (murió en 1538), y que fray Francisco residía en Torrelaguna, su antiguo lugar de condena, que
no había querido abandonar. El carteo impreso en las
Epístolas familiares es breve: dos cartas por corresponsal. En lo publicado, el Almirante comienza con una breve epístola, fecha Medina de Ríoseco, 9 diciembre 1535,
en la que se queja de falta de noticias de fray Francisco, lo que indica un previo y nutrido carteo, y le anuncia el gravísimo mal que ha sufrido, para instarle: «Yo
deseo teneros aquí en Sant Francisco [la iglesia fundada por él en Medina de Ríoseco], así por vuestra conversación, como por platicar con vos cosas de mi consciencia, y oír vuestros sermones» (*Bib. Aut. Esp.*, XIII,
265b). Fray Francisco Ortiz responde desde Torrelaguna, 17 diciembre 1535, que su hermano Juan, secretario del Almirante, le había comunicado las nuevas del
grave mal de Don Fadrique, quien también sabe de las
especiales rogativas del recluso franciscano. Pero esta
reclusión «me ha tornado en tan dulce misericordia el
secreto retraimiento y silencio que se me dio por peni-

tencia, que ni yo he salido un paso deste convento [Madre de Dios, en Torrelaguna], aun después de acabados los tiempos de mi clausura, ni para lo demás he querido usar de alguna facultad apostólica ... pues tenía legítimas causas para no dejar la celda y el silencio que tanto con verdad amo». Esta gentil pero rotunda negativa a salir de Torrelaguna para ir a Medina de Ríoseco, se completa con la declaración de que el Inquisidor General Fray Don Alonso Manrique «huelga en que yo no predique» (*ibidem*, pág. 266b)

El Almirante contestó a vuelta de correo, 22 diciembre 1535, muy dolorido ante la negativa: «Sería más mérito la obra que hiciésedes en mi conversación, que la que hareis en vuestra soledad», porque «yo [soy] el mayor amigo que teneis». Termina con una tímida insinuación: «Harta soledad y silencio hay en Valdescopezo para todos los que quisieren aprovecharse de ella» (*ibidem*, pág. 267). Pero nada de esto es aceptable a fray Francisco: «Siente mi ánima que me conviene callar y guardar este rinconcillo que Dios me dio, procurando de aprender a servir a nuestro Señor». Y termina con una negativa tan categórica como elegante: «Aunque Valdescopezo y la conversación de vuestra Ilustrísima Señoría sea llena de todo recogimiento y aparejo de bien, y por tal se debía en sí mesma tener, es inevitable principio de distracciones, que saliendo yo de aquí serían inexcusables, y estándome aquí se están excusadas» (*ibidem*, págs. 268b-269a).

En esa crisis espiritual que le aquejaba desde hacía tanto tiempo el Almirante Don Fadrique Enríquez vivía en un continuo debatirse para encontrar una solución permanente para vivir con su conciencia en paz y muy cerca de Dios: primero, el retiro con su amada mu-

jer, previo testamentos particulares, a sus posesiones catalanas, interrumpido por las malhadadas Comunidades,
después la atractiva posibilidad de evangelizar sus feudos castellanos con elocuentes predicadores educados
en la teología de último cuño, que, por desgracia, resultó estar interpretada por frailes heterodoxos, alumbrados, como Juan López de Celain. Y ahora extendía su
moribunda mano para invitar a conversar a un franciscano condenado por el Santo Oficio, por audacias intelectuales y espirituales. Llega a explicarle que «mi profesión de regimiento de vasallos me estorba lo que yo
querría» (carta de 22 diciembre 153), o sea que le niega
todo recogimiento.

El hecho de que la epístola inédita de fray Francisco al Almirante, publicada por Áela Selke (*supra*, nota
111), está destinada «a rresponder por orden a los capítulos de la carta de V.S.a.», permite una aproximada
reconstrucción del original de Don Fadrique. Entresa-
co de la carta de fray Francisco lo concerniente a los
entresijos espirituales del Almirante. Me desentiendo
de los comentarios del P. Ortiz, cuya espiritualidad no
me atañe. «Quanto a lo que V.S.a. dize de aquella frialdad que trae adormidos los sentidos con tibieza y flo-
xedad para que nunca piense en mal ny en bien»; «En
lo que V.S.a. dize que la causa de la frialdad es la continuación de las culpas, que viene de la habituación dellas»; «Dize más V.S.a., la amistad del mundo es la que
le ha estorvado la de Dios y le ha hecho difficultoso su
amor divino»; «Añade V.S.a. que ha gastado tanto del
amor temporal en las cosas del mundo que no le ha quedado nada para Dios»; «En lo que V.S.a. añade de las
señales en que conosce ser su vida breve y que, aunque
fuese larga, es breve la que se acaba»; «Dize más V.S.a.

que se llega a este punto de conoscer lo que deve, mas
que no passa adelante a gratificarlo»; «Dize más V.S.a.
que desea saber lo que se deve creer y el cómo, y no a
bulto como el pueblo menudo, pues dellos le disigualó
Dios».

Está visto que Don Fadrique es víctima de una extraordinaria confusión espiritual, como la inmensa mayoría de sus contemporáneos que tuvieron este tipo de
inquietudes. Quiere purgar su alma y no puede, quiere
iluminarla y perfeccionarla, y no sabe cómo. Las ideas
de los alumbrados, que conocía desde la época del experimento con los «apóstoles del Almirante», por lo menos, nunca dejaron de seducirle. En este momento busca consejo y consuelo de las manos de un devoto de la
más famosa alumbrada del momento, Francisca Hernández. Y termina con una afirmación de aristocratismo
socio-espiritual: el pueblo menudo por un lado, el Almirante por el otro. Al llegar este momento no puede
caber duda: los alumbrados y la Grandeza castellana eran
complementarios al nivel de las inquietudes espirituales (cf. *supra*, págs. 136-137). Parece como una insacia-
bilidad espiritual que reconcomía a Don Fadrique—y
a muchos de sus parientes e iguales—, y le impelía fuera del credo tradicional y consagrado para buscar consuelo en los deslindes entre ortodoxia y heterodoxia,

Ya se ha visto que para el año 1530 el Almirante
Don Fadrique agregaba un nuevo laurel a su guirnalda de ofrendas literarias (*supra*, pág. 159). Se trata del
*Gracioso conbite de las gracias del Sanctísimo Sacramen-
to del altar* (Sevilla, Juan Cromberger, 1530), obra del
famoso franciscano Francisco de Osuna. Desde nuestra valorativa de hoy hay muy poco en común entre fray
Francisco de Osuna y fray Francisco Ortiz, éste último

procesado y condenado por la Inquisición, aquél admirado como uno de los grandes escritores franciscanos del siglo XVI, muy en particular por su *Tercera parte del libro llamado Abecedario Espiritual* (Toledo, Ramón de Petras, 1527), donde enseña la *oración de recogimiento*. Es sabido que este libro le fue regalado a la joven Santa Teresa de Jesús «Holguéme mucho con él, y determinéme a seguir aquel camino con todas mis fuerzas ... tiniendo a aquel libro por maestro» (*Vida*, 4.6) Mejor aval no puede tener la ortodoxia de Osuna, pero es interesante observar que «nada tiene de asombroso que [la herejía de los alumbrados] haya brotado y rebrotado como rama bastarda del gran árbol de la piedad franciscana, y que muchas veces se haya confundido con ella». Estas son palabras de mi admirado amigo Eugenio Asensio,[113] que ayudan a explicar algo del evidente *franciscanismo* de Don Fadrique, sobre todo cuando se consideran los nombres del alumbrado Juan López de Celain, del procesado fray Francisco Ortiz y del místico fray Francisco de Osuna, todos nombres que giran alrededor de la figura del prócer.

Dentro de la gran confusión espiritual en que viven los castellanos de la primera mitad del siglo XVI es propio destacar de nuevo las actitudes ambivalentes de ciertos miembros de la Grandeza ante los franciscanos, los alumbrados y los heterodoxos en general. Con estos fines me parece válido repetir algunos hechos ya anotados (*supra*, págs. 136-137). El viejo Marqués de Villena, Don Diego López Pacheco, cuñado de Don Fadrique,

---

113.   Eugenio Asensio, «El erasmismo y las corrientes espirituales afines (Conversos, franciscanos, italianizantes)», *RFE*, XXXVI (1952), 31-99, la cita del texto es de la pág. 70.

tenía como predicador en su palacio de Escalona al alumbrado Pedro Ruiz de Alcaraz. En 1527 el Marqués recibe la dedicatoria del *Tercer Abecedario Espiritual* de Francisco de Osuna. En 1529, recibe la dedicatoria del *Diálogo de doctrina christiana* de Juan de Valdés, libro que por sus audacias bien pronto hizo temer al autor acechos inquisitoriales, al punto que se marchó a Italia. Para esos mismos años nuestro Almirante intenta emprender la evangelización de sus vasallos y encarga la empresa al alumbrado vasco Juan López de Celain. El secretario de Don Fadrique es Juan Ortiz, de familia de conversos toledanos, y su hermano, el condenado fray Francisco Ortiz, es el corresponsal y consejero del Almirante, quien, a su vez, trató de protegerlo durante el proceso inquisitorial. Antes de cerrarse este proceso, el franciscano Osuna dedica un tratado ascético-místico a nuestro prócer. Eugenio Asensio, entre otros sabios, ha apuntado las entreveradas relaciones entre místicos y conversos, entre alumbrados y franciscanos, y en este momento se puede apreciar que cada uno de estos nombres está en cercanía de propincuidad con el del Almirante Don Fadrique Enríquez.

Creo yo que Don Fadrique debe haber sentido una reacción análoga a la de Santa Teresa al leer el *Tercer Abecedario Espiritual*, y por motivos similares, en especial al leer «El sexto tractado. Habla del recogimiento del ánima e dice: Frecuenta el recogimiento por ensayarte en su uso». All, en el primer capítulo, recomienda fray Francisco «que frecuenten y acostumbren el recogimiento, para que así puedan imitar e seguir al Señor». Escribe Osuna palabras que deben haber sido martillazos en la espiritualidad considerablemente confusa del Almirante. Cuando fray Francisco habla del recogimiento como «advenimiento del Señor al ánima», no hace más que tocar con el dedo el alma de Don Fadrique. Pero sus inenarrables problemas interiores estallan cuando él admite que en vez de *recogimiento*, su responsabilidad es el *«regimiento* de vasallos», como le confiesa apesadumbrado al P. Ortiz (*supra*, pág. 230). La experiencia personal de ese «advenimiento del Señor» en su ánima personal e intransferible, no la del «pueblo menudo», eso es lo que ha buscado con creciente ahinco en todos sus años mayores. Pero «la amistad del mundo es la que le ha estorvado la de Dios», en palabras de Don Fadrique (*supra*, pág. 230). El *recogimiento* resulta así imposible. La añorada experiencia mística se esfuma en una nube de obligaciones señoriales hacia sus vasallos y deberes vasalláticos ante su rey y Emperador. Las intentonas de convertir en realidad «el advenimiento del Señor» a su ánima, dentro de una tenue zona de deslindes entre ortodoxia y heterodoxia, han fracasado. Pero queda la ecuanimidad y desinterés del Grande del Reino: el apoyo y protección a un alumbrado como Juan López de Celain, a un procesado por el Santo Oficio, como el P. Ortiz, o a un escritor de fuertes tendencias místicas, como el P. Osuna, quien le corresponde con la dedicatoria de un libro. Y siempre, sobre todo, el interés paternal hacia sus vasallos, que le acompañó *in articulo mortis*, como se ha visto (*supra*, págs. 176-177).

Fray Luis de Escobar, franciscano, es el último nombre que estudiaré en relación a los tratos literarios de Don Fadrique con sus contemporáneos. Al mismo tiempo es la persona que más nos ilumina la personalidad de Don Fadrique, por aquello de que fue el autor de las *Respuestas quinquagenas* (Valladolid, Nicolás Tierri,

1526), de su ampliación, *Las quatrocientas respuestas a otras tantas preguntas que el Yllustrsísimo señor Don Fadrique Enrríquez...* (Valladolid, Francisco Fernández de Córdoba), y de su superfetación, *La segunda parte de las Quatrocientas respuestas* (Valladolid, Francisco Fernández de Córdoba, 1552). Esta obra, en sus diversas encarnaciones, constituye la mejor fuente de la poesía del Almirante Don Fadrique, aunque, por motivos fáciles de comprender, no se recogen allí versos cortesano-cancioneriles. Asimismo, fray Luis fue autor del raro opúsculo *Officium transfixionis beate Marie* (Zaragoza, Jorge Coci, 1522), que no me interesa, en esta oportunidad.

Antes de seguir adelante, conviene aclarar un par de extremos bibliográficos. Las *Respuestas quinquagenas* contienen un intercambio de epístolas entre Don Fadrique y fray Luis que desapareció en las *Quatrocientas respuestas* y en la *Segunda parte*. Las *Respuestas quinquagenas*, por lo demás, anuncian, desde el título, el hecho que «se contiene vna muy notable epístola que el señor Almirante embió al auctor hablando de los males de España y de la causa dellos, con su respuesta». Al final del sistema de preguntas y respuestas, que constituyen el libro, se imprime, como si fuese colofón de toda la obra: «Aquí se acaba la Quinquagena segunda del señor Almirante, que es la última de todas cinco. Resta la Epístola de que en el prólogo se hizo mención. Fue impresso en la muy noble villa de Valladolid por maestre Nicolás Tyerri, impressor de libros. A veynte y cinco de junio, año de mil CCCCCXXVI. La epístola se pone en la hoja siguiente con la respuesta del auctor de las Quinquagenas».

La falta de precisión de todo lo anterior indujo a error, el primero, a Gonzalo Fernández de Oviedo, a pesar de su trato personal con Don Fadrique, como ya apunté (*supra*, pág. 204). Oviedo llegó a suponer que todo el volumen era obra del Almirante. Pero el error no paró allí. La única edición de las *Respuestas quinquagenas* (Valladolid, 1526), en cuyo contexto no surge ningún problema de autoría respecto a las epístolas, permaneció ignorada hasta 1976, cuando la utilizó mi querido amigo Augustin Redondo en su hermoso libro sobre fray Antonio de Guevara (*supra*, nota 76). Por lo demás, esas epístolas habían motivado fuerte interés en su época, y, por ello, circularon en forma manuscrita, y así llegaron a formar parte del ms. 7075 de la Biblioteca Nacional de Madrid, donde se identifican como «Esta es vna muy notable y moral epístola que el muy Illustrísimo señor Almirante de Castilla embió al actor [*sic*] de las sobredichas quinquagenas». Como el autor de las más famosas *Quinquagenas* es Gonzalo Fernández de Oviedo, y su amistad con Don Fadrique era conocida, los curiosos que leyeron el ms. 7075 concluyeron que el intercambio de epístolas era entre el Almirante y Oviedo, entre ellos algunos distinguidos historiadores, como Juan Sánchez Montes y Juan Pérez de Tudela Bueso, y yo mismo, desde luego, que publiqué ambas epístolas ofuscado por el hecho de que tenían que ser del Almirante y de Fernández de Oviedo.[114] Me desdi-

---

114. «Dos preocupados del Siglo de Oro», *Anuario de Letras*, XIII (1975), 113-163. El intercambio de epístolas sobre «los males de España» entre el Almirante y fray Luis de Escobar tuvo regular fama. Cuando, en 1573, murió el Obispo de Plasencia, fray Pedro Ponce de León, de afamada biblioteca, fue enviado por Felipe II a comprar libros para El Escorial el famoso humanista Ambrosio de Morales, que escribió en una de sus observaciones: «*El hordenamiento de la Vanda*: no lo tomo por esto, pues sé bien que lo ay en

go por completo: la primera de esas epístolas es del Almirante, pero la segunda es de fray Luis de Escobar, atribuciones sobre las que no puede caber la menor duda.

Fray Luis, en sus *Respuestas quinquagenas*, mantiene un estricto anonimato, lo que indujo a muchos contemporáneos, con Gonzalo Fernández de Oviedo a la cabeza (*supra*, págs. 194-195), a atribuir la obra a Don Fadrique, por aquello de que es el colaborador que contribuye el mayor número de preguntas. Mucho después de la muerte del Almirante, fray Luis reveló, en parte, su identidad.[115] En el prólogo «El avtor a los lectores» de las *Quatrocientas respuestas* dice de sí mismo: «Era frayre menor del linaje de los Escobar de Sahagún». Fuera de esto no sabemos lo bastante de él, sólo que en San Francisco de Medina de Ríoseco estuvo en íntimo contacto intelectual (¿y espiritual?) con Don Fadrique. Parece que mucha parte de su vida allí estuvo «tollido», ya que lo dice en las *Respuestas quinquagenas* (1526) y

---

S. Lorencio, sino por dos cartas questán al cauo del Almirante viejo de los males d'España y las causas dellos», v. G. Antolín, «La librería de Don Pedro Ponce de León, Obispo de Plasencia», *RABM*, XX (1909), 391

115.   Un extenso y muy documentado estudio particular de Escobar y sus *Quatrocientas respuestas* (en sus diversas transformaciones) es el tema de la tesis doctoral salmantina de mi querido amigo José Antonio Sánchez Paso. Como mi interés es sólo tangencial a fray Luis y su obra, me complazco en referirme al trabajo de Sánchez Paso. Sólo me cumple indicar que la obra de fray Luis tuvo gran éxito, a juzgar por el número de ediciones: Valladolid, Nicolás Tierri, 1526; Valladolid, Francisco Fernández de Córdoba, 1545; Zaragoza, Jorge Coci, 1545; Valladolid, Francisco Fernández de Córdoba, 1550; Amberes, Martín Nucio, s.a.; Valladolid, Francisco Fernández de Córdoba, 1552. En la Biblioteca Menéndez Pelayo de Santander se conserva el autógrafo parcial de las *Quatrocientas respuestas*, ms. 83.

lo sigue repitiendo en las *Quatrocientas respuestas*: «Que en cama tollido la noche y el día / con cien mil dolores de piedra y de gota» (fol. 101r).

Don Luis Zapata en su *Miscelánea (supra*, nota 8; pág. 406) trae una anécdota que atribuye a fray Luis de Escobar. Comienza así: «El valeroso Almirante Don Fadrique Enríquez ... era, como he dicho muy amigo de cosas de ingenio, y así a un fraile con quien se burlaba envió una mordaz copla; y tenía dos criados, entre otros un secretario que se llamaba Coca, y al gran trovador y cortesano Gabriel, y respondióle así a la copla el fraile: De la copla que me toca». Copia aquí Zapata la primera copla castellana de las tres que hemos visto atribuidas a Don Juan de Mendoza (*vide supra*, págs. 216-217). Sigue Zapata: «Fue este fraile el gran filósofo, teólogo y trovador a quien hizo aquellas quinientas [sic por *cuatrocientas*] preguntas, que llamó el Almirante quincuagenas». Me parece poco autorizada la atribución de Don Luis Zapata, y, desde luego totalmente fuera de carácter al suponer que fray Luis coplearía con tanto desgarro como mala intención. Creo propio mantener la autoría del mordaz Don Juan de Mendoza para dichas coplas

Para 1526 el achacoso franciscano fray Luis de Escobar había sido receptor de unas cien preguntas en verso del Almirante Don Fadrique, sobre materias de suma heterogeneidad, pero en las que predominan las de interés espiritual. En sus respuestas fray Luis demuestra que no es como ninguno de sus hermanos de Orden estudiados hasta aquí. No es un Guevara, a pesar de su amplia lectura, porque no busca, en absoluto, el autobombo. No es un Ortiz, porque responde siempre desde dentro de una bien definida ortodoxia. No es un Osu-

na, porque no tiene ningún despegue espiritual. Con
buen seso y lectura, fray Francisco responde al Almirante desde dentro de un cuadrante tan sensato como
ortodoxo. Creo que fray Luis fue el mejor antídoto a
los fervores espirituales de Don Fadrique, aquellos que
lo mantuvieron tan cercano a alumbrados, místicos y
conversos.

De 1526 a la muerte del Almirante pasó una docena
exacta de años, en los que es de suponer que seguiría
acribillando a preguntas a fray Luis de Escobar, con la
misma insistencia que fastidió considerablemente a fray
Antonio de Guevara, o éste pretendió fastidiarse (*supra*, págs. 223-224). Es evidente que fray Luis conservó los originales de estas preguntas y de sus respuestas,
y esto es lo que explica, en parte, el crecimiento de la
obra de un total de 250 preguntas (1526) a *Quatrocientas respuestas* (1545), y un desbordamiento aun mayor
en la *Segunda parte* (1552). Fray Luis utilizó otros tru-
cos para ampliar su obra, pero esto ya no es de mi incumbencia, ya que todo esto lo explica mi querido amigo José Antonio Sánchez Paso (*supra*, nota 115). Todo
lo que me queda por decir respecto a fray Luis de Escobar es apuntar a la evidente consultoría intelectual que
ejerció frente a Don Fadrique, la mayoría del tiempo
respecto a sus inquietudes y desasosiegos espirituales,
y en ocasiones, como con las «epístolas sobre los males
de España», para ayudarle a tomar el pulso a la nación.

Resulta de toda claridad que Don Fadrique Enríquez
sintió especial devoción por la Orden de San Francisco, evidenciada por la magnífica iglesia que fundó y puso
bajo su advocación en Medina de Ríoseco, y también
por su íntima amistad con franciscanos con Francisco
Ortiz, Francisco de Osuna, Luis de Escobar. Es obvio

que sentía atractivo por esa tierra de deslindes donde
se conjugaban franciscanismo, misticismo, nueva espiritualidad, conversos, heterodoxia, y donde anidó gran
parte de la historia religiosa española del siglo XVI. El
impulso espiritual del Almirante hacia esos confusos lugares explica mucho de las aficiones del Almirante a los
franciscanos. Pero creo que hay otro factor coadyuvan-
te a todo esto, y que debe terminar de poner en perspectiva la especial devoción de Don Fadrique por la seráfica Orden franciscana, y que contribuye a dibujar su
semblanza.

Es de sobra conocido el desarreglo institucional con
que la Iglesia Católica entró en el siglo XVI. Un religioso dispuesto a tomar las más enérgicas medidas para solventar esta inicua situación fue el franciscano Arzobispo de Toledo y Cardenal fray Francisco Jiménez de
Cisneros. La *reforma cisneriana* es materia bien documentada en la historia española.[116] No cabe duda que
la orden religiosa que más hondo sintió los efectos de
esa reforma fue la suya propia de San Francisco. Al mismo tiempo es bien sabido que la orden religiosa más extendida y popular en la Iglesia en el siglo XV era la de
San Francisco. Su muy temprana división entre parti-
darios del *conventualismo* y sectarios de la *regular ob-
servancia* llevó, en forma inevitable, a una relajación de
la disciplina, lo que, con casi diabólico rebote, hizo más
profunda y marcada esa división, e imposibilitó el diálogo entre dichas facciones. La enérgica acción de Cisneros, con el férreo apoyo de los Reyes Católicos, obtuvo lo que García Oro (*op. cit.* en nota 116, pág. 174)

116.   Ver, por ejemplo, José García Oro, *Cisneros y la reforma
del clero español en tiempo de los Reyes Católicos* (Madrid, 1971).

explica así: «Ellos promovían la reforma y ellos obtenían de los sumos pontífices la legalización de lo hecho. A ellos debieron los observantes franciscanos su extraordinario crecimiento y su triunfo definitivo en 1517».

O sea que para los años inmediatamente anteriores a las Comunidades, cuando las zozobras espirituales de Don Fadrique (y de Doña Ana de Cabrera), se comienzan a documentar con mayor claridad, la Orden de San Francisco se ha unificado, con fuerza y empuje desconocidos en toda su historia anterior. Los franciscanos, con su conocida aceptación de una espiritualidad intimista—con todos sus riesgos—, han adquirido nueva importancia. Con la simpatiquísima atracción espiritual de la Orden de San Francisco respaldada ahora por todos estos nuevos desarrollos disciplinarios, se hace más clara la afición del Gobernador del Reino a los franciscanos como consejeros y corresponsales. Sobre todo cuando Don Fadrique podía ver y sentir todo lo anterior en su residencia de Valladolid, donde se firmó la concordia entre el General franciscano Rainaldo Grazziani de Cotignola y el Rey Católico, 3 abril 1509 (García Oro, págs. 227-228). La devoción por San Francisco de Asís, la simpatía por las posturas ascético-místicas de sus familiares, los desajustes entre las ansias de nueva espiritualidad por parte de Don Fadrique y la ortodoxia vigente, los nuevos rigores en la Orden seráfica que limaban sus asperezas internas, todo este amplio complejo de ideas y sentimientos tienen que haber gravitado fuertemente en el fuero interno del Almirante, como para volcarle en forma tan abierta hacia las devociones franciscanas.

X

OBRA LITERARIA

El Almirante Don Fadrique Enríquez nunca tuvo intención de reunir y publicar su obra literaria—ni la de ningún otro tipo, por cierto. Como gran señor, le bastaba tener la clara conciencia de haber cumplido su deber a todos los niveles. Es probable que él no haya atribuido valor artístico a sus versos ni a sus epístolas, y con la primacía de confusos valores espirituales en su conciencia, tal tipo de recolección puede haberle sonado a soberbia. El hecho es que la reunión de su labor poética ha sido labor editorial del siglo xx: mía, en concreto. Sus epístolas en prosa fueron publicadas en vida suya, pero por sus corresponsales franciscanos, como fray Francisco Ortiz y fray Luis de Escobar.

No publicaré sus epístolas en prosa, claro está, porque mi atención está dedicada a su facticio cancionero poético. Ya sabemos que su epistolario de hombre de estado tiene dimensiones colosales. Algo de él fue publicado por Manuel Danvila y Collado en su *Historia crítica y documentada de las Comunidades de Castilla*, 6 vols. (Madrid, 1897-1900), pero queda mucho inédito, parte en la Biblioteca Nacional de Madrid, y mucho en el Archivo de Simancas. Es muy de esperar que algún historiador profesional lo publique y estudie en un futuro no muy lejano. Pero ya que en el capítulo anterior diserté brevemente acerca de sus epístolas a fray Francisco Ortiz, será bueno ahora decir algunas pocas palabras acerca de su famosa epístola moral «sobre los ma-

les de España», dirigida a fray Luis de Escobar y publicada por éste con su respuesta en 1526, y publicada nuevamente por mí, en el falso supuesto de que la respuesta era de Gonzalo Fernández de Oviedo *supra*, págs.
236-237). Con un somero conocimiento del contenido
de sus epístolas en prosa será más fácil encuadrar las ideas
vertidas en su poesía.

Las dos epístolas se anuncian en la portada del libro, que reza en parte así: *Respuestas quinquagenas ...
en fin se contiene vna muy notable epístola que el señor
Almirante embió al auctor* [fray Luis de Escobar] *hablando de los males de España y de la causa dellos, con su respuesta*. El secretario del Almirante Alonso de Ledesma,
que preparó la obra para la imprenta, puso por delante
las cinco quinquagenas en verso, de las cuales las preguntas de las dos últimas (en número de cien) son exclusivamente de Don Fadrique. Al final de éstas (fol.
68r) va el verdadero colofón de la obra: «Aquí se acaba
la quinquagena segunda del señor Almirante, que es la
última de todas cinco. Resta la epístola de que en el prólogo se hizo mención. Fue impresso en la muy noble villa de Valladolid, por maestre Nicolás Tyerri impressor de libros. A veynte y cinco de junio, año de
mil.CCCCCXXVI. La epístola se pone en la hoja siguiente con la respuesta del auctor de las Quinquagenas». Efectivamente, en el folio 69 comienza la epístola del Almirante, que consta de prólogo y doce capítulos
y termina en el folio lxxi vuelto. Al folio 72r comienza
la respuesta de fray Luis, en la que contesta capítulo
por capítulo las consideraciones de Don Fadrique, y que
llega hasta el folio 81, donde se acaba la respuesta y todo
el libro, sin más colofón. Da la impresión de que Alonso de Ledesma pensó de las epístolas como de un apén-

dice para ampliar el volumen no muy grande del libro, o bien fray Luis se las entregó con tales instrucciones. Cuando después de la muerte del Almirante fray Luis sacó segunda edición corregida y muy aumentada de las *Respuestas quinquagenas*, con el título cambiado ahora a *Las quatrocientas respuestas a otras tantas preguntas que el yllustríssimo señor Don Fadrique Enrríquez, Almirante de Castilla, y otras personas...* (Valladolid, Francisco Fernández de Córdoba, 1545), el volumen del libro casi se duplicó y el P. Escobar no incluyó las epístolas, que ya no se volvieron a reimprimir y comenzaron a circular en manuscrito (*vide supra*, nota 114), por la fama adquirida.

El prólogo de Don Fadrique a su epístola casi llega a tocar el tópico de la humildad intelectual: «Assí que si algo digo y no fuere bien escripto, lo podeys, señor, emendar o remendar». El capítulo I comienza con una declaración que nos pinta al Almirante de pies a cabeza: «Los grandes cargos en que soy a Dios, y el verdadero amor del Emperador y de la patria. que son aquellas tres cosas que en mi entendimiento criaron otra trinidad, me mandan que hable, aunque la sensualidad[117] me dize que es mejor ser mudo en este tiempo». Los cargos a Dios están en la base de la crisis espiritual

---

117. La voz *sensualidad* tenía la acepción moderna de «propensión excesiva a los placeres de los sentidos», *Dicc. Ac.*, que es la única que conocen los diccionarios, y así la usa el Almirante en algunas de sus *preguntas*. Pero, al mismo tiempo, *sensualidad* significaba lo que hoy llamamos 'sentido común', como lo atestigua el uso del Almirante, en esta ocasión, y en la misma acepción usó la voz dos veces el doctor Pedro Ortiz en carta a la Emperatriz Isabel, Roma, 1 junio 1532, citada *supra*, págs. 226-227, aunque la palabra no está en los breves trozos que cité.

de Don Fadrique, el amor al Emperador quedó ampliamente demostrado durante el duro trance de las Comunidades, lo mismo que el amor a la patria. La posibilidad de callarse prudentemente como aconsejan los
tiempos recios es impensable en Don Fadrique, quien
había escrito a su Emperador: «Siempre me precié de
tratar con verdad libremente entre los hombres, y mucho más con mis Príncipes i señores naturales» (*supra*,
pág. 124).El capítulo II hace claro que Don Fadrique
escribe a fray Luis, pero sabe que será oído por Carlos
V. No olvidar que el Emperador había vuelto a España
en 1522, y que no la abandonará hasta su coronación
en Bolonia (1529). El año de publicación de estas epístolas es, precisamente, el año de las bodas imperiales
en Sevilla. Escribe Don Fadrique: «Hablaré en el bien
común ... enderesçarlo he al mayor de todos los mortales, que es nuestro Emperador». En el capítulo III el
Almirante nos da una visión espiritualizada del mundo
(no ajena a la literatura religiosa de la época), en que
se lo compara con una casa: el sótano es el infierno, el
entresuelo es el mundo en que vivimos, y el sobrado es
el cielo. La vida es un sueño o sombra de la eterna y
bienaventurada. El capítulo IV es la explicación ortodoxa de los males del mundo, permitidos por Dios por
la multitud de nuestros pecados. El capítulo V ejemplifica esto con España, y termina con la triste lista de
muertes de príncipes y reyes españoles que permitieron
la coronación de Carlos I.

Después de tantas adversidades, nos dice en el capítulo VI, Dios ha concedido a España la «insigne merced» del reinado imperial. Pero esto tiene su contrapeso: «La necessidad del Imperio le aya [a Carlos V] de
llevar por el mundo para hazernos penar con absencia».

Toca ligeramente el ingrato tema de las Comunidades, que ocurrieron porque «Castilla no está acostumbrada a sofrir otro gouierno si no de su mismo príncipe». No cabe duda que estos renglones están dirigidos a los oídos imperiales, para terminar con un consejo nacido de su propia experiencia: «Cada vno deuría meter la mano en su pecho, y apartarse del mal y hazer penitencia». El capítulo VII echa una rápida mirada al mundo de los religiosos y al de los seglares. Los ojos de moralista cristiano de Don Fadrique no le dejan ver nada bueno. Respecto a los religiosos sumariza: «Siendo assí caydo el sacerdocio de dentro, ¿cómo podrá estar de fuera?» Los asuntos seglares los ejemplifica con la pérdida de Rodas (1522), causada por la «impotencia» y «negligencia» de los príncipes cristianos para su propia «desonrra y destruyción». Todo está causado por la «falta de fe», declara el capítulo VIII, porque «no curamos de hazer el fundamento en lo que está por venir, sino en lo presente y vano y vazío».

España, el país «más bien quisto y nombrado por fidelísimo en el mundo», sufrió una vuelta de la rueda de Fortuna, y todo se perdió. «No veo en el mundo cosa pacífica», son las últimas palabras del capítulo IX. Por ello, continúa el capítulo X, «Aquí se ha de oýr la palabra de Dios … Mas la fe, que es nuestra deffensa, fallesce». En el próximo capítulo, el XI, estalla la conciencia del Almirante en verdaderos trenos: «¿Quién hay que conozca a Dios? ¿Quién hay que le sirua? ¿Quién hay que conozca enteramente sus proprias culpas? ¿Quién que se duela de las offensas de Dios? ¿O, bondad de Dios, quánta eres, que me vees y conosces lo que está en mis entrañas, y me sufres y detienes esperando la emienda, y siempre voy empeorando, y oluidando a ti y a mí!» En su diatriba destaca a «Lutherio y otros hereges», que contradicen la fe. Para resumir todo lo anterior, en el capítulo XII y último, el Almirante se dirige retóricamente al mundo, y termina con una serie de metáforas marineras, muy propias del que escribe esas líneas: «Assí como corre la breuedad de la vida en popa, assí el entendimiento ayundándose [sic] dél hará contra el puerto sotaviento, el qual no puede dexar de tomar si contra viento no quiere seguir a la voluntad que va perdida».

Queda claro que «los males de España» que analiza Don Fadrique no se refieren a la España política—salvo alguna breve alusión—, sino a los de una España espiritual que sólo existió en su mente, y otras pocas de análoga orientación. Su postergación de la Iglesia institucional para curar estos males, e insistir, en cambio, en la fe, le marginaliza en cuanto a la ortodoxia oficial, pero le coloca, otra vez, en ese pelotón de avanzadilla espiritual que formaron erasmistas, franciscanos, místicos y alumbrados, sin entrar en mayores distingos.

La respuesta de fray Luis de Escobar a todas estas lamentaciones es poco más que una caja de resonancia de ellas. Al fin y al cabo, no hace más que responder punto por punto a la epístola de Don Fadrique. Con alguna pequeña novedad ideológica, como introducir el tema de «esse mismo hombre que se llama microcosmo» (respuesta al cap. XII), en el que abunda, lo mismo que el Almirante, en la *miseria hominis*, con insistencia en la más ortodoxa moral cristiana, con exclusión de elevarse a consideraciones sobre su *dignitas*. En la misma ocasión fray Luis cita, por todo lo largo, la *Metafísica* de Avicena, autoridad bien conocida en la época, pero no usada en el original de Don Fadrique.

La poesía del Almirante Don Fadrique fue publicada en vida suya en parte mínima. Sólo conozco dos publicadas en el *Cancionero general* de 1511: la canción «Quando de vos me partía» (fol. 127v), y entre las invenciones y letras de justadores «Ell Almirante trae por deuisa el dolfín de la mar, y dize: "La mejor vida es aquella / dolfín es comienço della"» (fol. 141). Por cierto que más de cien años después de la muerte de Don Fadrique, Baltasar Gracián recordaba y aprobaba vivamente los versos de la citada canción: «Por sí sola, aunque no se socorra de otras agudezas, campea mucho esta especie por la valentía de la ponderación encarecida. Qué mejor se pudo decir de lo que en ésta el Almirante de Castilla: Cuando de vos me partía, / no morir me dio señal, / que la triste vida mía / se guarda para más mal» (*Agudeza y arte de ingenio*, Madrid, 1642, discurso XXIV).

En los índices de su magnífica edición del *Cancionero general* Antonio Rodríguez-Moñino incluyó otra canción («Es pena grauel tormento», fol. 127v), pero su atribución en el texto es «Otra suya» y esto corresponde a la anterior que dice «Otra de vn galán». En la edición del *Cancionero general* de 1514 figuran otras dos: las septillas en respuesta a su primo Don Antonio de Velasco, «Salga el cabo de Castilla», y la copla real en respuesta a Don Juan de Mendoza, «Siempre os vi, señor Don Juan». Como se sabe, una parte de las composiciones más salaces de ambas ediciones se desglosaron para formar el *Cancionero de obras de burlas provocantes a risa* (Valencia, Juan Viñao, 1519), cuyo editor agregó varias procacidades por cuenta propia: allí se reimprimió esta última respuesta. Claro está que Don Fadrique no tuvo participación alguna en estas publicacio-

nes. Los cancioneros impresos en vida del Almirante con-
sagraron, como se ve, su imagen de poeta cancioneril,
en sus variantes de versos amorosos en su expresión cortesana, ingenioso caballero en las justas, e irónico y api-
carado decidor.

Las exigencias normativas de su rango y posición social obligaron al Almirante Don Fadrique a escribir más
poesía amorosa y versos en circunstanciales torneos verbales con sus amigos y servidores. No mucho de todo
esto se ha conservado. Todo irá publicado en su *Cancionero*, ahora sólo apuntaré que hay composiciones suyas en el cancionero del British Museum («Hazer coplas de plazer»), en el de Juan Fernández de Híjar («Pidos
por merced, señor Boscán», «Sostener la gentileza»), en
el *Cancionero de poesías varias*, ms. 3902 de la Biblioteca Nacional de Madrid («Traía la memoria olbido», «Mi
mal creze cada ora»), *Cancionero de poesías varias*, ms.
617 de la Biblioteca Real de Madrid («Siempre os vi,
señor Don Juan», «Sostener la gentileza»), en la *Miscelánea* de Don Luis Zapata («Estos pies de puerco tome»).
Como es de esperar, estas composiciones figuran en otros
cancioneros, en ocasiones con variantes; sólo cito las
ediciones que tengo más a mano. En el *Cancionero del
Almirante* irá la lista de diversos lugares en que se encuentran los anteriores poemas y sus variantes, en caso
de haberlas.[118]

118. Se puede ver la exigua lista de poesía cancioneril del Almirante en Jacqueline Steunou y Lothar Knapp, *Bibliografía de los
cancioneros castellanos del siglo xv y repertorio de sus géneros poéticos*, I (París, 1975), 538. Ya dije que el nombre de Don Fadrique
no figura en el *Catálogo-índice de la poesía cancioneril del siglo xv*
de Brian Dutton (*supra*, nota 102). El *cancionero* del British Museum lo publicó Hugo Albert Rennert, «Der spanische Cancionero

En el *Cancionero general de 1554* (*vide supra*, nota 106) se publica anónima una larga «Carta trobada sobre en qué consiste el bien acá», que empieza «Es de saber si consiste». El profesor Manuel Ferrer-Chivite, catedrático en University College, Dublín, descubrió en la British Library, en el ms. Add. 9939, muchas de las estrofas de esa Carta bajo el título de «Perqué que hizo el Almirante el año de 1519», que comienza «Estoy pensando en la cama», verso que corresponde al 201 de la Carta. Ferrer-Chivite difundió los resultados de su descubrimiento en una ponencia del congreso de la Asociación Internacional Siglo de Oro celebrado en Salamanca, julio 1990. Con ejemplar generosidad ha puesto a mi disposición el texto completo de su ponencia, lo que agradezco cordialmente desde ya, y que aprovecharé al publicar esta poesía en el *Cancionero del Almirante*.

Corre la especie de que hay poesía suya en el *Cancionero de Gallardo* (*supra*, nota 104), fundamentada en un error de José Simón Díaz.[119] Lo que hay en este cancionero son dos coplas castellanas del desconocido Alexandre «a Álbaro de Venabente, prestándole unas coplas», que comienzan «Señor, a rogaros vengo» (ed. cit., pág. 233), en que se alude a Don Fadrique. Este Álvaro de Benavente con seguridad era de Medina de

---

des British Museums (Ms. add. 10431)», *Romanische Forschungen*, X (1899), 1-176; el cancionero de Juan Fernández de Híjar fue publicado por José María Azáceta (Madrid, 1956); el *Cancionero de poesías varias*, ms. 3902 de la Biblioteca Nacional de Madrid, lo publicaron Ralph DiFranco y José J. Labrador Herraiz (Cleveland, 1989); sobre el *Cancionero de poesías varias*, ms. 617 de la Biblioeca Real de Madrid, *vide supra*, nota 105.

119. *Bibliografía de la literatura hispánica*, segunda ed., III, 2 (Madrid, 1965), 152.

Ríoseco (de ah sus tratos con el Almirante), donde su familia tenía su propia capilla en la iglesia de Santa María. En el *Cancionero de Gallardo* siguen esas coplas «prestadas», sin atribución y con este encabezamiento: «Son éstas las que le enbió», que comienzan «Al muy syn llustre sennor», donde se burlan despiadadamente de la diminuta estatura de Don Fadrique, tipo de burla que hemos visto repetidamente. Ocurre que estas burlonas coplas fueron publicadas entre las *Obras de Don Ioan Fernández de Heredia* (Valencia, 1562), el conocido poeta valenciano, nacido hacia 1480. Que las coplas sean de Alexandre, Álvaro de Benavente, o Don Juan Fernández de Heredia, no es problema que me concierne. Sólo quiero salir al paso de un error que apunta a unos poemas inexistentes del Almirante en el *Cancionero de Gallardo*.

Ésta es la exigua producción cancioneril del Almirante Don Fadrique Enríquez, que basta para atestiguar su presto ingenio, apuntado ya en otras fuentes. También queda atestiguado su sencillo trato social, con amigos, parientes y servidores, con sus iguales y sus inferiores. Los metros son castellanos (como en toda su producción poética) y la versificación es fácil y correcta.

Los temas amorosos no guardan novedades, dentro del cuadrante cancioneril. Con el repetido testimonio de Gonzalo Fernández de Oviedo acerca del inmenso amor que le guardó a su mujer Doña Ana de Cabrera (contrapesado, bien es cierto, por los comentarios del avieso autor del *Memorial de linajes*, *vide supra*, nota 101), es de suponer que las coplas amorosas le sirvieron a Don Fadrique como una suerte de ejercicios poéticos. La ñoña pudibundez no puede eliminar, sin embargo, la posibilidad de que los amores cantados fuesen reales, aunque no tenemos testimonio histórico alguno al respecto.

Los temas de burlas son relativamente pacatos, aunque en ocasiones pueden llegar a lo obsceno y chocarrero, por ejemplo, en su *Respuesta* a su primo Don Antonio de Velasco, «Salga el cabo de Castilla», en la segunda edición del *Cancionero general* (1514). En descargo del Almirante—aunque no lo creo necesario—, hay que admitir que el tema erótico de la *Respuesta* era de pie forzado. Con todo lo anterior, se comienza a perfilar algo que ya hemos visto con anterioridad, desde otras perspectivas: la figura de un Grande de España de características profundamente humanas, hasta con las inquietudes espirituales que estremecieron a su generación, aunque en algunos y muy destacados casos éstas fueron aun más marcadas que en el caso de Don Fadrique.

Son las *Respuestas quinquagenas* de fray Luis de Escobar las que nos obligan a reenfocar la vida espiritual de Don Fadrique, ahora en su expresión poética. En primer lugar se debe considerar el hecho de que el libro, aunque no está escrito por Don Fadrique, lleva el nombre del Almirante en la portada, de que todo en la obra gira alrededor de Medina de Ríoseco, lugar de residencia de fray Luis y de Don Fadrique, de que las dos últimas quinquagenas están dedicadas exclusivamente a sus preguntas poéticas (y respuestas de fray Luis), y que se imprimió en la vecina Valladolid. Todo esto me da la seguridad moral de que el libro lleva el *imprimi potest* implícito del señor de Medina de Ríoseco. Vale decir que el libro de 1526 imprime aquello que el Almirante permitió que saliese en letra de molde acerca de sus intereses intelectuales y espirituales. Distinto es el caso con las *Quatrocientas respuestas* (1545), y, desde luego, con la *Segunda parte* (1552), dos obras impresas después de su muerte. No pretendo, en absoluto, poner en tela de juicio la autenticidad de las *preguntas* del Almirante contenidas en estas dos últimas obras. Sólo sugiero que después de la muerte de Don Fadrique, el bueno de fray Luis habrá echado mano a todas las preguntas sin imprimir que tenía en los anaqueles de su celda, y las dio a la imprenta sin mayores inquisiciones, al contrario de lo que probablemente ocurrió en vida del formulador de ellas.

Pero cada cosa a su tiempo. Comienzo por una breve presentación de las *Respuestas quinquagenas* de 1526. En el prólogo de Alonso de Ledesma, secretario de Don Fadrique, se nos avisa: «Assí mismo doy a los lectores noticia que por quanto algunas preguntas eran prolixas, las abreuié, tomando dellas lo que me paresció nescessario y dexando lo superfluo, excepto las del Almirante, mi señor, que puse enteras como a mis manos vinieron, porque no me paresció auer en ellas palabra que no se deuiesse escriuir». Poco más tarde, en la «Diuisión de la presente obra» se anuncia que «las otras dos quinquagenas [las dos últimas, cuarta y quinta] son de diuersas materias muy notables, assí en cosas de sciencia como de metháphoras, propuestas todas por el muy illustre señor el señor Don Fadrique Enrríquez de Cabrera, Almirante de Castilla ... las quales, por más excellentes y notables se ponen en fin de toda la obra, preguntadas al auctor, y por el mismo auctor respondidas y absueltas».

Al folio 34 comienza la quinquagena cuarta, que tiene su portadilla propia, con un gran escudo de armas de Don Fadrique, con sus armas de Enríquez y de Cabrera, y el siguiente título: «Aquí se ponen por sí las dos quinquagenas últimas, que son la quarta y la quinta. Las quales contienen preguntas de muchas y diuersas materias, preguntadas por el illustríssimo señor Almirante, mi señor, y respondidas por el auctor, assí de theología como de metháphoras [= acertijos][120] o enigmas y casos de consciencia, y otras muchas cosas. Pónense en fin de toda la obra, y solas por sí, por ser más notables y excellentes preguntas que todas las otras, porque las palabras dichas en fin de qualquier plática suelen quedar más en la memoria y ser más notadas. Y por esta misma razón se ponen todas juntas y mezcladas, assí como su Señoría las enbió, avnque son diuersas las materias». El material poético del Almirante queda así perfectamente enmarcado.

La cuarta quinquagena está toda escrita en metros de arte menor, coplas castellanas, coplas novenas y coplas reales. Cada *pregunta* lleva un breve encabezamiento en prosa, luego el texto del Almirante, generalmente en una, dos o tres coplas de versos castellanos, que en ocasiones se amplía hasta doce o más coplas, y de inmediato la *respuesta* de fray Luis, por los mismos metros, pero, por lo general, de texto mucho más amplio que el de la *pregunta*. Entresacaré muy pocas *preguntas* del Almirante para comentar ahora; el curioso podrá leerlas todas en el *Cancionero*. La *pregunta* CLIV (fol. 35) dice así: «Si se pierde el merescimiento en entender lo que

120. J. Corominas y J. A. Pascual, *Diccionario crítico etimológico castellano e hispánico* (Madrid, 1981), s.v. 'preferir', dicen lo siguiente acerca de las primeras documentaciones de la voz 'metáfora': «H. 1440, A. Torre, Pz. de Guzmán, Santillana ... princ. S. XVII». Su repetido uso en las *Respuestas quinquagenas* parece indicar que desde su introducción hacia 1440 la voz 'metáfora' se usó infrecuente pero ininterrumpidamente, y su sentido no siempre fue el retórico tradicional.

creemos, porque el Auctor [fray Luis] predicó vn sermón de la Trinidad claro para quitar escrúpulos». Esto
lo desarrolla en dos coplas novenas, en las que dice en
parte Don Fadrique: «Mas temo que ser tan claro / nos
aurá de costar caro, / porque en dallo a conoscer / la fe
pierde el merescer / que es el remedio y amparo. / ...
/ Que creo que me destruyo, / pues por Sant Gregorio
leo / que si entiendo lo que creo / del merescimiento
huyo». Estas dudas acerca de la forma de creer alenta-
ban todavía en el espíritu del Almirante en sus últimos
años, porque desde otro punto de vista es lo mismo que
le preguntó a fray Francisco Ortiz, texto que sólo conocemos por la respuesta de fray Francisco , y que cité
con anterioridad: «Dize más V.S.a, que desea saber lo
que se deve creer y el cómo, y no a bulto como el pueblo menudo, pues dellos le disigualó Dios» (*supra*, pág.
231).

Es en la *pregunta* CLVII donde Don Fadrique comienza a desarrollar todo un asedio teológico a fray Luis
acerca del problema apasionante del libre albedrío: «Si
puede el pecador por su libre albedrío salir del pecado
y ser justificado sin ser ayudado de Dios. Va por forma
de diálogo». Lo que se entiende por *diálogo* es que el
Almirante adelanta un *argumento* en verso que le es respondido por fray Luis, y entonces Don Fadrique adelanta un nuevo *argumento*: en total son seis argumentos
que constituyen esta pregunta. Pero le quedaban más
municiones a nuestro poeta-teólogo, porque volvió a la
carga en la *pregunta* CLVIII: «En que prosigue su questión, arguyendo que el pecador puede ser justificado por
sólo su libre aluedrío, sin otra ayuda de Dios, y va por
forma de diálogo». Esta vez Don Fadrique inicia el debate teológico con un Prólogo que da la debida nota de

humildad: «Menester es que emendeys / lo que veys que
yo no entiendo». Fray Luis, con fina cortesanía, elogia
el saber de su contrincante: «Pero a mí se me figura,
/ para en metro y en romance, / que no ay quien más
alcance / en sentir bien la escritura». El Almirante queda muy animado: «Aquí propone su Señoría sus argumentos y razones a su propósito, y son XXIX». Se trata de una verdadera guerra galana (el propio fray Luis
habla de sus *espingardas* y de las *lombardas* de Don Fadrique), expresado todo en coplas castellanas. El Almirante no queda satisfecho con las *respuestas* de fray Luis,
se impacienta y le asesta la *pregunta* CLIX, «Porque el
Auctor tardaua en dar la respuesta a la pregunta sobredicha del libre aluedrío», en dos coplas castellanas.

Nuevamente la *respuesta* de fray Luis le resultó in-
suficiente a nuestro Almirante, quien ya no formuló una
pregunta especial, sino una *réplica*, en veinticuatro coplas novenas (fols. 43-44), en las que hay ciertas declaraciones personales de alto interés, por ejemplo, el va-
cío espiritual en que ha vivido este Grande de España:
«Según el tiempo gastado / en vanidades perdido» (fol.
43, col. C). Nueve coplas más tarde, el poeta reenfoca
la cuestión: «Y assí pienso de salir / deste trance con
biuir / que sea vida muy cierta, / y no la mortal y muerta / que le solemos pedir». La búsqueda de esa «vida muy
cierta» fue la que probablemente había llevado a Don
Fadrique y a Doña Ana a tierras de Cataluña poco antes de estallar las Comunidades. En la primera copla de
la *réplica* nos había informado el poeta que era tiempo
de Pasión y esto, combinado con su condición de pecador, lo llena de sudores mortales: «Que yo me hallo affligido / quando remedio le pido / con faltarme merescer / porque sin mudarme el ser / no me será concedido».

Sigue en pie, sin embargo, la obsesión con el libre albedrío y el pecado, y el Almirante vuelve a la carga en la *pregunta* CLX «En que torna la tercera vez a la disputa arguyendo que puede el pecador por su libre aluedrío ser justificado sin ayuda de Dios, y el Auctor responde lo contrario». Esta vez expone su pensamiento en veintinueve coplas novenas, a las que responde una por una el Auctor, a menudo en varias coplas novenas. En ocasiones parece como si el Almirante poetizase con una lectura de San Agustín bien fresca en la memoria, muy en particular el libro VII de las *Confesiones*. Compárese el texto del capítulo III de éstas (cuyo epígrafe es «La causa del mal es el libre juicio de la voluntad»), con estos versos de la copla X: «Sin Él y con Él se haze, / con Él porque a Él le plaze, / y sin Él porque podemos / con el poder que tenemos / querer lo que nos aplaze». O bien en la copla XIV: «Quando de poluo y de tierra / este cuerpo Dios fundó, / libre arbitrio nos dexó / para paz o para guerra».

Insaciable, Don Fadrique se mantiene en la brecha todavía: «Pregunta CLXI, en que el señor Almirante torna la quarta vez a la misma disputa, poniendo otros treze argumentos, y el Auctor sostiene lo contrario». Esta vez se expresa en coplas castellanas y aduce sus autoridades: Santo Tomás, *Quaestiones*, I, 83, San Pablo, *Ad romanos*, Aristóteles, probablemente recuerda su *Magna moralia*, Salomón, Jeremías, otra vez San Pablo, ahora *Ad philippenses*. Los versos de fray Luis no convencieron a Don Fadrique, y ahora alista la ayuda del poeta cortesano Quirós, quien seguramente resida en Medina de Ríoseco: «Pregunta CLXII, de Quirós, el qual viendo las respuestas del libre aluedrío que el Auctor auía dado al señor Almirante, torna a argüir por mandado de su Señoría». Quirós poetiza en coplas reales, y comienza por declarar su ignorancia en materias teológicas y en su *respuesta* fray Luis no le hace mayor caso, pero sí se dirige muy cortesanamente a Don Fadrique: «Ya que el señor Almirante / ha arguydo muchas vezes / y su obra es tan bastante / que quanto queda restante / no puede ser sino hezes, / que de todo lo que es vino / él ha sacado lo fino, / y quien otra cosa busca / es vendimiar la rebusca / si no busca otro camino».

Nada de esto le hace olvidar a Don Fadrique su obsesivo cavilar sobre el libre albedrío, que es el tema de su pregunta CLXIII, «Qué es la causa porque el hombre contrito y confessado torna tan presto a pecar, y por qué lo permite la clemencia divina». Esto provoca nueva intervención del «trobador» Quirós, quien echa mano a algunas prácticas de su oficio al exigir que le conteste fray Luis por los mismos consonantes. Esto encona el desprecio de fray Luis: «Los versos de trobadores / que muy altos le parescen / son en coplillas de amores / y de otros vanos primores / ... / Assí ay vnos oradores / habundantes en poesía, / otros son los trobadores / que sus menudos primores / han por mucha galanía» (fol. 49v). Supongo que este tiroteo poético entre Quirós y fray Luis tiene que haber hecho las delicias de Don Fadrique, cuyo considerable ingenio estaba en lenguas de todos.

Las próximas *preguntas* son inconsecuentes, pero la CLXVIII revela un rincón muy castizo del pensamiento del Almirante: «Si se pueden correr toros con buena consciencia». La próxima *pregunta* se mete otra vez por las entretelas de su alma: «En que pregunta lo que deue hazer para dar de sí buena cuenta a Dios y corregir su

vida». Diez coplas reales le sirven para expresar sus preocupaciones al respecto. El pobre Almirante se ve a sí
mismo en el plano del abyecto pecador: «Buscadme vos
buen camino / pues mi saber no le halla, / y mostradme
a deffender / de mí que me hago el daño». La humildad
cristiana de este Grande de España le lleva a la nega-
ción de sí mismo: «Conuiene me renoueys / haziéndome de no nada». Así y todo, el Almirante discurre la
pregunta CLXXIV: «Por qué Dios es trino en personas,
más que dos o quatro, o de otro número». El que queda
anonadado ahora es el pobre fray Luis, que termina su
respuesta con esta declaración acerca de la cortedad, en
esta oportunidad, de sus alcances intelectuales: «Demando, señor, perdón / si yerro en lo que respondo, / porque vos sobís tan alto / donde mi saber no alcança, /
y por esto quedo falto / que ni puedo dar tal salto / ni
tirar tanto mi lança».

El tono se torna leve otra vez, y el Almirante hace
una *pregunta* de fisiología, la CLXXV, «Quántas son las
tripas del hombre y de qué sirue cada vna». Siguen otras
por el estilo, acerca de los males de la gota y de la piedra, ambos de los cuales aquejaban a fray Luis. Alguna
pregunta, como la CLXXXIII y la CLXXXIV, nos acercan a la vida diaria de este señor de vasallos. La primera de las dos dice «Sobre que el Auctor rogaua por vn
culpado, y su Señoría no quiso perdonar la justicia que
merescía», y la segunda continúa, «Réplica del señor Almirante, de la razón por do no deuía perdonar a aquel
culpado porque era incorregible y obstinado en [el] mal»,
a lo que dedica seis coplas novenas. Al final de esta quinquagena cuarta el tono alcanza la máxima levedad, al
plantear el Almirante a fray Luis varias *metháforas* (*cf.
supra*, nota 120), acertijos o enigmas, acerca del horno

de la cal, el reloj, el gallo, la hormiga, los besugos, etc.

Las *preguntas* de esta quinquagena cuarta ponen en plena evidencia el hecho de que Don Fadrique estaba obsesionado con el tema del libre albedrío, tema que a menudo abre la puerta a su antítesis teológica, la predestinación. Es curioso observar nuevamente cómo las preocupaciones espirituales de este Grande de España marchaban al mismo paso que las de otros miembros de su generación. En vida suya, en 1533, el francés Juan Calvino se salió del seno de la Iglesia Católica para poder formular en toda su extensión, y sin coacciones institucionales, la doctrina de la predestinación que apuntaló a su nueva religión protestante. La primera formulación pública de su nueva doctrina es de 1536, y la marca la publicación de su *Christianae Religionis Institutio*. No pretendo unir gratuita e innecesariamente los nombres de Don Fadrique y de Calvino, sólo quiero dejar bien claro el hecho de que Don Fadrique distaba mucho de estar solo en algunas de sus obsesionantes preocupaciones espirituales. Desde otra atalaya volvemos a observar lo mismo: la crisis espiritual del Almirante fue propia de su generación y las inmediatamente posteriores, al nivel europeo.

La quinta y última quinquagena contiene otras cincuenta *preguntas* en verso del Almirante, pero ahora las hay de arte menor y de arte mayor. La primera importante, porque revela algo del montaje de su crisis espiritual es la CCIII, «Qué son las cosas que deue contemplar para consolación de su ánima y para sentir a Dios». En ocho coplas castellanas, y con un lenguaje de máxima sencillez—como lo es en casi toda ocasión—, el Almirante da expresión a los más íntimos estremecimientos de su alma: «Fáltame lo que conuiene / y lo malo

tanto sobra», o bien «Mas nunca sé resistir / y con esto
mi biuir / es muy peor cada día», para declarar, con el
corazón en la mano, «Gran temor he de perderme / …
/ Y esto me haze creer / ser muy poco el valor mío». Todo
termina con un triste grito de socorro, como habrá oído,
en ocasiones posteriores, el penitenciado Francisco Ortiz, y, quizás, hasta Francisco de Osuna: «Mostrad mi
alma a subir / por alta contemplación / porque no pueda passión / constreñirme a descendir». Aquí está la clave
de su imprescindible e íntimo contacto con franciscanos, místicos y heterodoxos: que su alma suba al encuentro de Dios.

Abunda en algo de ello Don Fadrique en la próxima
pregunta (CCIV): «Relatando su desconsolación en temer mucho y estar mal aparejado para morir, y por poca
confiança que tiene de sí mismo». Estos versos no dejan duda: «Está tan lexos la emienda / de emendar lo
que he errado / que de verme tan culpado / nunca salgo
de contienda». Con la *pregunta* CCV comienzan los versos de arte mayor, y después de esta anodina *pregunta*
(«Quál es el sobrenombre de la ciudad de París que la
haze excellente»), las próximas siete se centran en problemas del sacramento de la confesión. Después hay una
rápida caída de tono porque se vuelve a las *metháforas*
o enigmas, pero de la *pregunta* CCXXIV a la CCXXVIII
se vuelve a enfocar el tema del libre albedrío, mas todo
vuelve a quedar en el aire, como dice fray Luis: «No quiero más arguyr / avnque aurá bien qué dezir / que avnque vencedor no quedo, / no es tan poco lo que puedo
/ que no pueda proseguir». Lo que queda claro es la fa-
cilidad con que fray Luis de Escobar podía adoptar los
tonos cortesanos: «No por daros vanagloria, / ni adular
vuestro renombre, / sino porque de tal hombre / el de-

ffenderme es victoria» (fol. 58 B y C). Sigue un grupo
de *preguntas* heterogéneas, de las que sólo destacaré una
(CCXLI) por su detalle personal: «Sobre que el señor
Almirante traýa por medalla vn coraçón de hierro en
la gorra, y la letra dezía assí: "Hasta que de carne sea
/ no terná lo que dessea"». Otra *pregunta* (CCXLVIII,
«Los que en esta vida fueron feos, o mancos, o con otros
defectos, si resuscitarán con ellos») nos vuelve a apuntar al agustinismo del Almirante, en parte porque lo cita
(«Que Sant Agustín dudando»), y en parte porque está
fundamentada sobre *Civitas Dei*, libro XXII, cap. xix.
La última *pregunta* (CCL) del Almirante en esta quinta
y postrera quinquagena («Qué será deste mundo después del Juyzio Final»), revela, una vez más, su interés
universal en todo tema de espiritualidad.

Lo que debe quedar bien claro, después de esta rápida revista a la temática de las *preguntas* de Don Fadrique, es el predominio absoluto que tienen en su mente
cualquiera de los temas relacionados con el formidable
problema teológico del libre albedrío. Esto nos debe
mostrar la figura de este prócer castellano a la cabeza
de los intereses espirituales de su generación, en su caso
dentro de un marco ortodoxo, en el cual destacan las
posturas de filo-agustinismo.

No considero procedente entrar en análoga revista
de la temática de las *Quatrocientas respuestas*, ni de la
Segunda parte de las quatrocientas respuestas, no por dudar de su autenticidad, como ya indiqué, sino porque
el Almirante ya no tuvo nada que ver con la selección
y ordenamiento de ellas. El criterio selectivo ahora es
el de fray Luis de Escobar, no el de Don Fadrique Enríquez. Además, revista análoga alargaría demasiado estas páginas. El curioso podrá leer todas las *preguntas* del

Almirante en el *Cancionero*, con los comentarios que me provoquen. Ahora sólo quiero destacar, por última vez, lo extraordinario que resulta el caso de Don Fadrique Enríquez, Almirante de Castilla, Grande de España y Gobernador del Reino, que se retira de la Corte a su villa de Medina de Ríoseco, para proseguir una activa vida espiritual, repleta de dudas y zozobras, pero alentada por una continua ansiedad de mejorarse, que llegó a tener materializaciones tan idiosincráticas como los «apóstoles del Almirante».

El aristócrata que tiene ardientes intereses intelectuales y espirituales, y que vuelca mucho de ello, quizás lo óptimo, en el mejoramiento de sus vasallos, con intereses radicalmente paternales. Esto define a Don Fadrique Enríquez. Otras vidas aristocráticas se habrán visto propulsadas por ímpetus espirituales semejantes. Pienso ahora en dos en particular. La de un contemporáneo valenciano del Almirante, mucho más joven, que sintió algo de todo esto y lo expresó en forma aun más categórica: San Francisco de Borja, el antiguo IV Duque de Gandía. Y la otra que se me viene a los puntos de la pluma, mucho más tarde y mucho más lejos, en la Rusia del siglo XIX, el Conde Lev Nikolaievich Tolstoi. Extraño y providencial tríptico.

EPÍLOGO

Para completar mi labor con un mínimo de corrección y elegancia, trataré ahora de engavillar algo breve y concreto sobre la persona de mi biografiado y sus características, basado en los datos desparramados en los capítulos anteriores. Algo que sirva de catalejo de su humanidad, de algo de ese calor vital que le mantuvo vivo a lo largo de sus 78 años.

Don Fadrique Enríquez fue XXVIII Almirante de Castilla, y IV de su linaje. Su alcurnia era de Enríquez y él unió para siempre su apellido de familia al apellido de su mujer, Doña Ana de Cabrera, Condesa de Módica, con todas las formalidades del contrato matrimonial, como informa el muy puntual Gonzalo Fernández de Oviedo. El hecho fue trascendental para la historia de la familia: el XXXIV y último Almirante de Castilla se llamó Don Juan Tomás Enríquez de Cabrera, muerto en 1705. Una interpretación económica de la unión indisoluble de ambos apellidos por parte de Don Fadrique es posible, pero es preferible la de un devoto amor marital, ya que a su muerte en 1538 el Almirante se hizo sepultar a los pies de su mujer, que lo había precedido por quince años, en la iglesia de San Francisco, que era fundación suya, en Medina de Ríoseco.

Hasta en la manera de su enterramiento fue Don Fadrique un hombre extraordinario. Fue de estatura diminuta, y el bufón imperial, Don Francesillo de Zúñiga, desorbita todas las posibles hipérboles de la pequeñez,

cuando finge que el Almirante se presentó al nuevo rey
Carlos I, en momentos de su jura en Valladolid (1518),
para presentarse y decirle: «Señor, quanto a lo de Dios
soy ombre, y no lo parezco quanto al mundo. Y lo más
del tienpo ando debaxo de tierra, como topo». Pero este
aristocrático enano fue hombre de increíble arrojo y valor personal. Con más de 60 años de edad él, como Gobernador del Reino, luchó en Villalar contra los comuneros, y poco más tarde entró en triunfal combate a la
cabeza de sus tropas contra los franceses invasores de
Navarra.

Fray Antonio de Guevara destaca en una de sus *Epístolas familiares*, dirigida a Don Fadrique, que éste era
un hombre colérico, lo que para la mente renacentista
era todo un retrato de cuerpo entero, dentro de la tipo-
logía basada en la teoría de los humores. Colérico y puntilloso, hay que agregar de inmediato, y así nos lo pinta
una sonadísima anécdota de juventud, que culminaba
con una soberana mano de palos que le hizo propinar
al magnate leonés Ramiro Núñez de Guzmán, Señor de
Toral, y cabeza del inmenso y poderoso linaje de los Guzmán. El escándalo fue de proporciones tales que le ga-
rantizaron un puesto en el Romancero, la verdadera ga-
ceta de los tiempos viejos, pero es una lástima que se
haya perdido todo menos el comienzo, que reza:

Caballeros de Castilla,   no me lo tengais a mal
porque hice dar de palos   a Ramiro de Guzmán,
porque me llamó judío   delante del Cardenal.

Desde luego que la acusación de 'judío' era un insulto mortal en la España áurea, obsesionada hasta el
suicidio nacional, o poco menos, por los complejos de

la limpieza de sangre. Pero en el caso de Don Fadrique la tradición castellana, con apoyo histórico o sin él, insistía en una mancha de judaísmo en los propios orígenes del linaje de Enríquez. Por lo demás, por Enríquez, Don Fadrique era primo hermano del Rey Católico, cuya madre fue Doña Juana Enríquez. O sea que con mácula judía y todo, Don Fadrique estuvo toda su vida en las primeras gradas del trono.

Todos los privilegios de clase no pudieron protegerlo de una seria crisis espiritual, que compartió con su mujer Doña Ana, y que les duró a ambos hasta sus muertes respectivas. En el caso del Almirante, su crisis espiritual tuvo una expresión práctica, que hubiese podido tener inmensas resonancias en los campos de Castilla, de no haber muerto el proyecto en flor. Como señor de vasallos, Don Fadrique sentía hacia ellos un profundo paternalismo, que le acompañó hasta su lecho de muerte. Para asegurar la salvación de las almas de sus vasallos decidió nada menos que evangelizar todas sus tierras castellanas, y con tales fines puso todo el proyecto, inmediatamente conocido como los «apóstoles del Almirante», en manos del alumbrado vasco Juan López de Celain. La peligrosa mezcla entre evangelización y heterodoxia aseguró la pronta muerte del proyecto. Pero todo esto es un buen índice de la confusión doctrinal en que vivía su espíritu, que poco más tarde lo embarcaría en la empresa de proteger al penitenciado fray Francisco Ortiz, con quien mantendría muy amistoso trato epistolar, o a su médico, el asimismo penitenciado doctor Torralba.

La particular religiosidad de Don Fadrique dejó fama, al punto que Don Francesillo de Zúñiga no se paró en barras y le escribió: «Las nuebas que acá ay son que dizen que vuestra Señoría se quiere meter frayle». A tanto no llegó, pero otras magníficas expresiones de fe ortodoxa dejó el Almirante. En Medina de Ríoseco, la cabeza de su señorío, fundó el magnífico convento e iglesia de San Francisco, donde está enterrado con su mujer. A media legua de Medina de Ríoseco está Valdescopezo, monasterio de franciscanos, que él hizo renovar y ampliar y al que invitaba al penitenciado franciscano P. Ortiz. No cabe duda que tuvo, con su mujer, una especial devoción por San Francisco de Asís y su Orden. Pero en esa confusión espiritual en que vive la Castilla de la primera mitad del siglo XVI, estas devociones le llevaron a prácticas limítrofes entre la ortodoxia y la heterodoxia, como sus íntimas relaciones con alumbrados y penitenciados por el Santo Oficio dejan columbrar.

Hacia finales de 1537 el Almirante se sintió traicionado en sus sentimientos paternales hacia sus vasallos. Éstos no quisieron aceptar las autoridades municipales nombradas por el señor de Medina de Ríoseco, como era de tradición histórica en la villa, y llegaron al desacato, o rebelión formal. Esto le provocó un soponcio al noble anciano. Se levantó tal polvareda que de Valladolid fue despachado el famoso alcalde Ronquillo, quien de inmediato hizo arrestar a los más destacados en el levantamiento para ejecutarlos. Al llegar la noticia al Almirante, éste recobró el habla, que había perdido por días, a consecuencias del horrible disgusto, y dijo, con referencia a Ronquillo: «Páguenle y váyase». Estas palabras de protección a sus vasallos fueron las últimas que pronunció Don Fadrique. Genio y figura ...

Algunos pocos datos más servirán para terminar de caracterizar la simpatiquísima figura del Almirante Don

Fadrique Enríquez. Por lo pronto, las *Epístolas familiares* de fray Antonio de Guevara establecen claramente el hecho de que, además de colérico, era mal sufrido, que era de genio burlón y tan amigo de burlas como de novedades, lector insaciable y de irrestañable pluma. Para devolverle algo más de calor humano al señor de Medina de Ríoseco debo recurrir al *Memorial de linajes*, cuyo anónimo autor, aunque no bien dispuesto hacia el Almirante, tenía un excelente ojo para los detalles caracterizadores. Comienzo con éstos: «Gastaba su vida de lugar en lugar, do le agradaba cuatro o cinco meses, como hizo una vez en La Adrada [en la actual provincia de Ávila], a ballestear en un lugar que se dice el Sotillo [hoy el Sotillo de La Adrada] a las palomas del paso que por allí pasaban. Y otras veces jugaba a la bola y a otros juegos con los labradores, gastando largamente con todos».

La simpatía personal del Almirante tiene que haber sido arrolladora, con una sana campechanía que le llevaba a recorrer periódicamente sus señoríos para entretenerse con los sanos juegos y deportes de sus vasallos. Al mismo tiempo, con esos sus vasallos labradores, él practicaba una de las viejas virtudes cardinales de la aristocracia, la laraueza. Esto lo destaca de inmediato el *Memorial de linajes*, en otro contexto: «Hizo un devoto monasterio y de buenos edificios en Medina de Ríoseco, antes que la Condesa, su mujer, muriese, que también ella fue causa principal que lo hiciese de la advocación de San Francisco, que está bien proveído de frailes y ornamentos y todo lo necesario del culto divino». Y por último, el anónimo autor nos brinda esta silueta del Almirante en su muy avanzada edad: «Es ahora de más de ochenta años [murió de 78 años de edad], chico de cuerpo, carece de todo lo más de su dentadura, es de gran cristiandad».

La imagen oficial de Don Fadrique para sus contemporáneos es la que dejó fray Luis de Escobar en el «Argumento del presente libro» de sus *Quatrocientas respuestas* (Valladolid, 1545). Dice allí: «Fue vn grande y christianíssimo cauallero, prudente, deuoto, sabio, de alto entendimiento, de ánimo piadoso, liberal, esforçado y señor muy principal ... cobdicioso de saber y estudioso en diuersos libros y lenguas».

Yo prefiero pensar (con el afecto y el respeto del biógrafo) en un anciano desdentado, aficionado a ballestear palomas y a jugar a los bolos con sus vasallos, Grande de España, caballero del Toisón de Oro, Gobernador del Reino, victorioso general sobre comuneros y franceses, de resuelta integridad ante su Emperador y sus enemigos, fiel enamorado de su mujer, pero, quizás, algo mujeriego, humanista y poeta, protector de escritores y artistas, de profundas convicciones espirituales, aunque confusas en ocasiones, padre para sus vasallos y protector de herejes y penitenciados por la Inquisición. Éste fue el Almirante de Castilla Don Fadrique Enríquez de Cabrera, como gustó firmar por amor a su mujer.

LAUS IN EXCELSIS DEO
16 febrero 1991
Feria de Nuestra Santa Madre Iglesia

II

TEXTO

ACLARACIONES

Recojo en este volumen toda la poesía de Don Fadrique Enríquez, Almirante de Castilla, que ha llegado a mi conocimiento. Él nunca propuso publicar nada suyo, y, por consiguiente, esa poesía se encuentra desperdigada en forma casi azarosa y, como consecuencia, inaccesible en su conjunto. La labor de recolección de esta poesía ha sido estrictamente personal mía, tanto de iniciativa como de factura. El Almirante Don Fadrique no sospechó la posible existencia de un *cancionero* que llevase su nombre.

Dicho cancionero se divide, en forma natural, en cuatro partes. La primera (A) está constituida por sus poesías sueltas, todas ellas producto de su vida como destacadísimo cortesano durante los reinados de los Reyes Católicos y el Emperador Carlos V. En su mayoría se trata de poesía amorosa, con algo de poesía reflexiva y satírica, toda ella diseminada por diversos cancioneros.

La segunda parte (B) reproduce mi texto base, las *Respuestas quinquagenas* del franciscano fray Luis de Escobar (Valladolid, Nicolás Thierry). Esta obra en verso fue un producto típico de la corte literaria que Don Fadrique mantuvo en su villa de Medina de Ríoseco. Fray Luis allí, vivía en el convento de San Francisco (junto con su elegante iglesia, fundación de Don Fadrique), y era el sábelotodo local. Los cortesanos y allegados de Don Fadrique, con el magnate a la cabeza, inventaban preguntas en verso sobre diversos temas (muy en particular los bíblico-religioso-espirituales), que le eran sometidas al erudito franciscano, quien las contestaba largamente en verso.

Don Fadrique participó con alegría y entusiasmo en esta labor comunal. Cuando en 1526 fray Luis de Escobar decidió publicar un florilegio de algo de todo esto, las dos últimas quinquagenas estaban dedicadas a la poesía del Almirante. Esto fue publicado en vida de Don Fadrique (murió en 1538), y esto la hace la edición más autorizada de todas, a pesar de que no hay indicio alguno de su participación directa en la obra. El P. Escobar publicó la obra anónima, y él trató de mantener el anonimato toda su vida, aunque con un acróstico muy por el estilo de Fernando de Rojas en *La Celestina*.

Para 1545 fray Luis de Escobar decidió sacar una versión corregida y aumentada de sus *Respuestas quinquagenas*. Así lo hizo, en sus *Quatrocientas respuestas* (Valladolid, Francisco Fernández de Córdoba). Esto constituye la tercera parte (C) de mi *Cancionero*. La poesía del Almirante (muerto hacía siete años) salió muy aumentada, pero en forma atrabiliaria: sus viejos poemas tenían ahora nueva presentación física, poemas anónimos o con otras atribuciones en 1526, ahora le eran adscritos, algunas cosas de fray Luis aparecían como suyas y viceversa. En resumidas cuentas: 1545 es un verdadero *totum revolutum* que hay que manejar con cuidado.

El P. Escobar no quedó satisfecho, y en 1552 sacó una *Segunda parte* (Valladolid, Francisco Fernández de Córdoba), con otras cuatrocientas preguntas y respuestas, la inmensa mayoría en verso y atribuida a Don Fadrique Enríquez. Esta es mi cuarta y última parte (D). Prometió un nuevo volumen, con *Mil respuestas*, que yo no conozco, no sé si para mi bien o para mi mal. Ésta es la estructura del *Cancionero*.

He reproducido fielmente todos los textos impresos, con las debidas correccionnes y anotaciones. En el caso de las Poesías Sueltas he usado las ediciones modernas más solventes, con indicación de otras. He resuelto todas las abreviaturas, y la puntuación y acentuación son mías. En los márgenes he usado números romanos para indicar la proveniencia textual de poemas individuales o en grupo. Los números arábigos son el número de orden que tienen en este *Cancionero* los diversos poemas de Don Fadrique. Las notas que normalmente van al pie de la página he preferido ponerlas al final de cada poema (o estrofa), claramente identificadas por la palabra «Nota». Al final del volumen va un índice de primeros versos y un índice analítico de los dos volúmenes.

No he prestado mayor atención a la producción poética de fray Luis de Escobar, a pesar de que buena parte de ella existe sólo como *respuesta* a diversas *preguntas* de Don Fadrique Enríquez. He destacado sólo aquellos de sus aspectos que sirven para comprender mejor los versos de Don Fadrique. El estudio de la poesía del P. Escobar sólo se puede hacer a la vista de ella, y publicarla no ha sido mi intención ni tarea. Mi quehacer ha sido, en todo momento, recoger y anotar la obra poética del Almirante de Castilla Don Fadrique Enríquez. Fray Luis de Escobar tendrá su cumplido estudio cuando se complete y publique la obra de mi buen amigo salmantino Don José Antonio Sánchez Paso.

JUAN BAUTISTA DE AVALLE-ARCE

A.

POESÍAS SUELTAS

I.   Biblioteca Nacional de Madrid, ms. 7075, *Epístola moral que el Sor. Almirante de Castilla embió a vn hombre docto, con su respuesta, escritas en el año 1524*, folio 1r y v. Los siguientes poemas anónimos preceden al intercambio de epístolas en prosa, «Sobre los males de España», entre el Almirante y fray Luis de Escobar, que fray Luis publicó en sus *Respuestas quinquagenas* (Valladolid, 1526), pero allí no publicó estos versos. Como casi todo el manuscrito está dedicado al Almirante, pienso que estos poemas también pueden ser suyos. Al final del folio 1r, sin embargo, en la misma letra que el resto del manuscrito, se lee «De Don Pedro Valero», personaje desconocido, que bien puede ser el autor de los versos o el dueño del manuscrito. En la duda copio los poemas y se los atribuyo a Don Fadrique: es fácil poesía amorosa en métrica castellana, como le gustaba a él.

(1).   Mi coraçón, ya no mjo,
          que te me quitó el amor,
          cosa de gran desuarío
          es sentir yo tu dolor.

      5   Yo no tengo parte en ti,
          pues que ageno de mj viues,
          la pena que tú recibes
          ¿por qué me atormenta a mí?
          Cosa de gran desuarío

10   es sentir yo tu dolor
     pues que tú ya no eres mío
     que te me quitó el amor.

NOTA.   Se trata de una canción trovadoresca glosada, de tema
amoroso-cortesano.

(2).   A la muerte que me offresco
              no pienso de dar desculpa
              que sé que si mal merezco,
              el martirio que padezco
         5   más tiene pena que culpa.
              Alegre y contento estó,
              no quiero quexarme, no,
              que impossible es quien os viera
              que por vos no se perdiera
         10   como me he perdido yo.

              Sé que en verla me perdí,
              y pensar verla es mi gloria;
              sé que después que la vi
              estoy tan [*lexos de mj*, tachado] fuera de mj
         15   quan lexos de su memoria.
              El que no muere por ella
              no sabe bien conoçella,
              que yo quando la mirara,
              si qual quedé no quedara,
         20   no fuera digno de [*verla*, tachado] vella.

              Assí que entre mj tristura
              mil oras tengo de gloria
              que mj dichosa ventura
              me da tiempos de holgura

25   por causa de la memoria
que allí está tu perfición,
tal que no basta razón
a screuirla nj contarla
qual supo el Amor pintarla
30   dentro de mj coraçón.
Y al Amor yo le dezía
que preso no me lleuasse
ya pensaua en que la vía
y otras vezes no creýa
que del todo me matasse
35   y por poder alegrarme
pensaua poder soltarme
deste laço en que cayera
como otras vezes saliera
40   donde no pensé scaparme.

Mas como agora ya veo
haunque ya después del daño
de verla vino el desseo
de mi fe lo que yo creo
45   del sperança el engaño
de su vista me venía
el gran ardor que tenía.

NOTA.   Cuatro coplas reales rematadas con una copla mixta
septilla.

(3).   Entre mj la estó alabando,
mjs ojos puestos en ella,
y muchas gracias les dando
que me hizieron mirando
5   que quedasse sclauo della,

(fol. 1v) y era assí como el doliente
que come el manjar presente,
ques dulce para gustar
y malo para sanar
10   la causa del acidente.

(4).   A otro qualquier plazer
estoy ciego y sordo yo,
no puedo nada querer
sino sólo siempre ver
5   aquella que me mató,
y por passos la seguía
tan dura (?) de noche y día,
que haun agora el coraçón
pone de aquella sazón
10   temor en mi fantasía.

(5).   Por ella yo tengo agora
bueltos mjs ojos al cielo
y mj alma en ella adora
dando bozes cada ora,
5   rompe con ellas el cielo,
después acá siento yo
pena que nunca se vio
los sentidos traygo agenos
y a los muertos me hallo menos
10   y entre los viuos no estó.

Después acá sé llorar
dentro de mj pensamjento,
entristecer y alegrar,
adolescer y sanar,
15   todo junto en vn momento,

sé mil vezes cada día
querer lo que no quería
y no querer lo que quiero,
sé saber del mal que muero
20 y no vençer mj porfía.

(6).   Veo tener a mj enemiga
muy gran plazer de mj pena,
nj quiere que se le diga,
nj huelga en que le siga,
5   nj me affloxa la cadena
y lo que hallo peor
es quel falso del Amor,
que me mata a mj por ella,
no puede poner en ella
10 manzilla de mj dolor.

De mj llaga desygual
no tengo ya confiança
nj de sanar de mj mal,
pues en Cupido real
15 puse toda mj sperança,
y aunque assí las almas trata
y los sesos arrebata
no la puede a ella vencer
nj con todo aquel poder
20 con que a mj, triste, me mata.

(7).   Falso Amor, que assí llagar
puedes el mundo perdido,
¿cómo, y no puedes hallar
manera para quebrar
5   la dureza de su holuido?

¡Cómo y no puedes tú, ciego,
vencer a su condición?
O te quita el nombre luego,
10   o la abrasa con el fuego
que quemas mj coraçón.

NOTA.   Las composiciones 3-7 son todas coplas reales de 3-4
rimas.

II.   En el ms. 7075 de la Biblioteca Nacional se copian
ahora las dos epístolas ya mencionadas, siguen tres epi-
gramas en latín, uno a la muerte del Condestable Carlos de Borbón durante el saco de Roma (1527) y otro
a la muerte de la Emperatriz Isabel (1539). A continuación viene esta advertencia: «Estos versos fueron echos
por el Almirante, y se copiaron tanbién arriba, en el cap.
8 de la Epístola Moral», y se copia todo el poema «Justa cosa es que notemos». Más autorizado es el texto impreso por fray Luis de Escobar, *Respuestas quinquagenas* (Valladolid, 1526), fol. 78r, quien lo prologa con
estas palabras: «Ya antes de agora aueys conoscido y pre-
nosticado las turbaciones passadas por los indicios que
vistes. Y si me preguntan por dónde me fundo para
affirmar lo que digo responderé que lo sé muy bien por
vna carta en metros que vuestra Señoría embió al prudente varón Francisco de Santesteuan, estando en Valladolid en las primeras Cortes del Rey, la qual, entre
otras muy notables, dize estas palabras» y sigue el poema que copio de inmediato; acerca de Francisco de Santisteban y sus relaciones con el Almirante, y la fecha
de este poema (1518), v. Esbozo Biográfico, págs.
213-14.

(8). Justa cosa es que notemos
lo que contino se vee,
pues el mal que no se cree
si bien juzgamos le vemos
5   ningún remedio yo sé
para nuestro desconcierto
pues jamás no damos fe
a lo que vemos que es cierto.

Luego, ¿de quién nos quexamos,
10 siendo nuestros enemigos?
pues somos buenos testigos
de aquello en que más erramos.
Ningún remedio conuiene
que se busque en esta vida,
15 que la injuria rescebida
de nuestras manos nos viene.

Assí que no está el errar
en no andar ojos abiertos,
mas en querernos cegar
20 yendo por caminos tuertos.
Si hablays en emendallo
confessaré que es razón,
mas no me dexa curallo
la ciega de mi passión.

25 No ay nadie que desculparse
sepa del mal en que estamos,
mas pues no lo remediamos
ved lo que puede esperarse,
que si vos a mí venís,
30 poniéndome mucha culpa,

tengo por buena desculpa
confessar lo que dezís.

Y pienso que todos vemos
esta vana vanidad,
35 y como de la verdad
memoria poco tenemos,
pues si todo esto se halla
tan claro en nuestra presencia,
como el remedio se calla
40 conosciendo la dolencia.

Es porque fallescen buenos,
donde somos naturales,
pues queremos nuestros males
por gozar de los agenos.
45 Y pues que todo va assí,
como veys en nuestros grados,
no me desculparé a mí,
que todos somos culpados.

Si algún predicador suena,
50 que sea desenfrenado;
dizen todos que es culpado
pues el reyno desordena.
Y paresce a prima haz,
sin dar al seso otra buelta,
55 que es verdad pues vemos paz,
y el mundo tan sin rebuelta.

Mas como aqueste hedificio
se labra con mal cimiento,
no yerra quien descontento

60   reprehende tal beneficio.
      Que siendo muy bien juzgada
      esta vida que tenemos,
      no puede ser reposada
      juzgando nuestros estremos.

65   Que pues con tales heridas
      andamos tan descuydados,
      pensemos nuestros passados,
      si escurescen nuestras vidas,
      porque esto que padescemos
70   creemos que lo buscamos,
      pues nunca nos contentamos
      con aquello que tenemos.

III.   *Cancionero de Juan Fernández de Íxar*, ed. José María Azáceta, II (Madrid, 1956), 808-817. Se recogen
aquí: A. «Coplas del Almirante a Boscán, en que le preguntaua çiertas cosas de vnos amores ya passados de mucho tienpo», B. «Respuesta de Boscán al Almirante»,
C. «De vn frayle respondiendo a Boscán en nombre del
Almirante», D. «Respuesta de Boscán al frayle en nonbre del Almirante», E. «Del Almirante de Castilla a Don
Joan de Mendoça, viéndole vn día rapada la barba, porque se pareçían muchas arrugas en el rostro». Copio a
continuación las poesías A y E; me desentiendo de las
demás porque, si bien están íntimamente relacionadas
con el Almirante (o pretenden estarlo), no salieron de
su pluma. Acerca de las largas relaciones poéticas entre
Juan Boscán y Don Fadrique Enríquez, v. Esbozo biográfico, págs. 197-203. Acerca de la identidad del api-

carado Don Juan de Mendoza y sus relaciones con D. Fadrique, v. *ibidem*, págs. 195-197.

(9).   COPLAS DEL ALMIRANTE A BOSCÁN, EN QUE LE PRE-GUNTAUA ÇIERTAS COSAS DE VNOS AMORES YA PASSADOS EN MUCHO TIENPO.

Pídos por merçed, Boscán,
que digays qué tal hallastes
la que contino negastes,
do mis pensamientos van,
5   y si el caerse su flor
si bastó para sanar,
o la memoria matar
con aquel viejo dolor.

Que ¡si ay! no fue fingida
10   la pasión que atormentaua,
la pena que entonçes daua
ora verná más creçida;
que al Petrarca qu'en amar
leeys que perdió la vida,
15   no le curó la herida
ell arco por aventar.

No creo que deuaneo
sosteniendo esta quistión,
porque yo mi coraçón
20   con sólo este mal le veo;
que aquí, quando yo me duelo,
las hermosas contenpladas
son ymágines pintadas,
que me muestran las del çielo.

25   Y como vn mismo dolor
     era el que a entrambos hería,
     paréçese, a la fe mía,
     que no puedo aver mayor;
     y si alguno os fue a la mano,
30   temo que nunca tuuistes
     la pena que descubristes,
     y qu'estays del todo sano.

     Siendo así os e compassión,
     qu'en amor la sanidad
35   a de ver qué p̈iedad
     muestre ver tanta passión;
     qu'es grande la differençia
     d'entr'el sano y el doliente,
     del que mis males no siente
40   es más graue su dolençia.

     La firmeza haze mi obra,
     y tal qu'ell alma figura,
     que la verdadera cura
     es el mal quando me sobra;
45   y assí el amador que yerra
     tiene el Amor ordenado
     que como a descomulgado
     que no le sufra la tierra.

     Y pues vuestra passión calma
50   por mudar vuestra querella,
     quiero saber si con alma
     boluereys acá o sin ella;
     que si vos quereys mudaros
     ser de tanto mal testigo,

55   si lo sé podré lloraros
     como a verdadero amigo.

     Que dar al preso poder
     de salir de la prisión,
     peligro es para temer
60   más que faltar gualardón;
     confessad el desamor,
     qu'es mejor que no negalle,
     y es afrentar al Amor
     mostrar que podeys forçalle.

65   Si soy largo en le scriuir
     n'os deueys marauillar,
     que yo nunca sé acabar
     el comienço sin morir;
     quando aý quedé catiuo
70   firmeza me dio passión,
     do a d'estar el coraçón
     todo quanto fuere biuo.

     Hálloos menos en la corte,
     adonde Dios me a traydo,
75   menos por ser allá ydo,
     menos por vuestro deporte;
     y me quedan más reçelos
     de los que eran menester,
     por tener Amor poder
80   de matarme acá de çelos.

(10). Del Almirante de Castilla a Don Joan de Mendoça, viéndole vn día rapada la barba, porque se pareçaín muchas arrugas en el rostro.

> Sostener la gentileza
> con tan flaca fortaleza
> téngolo por cosa vana,
> porque por la barbacana
> 5 le dará naturaleza,
> así quedará la gala
> con defensa harto mala,
> y de ser hondo el fossado
> tanbién seruirá d'escala
> 10 por parte de lo arugado,
> si el conbate es apretado.

NOTA. Esta composición también se halla en el *Cancionero de poesías varias, manuscrito no. 617* de la Biblioteca Real de Madrid, ed. José J. Labrador, C. Ángel Zorita y Ralph A. Di-Franco (Madrid, 1986), pág. 334, con inhábiles variantes: v. 3, «téngolo por cosa buena»; v. 5, «tomarán la fortaleza». La copla oncena tiene que ser anterior a las Comunidades (1520), cuando Don Fadrique y Don Juan militaron en campos opuestos. En este *Cancionero* sigue la «Respuesta de Don Juan [de Mendoza]: «De la copla que a mí toca / no es vuestro más del papel, /siento las manos de Coca / y oyo la boz de Gabriel. / Y pues questo anssí es / no tengo otro remedio, / pues que son contra mí tres / o a lo menos dos y medio. // Llegais a la barbacana, / de la çerca no curais; / podrá ser que no salgais / con la persona muy sana. / Con todo, estareis seguro / por ser pequeño el terreno, / aunque tire el ballestero / muchas vezes desdel muro. // El trauaxo será en vano, / no sacareis fructo dél: / quereis llegar con papel / do no alcançais con la mano. / Que quien a la barua toca / devría de parar mientes

/ questá çerca de la boca / y la boca de los dientes». Este intercambio poético entre el Almirante y Don Juan de Mendoza se imprimió en una colección muy posterior: *Cancionero general de obras nuevas nunca hasta aora impressas* (Zaragoza, Esteban G. de Nágera, 1554), ed. A. Morel-Fatio, *L'Espagne au XVIe. et au XVIIe. sicle* (París, 1878), pág. 522. Don Luis Zapata, *Miscelánea*, ed. cit., pág. 406, atribuye la respuesta de Don Juan «a un fraile con quien se burlaba [el Almirante]», y que el editor Pascual de Gayangos identifica con fray Luis de Escobar. Zapata copia sólo la primera copla, con variantes.

IV.   *Cancionero general*, recopilado por Hernando del Castillo (Valencia, Cristóbal Koffman, 1511), facsímile de Antonio Rodríguez-Moñino (Madrid, 1958). Hay dos composiciones del Almirante, una tercera que le atribuyó Rodríguez-Moñino en su índice Alfabético de Autores («Es pena grauel tormento», fol. 97v) es de «vn galán».

(11).   OTRA CANCIÓN DEL ALMIRANTE.

Quando de vos me partía
no morir me dio señal
que la triste vida mía
se guarda para más mal.

5   Y si por vos se m'alexa
vida de congoxa y pena
quanto fuere más anexa
la terné yo por más buena;
assí que si se desuía
10   la Muerte viéndome tal,

es porque la vida mía
se guarda para más mal (fol. 127v).

(12).   ELL ALMIRANTE TRAE POR DEUISA EL DOLFÍN DE
LA MAR, Y DIZE:

La mejor vida es aquella
dolfín es comienço della (fol. 131r).

V. *Cancionero general*, recopilado por Hernando del
Castillo (Valencia, Jorge Costilla, 1514), en *Suplemento al Cancionero General de Hernando del Castillo Valencia, 1511*), ed. Antonio Rodríguez-Moñino (Madrid,
1959). Contiene dos composiciones del Almirante.

(13).   RESPUESTA DEL ALMIRANTE.

Salga el cabo de Castilla
con su lengua de picaça,
y Don Antonio con su maça
puesto de pies en la silla,
5   y será gran marauilla
si le vierdes vos, señora.
No soys buena texedora.

Don Antonio si a mí cree
no saldrá aquí a justar,
10   porque lo que no se vee
no se puede bien juzgar;
pues porque s'a d'enamorar
el que a nadie enamora.
No soys buena texedora.

15 No puede auer sino falta
    en Don Antonio el torçuelo,
    porque a dos dedos del suelo
    tiene la tela por alta,
    pues si al encontrar no falta
20 no le vereys vos, señora.
    No soys buena texedora (pág. 37).

NOTA.   Contesta unas coplas de Don Antonio de Velasco (sobre las cuales v. Esbozo biográfico, págs. 209-211), impresas
con inmediata anterioridad, y que tienen que haber sido compuestas antes de 1504, cuando murió Isabel la Católica. Son
éstas: «Otras suyas [de Don Antonio de Velasco] a vna dama
de la Reyna, porque teniendo seys seruidores en vnas justas
que se hizieron no salió ninguno dellos a justar: Pues que con
seys seruidores / no poneys tela, señora. / *No soys buena texedora.* // Si tela quereys ordir, / póngala el de Benauente; / har-
tada toda la gente / de plazer y de reyr, / mandalde luego escreuir / que venga a justar, señora. / *No soys buena texedora.*
// El Almirante desseo / que viniesse aquí a justar; / no le po-
dríen encontrar / sin hazer encuentro feo. / Todos diríen «No
le veo», / quexarsíen de vos, señora. / *No soys buena texedora.*
// Embía por el de Saldaña, / ques ombre de mucha fuerça,
/ quel de Haro no s'esfuerça / en el cuerpo ni en la maña, /
que si el diablo nos engaña / no los terneys más de vn ora.
/ *No soys buena texedora*».

(14).   RESPUESTA DEL ALMIRANTE.

Siempre os vi, señor Don Juan,
armado d'espada y capa,
contra las cosas del Papa
por seguir las de galán,
5   y pues es como lo digo,

perdone mi papahigo
el mal que aueys dicho dél,
que si le soys enemigo
por estar el papa en él
10 ha sido, que no por él (pág. 147).

NOTA. Contesta los siguientes versos de Don Juan de Mendoza, impresos en el mismo lugar: «Copla sola de Don Juan de Mendoça, porque ell Almirante, queriéndose partir de la corte, vino a despedirse de las damas con vn papahigo: Avnque fuera vn Colón, / hallo por gran marauilla / cómo pudo el de Castilla / descobrir tal inuención; / no se passe sin castigo, / si no, desde aquí adelante, / nunca verán Almirante / las damas sin papahigo». Es evidente que la fecha de estos versos tiene que ser posterior a 1492. Con mínimas variantes se hallan ambas composiciones en *Cancionero de poesías varias, ms. 617, v. supra* comp. núm. 10, NOTA, pág. 325; de aquí se copió en ms. 506, Biblioteca Pública de Toledo, fol. 393v; *Cancionero de obras de burlas provocantes a risa* (Valencia, Juan Viñao, 1519), ed. Frank Domínguez (Valencia, 1978), pág. 134. Mayores son las variantes del *Cancionero del British Museum*, ms. Add. 10431, ed. H. A. Rennert, *Romanische Forschungen*, X (1899), 43: «Del Almirante de Castilla a Don Juan de Mendoza y a Don Antonio de Velasco, porque burlaron de un papahigo que llevava, yéndose despedir de las damas: Sienpre os vi yo a vos, Don Juan».

VI. *Cancionero del British Museum* [hoy British Library], ms. Add. 10431 (v. NOTA anterior), pág. 43:

(15). EL ALMIRANTE DE CASTILLA A DON ANTONIO
DE VELASCO, QUE TENÍA MALOS OJOS.

> Hazer coplas de plazer
> el que las troba llorando,
> pareçe que debe ser
> como quien llora cantando.
> 5 Llorad, porque las hezistes,
> y pues en mí no ay por qué
> *noli flere super me*
> *sed super vos*, que tubistes
> justa causa, pues naçistes.

NOTA. Acerca de las relaciones entre Don Fadrique y su primo Don Antonio de Velasco, v. Esbozo Biográfico, págs. 209-212.

VII. *Cancionero de poesías varias*, ms. 3902 de la Biblioteca Nacional de Madrid, ed. Ralph A. DiFranco y José J. Labrador Herraiz (Cleveland, 1989), págs. 85-87 y 199, el ms. 3902 sólo atribuye explícitamente a Don Fadrique un villancico, pero los editores, con razón, le atribuyen una canción y su glosa.

(16). VILLANZICO DEL ALMIRANTE
[DON FADRIQUE ENRÍQUEZ].

> Traía la memoria olbido,
> que éste es el bien que le pido.

NOTA. En este *Cancionero* sigue una glosa del villancico en
coplas mixtas, septillas, («Bed si por lo que cobdizio»), con
título «Las coplas son de Antonio, su criado». Desconozco su
identidad.

(17).   CANZIÓN DEL MISMO [ALMIRANTE]

> Mi mal creze cada ora,
> y si mengua es mal sin medio,
> al mal que con mal mejora
> dalde, señora, rremedio.

(18).   [GLOSA]

> Mal que va tan adelante
> a quien no duele le siente,
> porque estonzes es creziente
> quando el dolor es menguante.
> 5 Es mal sin cabo y sin medio,
> su prinzipio no es de aora,
> *al mal que con mal mejora,*
> *dalde, señora, rremedio.*
>
> El rremedio es por demás
> 10 en mal que tan mal me trata,
> porque si creziendo mata,
> quando mengua, mata más.
> Su medio es poner medio
> a vos, como causadora,
> 15 *al mal que con mal mejora*
> *dalde, señora, rremedio.*

VIII.   Don Luis Zapata, *Miscelánea*, MHE, XI, 131
(v. Esbozo biográfico, pág. 57).

(19).   Estos pies de puerco tome
el señor que no los come.

NOTA.   Estos versos se copiaron también en el ms. 605 de
la Biblioteca Pública de Toledo. El dístico va dirigido contra
su criado, músico y poeta Gabriel de Mena, quien «le respondió bastantemente con poner solamente una *d* en el segundo
verso, diciendo al page que así había el billete de decir: ''Estos pies de puerco tome / del señor que no los come''», *apud*,
Don Luis Zapata, *ibidem*.

IX.   *Papeles varios de historia y humanidades*, British
Library, ms. Add. 9939, folios 92r-93r, «Perqué que hizo
el Almirante el año de MDXIX». Como expliqué en el
Esbozo Biográfico, pág. 250, D. Manuel Ferrer-Chivite, catedrático del University College, Dublín, efectuó
este valioso descubrimiento, y con ejemplar generosidad puso los resultados a mi disposición. Le renuevo
aquí mis cordiales gracias.

(20).   Estoy pensando en la cama
en la tela mal vrdida
que se texe en esta vida
viendo tan mala la trama,

5   y en quán ciegos ac'andamos
tras estos negros fauores
y en que tanto trabajamos
los grandes y los menores,

y en el nueuo aduenimiento,
10 y en los gastos excessiuos,
en ver quánto dan los biuos
en este rescibimiento.

Y en este gasto sin tassa,
lleno de tantos estremos,
15 y en la vida que tenemos,
qu'es juego de *passa passa*.

Y en ver puesta en la cumbre
cobdicia que a todos manda.
viéndolos que van en vanda
20 tan ciegos y tan sin lumbre.

Cómo van atormentados
con gana de acreçentar
los bienes que han de dexar
acá como los passados.

25 Y en ver quel más sabio yerra
por tener así oluidado,
pues sabe será pagado
con siete pies de la tierra,

y en ver que crecen los males
30 y se nos llega el partir,
y no creen que ay morir
sino que son immortales.

Y en verlos tan desuelados
con gana de gouernar,
35 que fuera mejor buscar
quién lo hiziesse en sus estados.

Y en ver la gran compañía
que va para reçebir
al que no la [*sic*, 'ha'] más de biuir
40   que el que biue sólo un día.

Y en ver que no lo entendemos
por andar ciegos y tuertos,
pues pensamos que tenemos
más de vida que los muertos,

45   y en ver que nuestra salida,
aunque en algo dilatemos,
tiene la misma medida
que tuuo el que muerto vemos.

Y en ver cómo el sabio escriue
50   que se iguale en el dolor
el moço con el mayor
que acá muchos años biue.

Y en ver qu'este sentimiento
se toma por vanidad,
55   con muestra de humanidad
vn d[eu]do por otro cuento.

Y en ver quán a la rasa
piensan todos engañar,
contando lo que no pasa
60   por más adelante pasar.

Y en verlos yr sin sentir
procurando la subida,
no viendo quel más subir
tiene cierta la cayda.

65 También pienso en los perlados,
    en que no hallo descuento
    del poco conocimiento
    que aquí tienen de sus grados,

    y en verlos tan adelante
70 yr como hombres profanos,
    no mirando qu'en sus manos
    es la yglesia militante.

    Éstos buscan los fauores
    sin yr por derecha vía,
75 y aquéstos son seruidores
    de la muy gran simonía.

    Y los que veys más perfetos,
    en amores son Macías;
    tienen por ypocresías
80 hazer los hijos secretos;

    y pienso en la Religión,
    que al yr a hazer sermones
    van tan llenos de pasiones
    como los que más lo son.

85 Desos sermones appelo
    que sea[n] como se manda(n),
    que si el frayle se desmanda
    podrá perder el capello.

    Todo lo bueno se vazia
90 y el mal creçe cada día;
    no quieren ganar por gracia,
    sino por ypocresía.

Miedo he que todo falte
en este matiz tan falso,
95   pues en el oro muy baxo
no asienta bien el esmalte.

Es menester que se troque
lo que veys y lo que fue,
porque parezca en el toque
100   que está subida la fe.

También pienso y me desuelo
en cómo se han de curar
estos males, que recelo
no se ayan de acreçentar.

105   Dar vn remedio a la ley
para que vaya derecha,
que en estos tiempos sospecha
nunca se parta del Rey:

para mirar lo dañado
110   que se espera en este suelo
con tener siempre reçelo
no podrá ser engañado.

Mas estos tales temores
que aprouechan a la ley,
115   [h]alos de tener el Rey
y no los gouernadores,

que no siendo de la nación
andarán desconfiados
e yrán por fuerça errados,
120   porque en estos ciegos son.

El que más deue sospire,
pues no se halla bondad
ni qu'el bien de comunidad
en aquestos tiempos mire.

125   Ya todo bien se nos huye,
no hay quien siga la razón,
pues particular pasión
todo el reyno nos destruye(n).

Entraron con oraciones,
130   como hechizeras hazen,
por encubrir sus pasiones
y deshazer lo que hazen
con dañadas intenciones.

Y por esto yo reçelo
135   que esto todo ha de caer,
pues cobdicia quita el velo
de vergüença al pareçer.

Pienso en el tiempo pasado
y en el que agora es venido,
140   que también es tan perdido
como el que es más oluidado.

Y pienso quán descuajada
anda ya toda la gente
del mal que en todo se siente
145   en esta breue jornada.

Estoy pensando en la entrada
que el Rey hizo en esta villa,

y en la gente tan gastada
y turbada a marauilla;

150   y pienso en lo malgastado
y que tan poco aprouecha,
y también en la deshecha
del que sacó más brocado,

y en que es mal que se consienta
155   gasto tan desordenado,
que ha de matar al gastado
viniendo a tomar su cuenta.

Y en ver qué penado ha de estar
el que más ha despendido,
160   y ver que no es gradecido
ni esto le han de pagar.

Y pienso en la gran pasión
que el alegre ha de tener
quando venga el mercader
165   a hazer la execución,

porque este tomar prestado,
que no se suele sentir,
son tortas y pan pintado
que es malo de digistir,

170   que los gastos eccesiuos
que no son encubiertos
atormentan a los biuos
y mucho más a los muertos,

y acabada es el entrada
175 que dio a todos gran plazer,
y muy más al mercader
en ver su seda cortada.

Vanos son estos plazeres
y los gastos sin medida;
180 mercaderes quitan vidas
a hombres y a mugeres.

Y pues todo esto pasa
sin poner en ello medio,
creed que falta el remedio
185 con que el medio se acompasa,

y el enemigo vittoria
tiene ya en lo mortal,
porque del bien general
no sé quién tenga memoria.

190 No esperemos buena paga,
que nuestro desasosiego
reçentará nuestra llaga
si Dios no pone remedio;

que ya nuestra vida es tal
195 que pensarlo es gran dolor;
pues procuramos el mal
hallamos otro mejor;

que nuestra propria pasión
es tan desmesurada
200 que nos ciega la razón
para no acertar en nada.

Por esto quiero dexarlo
y apartarme todo dello,
que es muy gran pena pensarlo
205   no auiendo remedio en ello.

Assí que en esto me fundo:
ganaré quando me alexe,
dexaré si puedo el mundo
antes quel a mí me dexe.

210   Mi alma, que no reposa
por los dichos que aquí veys,
amanda que os aparteys
de obra tan peligrosa,

que pues en vuestro biuir
215   tanta falta siempre cabe,
déuesse de remettir
[a] Aquél que sólo lo sabe.

Puesto que por las señales
quien bien quisiera indagar
220   quán crecidos van los males
ya lo puede adeuinar.

No oso en cortes pensar,
sino callar lo que siento.
porque de mi sentimiento
225   ningún bien se ha de sacar.

Son Cortes para acortar
el bien de los naturales;
cortes para acrecentar
muchas maneras de males;

230 que como el mundo se troca
vernán los procuradores,
hambrientos de contadores,
por hazer lo que les toca.

Y ternán por gran vittoria
235 a su patria tratar mal,
porque al bien general
no terná nadie en memoria.

Si este mal bien os pareçe,
buscá en otra parte gloria;
240 pues vedes lo que falleçe
no es vuestra la vittoria.

Fin

No viene justo al peso
por la falta que pareçe;
lo que en ello desfalleçe
245 se remite a vuestro seso.

NOTA. La definición moderna de *perqué* por D. Tomás Na-
varro, *Métrica española* (Nueva York, 1956), pág. 531, destaca ciertas imperfecciones técnicas de este complejo poema: «Serie de pareados octosílabos contrapuestos, generalmente
precedidos de una redondilla o quintilla, con la cual enlaza
el primer pareado, abba:ac:cd:de:ef, etc.» Por lo demás, 1519,
fecha de la composición, fue el año de las Cortes de Barcelona, convocadas para la jura de Carlos I, y que tuvieron com-
plicadísimos resultados al llegar la noticia de la elección imperial (v. Esbozo Biográfico, págs. 102-106). Los colosales
dispendios, en parte incurridos por la reunión del Capítulo
General de una Orden extranjera (el Toisón de Oro), provo-

caron el asombro de todos, y la preocupación de muchos. La inminente marcha al extranjero del nuevo Emperador exacerbó el nacionalismo y la xenofobia. El desafecto nacional, a punto de estallar en las Comunidades, se podía tocar con la mano. La vida religiosa no terminaba de salir de su histórico estado indómito, a pesar de las reformas cisnerianas. Al mismo tiempo, éstos son los años en que Don Fadrique Enríquez, destacado actor en estas Cortes, y su mujer Doña Ana de Cabrera, ya habían entrado en su agonizante crisis espiritual, estudiada largamente en el Esbozo Biográfico, cap. VII. Se trata de una tupida red de intereses, actitudes, creencias, dudas, en ocasiones de verdaderos «cabreos», que Don Fadrique poetiza en estos versos, rezumantes de preocupaciones políticas, intelectuales y espirituales. Es interesante observar que el Almirante expresa todo esto en el muy castizo metro del perqué, en boga en Castilla desde la época de otro Almirante, Don Diego Hurtado de Mendoza, muerto en 1404.

X. *Cancionero general de obras nuevas nunca hasta aora impressas* (Zaragoza, Esteban G. de Nágera, 1554), «Carta trobada sobre en qué consiste el bien acá», ed. A. Morel-Fatio, págs. 514-518 (*supra*, composición núm. 10, NOTA). A base de su descubrimiento del *perqué* anterior, Manuel Ferrer-Chivite llegó a la lógica conclusión de que esta anónima Carta era la misma obra del Almirante, en distinto estado de redacción. Deshago el estrofismo reproducido por Morel-Fatio para destacar más las características de perqué, *sui generis*, de este poema, y facilitar su comparación con el texto de la British Library.

(21). CARTA TROBADA SOBRE EN QUÉ CONSISTE
EL BIEN ACÁ.

Es de saber si consiste
este viento temporal
en el estado real
y en gran plato o quién se viste;

5   o si en hijos y muger
o en buena dispusición,
o si consiste en saber
más que supo Salamón.

O en la casa proveyda
10   sin quiebra de su ganancia
o en tener muy larga vida
con gran superabundancia.

Si consiste en suceder
todo aquello que queremos,
15   o en ygualar el poder
del medio con los estremos.

O en favor demasiado,
sin haver contradición,
o si está la perfición
20   en la sobra del estado,

o en gran tumulto de gente,
o en estrema soledad,
o en ser hombre diligente
y muy mancebo en edad.

25 O si consiste en discordia,
quando vence quien la tiene;
vemos si está la gloria
donde este viento entreviene,

o en seguir la voluntad
30 en lo caduco mundano
d'aquesta sensualidad,
que nos tiene de su mano.

Y es muy justo que sepamos
si consiste o si se alcança
35 en effecto de esperança
de aquello que desseamos;

o si el bien está en reposo
y en sosiego y sin cuydado,
o en haver hombre buen gozo
40 de aquello muy trabajado.

O en tener muchos lugares,
o en saber metrificar,
o en el tañer y cantar
y gracias muy singulares;

45 o si está en la condición
de seso muy acordado,
o en no dar aquí passión
ningún caso desastrado.

O si incita el temporal
50 a nuestro contentamiento,
o en el mucho complimiento
desta escoria mundanal;

o consiste en buena nueva
de muy próspera fortuna,
55   o en otra cosecha alguna
qu'en esta tierra se mueva.

O en mengua de la cresciente,
o en tener cosas mostruosas
y otras muy maravillosas
60   a la vista de la gente;

si consiste en embaxada
de grandes ofrescimientos,
donde están los elementos
y la nube muy cargada

65   destos estados terrenos,
sin pensar la execución
de su vana operación,
que tenemos por tan buenos.

O si está en no temer
70   lo que nos puede venir,
o en tener [un] gran poder
que se pueda resistir.

O en tener las arcas llenas
si consiste la medida,
75   siendo mil vezes agenas
de su dueño en esta vida.

No tiene merescimiento
cosa que aquí se possea,
pues no da contentamiento
80   tenello, si se dessea.

Que alcançar mucho dinero,
ni muy alta dignidad,
no nos da seguridad
en este fin postrimero,

85   pues no tocando en el fuego
que aquí suele abivar,
al tiempo del arrancar
no nos da mucho sosiego.

Si consiste en bien justar,
90   en caça, juego y amores,
o en la dicha de acertar
tener buenos servidores;

o en quitar las ocasiones
de mundo tan peligroso,
95   o en ser hombre muy dichoso
en grandes negociaciones.

Si consiste la virtud
en el cuerpo y gentileza,
o en talle, fuerça y salud,
100   o en el gesto y ligereza.

Si en la dulce melodía
consiste deletación,
pensemos ell alegría
de su breve dilación.

105   Y si el gusto y apetito
tiene parte deste grado,
leamos su sobrescripto
y hallarle hemos borrado.

Pues si los dulces olores
110 son conformes a esta massa,
pensemos si sus dulçores
son juegos de *passa passa*.

Pues casa muy fabricada
y cave estufa la cama
115 y lo vano desta fama
pensemos qu'en fin no es nada.

Si en muy sobrado aparato
consiste felizidad,
pensemos el desbarato
120 de su vana liviandad.

E si consiste en mandar
sin varones a la llana
y en siguir y en ordenar
las leyes que avemos gana;

125 o si consiste el plazer
en la color muy luzida,
al vestir devemos ver
desto ell alma no es servida.

Ninguna cosa tan salda
130 de los pies a la cabeça,
sin jarete y mucha falda
no veo ninguna pieça.

Qu'este instinto natural
con que abita aquí la gente,
135 sin agua, fuego, ni sal,
esta carne no consiente.

Ni de nada no se paga
quanto más de lo movible
qu'en su grado es impossible,
140   según lo assienta la llaga.

Mientra más, más atizamos
en este contentamiento
que tenemos sin cimiento
de aquello que desseamos.

145   Que caduca fantasía
sin remedio y sin reparo
es querer, passado el día,
siendo escuro, que haga claro.

No nos venga el alvedrío,
150   de nuestra sensualidad,
pues son todas desvarío
las cosas de voluntad.

No tengamos tan mal tiento
en mundo tan infortuno,
155   que nos vamos tras su viento
sin tener grado ninguno.

Ni seamos ocasión
de vida tan desmandada,
pues que nuestra condición
160   no se contenta con nada.

Y miremos que consiste
nuestra bienaventurança
en aquel que la resiste
por la punta de la lança;

165 en çufrir y padescer
  con fe, amor y esperança
  aquello que no se alcança
  por otro ningún poder.

  O en mil cosas que no digo,
170 que passan entre renglones,
  porque soy muy enemigo
  de largas alegaciones.

  Que si quisiese arguyr
  en diversas menudencias,
175 havría más que dezir
  que tocando en mis dolencias.

  Donde claro se verá
  destos graves terrenales
  que ninguno aquí no está
180 sin copia de muchos males,

  que nos vienen a desora
  sin ponelles ningún medio,
  por no ver que la Señora
  es todo nuestro remedio.

185 Por ende quien me creyere
  y passare de sesenta
  con el tiempo que tuviere
  se deve sumar su cuenta,

  no esperar de día en día
190 en tierra qu'es tan fragosa,
  pues vemos que la sangría
  es, sin tiempo, muy dañosa.

Si me suelto en lo que escrivo
en esta carta presente,
195 es, señor, por no ser vivo
el que della es ausente.

Que nada de lo qu'e dicho
ni dé plazer ni passión,
por aver puesto entredicho
200 la edad, qu'es la razón.

Estoy pensando pensaua
en la tela mal urdida
que se texe en esta vida,
siendo tan mala la trama;

205 y en quán ciegos acá andamos
tras estos negros favores,
en que tanto trabajamos
los grandes y los menores.

Y en el nuevo advenimiento
210 y en los gastos excessivos,
y en ver quál andan los vivos
en esse recibimiento;

y en este gasto sin tassa
lleno de tantos estremos,
215 y en la vida que tenemos,
qu'es juego de *passa passa*.

Y de ver puesta en la cumbre
codicia que a todos manda,
viendo los que van en vanda
220 tan ciegos y tan sin lumbre;

y que van atormentados
con gana de acrescentar
los bienes que han de dexar
acá, como sus passados.

225 Y en ver qu'el más sabio yerra
por tener así olvidado
saber que será pagado
con siete pies de la tierra;

y en ver que nuestra salud
230 nunca llega a los sesenta,
ver que nada se contenta,
mocedad ni senetud.

Y en ver qu'en vivir no hay tassa,
aunque agora comencemos:
235 que la vida que tenemos
como relámpago passa.

Y en ver que crescen los males
y se nos llega el partir,
y no creen que hay morir
240 sino que son inmortales.

Y en vellos tan desvelados
con gana de governar:
que fuera mejor buscar
quién lo hiziesse en sus estados.

245 Y en ver la gran compañía
que va para recebir
el que no ha más de vivir
que el que vive sólo un día.

Y en ver que no lo entendemos
250 por andar ciegos y tuertos,
pues pensamos que tenemos
más de vida que los muertos;

y en ver que [la] nuestra vida,
aunque algo la dilatemos,
255 tiene la misma medida
que tuvo el que muerto vemos.

Y en ver cómo el savio escrive
qu'es ygual en el dolor
el moço con el mayor
260 que acá muchos años vive;

y en ver qu'este sentimiento
no tiene desigualdad,
aunque nuestra humanidad
lo juzgue por otro cuento.

265 Y en ver quán poco se piensa
en la poca edad del Rey,
y en ver que va contra ley
quien no busca su defensa.

Y en mirar quán a la rasa
270 piensan todos engañar
con todo lo que no passa
por más delante passar.

He miedo que todo falte
y que se pierda el trabajo:
275 qu'en el oro qu'es muy baxo
no assienta bien el esmalte.

Es menester que se troque
lo que veys y lo que fue,
porque parezca en el toque
280   qu'está subida la fe.

También pienso y me desvelo
en cómo s'an de curar
estos males que rezelo
que s'abrán de acrescentar.

285   Un remedio da la ley
para que vaya derecha:
y es qu'en tal tiempo sospecha
nunca se aparte del Rey.

Para curar lo dañado
290   que se espera en este suelo,
si tiene siempre recelo,
no puede ser engañado;

mas estos tales temores,
que aprovechan a la grey,
295   halos de tener el Rey
y no los governadores.

Ya de todo bien se huye,
no hay quién allegue a razón;
la particular passión
300   todo el reyno nos destruye.

Entrarán con oraciones,
como hechizeras hazen,
para seguir sus passiones,
y deshazer lo que hazen

305   las muy buenas intenciones.
      E por esto yo recelo
      qu'esto todo ha de caer,
      pues condición quita el velo
      de vergüença al merescer.

310   Pienso en el tiempo passado
      y en el que agora es venido,
      que también está perdido
      como el que ya es olvidado.

      E pienso quán descuydada
315   anda ya toda la gente
      del mal que todo se siente
      en esta breve jornada;

      y estoy pensando en la entrada
      qu'el Rey hizo en esta villa,
320   qué tan turbada y gastada
      Saldiella y su quadrilla.

      Y pienso en lo mal gastado
      y en qué tan poco aprovecha,
      y también en la desecha
325   del que sacó más brocado;

      y en qu'es mal que se concierta
      gasto tan desordenado,
      que ha de matar al gastado,
      quando tomare la cuenta.

330   Porqu'este tomar prestado,
      que no [se] suele sentir,

son tortas y pan pintado,
qu'es malo de digestir.

Que los gastos excessivos,
335 quando no son encubiertos,
atormentan a los vivos
y mucho más a los muertos.

Ya es acavada la entrada
que a todos dio gran plazer,
340 mucho más al mercader
en ver su seda cortada.

Vanos son estos plazeres
y los gastos sin emienda,
qu'el largo vender sin rienda
345 haze alçar los mercaderes.

Y pues todo aquesto passa,
sin poner en ello medio,
crece que falta el remedio
con que[l] malo se compassa,

350 y el enemigo victoria
tiene ya entre lo mortal,
porque de bien general
no sé quién tenga memoria.

No esperamos buena paga,
355 que nuestro desasosiego
haze que busquemos fuego
para remediar la llaga.

Que ya nuestra vida es tal
que pensallo es gran dolor,
360   pues procuramos el mal
por curar otro mayor.

Que nuestra propia passión
es ya tan desmesurada
que nos ciega la razón
365   para no acertar en nada.

Por esto quiero dexallo,
apartarme todo dello,
qu'es muy gran pena passallo,
no haviendo remedio en ello.

370   Ansí qu'en esto me fundo,
que ya vo, quando m'alexe,
do pueda dexar el mundo
algo antes que me dexe.

Mi alma que no reposa
375   por los trances que aquí veys,
os demanda qué creeys
de obra qu'es tan peligrosa.

Fin

NOTA.   El *rifacimento* del perqué original comienza en el verso
201 de la Carta («Estoy pensando pensaua»). Los cambios entre ambas composiciones son tan profundos que sólo puedo
pensar en una faena poética de «verter vino viejo en odres nuevos». El perqué tiene 245 versos, la Carta 377; algunos los
tienen en común, otros no; el perqué tiene veinte estrofas que

no aparecen en la Carta; ésta tiene tres estrofas que no están en el perqué. Para explicar de alguna forma tales discrepancias, me atengo, de momento, a la ingeniosa explicación de Ferrer-Chivite, quien teoriza la existencia de «tres distintas versiones de ese perqué: una primitiva original con 64 estrofas, perdida para nosotros; una segunda con 61, tras la eliminación de esas tres por el Almirante, y que sería la que más tarde copiaría el amanuense y consta en el manuscrito de la British Library; y, por fin, una tercera con 44 —suprimidas las veinte que no aparecen en la Carta— y que fue, claro está, la que tuvo a la vista Nágera» (versión mecanografiada de su ponencia del congreso salmantino de AISO, que el autor tuvo la generosidad de enviarme). La violenta sátira política del perqué de 1519 se mantiene intacta, pero un tanto diluida por la adición de tantos versos que expresan las crecientes preocupaciones espirituales del Almirante. En forma natural, la expresión poética de estas preocupaciones adquiere tonos muy parecidos a los que llenaron tantas páginas de las *Respuestas quinquagenas* de fray Luis de Escobar, como se podrá apreciar de inmediato. Muchas de las *preguntas* del Almirante a fray Luis tienen que haber sido estrictamente contemporáneas a las fechas de composición de la Carta, que, con lógica perogrullesca, debe fecharse *post* 1519, *ante* 1535 (año de la muerte de su autor). El análisis y comparación de perqué y Carta son tareas que necesitan demasiado espacio , que no les puedo dedicar en esta ocasión. Unas breves observaciones, sin embargo: la rima de los versos 37 (reposo) y 39 (gozo) es falsa y extrañísima en labios y pluma de un castellano; v. 129, *salda*, italianismo, 'sucia'; v. 321, *Saldiella*, evidente errata, probablemente *salió ella*.

B.

RESPUESTAS QUINQUAGENAS, 1526

XI. *Respuestas quinquagenas. Contiénense aquí dozientas y cinquenta respuestas respondidas a otras tantas preguntas. Llámanse quinquagenas porque van de cinquenta en cinquenta ...* (Valladolid, Nicolás Thierri, 1526).

NOTA. Como expliqué con anterioridad (Esobozo Biográfico, pág. 252), todas las *preguntas* del Almirante se recogieron en las quinquagenas cuarta y quinta, dedicadas a él exclusivamente. Reproduzco íntegras dichas *preguntas*, con ajustes tipográficos mínimos. Las *respuestas* del P. Escobar las resumo en sendas notas, con las debidas citas textuales. Considero importante comenzar por un texto ajeno al Almirante:

(Fol. 24v): PREGUNTA C, DEL SECRETARIO ALONSO DE LEDESMA. QUÁL ES LA VIDA QUE EL HOMBRE DEUE TENER PARA BIUIR COMO DISCRETO Y SABIO.

NOTA. La «Respuesta del auctor» es un largo acróstico que dice: FRAY LVIS DE ESCOBAR HYZO TODAS ESTAS RESPVESTAS DE ESTE LJBRO SON DOCYENTA E CYNCUENTA. Esto se cambió en las *Quatrocientas respuestas* de 1545, donde la *pregunta* es la CCCVIII, y el acróstico lee: FRAY LVIS DE ESCOBAR HYZO TODAS ESTAS RESPVESTAS DE ESTE LIBRO SON QUATROCYENTAS POR TODAS.

(Fol. 34r): «Aquí se ponen por sí las dos quinquagenas últimas, que son la quarta y la quinta. Las quales con-

tienen preguntas de muchas y diuersas materias, preguntadas por el jllustrísimo señor Almirante, mi señor,
y respondidas por el auctor, assí de theología como de
metáphoras o enigmas y casos de consciencia, y otras
muchas cosas. Pónense en fin de toda la obra, y solas
por sí, por ser más notables y excellentes preguntas que
todas las otras, porque las palabras dichas en fin de qualquier plática suelen quedar más en la memoria y ser más
notadas. Y por esta misma razón se ponen todas juntas
y mezcladas, assí como su Señoría las embió, avnque son
diuersas las materias».

(Fol. 34v): «Comiença la quarta quinquagena, la qual
contiene otras cincuenta preguntas de diuersas materias y metros de arte mayor y menor.»

(22).   Pregunta CLI, del señor Almirante. Quién
deue más al otro, Nuestra Señora a los pecadores,
que la hizieron ser madre de Jesuchristo, hijo de
Dios, o ellos a ella, que les ganó perdón.

> Causa fue nuestro pecado
> que Jesuchristo encarnasse
> y que su Madre alcançasse
> tanta perfección d'estado,
> 5   que si no pecara ell ombre
> Christo no nasciera della,
> y assí no tuuiera Ella
> tan glorioso renombre.
> Y pues nos la causa fuymos
> 10 de ser Ella sublimada,
> ya veys que será obligada
> a pagar lo que le dimos.

> También nosotros a Ella
> siempre somos obligados
> 15 pues que somos reparados
> por el parto y virtud della.
> Respondedme vos, señor,
> pues nos deue y la deuemos,
> quál deuda sentenciaremos
> 20 destas dos qu'es la mayor:
> si es mayor obligación
> la que sobre Ella tenemos,
> o lo que nos le deuemos
> porque nos ganó el perdón.

NOTA. La «respuesta del auctor» consta de dos coplas castellanas introductorias, dos de «comparación» y una de «fin».
Los dos primeros versos se refieren a Don Fadrique como
«cumbre de la discreción, / de los discretos, discreto». Según
fray Luis, el pecado de las Comunidades trajo las victorias del
Almirante en Villalar y Noain y su acrecentamiento en honra, y termina: «Y assí, quando rebelamos, / y la Virgen nos
libró, / mucho más nos obligó / que nos a Ella obligamos».

(23). PREGUNTA CLIJ, DEL SEÑOR ALMIRANTE. SI EL
ÁNGEL QUE HA SEYDO GUARDADOR DE VNA PERSONA TOR-
NA A GUARDAR A OTRA.

> Quando dispone el Señor
> de lleuar al que le plaze,
> dezidme lo que se haze
> del ángel, su guardador.
> 5 Si se torna a reposar
> al lugar donde salió,

o si torna acá a guardar
al que aquel punto nasció.

NOTA. Fray Luis responde en cuatro coplas castellanas, y
echa por delante su ciencia teológica: «Señor, en esta questión / sobre el Maestro me fundo / que responde en el segundo, / en la onzena distincción».

(24). PREGUNTA CLIIJ, DE SU SEÑORÍA. SI EL NIÑO POR
NASCER TIENE ÁNGEL QUE LE GUARDE EN EL VIENTRE DE
SU MADRE.

(Folio 35r) Quando ell engendrado tenga
ya su forma organizada
para estar toda formada,
conuiene que ell alma venga.
5   Vna duda aquí se tiene
que conuiene declaralla,
y es si creeys que conuiene
venir ángel a guardalla.

Que estando el niño incluydo
10   donde se engendró su padre,
hasta ser acá nascido
siempre es miembro de su madre;
la duda que se sostiene,
señor, me declarad vos,
15   y es si ell ángel que ella tiene
tiene cargo de los dos.

NOTA. La *respuesta* va en cuatro coplas de arte menor, con
nueva muestra teológica: «Dexando muchos aparte, / y para
abreuiallo más, / responde Santo Tomás / en la su primera parte, / ... / en la question ciento y treze, / en el artículo quinto».

(25). PREGUNTA CLIIIJ, DE SU SEÑORÍA. SI SE PIER-
DE EL MERESCIMIENTO EN ENTENDER LO QUE CREEMOS,
PORQUE EL AUCTOR PREDICÓ VN SERMÓN DE LA TRINIDAD
CLARO, PARA QUITAR ESCRÚPULOS.

El sermón de Trinidad
hizo vuestra Reuerencia,
y fue tan lleno de sciencia
que dio mucha claridad,
5   mas temo que ser tan claro
nos aurá de costar caro,
porque en dallo a conoscer
la fe pierde el merescer
que es el remedio y amparo.
10 Que si eterno galardón
por creer la fe se espera
no merescerá el que quiera
alcançallo por razón;
por donde en esto concluyo
15 que creo que me destruyo,
pues por Sant Gregorio leo
que si entiendo lo que creo
del merescimiento huyo.

NOTA. En el Esbozo Biográfico, págs. 254-255, asimilé el
tema de esta *pregunta* a las obsesiones intelectuales del Almirante, que vertía en su epistolario con fray Francisco Ortiz,
a lo que respondía éste: «Dize más V.S.a, que dessea saber
lo que se deve creer y el cómo, y no a bulto como el pueblo
menudo, pues dellos le disiguáló Dios». Fray Luis de Escobar
se pone muy en dómine y contesta en veinticuatro coplas novenas, pero comienza con la debida pleitesía: «Illustríssimo
señor, / en quien todo el saber cabe, / no sé lengua con que

alabe / vuestro tan alto primor». Termina con hábil resumen:
«No entender haze dudar, / el dudar es vía escura / que al ánimo da tristura / y házele tropeçar, / y por esto declaré / las
cosas que prediqué, / porque la superflua duda / siempre esto-
rua y nunca ayuda / a las cosas de la fe».

(26).   PREGUNTA CLV, DE SU SEÑORÍA. QUÁL FUE MA-
YOR, EL DOLOR QUE NUESTRA SEÑORÍA TUUO EN LA PAS-
SIÓN DE SU HIJO, O EL GOZO DE LA RESURRECCIÓN.

Pues tuuo Nuestra Señoría
gran plazer y gran dolor,
destos dos quál fue mayor,
es lo que pregunto agora:
5   que si rescibió gran pena
quando a Christo vio espirar;
también al resuscitar
cierto fue de gozo llena.

Pues de aquellos dos estremos
10   sobre quál será mayor
respondereys vos, señor,
cosas en que contemplemos,
porque vuestra discreción
porná en ello tal reparo
15   que me lo mostrará claro
con razón sobre razón.

NOTA.   Fray Luis responde en diecinueve coplas castellanas,
y comienza por congratular al Almirante, de maestro a discípulo: «En tan alta perfección / pregunta su Señoría / que en
dotor de theología / nunca yo vi tal question». Invocará «razones de cada parte», y su respuesta se estructura, con ecua-

nimidad, sobre una Opinión Primera (nueve coplas castellanas) y una Opinión Segunda (otras nueve coplas).

(27). Pregunta CLVI, de su Señoría. En que continúa la materia pidiendo al auctor que diga las
razones que se le offrescen a lo sobredicho.

> Esso, señor, que dezís
> es lo que os ruego y pregunto
> que me digays aquí junto
> en esto lo que sentís.
> 5 Y esso que aueys apuntado
> os ruego que lo acabeys
> y que nada no dexeys
> que seré yo consolado.
>
> Porque desto que aueys hecho
> 10 he tanta consolación
> que cierto mi coraçón
> rescibe muy gran prouecho.
> Quitaysme de mil motiuos
> que me suelen derramar,
> 15 y assí me days a gustar
> éstos más consolatiuos.

Nota. Fray Luis responde en veintitrés coplas castellanas,
y ahora divide su argumentación, en forma escolástica, en
«nueue causas», para determinar que el pesar fue más grande
que el plazer en la Virgen, pero finaliza, como buen cortesano: «Y si a vuestra Señoría / otra cosa paresciere, / la opinión
que él eligiere / aquélla será la mía» (fol. 37r).

(28).   Pregunta CLVIJ, de su Señoría. Si puede el
pecador por su libre aluedrío salir del pecado y ser
justificado sin ser ayudado de Dios. Va por forma
de diálogo.

Aueys, señor, predicado
que no puede el pecador
(fol. 37v)   de su pecado y error
ser por sí justificado
5   sin ayuda del Señor.
Yo quiero contradezir
para mejor lo sentir:
no me lo juzgueys a vicio,
que sólo por exercicio
10   os quiero desto arguyr.

Argumento primero del señor Almirante.

Pues Dios puso en nuestra mano
el saluar o el condenar,
sin otra ayuda buscar
puede el pecador christiano
15   de su pecado sanar,
que no nos ha de impedir
nuestro mal o bien biuir,
pues Él nos dio libertad
para el bien o la maldad
20   escoger o resistir.

Nota.   Sigue la *respuesta* en dos coplas reales, en que preca-
ve al Almirante acerca de que «lo que mal le paresciere / le
plega de lo emendar / como su seruicio fuere».

ARGUMENTO SEGUNDO DEL SEÑOR ALMIRANTE.

Dios quiso que pena o gloria
de mí fuesse merescida,
y con buena o mala vida
lleuar la muerte o victoria
25 ell ánima combatida;
que dos caminos tenemos
por donde todos andemos,
y quando Dios los abrió
gran libertad nos dexó
30 de tomar el que queremos.

NOTA.   Fray Luis insiste en una copla real: «Que si Dios no
va por guía / presto perdemos el tino».

ARGUMENTO TERCERO DEL ALMIRANTE.

Si veo que voy errado
y yo quiero el mal dexar,
lo bueno podré tomar
con el poder que me ha dado
35 para el bien o el mal obrar.
La duda que se recresce,
si este poder fallesce,
es pues no va do le guío,
que no es libre ell aluedrío
40 del que el bien o el mal meresce.

NOTA.   Amonesta fray Luis en una copla real: «Por esso el
libre aluedrío / no dexa de libre ser».

ARGUMENTO QUARTO DEL SEÑOR ALMIRANTE.

Pues si Dios nos dio lugar
para yr saluos o perdidos,
dezid cómo los caydos
no se pueden leuantar
45   sin ser de Dios socorridos;
que vuestra proposición
implica contradición
si el poder es limitado
que el Señor nos ha dexado
50   para pena o saluación.

NOTA.   Precisa fray Luis en una copla real: «Nunca los hombres pudieron / por sí mismos leuantarse, / ni sin Dios justifi-
carse».

ARGUMENTO QUINTO DEL SEÑOR ALMIRANTE.

Porque nuestro merescer
fuesse de más perfección
remitió a nuestra intención
nuestro ganar o perder,
55   nuestra gloria o confusión.
Pues si Dios nos da el poder,
y siendo nuestro el querer,
assí el bueno en leuantarse,
como el malo en derribarse,
60   por sí lo podrán hazer.

NOTA.   Ahora aclara el P. Escobar, en una copla real: «No
nos da Dios facultad / de poder lo que queremos, / mas querer
lo que podemos, / que es perfecta libertad».

(Folio 38r)   ARGUMENTO VJ
                      DEL SEÑOR ALMIRANTE.

          Pudo Dios sin se quitar
          ninguna cosa de sí
          dar tanto poder a mí
          que me pudiesse saluar
    65   si bien escojesse [*sic*] aquí;
          que avnque reseruo el derecho
          de la obra que en mí ha hecho
          dexóme entero poder
          para poder escoger
    70   lo que fuere mi prouecho.

NOTA.   Son cuatro las coplas reales en que versifica su respuesta el P. Escobar, y en el Fin dice: «De aquí puedo con-
cluyr / que en el dar y el rescebir / nunca tiene el aluedrío /
que entender sino en pedir / y a Dios pertenesce el dar». Con
esta pregunta CLVII el Almirante saca a relucir el viejo problema cristiano del libre albedrío, que para sus mismos años
preocupaba a muchas otras conciencias europeas, como sumariamente apunté en el Esbozo Biográfico, págs. 255-260. La
complejidad mental de Don Fadrique se exacerba, por un lado,
por sus fervientes aficiones humanistas, y, por el otro, por su
apasionante crisis espiritual. No olvidar que fue en el seno
del Humanismo donde nació el gran tema reancentista de la
Dignidad del Hombre, en el cual el libre albedrío juega muy
importante papel. Y lo que busca la espiritualidad del Almirante es establecer su identidad dentro de un marco de amplia holgura ortodoxa, formado por el barullo doctrinal que
caracterizó las primeras décadas del siglo XVI europeo. Como
se verá en las próximas *preguntas*, el tema del libre albedrío
actuó como un imán para la espiritualidad del Almirante. Volvió a la carga de inmediato.

(29).   Pregunta CLVIIJ, del señor Almirante. En
que prosigue su questión, arguyendo que el pecador puede ser justificado por solo su libre aluedrío, sin otra ayuda de Dios, y va por forma de
diálogo.

Prólogo de su Señoría.

Materia de Theología
tratalla quien sabe poco
es quedar en lo que toco
por culpada mi porfía.
5   Y pues yo hablo arguyendo
en la materia que veys,
menester es que emendeys
lo que veys que yo no entiendo.

Nota.   La *respuesta* consiste de cuatro coplas castellanas, en
las que destaca un nutrido sistema de metáforas bélico-mili-
tares (¿época de Comunidades?), en las que fray Luis parece
querer presentarse a la defensiva: «Combate su Señoría / con
argumentos tan duros / que son muy flacos mis muros / para
tanta artillería».

Aquí propone su Señoría sus argumentos
y razones a su propósito, y son XXIX.

Almirante

Y por ver vuestra eloquencia
10   de tan alta perfección
busca lumbre la razón
en medio de vuestra sciencia.

Mas mi entendimiento aquí
no queda bien satisfecho,
15 si al culpado no es prouecho
haziendo lo que es en sí.

Nota. Insiste fray Luis en el poder de la gracia divina en
la justificación del penitente en cuatro coplas castellanas.

(Folio 38v)   Almirante

El poder que dezís vos
yo le afirmo y le confiesso,
que nunca por nada de esso
20 se recresce mengua a Dios.
Mas si no quiso quitar
el poder que nos ha dado
parésceme que el culpado
sin Dios puede a Dios hallar.

Nota. En este duelo verbal, el Almirante insiste en las po-
sibilidades del hombre, y fray Luis en el poder divino: «Mas
este querer concluyo / que viene de vn apetito / que nos da
Dios infinito». La *respuesta* consta de cuatro coplas castellanas.

Almirante

El poder tan libertado
25 es muy grande su excellencia,
pues Dios le da a la consciencia
por vn don muy sublimado.
Ved si se yerra en dezir
que sin Dios se va al profundo,

30   y que sin Él desde el mundo
      no puede nadie sobir.

NOTA.   Machaca el P. Escobar en cuatro coplas castellanas:
«Su excellencia ni valor / no pierde el libre aluedrío / si el diuino poderío / para el bien le da fauor».

ALMIRANTE

      Al malo la perdición
      ya yo sé que le conuiene,
      y también que poder tiene
      de elegir su saluación;
35   si en el bien conuiene ayuda
      y no en la culpa mortal,
      es más libre para el mal
      y el bien le poneys en duda.

NOTA   El P. Escobar se siente un poco a la defensiva, pero
insiste: «Assí que Dios ayudando / no quita la libertad». La
respuesta va en cuatro coplas castellanas.

(Folio 39r)   ALMIRANTE

      La forma del disponernos
40   para el tal merescimiento
      no niego, que antes consiento
      que en Dios todos la busquemos;
      mas niego que el merescer
      del pecador que se emienda
45   sin que Dios en ello entienda
      no tenga por sí poder.

Nota. Por lo pronto, la rima de la primera redondilla de esta copla castellana es coja: *disponernos-busquemos*. La *respuesta*, en cuatro coplas castellanas, contrapone a los valores humanísticos de Don Fadrique, los estrictamente teológicos del franciscano: «La disposición, sin duda, / es la mano del Señor, / con la qual al pecador conseja, esfuerça y ayuda».

Almirante

Si Dios no nos ayudasse,
después de la culpa hecha,
parescía que sospecha
50   por falta de Dios quedasse:
sospecha de no tener
poder de no tropeçar,
y sospecha de quedar
obligados a perder.

Nota. En cuatro coplas castellanas el P. Escobar asiente vigorosamente: «Esto es lo que siempre digo, / que si no nos ayudasse / no auría quién se saluasse / de poder del enemigo».

Almirante

55   El alma, sin marauilla,
no podemos disponella
para que entre Dios en ella
y la halle sin manzilla.
En esta preparación
60   quanto el hombre más se esfuerça
meresce más con su fuerça
alcançar de Dios perdón.

Nota. A la valoración humanista del esfuerzo del hombre de Don Fadrique, fray Luis opone, en cuatro coplas castellanas, una justificación de absoluta ortodoxia: «Y si milagro se haze / sólo Dios es el auctor; / lo que haze el pecador / es que consiente y le plaze».

(Folio 39v)   ALMIRANTE

         También, a mi parescer,
         para vencerse el culpado
    65   si de Ti ha de ser forçado
         assí [sic] solo ha menester;
         y ha de estar su coraçón
         en el Señor affirmado,
         porque siendo d'Él tocado
    70   es mayor la perfeción.

Nota. A esta nueva afirmación del valor individual responde fray Luis , en cuatro coplas castellanas, con valores tradicionales: «Y el aluedrío mudado / sus mouimientos son dos, / vno en dessear a Dios, / y otro en odio del pecado».

                    ALMIRANTE

         El libre que es resistido
         no es libre perfectamente,
         pues por sí no es sufficiente
         [a] alçarse si está caydo;
    75   que la libre libertad
         de sí sola ha de nascer,
         y el querer o no querer
         de sola su voluntad.

Nota. Para dar el propio énfasis a los valores humanistas que propone Don Fadrique hay que escribir, en el verso 78, *su*, con minúscula. La *respuesta* del P. Escobar abunda, en cuatro coplas castellanas, en: «A esso digo, sin duda, / que ayudar no es resistir, / mas confortar y suplir / por aquel a quien ayuda».

ALMIRANTE

Dezís que si Dios no ayuda
80   no puede ser socorrido,
y avnque yo esté arrepentido
mi damnación no se muda.
Pues, luego, todo ha de ser
malo o bueno, lo que fuere,
85   regido de Su poder,
no del que arbitrio tuuiere.

NOTA.   A todo esto opone nuestro franciscano, con tradicional ascetismo: «Hallareys que todo el bien / es de Dios que justifica; / que no veo cosa loable / ser al hombre natural, / sino ser tierra mortal, / pecador y miserable».

(Folio 40r)   ALMIRANTE

Paresce por esta cuenta
que Dios lleua este niuel,
como el sol que nos callenta
90   sin quitarse nada d'él;
mas mirad que este calor
ni fuerça ni determina,
porque solamente inclina
a elegirse lo mejor.

NOTA.   Fray Luis toma todo esto a mejor parte, y contesta, en cuatro coplas castellanas: «Muy bien siento lo que dize, /

y avn me deleyto en oyllo / y en contallo y en sentillo / porque
no me contradize».

ALMIRANTE

95 La elección nos ha dexado
  libre nuestra libertad
  para que bien o maldad
  se escoja de nuestro grado,
  que culpa o salud forçosa
100 en lo que Dios hordenó,
  no sería, señor, no
  libre si fuesse otra cosa.

NOTA. El P. Escobar, en cuatro coplas castellanas, insiste:
«Ya, señor, he respondido / que esso es assí la verdad», mezcla imágenes de la cetrería y de las justas, para terminar: «Que
por conclusión tenemos / que Dios da la voluntad / y también
la libertad / con que amamos y escojemos».

ALMIRANTE

  Menguara el merescer
  de nuestra satisfación
105 si Dios fuesse la occasión
  del querer o no querer.
  Quando formó este hedificio
  nos dio dél el regimiento
  y dionos entendimiento
110 y muy libre aqueste officio.

NOTA. Las cuatro coplas castellanas de la *respuesta* se auto-
rizan con un texto de San Pablo, *I Ad Corinthios*, xv, 10, «Gratia autem Dei sum id quod sum».

Almirante

> Por ser Él el Hazedor
> es muy justo de querelle
> y el coraçón encendelle
> y abrasalle en su amor,
> 115 porque haziéndole plazer
> y queriendo merescelle
> (fol. 40v) para poder aprehendelle
> ayuda a nuestro saber.

Nota. El tono de exaltación religiosa de la copla castellana
de Don Fadrique es propio de su estado espiritual en estos años,
y de las amistades con que se rodeaba: el alumbrado Juan López de Celain, el asceta Francisco de Osuna, el penitenciado
Francisco Ortiz. El P. Escobar no sigue al Almirante en la exaltación espiritual, y se resigna: «Quanto al comprehendelle, /
digo que esso es impossible / porque es incomprehensible».

Almirante

> Si el poder se limitó,
> 120 como ya dixe primero,
> síguese que no es entero
> pues que algo le faltó.
> Pues si esta facultad
> tan sin alas la tenemos,
> 125 para bolar do queremos
> no ay libre voluntad.

Nota. En forma escolástica, el autor explica cuáles son las
tres limitaciones que tiene el libre albedrío, para terminar: «Si
no nos da facultad / de hazer lo que queremos, / de hazer lo
que deuemos / tenemos gran libertad».

ALMIRANTE

Quien con sus passiones quiso
librarnos de graue pena,
¿cómo suelta al que condena
130   y ata al que va a Parayso?
Que esto quereys vos fundar,
hablando so vuestra emienda,
si quando yo el yerro entienda
no le puedo remediar.

NOTA.   El P. Escobar se autoriza con otro texto de San Pablo, probablemente éste: «Dominus autem Spiritus est, ubi
autem Spiritus Domini, ibi libertas», *II Ad Corinthios*, III, 17.
Amplía esto en cuatro coplas castellanas.

ALMIRANTE

135   De manera que es razón,
porque bien se comprehenda,
que salga de la contienda
muy clara la conclussión:
si ell aluedrío no queda
140   libre como es menester,
bien se puede sostener
que no puede, avnque más pueda.

NOTA.   El franciscano se escabulle hábilmente de la trampa
armada por Don Fadrique. Comienza con lógica escolástica:
«Concedo la conclusión», pero de inmediato apunta (fol. 41r)
«Que otra conclusión queda / que desta va muy *aviesso*» (*aviesso*, 'al revés, al contrario'), y aclara «Mas pues se ofresce la
gracia, / ya no quedará por Dios: / si queda, queda por nos,
/ y por nuestra pertinacia».

ALMIRANTE

Disputada esta questión
es de los santos dotores
145 y ay hartos sostenedores
desto mío en conclusión.
La questión mía es aquésta,
avnque yo tan poco sé
téngola con buena fe
150 hasta ver vuestra respuesta.

NOTA. Fray Luis reconoce lo anterior: «Esta questión disputada / ya yo la he visto, señor, / pero no vi que dotor / contra mí dixesse nada», y en cuatro coplas castellanas acumula
sus autoridades, sus *dotores*: palabras de Cristo en el evangelio de San Juan, «el profeta Osee», Agustino, «Alexandre de
Ales, / que es dotor yrrefragable», y Santo Tomás.

ALMIRANTE

Pues si el Señor no quisiera
para todos saluación,
en su bendita Passión
tanta sangre no vertiera;
155 por donde no puede ser
que quien sufrió tal tormento
dexe suelto el perdimiento
y assí atado el merescer.

NOTA. El P. Escobar sale con decisión al encuentro de Don
Fadrique: «Mas no se sigue de aquí, / según es cosa notoria,
/ que pueda el hombre a la Gloria / subirse sólo por sí», y sigue en cuatro coplas castellanas.

ALMIRANTE

Que quando Dios nos formó
160   y nos dio el cuerpo y ell alma,
dexó puesto en nuestra palma
saluarme o perderme yo.
Creo yo que es más crecer
creer de Su poder esto,
165   que estar el ingenio puesto
en acortar Su poder.

NOTA.   Fray Luis ya no se puede aguantar, y le espeta a Don
Fadrique (fol. 40v): «Y en éste [estado] si pensays vos / sin
Dios poderos saluar, / es casi como vsurpar / la jurisdición de
Dios». Son cuatro coplas castellanas. Sospecho que para el P.
Escobar, el Almirante, en estos momentos, no estaba muy
apartado de las doctrinas de su protegido, el alumbrado Juan
López de Celain.

ALMIRANTE

Más conuiene que consienta
a la fe por donde fuere
que todo quanto creyere
170   vino de Dios en mi cuenta,
y que si libres nos vemos,
que de Su bondad nos vino,
quando nos abrió el camino
que aquí con culpas perdemos.

NOTA.   En cuatro coplas castellanas fray Luis urge precau-
ción: «Mas para sin Dios saluarnos / nunca tal poder nos dio,
/ y después de aquella culpa / ay pecados actuales, / tan malos
y tan mortales, / que no resciben desculpa».

ALMIRANTE

175 Si se perdió Lucifer,
como en éstas dezís vos,
fue contradiziendo a Dios
y negando su poder;
mas su muy gran poderío
180 el que es libre no le niega,
que libre arbitrio no ciega
mas alumbra al saber mío.

NOTA. El franciscano ha cogido a Don Fadrique en mal latín: «No se lee que Lucifer / el poder de Dios negasse, / mas que con Él se ygualasse / queriéndosele oponer»; son cuatro coplas castellanas.

ALMIRANTE

Que el poder quanto es mayor,
que viene del Soberano,
185 tanto por su potente mano
muestra darnos más fauor,
porque en nuestra enfermedá
quando la salud nos viene
vemos el poder que tiene
190 el Señor que nos la da.

NOTA. En cuatro coplas castellanas el autor hace bien clara su posición doctrinal ortodoxa (fol. 41r): «Que justificar sin gracia / nunca fue ni puede ser. / ... / Assí que torno a affirmar / la conclusión que porfío, / que es libre nuestro aluedrío, / la gracia Dios la ha de dar».

ALMIRANTE

No ay en esto inconueniente,
ni cosa contra la ley,
que el poder que nos da el rey
con el suyo se consiente,
195   assí que arguyo y porfío
que en la vida donde estamos,
porque más alto subamos
libre quedó ell aluedrío.

NOTA.   En las próximas cuatro coplas castellanas de su *respuesta*, da la impresión de que fray Luis comienza a perder
la paciencia con su porfiado contrincante poético: «Y contra
la ley sería / si Dios tal poder nos diesse / que pudiesse quien
quisiesse / yr a Dios sin ser Dios guía. / ... / Mas querer dezir
que hombre / se leuante por sí mismo / es vn tan profundo
abismo / que no sé quién no se assombre».

ALMIRANTE

Assí que el Señor nos muestra
200   del costado Su herida
porque saquen de Su vida
labores para la nuestra.
Mostrónos con Su dolor
el camino en el destierro
205   porque nunca vuiesse yerro
al sacar de la labor.

NOTA.   Esta vez fray Luis queda satisfecho: «Que de Dios
mana la gracia, / del hombre la penitencia, / y assí sana la consciencia / dexando su pertinacia». Cuatro coplas castellanas.

ALMIRANTE

Quiso Dios que nuestro obrar,
malo o bueno, como fuesse,
de nuestra mano viniesse
210   con el plazer o pesar.
Él nos muestra en sí el dechado
para que nos emendemos,
assí que poder tenemos
porque entero nos le ha dado.

NOTA. Aunque los ajustes verbales de este largo poema son
sensibles en las *Quatrocientas respuestas* (1545), los de esta copla
son notables. En 1545 es el argumento VI y *pregunta* LXI, *v.
infra*, pág. 484. Los cambios debo atribuirlos al P. Escobar,
por dos motivos distintos: el Almirante ya estaba muerto para
1545, y es dudoso que hiciese dos redacciones distintas de la
misma *pregunta*. EL P. Escobar insiste, en cuatro coplas castellanas, en el tema de la gracia: «Que para los pecadores / es
la gracia menester».

(Fol. 41v)   ALMIRANTE

215   En la mano el gouernalle
de nuestra nao nos puso,
por do yré, si no rehuso,
al lugar donde Le halle;
que siendo el Señor hallado,
220   venciendo la fe a la vista,
quedó de aquesta conquista
con el merescer doblado.

NOTA. Suenan tonos autobiográficos en estos versos: el ansia de una búsqueda certera de Dios, la fe por encima de toda

evidencia. Fray Luis acepta con alegría los versos de su amigo: «Proponeys aquí, señor, / comparación muy notable, / yo
la aprueuo por loable», todo desarrollado en cuatro coplas castellanas.

ALMIRANTE

      Porque si ha de vencer
      Su ayuda a mi mal vicio,
225   si gano el bien que codicio,
      menos es el merescer;
      por donde, lo que yo siento
      quando toco en este grado,
      es que libertad ha dado
230   para más merescimiento.

NOTA.   Como buen cortesano, fray Luis da por terminado
el debate: «Con ésta acabo y concluyo / respondiendo con
effecto / porque de vuestro precepto / no digays, señor, que
huyo. / Y si con lo respondido / no relaxays el combate, / en
este pleyto y debate / cumplo en darme por vencido». Cuatro
coplas castellanas.

(30).   PREGUNTA CLIX, DEL SEÑOR ALMIRANTE. POR
QUÉ EL AUCTOR TARDAUA EN DAR LA RESPUESTA A LA PRE-
GUNTA SOBREDICHA DEL LIBRE ALUEDRÍO.

      Mucho estoy marauillado
      porque no me respondeys,
      si por dicha lo hazeys
      porque estays de mí enojado
5   o porque soy importuno
      porque hablo mal compuesto,

o vos estays mal dispuesto,
o por otro caso alguno.

Por cualquier cosa que fuere
10 holgaré si me informays,
porque quanto vos queríays
se hará si yo pudiere;
pero no tomeys hastío
de mis importunidades,
15 y suplan vuestras bondades
pues veys que en ellas confío.

NOTA. Ya se ha visto en el Esbozo Biográfico, págs. 221-224,
que Don Fadrique también acribilló y molió a preguntas a otro
corresponsal franciscano, fray Antonio de Guevara, quien en
sus *Epístolas familiares* le contestaba impaciente ante tanto aco-
so epistolar. En tono similar responde fray Luis de Escobar,
en trece coplas castellanas: «Todavía / arguye su señoría», pero
el magnate debe entender «que el tiempo no da lugar / a entender en tales cosas». Es Semana Santa y el franciscano invi-
ta a Don Fadrique a que haga examen de conciencia, para terminar con la promesa (fol. 42r) «y como el tiempo llegare /
podemos, quando mandare, / tornar a nuestra questión». Don
Fadrique acepta gozoso el recordatorio de la solemne época
del año, y se despacha en las veintinueve coplas novenas, que
siguen.

RÉPLICA DEL SEÑOR ALMIRANTE A LA RESPUESTA
DEL AUCTOR.

Ay tantas faltas en mí
para loar vuestra obra
que la falta que en mí sobra
la conocereys aquí.

5   Bien fue mudar la intención
pues es tiempo de Passión:
es más justo el contemplar
que no es el disputar
contradeziendo el sermón.

10   Avnque la materia era
para ell alma prouechosa,
mejor es que en otra cosa
tratemos acá de fuera,
porque a mí se me figura
15   que materia que es escura
quiere ingenio reposado
que no tenga otro cuydado
si no el ver en su escritura.

Ha seydo bien acordado
20   dexar aora la questión
y entender en el sermón
de cómo el tiempo ha passado,
que para dar esta cuenta
y escusar aquella affrenta
25   ha de estar hombre en su seso,
y en esto que esté tan preso
que otra cosa no sienta.

Según el tiempo gastado
en vanidades perdido,
30   menester es el sentido
tenelle más reposado
(fol. 42v)   porque la deleytación
escurece a la razón
que no diga lo que siente,

35   y assí, en el tiempo presente,
otra cosa es confusión.

NOTA.   Esta copla novena y la anterior están trastrocadas en las *Quatrocientas respuestas* (1545)

Las vanidades passadas,
avnque all alma se figura,
son las mismas que procura
40   que agora están oluidadas;
porque en procurar la emienda
es razón que ell ombre entienda
y que el arrepentimiento
sea sin detenimiento
45   en esta nueua contienda.

NOTA.   Esta copla falta en 1545. Ya he dicho con anterioridad que todos estos cambios son atribuibles al P. Escobar.

Que como los hedificios
se hizieron sin cimiento,
luego cae el pensamiento
en aquellos mismos vicios,
50   por do conuiene de estar
todo el seso en vn lugar,
sin traclla repartido
porque no venga ell oluido
a hazer más oluidar.

55   Qu'esta nuestra vanagloria
de la vida mal gastada
anda contino oluidada
de nuestra mala memoria.

Si la llamo no responde,
60 y lo que es bueno me asconde,
doy las bozes en desierto
y salgo del desconcierto
tal qu'es bien que a mí me ronde.

NOTA.   Esta copla (versos 55-63), falta en 1545.

Que nuestra sensualidad
65 procura nuestros excessos,
y aquí a todos trae presos,
sentidos y voluntad;
y como es la regidora,
contino todo empeora,
70 ved si me veré en affrenta
quando dando falsa cuenta
vea que nada mejora.

Pues quien de sí temeroso
se vee como yo me veo,
75 ved si temerá el desseo
siendo todo peligroso.
Con toda esta confusión
entraré en la confessión
en las angustias pensando
80 de la que nos va buscando
el remedio y redención.

Y tomaré por amparo
la sangre que derramó,
de do pienso sacar yo
85 para mi muy gran reparo;
que confío en su virtud

que he de sacar la salud,
avnque agora poca tengo,
que la pena con que vengo
90 dará don a este laúd.

Mas, ¿qué hará quien mal massado
tiene, como veys, su massa?
Que ni sabe lo que passa
ni siente lo que ha passado,
95 que en la vida que tenemos,
en que tanto aquí perdemos
deste tiempo mal gastado,
nunca se tiene cuydado
de hazer lo que deuemos.

100 Y con esto temeroso
entraré en esta batalla,
porque ell alma en mí no halla
cosa que le dé reposo,
avnque la sangre vertida
105 por ministrarnos la vida,
que de aquel costado mana,
sosterná la parte sana,
leuantará la cayda.

NOTA.   Esta copla novena y las dos siguientes faltan en 1545.

Que pues Él sufrió dolores
110 por saluar el pecador,
bien puedo entrar sin temor
en estos nueuos amores,
que la falta que en mí siento
me dará conoscimiento

115   y dolor y contrición
      con que pueda Su Passión
      dexarme merescimiento.

      Que avnque de mí temeroso
      continamente me halle,
120   aprouecha que no calle
      lo que dicho es prouechoso,
      y assí pienso de salir
      deste trance con biuir
      que sea vida muy cierta,
125   y no la mortal y muerta
      que le solemos pedir.

      Mas conuiene que ayudeys
      vos, señor, con la oración
      porque mude mi intención
130   y quede qual me quereys,
      que al biuir que es enuiciado,
      que me tiene condenado,
      con vuestro fauor le vença,
      porque libre la conciencia
135   de los males del pecado.

      Y pues este tiempo es breue
      para pensar en la culpa,
      recebildo por desculpa
      si esto no va como deue,
140   que apartar el pensamiento
      de lo que pienso vn momento,
      avnque en esto no es perdido
      puédeme causar oluido
      y ell oluido gran tormento.

NOTA.   Esta copla novena y las dos siguientes faltan en 1545.

145 Este tocar de pecados,
    que vienen en éstas junto
    me dizen que haga punto
    en los sentidos culpados.
    Son tales vuestros primores
150 que pueden mudar colores
    y remediar lo dañado,
    y assí como de dechado
    sacaré dello labores.

    No cesseys, señor, de orar,
155 que yo sé que es menester
    para poder merescer
    al que nos a de juzgar,
    que yo me hallo affligido
    quando remedio Le pido
160 con faltarme merescer,
    porque sin mudarme el ser
    no me será concedido.

    Conuiene ser ayudado,
    ayudado y socorrido,
165 socorrido y tan vencido
    que no pierdo lo ganado.
    Vos y yo hemos de vencerme,
    ayudándome a valerme:
    tened esto en la memoria
170 (fol. 43r) que no es pequeña victoria
    ser causa de socorrerme.

    Gastemos esta semana
    en dar a nosotros cuenta
    porque sea la descuenta

175 tal que se tenga por sana,
     que si comigo no cuento,
     trayendo el conoscimiento
     que tengo en ell alma escrito,
     no se dará fin y quito
180 por no auer fenescimiento.

     Que si a mí no satisfago
     primero que al confessor
     no lleuaré en mi fauor
     cosa con que haga pago.
185 Mas de ser mal pagador
     y de ser yo tan deudor
     he temor de hazer el cargo,
     y que quede del descargo
     con otra deuda mayor.

Nota. Esta copla novena y la siguiente faltan en 1545.

190 Pido vuestro parescer,
     no me le deueys negar
     avnque no pueda pagar
     a vuestro gran merescer.
     Consolar al affligido
195 y socorrer al perdido
     y al que es ciego el alumbrar,
     no se deue de escusar
     por ser tan bien conoscido.

     Esta semana passada,
200 y la de Resurrección,
     se dará la conclusión
     en la obra començada;

porque avnque esto toque all alma
que Dios nos puso en la palma
205 y la questión era della,
es justo de reponella
y que quede todo en calma.

Fin

Mas mirad que aquí se pide
que como este tiempo passe
210 la respuesta se compasse
con la razón que la mide,
y que no venga de manera,
assí complida y entera,
que alumbre mi entendimiento
215 con vuestro buen documento,
según que de vos se espera.

NOTA. Este largo poema de tono semi-confesional y autobiográfico, obedece a los solemnes momentos en que fue compuesto, Semana Santa. Aquí Don Fadrique habla con fray Luis
de Escobar, sacerdote confesor, más que con el teólogo erudito a quien dirige la mayoría de las *preguntas*. Algunas observaciones menudas: vv. 53-54, resuena en ellos la copla popular «Era el remedio olvidar / y olvidóseme el remedio»; v. 88,
bastantes testimonios quedan de la poca salud del Almirante
hacia estos años, agobiado como estaba por cuartanas y otros
alifafes; vv. 73-75 y 118-119, el magnate confiesa en forma
sobrecogedora sus íntimos temores como cristiano pecador;
v. 124, el ansia de «vida muy cierta» es lo que desencadenó
la crisis espiritual de Don Fadrique, que tantas expresiones
tuvo; vv. 127-128 y 163-166, la apelación al hombre de Dios
Escobar es casi patética en su desnuda sencillez; vv. 133-134,
un caso de rima coja: *vença-conciencia*; vv. 158-162, la con-

ciencia de que este Grande de España tiene que *mudar el ser* para merecer salvación refleja vívidamente sus intimidades espirituales y sus zozobras.

(31).   PREGUNTA CLX, DEL SEÑOR ALMIRANTE. EN QUE TORNA LA TERCERA VEZ A LA DISPUTA, ARGUYENDO QUE PUEDE EL PECADOR, POR SU LIBRE ALUEDRÍO, SER JUSTIFICADO SIN AYUDA DE DIOS, Y EL AUCTOR RESPONDE LO CONTRARIO.

ALMIRANTE J.

Disputar quien poco sabe
con quien más puede saber,
pues es causa de aprender
es muy justo que se alabe.
5   Y también el arguyr
es ocasión de sentir,
y por esto se consiente
al hombre que poco siente
y se deue de soffrir.

NOTA.   El texto de este largo poema sufre muchos retoques verbales al pasar a las *Quatrocientas respuestas* de 1545, (*preguntas* XCV-CXXIII) que yo atribuyo a fray Luis, *vide supra*, pág. 347. La *respuesta del auctor*, en cuatro coplas mixtas, novenas, son de toda pleitesía: «Vos, señor, soys el maestro, / y yo discípulo vuestro, / pues de vos oyo y aprendo. / ... / Es que vuestra Señoría / es theólogo en romance, / yo en romance y en latín».

Almirante IJ.

10 Si niego vuestra sentencia
es por quedar con reposo,
hallando tan prouechoso
el fruto de vuestra sciencia;
que el que faltas en sí siente
15 ha de yr a buscar la fuente;
y que busque el que es hambriento
quien harte su entendimiento
oyéndole [texto *de*] buenamente

NOTA. La *respuesta*, en una copla novena, es impagable: «No
hartó su entendimiento, / mas el vuestro harta al mío, / que
en este libre aluedrío / quasi me sacays de tiento. / Desatina
mi sentido / viéndose tan combatido, / mas diré lo que supiere, / con tal que si mal dixere / sea por vos corregido».

Almirante IIJ.

Con lo que va mal kompuesto [*sic*],
20 pues no es offensa de Dios,
quiero yo saber de vos
cómo se ha de entender esto,
que avnque vuestro metro aplaze
a mí no me satisfaze
25 que quitar Dios verdadero
que el poder que nos dio entero
es agrauio si lo haze.

NOTA. (Fol. 43v) Fray Luis indica, severo: «No vale, señor,
no vale, / que el que arguye lo arguydo / responden lo respondido». Dos novenas.

ALMIRANTE IIIJ.

Siendo tan grande y perfecto,
que más no podría ser,
lo que Dios quiso hazer
no lo hizo con deffecto;
30   mas Él nos quiso poner
en este libre poder,
porque Él sabe lo que obró
pues a nosotros dexó
nuestro ganar o perder.

NOTA.   Esta copla novena padece serios retoques verbales al pasar a las *Quatrocientas respuestas* (1545), *pregunta* XCVIII. El P. Escobar ataja el conato de soberbia de Don Fadrique, o lo que él ve como tal: «Contays por deffecto vos / ser a Dios hombre subjecto». Son tres coplas novenas.

ALMIRANTE V.

35   Él hizo aquesta pintura
quando Dél fue debuxada,
y en ella no faltó nada
como reza la Escritura;
pues entonces tan complido
40   se dio, yo, señor, os pido
cómo aquel poder fallesce,
o si es cosa que peresce,
o si le auemos perdido.

NOTA.   El franciscano señala que «Esto ya está respondido», pero, así y todo, se despacha en tres coplas novenas.

Almirante VJ.

Una cosa es entre nos
45   el bien o el mal nos plazer,
otra cosa es no tener
poder de yr saluo sin Dios;
que Le plega que me emiende
ni fuerça ni me deffiende
50   que Él huelgue que yo no tuerça
es vna fuerça que esfuerça
sin ser cosa en que Él entiende.

Nota. Cuatro coplas novenas necesita fray Luis para deso-
villar la proposición de Don Fadrique: «Este metro va tan hondo / que dize lo que desdize, / lo que afirma contradize». Termina (fol. 44r): «Si Dios no nos fuerça a Sí, / vos, señor,
hablays por mí, / y si nos esfuerça Dios, / hablays, señor, contra vos: / no ay que replicar aquí».

Almirante VIJ.

Lo que digo que Dios haze
es mirar lo que hazemos,
55   y si lo bueno escogemos
mucho a Él le satisfaze;
mas con ése Su mirar
no nos dexa de dexar
yr por donde de aquí queremos
60   y que vamos y tornemos
libertad nos quiere dar.

Nota. Esta vez le basta una copla novena al autor para apuntar a lo obvio: «Esta copla que confirma / todo lo que dicho
tengo».

Almirante VIIJ.

> No nos fuerça con saber,
> avnque vee lo que passa,
> ni nos cresce ni nos tassa
> 65 nada de nuestro poder;
> cierto está que holgaría
> que no torciesse la vía
> que a mí me dexó la rienda
> para que buelua y deffienda
> 70 a mí de la culpa mía.

Nota.   En una copla novena el P. Escobar se contiene: «A mí no me contradize, / ni quiero contradezir».

Almirante IX.

> El poder de Dios confiesso
> que es vn poder infinito,
> yo le augmento y no le quito
> en este nuestro processo;
> 75 y avnque ambos lo confessamos
> muy differentes estamos:
> vos dezís que el que se cobra
> sin Dios no haze la obra;
> yo, que en balde trabajamos.

Nota.   Cinco coplas novenas necesita fray Luis para corregir una contradicción lógica de Don Fadrique: «El infinito poder / nadie puede augmentalle».

ALMIRANTE X.

80 Cierto es que Dios se agrada
del bien que por él hezimos
quando Dél nos deffendimos
con fuerça que nos es dada.
Sin Él y con Él se haze:
85 con Él porque a Él le plaze,
y sin Él porque podemos,
con el poder que tenemos,
querer lo que nos aplaze.

NOTA. Dos coplas novenas son el escolio que fray Luis dedica a la copla X de su amigo y corresponsal.

(Fol. 44v) ALMIRANTE XJ.

Quando Dios este edificio
90 del cuerpo quiso formar,
quiso en él sólo dexar
su mal o su beneficio.
Dexóle entero poder
en el ganar y perder
95 para que se gouernasse,
porqu'el fruto que sacasse
fuesse de más merescer.

NOTA. La primera de las dos coplas novenas que fray Luis
dedica a su *respuesta* comienza: «Lo contrario affirmo yo», lo
que asegura la continuidad de este debate poético-teológico.

ALMIRANTE XIJ.

Dexóle de todo punto
en su libre voluntad
100   para que mal o bondad
pudiesse escojello junto.
Pues si Él le dio lugar
para perder o ganar,
bien podrá ell alma cayda
105   de la culpa cometida
ayudarse a leuantar.

NOTA.   El tono de fray Luis se torna decididamente zumbón
en sus dos coplas novenas: «No discrepa esta porfía / del portugués una jota, / que en la de Aljubarrota / loando su rey dezía: / «Mato moytos castejaos, / moytos boos de chibaos, / e
aynda de judeos, / e non por graça de Deos, / mas boa força
de maos». Preciosa viñeta para iluminar ciertos rincones de
una corte señorial renacentista en el riñón de Castilla la Vieja.

ALMIRANTE XIIJ.

Quando de poluo y de tierra
este cuerpo Dios fundó
libre arbitrio nos dexó
110   para paz o para guerra.
Esto quiso Él hazer,
porque de más merescer
fuesse nuestra saluación,
y de mayor perfección
115   sabiendo bien escojer.

NOTA.   Dos coplas novenas dedica el Auctor para ampliar la
ortodoxia recién expresada.

ALMIRANTE XIIIJ.

Quiso que mi perdimiento
fuesse a más pena obligado,
si viéndome yr condenado
no mudasse el pensamiento;
120   que pues esta mudación
y mala o buena afficíon
quiso Dios que de mí fuesse,
si por mal camino fuesse
tal fuesse mi galardón.

NOTA.   La repetición de *fuesse* en los tres últimos versos los
afea. El P. Escobar va al grano: «Mas si ell ombre la despre-
cia [la gracia] / con ingratitud tan nescia, / que muera en su
pertinacia».

ALMIRANTE XV.

125   Quanto más libre poder
Él nos quiso permitir,
obligó más a seruir
y hazelle mayor plazer.
Pues si esta obligación
130   causa mayor perfección
sería diminuyda
si para cobrar la vida
conuiniesse nueuo don.

NOTA.   *Al pan, pan, y al vino*, vino es lo que poetiza fray Luis
(fol. 45r): «Que puede el hombre matarse, / pero no resusci-
tarse». Son dos coplas novenas.

ALMIRANTE XVJ.

Basta la fuerça primera
135   para boluer al errado,
que en lo que Él dexó ordenado
mudança jamás se espera.
Pues si me puedo offender
sin poderme defender,
140   paresce que Dios se muda
quando de nueuo me ayuda,
y esto no puedo entender.

NOTA.   De las tres coplas novenas de la *respuesta* destaco: «Y en esta orden que dio [Dios] / mudó la ley de natura / en la otra de Escritura».

ALMIRANTE XVIJ.

Las cosas que son y fueron,
y todas las que serán,
145   Dios las guía donde van
según lo que merescieron.
Es la duda, en conclusión,
si aquesta nueua Passión
nueua causa ha menester
150   para poder merescer,
o si el libre [*sic*] coraçón.

NOTA.   Otra vez puntualiza el P. Escobar, en una copla novena: «Ya dixe, señor, que sí, / y pues ya lo respondí / no ay aquí que responder».

ALMIRANTE XVIIJ.

Siendo yo de poluo y lodo,
avnque ciego, no tan ciego
que niegue, como no niego,
155 que Dios nos conuenga en todo;
que no es negar su poder,
ni que Él sea menester,
mas sí basta lo que ha hecho
por sólo nuestro prouecho
160 para darnos nueuo ser.

NOTA. Fray Luis apunta, en una copla novena, que «Si tornamos a caer / otra gracia es menester».

ALMIRANTE XIX.

Si se haze contradición
el que vio que yua errado,
el mérito que ha alcançado
será de más perfeción,
165 que contradiziendo el vicio
vo a la parte que codicio,
tomando de mí la ayuda
quanto ésta es más desnuda
es mayor el beneficio.

NOTA. Una copla novena: «Mas creed, señor, sin duda, / que si Dios no nos ayuda / poco podemos hazer». Evidentemente, la actitud del franciscano es machacar el tema de la gracia.

Almirante XX.

170 Sino va donde la embío
     ésta nuestra voluntad,
     dezidme qué libertad
     tiene este libre aluedrío,
     que si libre le tuuiesse
175 bien podría ser que viesse
     que yua camino errado,
     y querer ser remediado
     porque merescer pudiesse.

Nota.   Fray Luis no pierde el tino (fol. 45v): «Mas si es ciego el aluedrío / el pecado todo es mío». Una copla novena.

Almirante XXJ.

     Si esta disposición
180 no es a nuestro querer,
     ¿cómo podemos tener
     libertad en la intención?
     Llamo yo libre aluedrío
     al que gozo como mío,
185 que con desuarío o gracia,
     sin estoruo ni fallacia,
     él va por do yo le embío.

Nota.   La respuesta de fray Luis es contundente: «Si quando esteys en justicia / podeys elegir malicia, / ¿qué más libertad quereys? / ... / El que quiere tal arbitrio / assentado está
en el sitio / de las bestias sin razón». Son cinco coplas novenas.

ALMIRANTE XXIJ.

Bien o mal para inclinarnos
que ayude quien poder tiene
190 ya yo sé que nos conuiene,
mas ha de ser sin forçarnos.
Parésceme que es forçar
si no me puedo mudar,
y viendo que es menester
195 a mí me falta el poder
de poderme remediar.

NOTA. Para 1545 esta copla novena ha sido sometida a serios retoques verbales (*pregunta* CXVI). El P. Escobar parece
perder los estribos: «Ya muchas vezes he dicho / que no fuerça el ayudar: / para en esto no altercar / desde aquí pongo entredicho / que esto ya es tan arguydo, / y despúes tan respondido / que por no responder más, / que será tornar atrás, / yo
lo doy por concluydo». Así y todo, responde en cinco coplas
novenas. Esta *respuesta* también cambia sensiblemente en
1545.

ALMIRANTE XXIIJ.

En la libertad el medio
no se puede sostener,
que nuestro sólo ha de ser
200 la perdición o el remedio.
No os parezca desatino
si en esta questión contino,
que esto sólo comprehendo
y por esto la defiendo,
205 que Dios nos abrió el camino.

NOTA.   La *respuesta*, en cuatro coplas novenas, es contundente (fol. 46r): «Pues sin medio el aluedrío / quien le quisiere
entre nos / diga que quiere ser Dios: / será entero el desatino».

ALMIRANTE XXIIIJ.

> Quando este libre aluedrío
> Dios dexó en nuestro poder
> supo lo que auía de ser
> del vuestro y también del mío.
> 210   Assí que no es menester
> vsar de nueuo poder,
> qu'el que fuere derribado
> sin él será leuantado,
> pues sin él puede caer.

NOTA.   En una copla novena el P. Escobar lo dice con toda
claridad: «Mirad la respuesta octaua / y esso torno a responder».

ALMIRANTE XXV.

> 215   Este leuantar sin Dios
> no es sin Él, avnque es sin Él,
> que tal orden dexó Él
> que sabe lo que házeys vos.
> Sola es la differencia
> 220   si al sanar de la dolencia
> que al que es doliente conuiene
> tener más poder que tiene
> para sanar la consciencia.

NOTA.   Precisa el P. Escobar en una copla novena: «De Dios
tiene el tal doliente / el poder que ha menester».

Almirante XXVJ.

Si en Su mano está tenernos,
225 Él puede bien conseruarnos,
pero Él quiere dexarnos
que vamos por do queremos;
pero puesto en Su querer
se puede cada ora hazer
230 sin que aya resistencia,
pues que Su muy gran clemencia
no haze a nadie perder.

Nota. El verso 227 ofrece falsa rima. En dos coplas novenas acude con más precisión el autor: «Que si pensasse saluarse
/ sin forçarse ni emendarse, / o si pensássemos nos / que esto
quedaua por Dios, / sería el hombre engañarse».

Almirante XXVIJ.

Pues si Dios quiere saluarnos
y que nadie sea dañado,
235 el infierno está sobrado
si Él no quiere condenarnos,
porque en Su mano se queda
el boluer de nuestra rueda,
que el poder que nos ha dado
240 no es poder limitado
para que muy poco pueda.

Nota. Nuevamente apunta fray Luis, en dos coplas novenas: «Quanto a lo que proponeys / que el poder no es limitado, / ya esto fue averiguado, / según vos, señor, sabeys».

Almirante XXVIIJ.

(Fol. 46v) Pues si el poder es forçado
y si Dios le fuerça al bien,
dezidme, señor, vos, quién
245   aurá de ser condenado,
que si de mi perdimiento
Dios no quedara contento
si Él me quiere remediar,
pues no es auaro en el dar,
250   dará gloria y no tormento.

Nota.   La *respuesta*, en cuatro coplas novenas, comienza por
aclarar: «Bien consiento todo esto, / mas no forma conclusión,
/ porque el *si* que es condición / muy por demás está puesto,
/ que no es forçado el poder, / ni es forçado el querer, / porque es todo voluntario». En la segunda copla el P. Escobar,
que era leonés, de Sahagún, usa dos euskerismos, «Juan Gay-
coa», que es nuestro *Jaungoikoa*, 'Dios', y «Audrana Maria»,
que es nuestro *Andra, Andre, María*, 'la Virgen María'. Supongo que aprendió estas voces euskeras de compañeros vascos en la Orden de San Francisco, o de criados vascos del Almirante.

Almirante XXIX.

Si mi obra se desmanda
con lo poco que yo sé,
no será falta de fe,
que creo lo que Dios manda.
255   El oro para apurarse
en crisuelo ha de abrasarse,
y también en este suelo

el camino para el cielo
disputando ha de hallarse.

NOTA. Con una declaración de fe cierra Don Fadrique este
aspecto del debate, y justifica, asimismo, su afán polémico en
los dos versos finales. El P. Escobar, en sus dos coplas novenas finales, admite, con cortesanía: «Nunca hombre assí de
hecho / me puso en tan gran estrecho / como vuestra Señoría». Y termina, con nota de buen humor, y con referencia
al duelo poético que han tenido: «Dadme a mí tinta y papel,
/ pues que soys el reptador». Evidentemente, Don Fadrique
gustaba de rodearse de gente de buen humor, como Don Francesillo de Zúñiga, el Dr. Villalobos, y el P. Escobar. No en
balde fray Antonio de Guevara se espaciaba en el carácter burlón del Almirante (v. Esbozo Biográfico, pág. 224).

(32). PREGUNTA CLXJ, EN QUE EL SEÑOR ALMIRANTE
TORNA LA QUARTA VEZ A LA MISMA DISPUTA, PONIENDO
OTROS TREZE ARGUMENTOS, Y EL AUCTOR SOSTIENE LO
CONTRARIO.

Si el dezir se desordena
mi intención va desculpada,
pues como soga quebrada
saca de vos agua buena.
5   No perdereys en esto nada,
pues os puedo comparar
al sol que suele alumbrar
la casa escura y cerrada.

NOTA. La *respuesta* son dos coplas castellanas de rendidos
elogios a Don Fadrique. Este largo poema está retocado sensiblemente en 1545, *preguntas* CXXV-CXXXIV, comenzando por su propia rúbrica.

ALMIRANTE

Vuestra sciencia assí cendrada
10 a dar doctrina ha salido,
que mide lo desmedido
sin que falte en ello nada;
mas como mi entendimiento
pocas cosas comprehende
15 algunas cosas defiende
que digo como las siento.

NOTA.   Una copla castellana de más elogios constituye la *respuesta*.

ALMIRANTE

Y como de mí no fío
en lo que aquí me resumo
es que todo se va en humo
20 aqueste nuestro aluedrío;
mas dexados los estremos
con que la quistión va escura
prouaré por la escriptura
libre arbitrio no tenemos.

NOTA.   Según se verá, Don Fadrique no se refiere a las Sagradas Escrituras, sino a las autoridades filosófico-religiosas en general. Con floreos de polemista contesta fray Luis en cuatro coplas castellanas (fol. 47r): «Mas, señor, no es cosa vsada / disputar sin fundamentos, / multiplicando argumentos / y no respondiendo a nada».

ALMIRANTE

25 Prima parte, ochenta y tres,
   Questiones, Santo Thomás,
   me muestra que sepa más
   deste libre arbitrio qué es.
   Si libre arbitrio tenemos,
30 cómo se puede negar
   que nada puede escusar
   de hazer lo que queremos.

NOTA. En dos coplas castellanas el P. Escobar se refocila con
las sutilezas de la disputa escolástica: «Que vos days por conclusión / lo que él [Santo Tomás] da por argumento, / y pues
veys que ya lo siento / ya no teneys euasión».

ALMIRANTE

   El Apóstol, *ad Romanos*,
   escriue que este poder
35 sin Dios nunca pudo ser,
   y assí nos ata las manos.
   Pero yo me satisfago
   que si bien yo quiero hazer
   no tengo en ello poder,
40 y puedo en el mal que hago.

NOTA. Don Fadrique puede aludir a varios textos de la evangélica *Epistola ad Romanos*, uno de ellos puede ser éste: «Sti-
pendia enim peccati, mors. Gratia autem Dei, vita aeterna,
in Christo Iesu Domino nostro», VI, 23. Fray Luis, en cuatro
coplas castellanas, insiste en que todo ya está explicado: «Tornar a arguyr sobre ello, / sin retratar mi respuesta, / no es disposición ésta / de dar fin en absoluello».

ALMIRANTE

Para ser cumplido el ser
en obrar o en no obrar,
yo me he a mí de gouernar
y en querer y no querer,
45   que si yo no quiero andar,
o si quisiere correr,
fuerça no me ha de hazer,
ni menos me ha de estoruar.

NOTA.   Explica fray Luis en dos castellanas: «Y en correr o
no correr / fuerça no me ha de hazer [Dios], / pero puédeme
ayudar».

ALMIRANTE

Aristótiles no oluido,
50   que da por auctoridad
(fol. 47v)   no es libre la voluntad
del que por otro es mouido.
Y por esto no consiento,
en cosa que es tan terrible,
55   que aquello tengo por libre
que causa su mouimiento.

NOTA.   Don Fadrique parece recordar textos como *Metafísica*, 5.1.1025B23-23: «El primer principio de las cosas prácticas es libre voluntad en el agente». El P. Escobar, por su parte, sutiliza, en cinco coplas: «Porque el aluedrío mudado, /
sus mouimientos son dos: vno en dessear a Dios, / y otro en
odio del pecado».

ALMIRANTE

La voluntad humanal
Dios la lleua donde deue,
assí que Él es el que mueue
60 al hombre que aquí es mortal.
Esto Salomón lo infiere
y confírmalo la ley,
pues el coraçón del rey
Dios le buelue adonde quiere.

NOTA. Creo que Don Fadrique recuerda estos versos: «Ipse
autem rectos faciet cursus tuos, itinera autem tua in pace pro-
ducet», *Proverbia*, IV, 27. Fray Luis apunta: «Mas [Dios] no
le quita ni muda / su natural libertad». Dos coplas castellanas.

ALMIRANTE

65 Es sin ninguna çoçobra
el que en libre arbitrio biue
porque Jeremías escriue
que Dios obra nuestra obra.
Assí en las obras que hazemos
70 de do bien o mal se espera,
no yr por nuestra carrera
es señal que no podemos.

NOTA. Probable alusión a: «Et misit Dominus manum suam,
et tetigit os meum, et dixit Dominus ad me: Ecce dedi verba
mea in ore tuo», *Ieremías*, I, 9. Fray Luis amplía, en tres coplas castellanas: «Que en aquel que Dios inspira / lo que más
Dios quiere y mira / es la buena voluntad».

ALMIRANTE

Hablando a los *Philipenses*
el Apóstol esto dice:
75   «Dios hizo el bien que yo hize,
y otra cosa no la pienses».
Él acaba la virtud,
Él es que suelta o cobra,
Él es quien haze la obra
80   donde está nuestra salud.

NOTA.   El texto de San Pablo, citado en el texto, es paráfrasis de éste: «Deus est enim, qui operatur in vobis et velle, et perficere pro bona voluntate», *Ad Philippenses*, II, 13. En dos coplas castellanas el autor asiente vigorosamente.

(Fol. 48r)   ALMIRANTE

Si me llego a la razón
y huye mi voluntad,
yo no tengo libertad
como los que libres son.
85   Si de la razón se aparta
y huye la voluntad
paresce, según verdad,
que esta fuerça es mucha y harta.

NOTA.   El P. Escobar no está muy satisfecho con la copla del Almirante: «Nadie se llega a razón / sino por su voluntad, / ... / Si los términos miramos / llamays, señor, voluntad / a lo que es sensualidad». Tres coplas castellanas.

ALMIRANTE

    Si yo hago bien o mal
90 en ello Dios entreuiene,
    si dezís que hombre no tiene
    sin Dios poder liberal,
    bien le puede a Él pesar
    que mal no le ha de plazer,
95 mas dudo que pueda ser
    sin el que lo ha de passar.

NOTA. En tres coplas castellanas fray Luis expresa su insatisfacción en aumento: «A Dios no puede pesar, / que es Summo Bien impassible, / y dezir que es Dios passible / es entero blasfemar». A juzgar por la evidencia, el P. Escobar no tenía muchos pelos en la lengua al tratar al Almirante de Castilla.

ALMIRANTE

    En las cosas que entre nos
    por culpas se van tocando
    bien es saber si errando
100 puedo yo aplazer a Dios,
    que ya sabeys que matar
    por gran culpa acá se cuenta,
    mas veamos la descuenta
    si se puede buena dar.

NOTA. Las tres últimas coplas castellanas faltan en 1545. En 1526 Fray Luis puso fin al debate, de momento, con dos coplas castellanas: «Assí que doy conclusión / su precepto obedeciendo, / mis palabras sometiendo / a toda su correción». El Almirante, sin embargo no ceja, y ahora azuza a uno de sus protegidos, el trobador Quirós, que debía tener residencia (al menos en esta época) en Medina de Ríoseco: «Pregunta CLXII, de Quirós, el qual viendo las respuestas del libre aluedrío que el auctor auía dado al señor Almirante, torna a argüir por mandado de su Señoría». Son siete coplas reales que comienzan: «Las preguntas y respuestas / hechas del libre aluedrío / suben donde el saber mío / no puede lleuar a cuestas / la carga de muy vazío». Fray Luis contesta (fol. 48v) en siete coplas reales, que comienzan con donaire: «No penseys, señor, que peno / porque soys dos contra mí». Con firmeza coloca a Quirós en su lugar: «Ya que el señor Almirante / ha argüydo muchas vezes / y su obra es tan bastante / que quanto queda restante / no puede ser sino hezes, / que de todo lo que es vino / él ha sacado lo fino, / y quien otra cosa busca / es vendimiar la rebusca / si no busca otro camino».

(33).   Pregunta CLXIIJ, del señor Almirante. Qué es la causa porque el hombre contrito y confessado torna tan presto a pecar, y por qué lo permite la clemencia diuina.

Si en descubrir lo que sé
avn de mí tengo temor,
es muy gran señal de fe
que aquello confessaré
5   a los pies del confessor.
Sólo este mandamiento
para creer bastaría
que confiesse sin tormento
las culpas que de mí siento,
10   que a mí mismo no diría.

Pues si con la contrición
soy del Señor perdonado,
dónde es esta confusión,

passada la confessión,
15 que luego torne al pecado.
Y pues Dios quiso valerme
y librarme de perdido,
cómo yo para perderme
donde deuiera abstenerme
20 perdí tan presto el camino.

Que tornarme yo al error
(fol. 49r) contradize a Su clemencia,
si me permite el Señor,
que me sanó del error,
25 recaer en la dolencia,
que pues en summo grado
me puede bien sostener,
paresce poder menguado
después que me a leuantado
30 permitirme recaer.

NOTA. Esta *pregunta* alborota considerablemente a fray Luis,
quien comienza su *respuesta*, que consta de catorce coplas reales, de esta manera: «Propone su Señoría / pregunta tan singular / que en tres coplas que me enbía / vna sola bastaría /
para hazerme desuelar. / Por ver tantos primores / estoy con
admiración / cómo tantos escriptores / y tan famosos doctores / no mueuen esta questión. // Y su Señoría siente / lo que
ninguno sentió / en sciencia tan eminente, / que otro más sufficiente / deue responder que yo». Con creciente admiración
poetiza más adelante: «Argüys que al parescer / si el que haze
penitencia / Dios no quiere sostener / a que no torne a caer
/ es contrario a Su clemencia. / Es muy bueno el argumento
/ y muy conforme a razón». Al fol. 49v se imprime la siguiente «Pregunta o conclusión CLXIIIJ. Embióla Quirós al señor
Almirante diziendo que la respuesta deuía yr por los conso-

nantes de la pregunta. Y su Señoría embióla al auctor». En su corte literaria de Medina de Ríoseco el Almirante recibía gran placer en echar aceite al fuego de los debates poéticos que iniciaba él mismo. La *respuesta* de fray Luis (en doce coplas reales) manifiesta su enfado por lo que considera intromisión de Quirós, y le dice, en parte: «Mas los flacos trobadores, / como niños principiantes, / suffren ansias y sudores, / después troban mil errores / por buscar los consonantes». Con dos *preguntas* (fol. 50r) de fray Luis a Quirós y al Almirante (que no tienen *respuestas* impresas), el franciscano da por terminado este incidente poético.

(34).   Pregunta CLXVJ, del señor Almirante al auctor, que estaua malo de gota en la Semana Santa.

La consciencia que está rota
de vuestro dolor se espanta,
mas la vuestra que es deuota
menos sentirá la gota
5   pues viene en Semana Santa.
Assí que la compassión
de Christo y de Su Passión
no puede sino venir
para hazeros sentir
10   qué digays en el sermón.

Pero si cessa el dolor
os ruego me hagays saber,
porque allí donde ay amor
quanto ell amor es mayor
15   más pena se ha de tener.
Y assí de vuestro accidente
yo, que soy el que le siente,

> congóxome porque sé
> que el dolor de vuestro pie
> 20 os trata tan cruelmente.

NOTA. Con gracejo contesta fray Luis en otras dos coplas reales: «Estoy algo apassionado / porque tengo el pie hinchado / pues el Summo trobador / os trobó de arte mayor / siendo yo de pie quebrado».

(35). PREGUNTA CLXVJ, DEL SEÑOR ALMIRANTE, VÍSPERA DE NAUIDAD. QUÁL NOS ALUMBRÓ PRIMERO, LA ENCARNACIÓN O LA NATIUIDAD DE CHRISTO, Y SI PERJUDICA A LA DIUINIDAD SER EL CUERPO PASSIBLE.

> Del Niño recién nacido
> esta fiesta que se espera
> nacer o ser concebido,
> ¿quál nos dio la luz primera?
> 5 Y también otra questión
> que me pone en gran conflito:
> si es contra lo infinito
> sentir el cuerpo passión.

NOTA. El P. Escobar contesta en cuatro coplas castellanas la primera parte de la *pregunta* de Don Fadrique: «Yo en la Encarnación me fundo / que allí la luz se nos dio, / mas después quando nasció / fue manifestada al mundo». Sigue su «Respuesta a lo segundo», en otras tantas coplas castellanas. Para 1545, *pregunta* CXXXV, los cuatro últimos versos de esta copla castellana son totalmente distintos, lo que atribuyo a intervención de fray Luis.

(Fol. 51v)

(36).   PREGUNTA CLXVIJ, DEL SEÑOR ALMIRANTE. POR QUÉ MANDÓ CHRISTO A LOS DISCÍPULOS COMPRAR ARMAS, PUES TANTO LES AVÍA ENCOMENDADO LA PAZ.

Pues que en paz fue la heredad
en que Dios nos heredó,
bien se prueua tal verdad
pues en su Natiuidad
5 luego nos la pregonó.
Y destos bienes enteros
nuestra fe, que nunca yerra,
dize que fueron primeros
los ángeles pregoneros
10 diziendo paz en la tierra.

Pues Su persona diuina
quando al mundo predicó,
segunt San Juan determina,
por exemplo y por doctrina
15 la paz nos encomendó.
Y en Su muy santa Ascensión,
ya que Se nos iva al cielo,
después de la Redempción
no nos dexó mayor don
20 que la paz acá en el suelo.

Él dixo, «Quien paz tuuiere
hijo de Dios es llamado,
y el que discordia siguiere,
si con hierro mata o hiere
25 con hierro será vengado».
Que a Sant Pedro, que sacó

armas en su deffensión
Christo le reprehendió
y las armas le vedó
30 por esta misma razón.

Y que al contrario hiziessen
contrario precepto dio,
que las túnicas vendiessen
y de armas se proveyessen:
35 esto es lo que dubdo yo.
Que Él concluye, y dize y cierra,
con su palabra efficaz:
«Sabed que vine a la tierra
a poner cuchillo y guerra,
40 que no concordia ni paz».

Pues poner contradición
en la sentencia de Dios
no me paresce razón,
y assí digo en conclusión
45 que ello determineys vos;
que éstas son contradiciones
que no sé comprehender,
pues que nuestras intenciones
de discordias y questiones
50 se suelen reprehender.

Si son en nuestra deffensa
deuiéralas imitar,
pues que Su persona immensa
bien sabe que las de offensa
55 se vsan para matar.
Pues mandallas el traher

y otras vezes reprouallo,
no sé cómo pueda ser
si no me days a entender
60 lo que en mis libros no hallo.

NOTA. Al responder en veinticuatro coplas reales, fray Luis se deshaze en elogios del saber de Don Fadrique: «Quiero de vos aprender / como discípulo vuestro». Siguen oportunas observaciones acerca del derecho de guerra y la guerra justa, sobre todo cuando se recuerda el destacado cargo militar de Don Fadrique. En 1545, *pregunta* I, se agregaron y se quitaron algunas coplas de 1526. Al mismo tiempo se agregó una «Réplica del señor Almirante a la respuesta sobredicha del autor», *v. infra*, comp. núm. 119, pág. 464.

[Fol. 44r, evidente y grave desajuste tipográfico en la numeración, debe leer fol. 52r; de ahora en adelante corrijo sin nueva indicación]

(Fol. 51v)
(37). PREGUNTA CLXVIIJ, EL SEÑOR ALMIRANTE. SI SE PUEDEN CORRER TOROS CON BUENA CONSCIENCIA.

Pues Dios os da mejoría
y en gracias os hizo tal
que con vuestro natural
habundays en Theología,
5   responda vuestra prudencia
al deffecto de mi sciencia,
pues en el humano foro
es lícito correr toro,
si lo es según consciencia.

NOTA. Para 1545 aumentan considerablemente en número las preguntas taurinas, *vide infra*, págs. 503-505. La *respuesta* del P. Escobar, negativa, como era de esperar en un moralista, y se extiende a dieciocho coplas novenas.

(Fol. 52r)

(38). PREGUNTA CLXIX, DEL SEÑOR ALMIRANTE. EN QUE PREGUNTA LO QUE DEUE HAZER PARA DAR DE SÍ BUENA CUENTA A DIOS Y CORREGIR SU VIDA.

Gran silencio aueys tenido
pues ha tanto que callays,
si es verdad que ha seydo oluido
podría quedar sentido
5 porque tanto me oluidays.
Ya sé que respondereys
en la culpa que os do aquí
que poca culpa teneys,
puesto que vos me oluideys
10 pues que yo me oluido a mí.

Mas yo quiero daros cuenta,
avnque no la pidays vos,
recebireys en descuenta
que avnque passo de sesenta,
15 que no llego a veynte y dos.
Si quereys más estrechalle
este cuento al fenescer
hallareys en rebuscalle
que la hedad quiere se calle
20 al que quiere florescer.

Pues si en ésta que confiesso
liuiandad ha florescido,
bien vereys que ha seydo excesso
auer dexado el processo
25   de las respuestas que pido;
escreuiros qu'estoy bueno,
caminando por mis postas
pues soy de passiones lleno
no es bien que me condeno
30   en la paga de las costas.

Y la cuenta fenescida
es muy justo que os despierte
porque lo que se me oluida
vos me lo acordeys en vida
35   para dalla buena en muerte.
Y pues soys el contador
vos deueys tomalla buena,
que avnque sea yo deudor
quedareys por pagador
40   si no me escusays la pena.

Y si alcance se hiziere
ordenad que sea con pago
porque aquel a quien deuiere
no dirá quando muriere
45   que en dar cuenta satisfago.
Y mirad que no aya espera,
que mejor es pagar junto,
y para buscar manera
es mejor antes que muera
50   que aguardar a ser defunto.

Pues os tomo por padrino
en esta rezia batalla,
si me veys con desatino
buscadme vos buen camino
55 pues mi saber no le halla.
Y mostradme a deffender
de mí, que me hago el daño;
hazedme a mí conoscer
porque haziéndome a mí ver
60 no me trate como estraño.

Conuiene me renoueys
haziéndome de nonada,
y pues discreción teneys
que las faltas emendeys
65 de aquesta flaca posada,
y que me abrays vn camino
tan llano y de tanta lumbre
por do camine contino
y con el fauor diuino
70 mude mi mala costumbre.

Que vuestra conuersación
a mí me era prouechosa
y escusalla es sinrazón,
pues a mi consolación
75 es muy nescessaria cosa.
Mas mirad no me culpeys
para quedar desculpado,
que si esto no hazeys
toda la culpa teneys
80 de oluidarme en despoblado.

Sciencia no comunicada
con quien tanto le conuiene
es cosa mal empleada,
pues quando está más guardada
85   muy menos mérito tiene.
No penseys que el posseella
sea sólo para vos,
que si assí quereys tenella
cuenta os han de pedir della
90   quando esteys delante Dios.

Si alargo la pluma mía
dando cuenta de agrauiado
es por ver quánto perdía
por verme a mí cada día
95   más perdido y más culpado.
Y pues hallo el cabo en ésta,
y en todas va larga summa,
sea tal vuestra respuesta
que antes de llegar la fiesta
100   todas mis culpas consuma.

NOTA.   Este sentido poema autobiográfico pone en evidencia las entretelas del alma de Don Fadrique, y la forma en que
su conciencia vivía agobiada. El P. Escobar reconoce todo esto
y le dedica una elocuente y muy larga *respuesta* de treinta y
seis coplas reales, aumentadas, en 1545, a sesenta y seis coplas reales.

(39). Pregunta CLXX del señor Almirante. Por
qué razón se atribuye la virtud o el pecado a la
voluntad, más que a otra potencia del alma.

Hablando en cosas de sciencia,
avnque no las sé leer,
si errare en proponer
suplirá vuestra prudencia.
5 Es el yerro a mí deuido
y a vos hazer lo que pido,
qu'es responder con paciencia,
y que venga la sentencia
como donde aurá salido.
10 Pues que tres potencias son
do ell alma se constituye,
¿por qué a vna se atribuye
el mérito o perdición?
Si en sola la voluntad
15 es el bien o la maldad,
¿por qué no son deste cuento
memoria ni entendimiento?
Esto, señor, declarad.

Nota. Estas dos coplas novenas del Almirante desatan la elocuencia del P. Escobar, quien contesta con 13 novenas, que
comienzan: «Según pienso, y es verdad, / vuestra Señoría excede / a lo que saberse puede / según nuestra humanidad, /
que vuestras preguntas son / de tan alta perfección / que ningún dotor las pone, / por más alto que se entone, / más funda-
das en razón». Para responder a las sutilezas teológicas que
plantea el Almirante, fray Luis apela a Santo Tomás de Aqui-
no, libro II, dist. xxix.

(Fol. 44v)
(40).   Pregunta CLXXI del señor Almirante. Si
querrían tornar a su vida las ánimas que están en
el Purgatorio.

> Si ell alma por su querer
> es baxada al Purgatorio,
> dezid si será adjutorio
> el querer acá boluer;
> 5 assí que es la duda mía
> si aquella ánima querría
> resucitar entre nos,
> pues para cumplir con Dios
> a menos costa sería.

Nota.   Con rendida modestia contesta fray Luis: «Mas entre vuestros primores, / por no me mostrar proteruo, / haré
música de cueruo / entre muchos ruyseñores». Da dos opiniones opuestas y trata de armonizar todo en una Conclusión,
total de catorce coplas novenas.

(Fol. 45r)
(41).   Pregunta CLXXII del señor Almirante. Qué
cosa es consciencia.

> Responda vuestra prudencia
> lo que quiero preguntar
> y mandadme declarar
> a qué llamamos consciencia,
> 5 que avnque es palabra vsual
> creo que se entiende mal:
> hazedme, señor, saber

lo que auemos de entender
por este vocablo tal.

NOTA. En su *respuesta*, en quince mixtas novenas, fray Luis
comienza por colocar al Almirante por encima de Duns Escoto, el gran teólogo escolástico, aclamado como *doctor subtilis*:
«Tan supremo natural / tiene vuestra Señoría / que vn Escoto
no pornía / la questión más theologal». Por consiguiente: «En
todo lo que aquí digo / seguiré a Santo Thomás».

(Fol. 45v)
(42). Pregunta CLXXIIJ, del señor Almirante. Por
qué nombrámonos al Expíritu Santo después de del
[*sic*] Hijo.

Creo yo que aquesta affrenta
querer altercar con vos
es soberuia de que Dios
me tomará estrecha cuenta,
5   pues si Dios por fantasía
esta presunción culpó,
quién desculpará la mía,
preguntando en Theología
el que no la estudió.

10   Pregunto, pues Dios lo dijo
y vos dello sabeys tanto,
por qué al Espíritu Santo
nombramos después del Hijo,
que cuando el nuncio diuino
15   descendió a Nuestra Señora
el Santo Spíritu vino
antes que el Verbo diuino
encarnasse en essa hora.

Nota.   El P. Escobar confiesa su íntimo temor: «Según vuestra Señoría / me haze tan temeroso, / ni sé, ni puedo, ni oso
/ ya hablar en Theología, / porque el Espíritu Santo / tanto
della os da a entender / que yo me pasmo y espanto / porque
en todo dezís tanto / que no sé qué responder». Con seis coplas novenas sale del mal paso.

(43).   Pregunta CLXXIIIJ, del señor Almirante.
Por qué Dios es trino en personas, más que dos o
quatro, o de otro número.

> A vos que teneys poder
> os conuiene remediar,
> responder y perdonar,
> según lo soleys hazer,
> 5 porque esta sciencia no es mía
> mas vuestra que la sabeys,
> mas mayor yerro sería
> no aprender lo que podría
> si vos responder quereys.
>
> 10 Pues Dios en vos puso junto
> el natural y la sciencia,
> responded y dad sentencia
> a esto que aquí pregunto,
> que quiero saber de vos
> 15 que me digays por qué Dios
> es por cuento trino y vno,
> más que de otro cuento alguno,
> cinco, o seys, o quatro, o dos.

Nota.   La pregunta de Don Fadrique es de las peliagudas si
las hay, porque, dejando intacto el sacratísimo misterio de la
Trinidad, se desliza en aporías folklórico-intelectuales como

es la primacía del Número Tres en la civilización occidental,
lo que, por motivos análogos, el gran folklorista danés Axel
Olrik llamó *das Gesetz der Dreizahl*. El P. Escobar contesta
en catorce atribuladas coplas novenas (fol. 46r), que terminan: «Demando, señor, perdón / si yerro en lo que respondo,
/ porque vos sobís tan alto / donde mi saber no alcança, / y
por esto quedo falto, / que ni puedo dar tal salto / ni tirar tanto mi lança».

(44). PREGUNTA CLXXV, DEL SEÑOR ALMIRANTE.
QUÁNTAS SON LAS TRIPAS DEL HOMBRE Y DE QUÉ SIRUE
CADA VNA.

(Fol. 46v) Pues por diuersos caminos
va, señor, lo que comemos,
dezidme quántos diremos
qué serán los estentinos.
5 Y pues nunca está ninguno
sin hazer effecto alguno,
también aueys de dezir,
pues su officio es seruir,
de qué sirue cada vno.

NOTA. La curiosidad científica del Almirante en esta *pregunta*
debe colocarse dentro del cuadrante de la insaciable sed de
saberes del hombre renacentista. La contrapartida de los intereses médicos de Don Fadrique lo constituyen las avideces
humanistas de su médico amigo, el doctor Francisco López
de Villalobos, de quien traté largamente en el Esbozo Biográfico, cap. IX. La *respuesta* (once coplas novenas) de fray Luis
comienza con perfecta seriedad clínica, pero pronto agrega,
en tono de franca chacota, «Lo que dezir se me offresce / es
que propria me paresce / pregunta de portugués», y recorre
varios tópicos agridulces de la literatura de aquellas centurias

acerca de los portugueses, que se pueden ver documentados
en Miguel Herrero García, *Ideas de los españoles del siglo XVII*
(Madrid, 1966), cap. IV, «Los portugueses».

(45).   Pregunta CLXXVJ, del señor Almirante.
Quién regía el cielo entre tanto que el Hijo de Dios
andaua mortal en este mundo.

Prólogo en la «pregunta».

Yo sé que mejor sería
yrme yo por mi camino
que guiar tras desatino
continuando mi porfía;
5   que en querer tanto sobir
va mi falta descubierta
y queda la puerta abierta
al que quiere maldezir.

Mejor era andar por llano
10   que meterme en honda mar
donde me pueda anegar
y perder muy más que gano;
mas vuestra virtud me haze
que mi obra allá se vea,
15   avnque yo no sé si crea
que os contenta y satisfaze.

Las cosas no se supieran
quando de viejas passaran
si algunos no preguntaran
20   a los que las entendieran;
y también si vuiera duda,

sin aver satisfación
quedara con confussión
qualquiera persona ruda.

25 Por donde siempre conuiene   [Fol. 47r]
preguntar al que es discreto
y aprendiendo ser perfeto
de aquel que la sciencia tiene.
Y avn otra razón me mueue,
30 que vos podeys comprehender,
y es que lo que he de saber
vuestra sciencia me lo deue.

Que avnque querays escondella,
tal sciencia no os la da Dios
35 solamente para vos
mas porque gozemos della,
que en tenella tan fundada
a preguntar nos despierta,
callando sería muerta
40 justamente y condenada.

Sólo por esta razón
obligado a responder
soys, señor, pues el saber
teneys sin comparación,
45 y pues soys tan buen maestro
por ser la pregunta escura
no la juzgueys a locura,
que soy discípulo vuestro.

PREGUNTA

Al tiempo que Dios anduuo
50   en el vientre de Su Madre
do Espíritu, Hijo y Padre
se arguye que junto estuuo,
mientra Dios acá en el suelo
estaua como es escrito,
55   ¿quién era guarda del cielo
y de aquel reyno infinito?

Si vuiera separación
no auía que preguntar,
porque vno pudiera estar
60   en la tal gouernación;
mas como no pudo ser
de otra manera encarnar,
razón es de preguntar
a quién dexó allá el poder.

NOTA.   Escobar no cede en cortesía a Don Fadrique, y le contesta, en parte (son trece coplas castellanas): «Que si Salomón
viniesse / acá por gracia de Dios, / creo que lidiar con vos /
a dos bueltas que os rindiesse». Al mismo tiempo fray Luis
acentúa la continuidad cronológica de las *preguntas*: «Que pre-
guntastes ayer / por qué es Dios trino y vno [*pregunta
CLXXIV*], / y no ay dotor alguno / que lo pueda transcender».
La ortodoxia del franciscano, deja bien claro: «Dezir que en
el sacro vientre / encarnó la Trinidad / nunca tal yerro y maldad / en mi pensamiento entre». Y termina con graciosa comparación con el Almirante en un hipotético viaje a Sicilia durante las Comunidades.

(Fol. 47v)

(46).   Pregunta CLXXVIJ y réplica negatiua, en
que el señor Almirante arguye contradiziendo y
negando la respuesta sobredicha del Auctor.

Antes, señor, que responda
me conuiene deffender,
pues dexando de hazer
me conuiene que me asconda,
5   digo de aquello que hallays
vos de falta en mi pregunta,
pues mirada toda junta
sin yerro me condenays.

Niego la proposición
10   que no dixera verdad
diziendo la Trinidad
fue junta en la Encarnación.
Lo que dixe, señor, yo,
es esto que digo aquí:
15   todos Tres fueron allí,
mas sólo el Hijo encarnó.

Son Personas tan conjuntas
que en qualquier lugar que están
todas Tres se hallarán
20   porque están contino juntas.
Y por ser desta manera
pregunté muy sin recelo
quién era guarda del cielo
en mi pregunta primera.

25   Tan alta la obra vino
        que siempre mudays el ser
        y paresce el responder
        por Espíritu diuino;
        y como so vuestro manto
30   virtud y sciencia va junta,
        respondeys a la pregunta
        bien por Espíritu Santo.

        Salgo descalabrado,
        la culpa mía aurá sido
35   pues me meto en tal ruydo
        viniendo tan desarmado.
        Huyr esfuerço sería
        harto más que no esperar,
        sabiendo en la Theología
40   tan poco como en la vulgar.

        Más quiero por no saber
        ser de ignorante argüydo,
        que aquello que me es pedido
        dexaros de responder.
45   Avnque bien conozco en esto
        que me contareys por vano,
        que quien tropieça en lo llano
        caerá yendo por recuesto.

NOTA.   El Almirante no da su brazo a torcer e insiste, y esta
vez es fray Luis de Escobar quien cede terreno («La proposición primera / no se os puede condenar»), y hurta el bulto («No
puedo más responder, / que oy estoy ocupado»), para terminar con dos alusiones a la gloriosa vida de Don Fadrique: «No
penseys que soy Nauarra, / que en dos horas la vencistes. /

... / Quando esto os vi hazer / en Tordesillas entrastes». En
1545 estas coplas castellanas comienzan «Necessario es que
responda» y contiene muchos retoques verbales.

(46).   Pregunta CLXXVIII, del señor Almirante.
Viniendo el auctor enfermo de vn camino.

> Dízenme que soys llegado
> del camino donde fuistes,
> (fol. 48r)   y que sano no venistes,
> sino muy apassionado.
> 5   Escreuidme como estays
> y si es el mal que suele,
> que ya sabeys que me duele
> qualquier mal que vos tengays.
>
> Vuestro mal deuiera ser,
> 10   según lo que yo he sentido
> porque se aguasse el plazer
> que sentí en veros venido,
> que en esta vida se ordena
> por dárnosla a conoscer,
> 15   que nunca venga el plazer
> sin traer consigo pena.

Nota.   En su *respuesta* (tres coplas castellanas) , el P. Escobar declara sufrir de gota y mal de piedra (cálculos urinarios),
y lo hace con gracejo que tiene que haber sido muy del agrado
del Almirante: «Assí que no os voy a dar / la respuesta del
mandado, / porque estoy muy ocupado / en llouer y apedrear».

(47).   Pregunta CLXXIX, del señor Almirante. Por
qué no sana la piedra con la gota, pues es el vn mal
contrario al otro.

> Veo estar muy differentes
> vuestros males vno de otro,
> porque si bien parays mientes
> bien aurán visto las gentes
> 5 curar el vn mal all otro.
> Pues yo os quiero preguntar
> con mi pregunta grossera
> cómo no puede bastar
> vuestra gota de acabar
> 10 la piedra de esta cantera.
>
> Porque la gota contina
> que sobre piedra gotea
> es la mesma medicina
> que deshaze más ayna
> 15 por muy más dura que sea;
> y esto lo aureys mirado,
> si de sentillo os aplaze,
> porque está esperimentado
> que do siempre ha goteado
> 20 qualquier piedra se deshaze.
>
> Avnque sea la piedra dura,
> dándola siempre gotera
> parece contra natura
> que auiendo tan buena cura
> 25 siempre esté la piedra entera.
> Por esto sólo os pregunto,
> señor, aquesta pregunta,

que pues ello os duele junto
bien sabreys en lo que apunto,
30 darme la respuesta junta.

NOTA. Al gracejo del franciscano contesta el Almirante con
desparpajo, pero el fraile no se amilana, y en tres coplas reales responde: «En vos, señor, estaría / esta gota muy mejor,
/ que pienso que os trataría / con mucha más cortesía. / Y avn
ella se holgaría / más que en mi pobre mezquino, / porque vuestra Señoría / en la cama la ternía / regalándola contino». O
sea que los alifafes del Almirante le obligaban a guardar cama,
lo que ayuda a explicar el comienzo del *perqué* «Estoy pensando en la cama», *v. supra*, composición núm. 20.

(48). PREGUNTA CLXXX, DEL SEÑOR ALMIRANTE.
CONSOLANDO AL AUCTOR, Y PREGUNTANDO CÓMO PUDO
SANAR ECHANDO PIEDRAS, PUES ES ENFERMEDAD PARA
OTROS SER «ECHAPIEDRAS».

Anoche que me acostaua
me vinieron a dezir
vuestra Reuerencia estaua
con dolor para morir,
5 y en verdad que el sentimiento
que yo tomé os ayudaua,
avnque ella no se hallaua
para afloxar el tormento.

Mas algo se mitigó
10 en ser el dolor en vos,
en quien tengo cierto yo
que por más bien le da Dios
que Su bendita clemencia
[a] aquel de quien es seruido

15   aquí le trae affligido
      con trabajos y dolencia.

      Y assí creo que ganastes
      con aquel gran sentimiento
      remedio con que quedastes
20   con bienes que son sin cuento,
      porque es de tanta excellencia
      lo que se gana en suffrir
      que quien lo sabe sentir
      no le falta la paciencia.

25   Y con la que a vos os sobra   (Fol. 48v)
      fue tan alto el galardón
      que ha subido en perfección
      en vos, señor, esta obra.
      Y ansí quando la contemplo
30   hállome muy bien librado
      porque quedo edificado
      de ser tan bueno el exemplo.

      Que saber suffrir dolores
      de mano de Dios venidos
35   méritos son conoscidos
      con que paga a seruidores,
      assí que quando Él os hiere
      con grave mal que os estrecha,
      es señal que os aprouecha
40   y que Él para Sí os quiere.

      Dexemos lo espiritual,
      hablemos en vuestros males,
      pues siendo tantos y tales

se ganan con mayor mal,
45   que avnque el çumo de las yedras
en esse mal aprouecha,
sería en otro sospecha
el sanar echando piedras.

Echar piedras en dolencia,
50   no las echar en salud,
como entre vicio y virtud
es la misma differencia,
pues echándolas sanays
y los otros adolescen:
55   estas dudas que se offrescen
os ruego que me absoluays.

Nota.   El tono del Almirante fluctúa entre la sorna y la compasión, como se puede apreciar desde la misma rúbrica, donde inventa el gracioso neologismo *echapiedras*, a semejanza de *echacuervos*, 'buldero'. Fray Luis acepta con gracia el neologismo: «Que si echapiedras no somos / nos contemos con los muertos», para terminar «Y pues Dios lo haze y quiere, / echapiedras quiero ser». La *respuesta* mezcla dos coplas novenas, a modo de preámbulo, y remata con veintitrés coplas castellanas.

(48).   Pregunta CLXXXJ, del señor Almirante, Por qué el alma quiere tanto al cuerpo y no ha gana de dexar su compañía, siendo ella tan excellente y él tan mísero y causa de tanto mal.

Como el tiempo es peligroso
quando la pereza cresce,
assí estando ell ombre ocioso
el tiempo queda quexoso

5   y el ánima desmeresce.
Yo me hallo enflaquescido
de auer tanto reposado,
por el tiempo que he perdido
estando como adormido
10 sin aueros preguntado.

De lo que con vos trataua
he tornado a rebuscar,
que de lo que de vos sacaua
pues tanto me aprouechaua
15 quiero tornallo a cobrar,
que mi sentido turbado
de ansias en muchedumbre
bien conosce auer errado
en auerse assí apartado
20 de la primera costumbre.

Y assí dell alma, si os plaze,
tratemos aquí vn poquito,
y pensad que si os desplaze,
pues por sólo Dios se haze,
25 el mérito es infinito.
Hablemos de su excellencia
pues pensallo nos conuiene
porque pueda la consciencia,
por esta tal eloquencia,
30 saber las faltas que tiene.

(Fol. 49v) Fue nuestra ánima criada
según la ymagen de Dios,
de muchos dones dotada,
de entendimiento alumbrada

35 como mejor sabeys vos.
   Amada del Infinito
   y desposada por fe,
   con carta de fin y quito
   por el baptismo bendito
40 en que renouada fue.

   Con ángeles deputada,
   por tal sangre redemida,
   en todo tan acabada
   que si fuere bien guardada
45 en ella está tener vida
   de la bienauenturança.
   Ella es hecha capaz,
   y della tiene esperança
   la conserua sin mudança
50 consigo su misma paz.

   Si tiene su voluntad
   con Dios que le dio tal don,
   es vn filo de bondad
   y es fuyr la vtilidad
55 quando vso de razón,
   pues si el ánima es tan digna,
   dezid por qué se enuilesce,
   dezid por qué desatina,
   y dezid por qué se inclina
60 a la carne que peresce.

   Si en ceniza ha de boluer
   la carne que es della amada,
   cómo ell alma pierde el ver
   y queda sin merescer,

65   perdida y desamparada.
      Y en aquel postrero día,
      quando la muerte la aquexa,
      de tan mala compañía
      apartar no se querría,
70   que avn assí queda con quexa.

      Y querría más morar
      con esta carne ensuziada
      que salir y la dexar
      por no se auer de apartar
75   de tan mísera posada.
      No le muestra desamor,
      ni jamás se quexa della,
      de dexalla ha grand dolor
      y está siempre con temor
80   de verse sola sin ella.

      Pues si de su perdimiento
      es la carne la ocasión,
      a mí, que veys que no siento,
      pues teneys conoscimiento:
85   dadme desto la razón;
      que la razón que me guía
      es desto muy buen testigo,
      que la mala compañía,
      cierto, por ninguna vía,
90   yo no la querría comigo.

      Pues si cosa tan liuiana
      me da tal desasossiego,
      dezidme de dónde mana
      que ell alma va tan de gana

95　empós deste cuerpo ciego.
　　Y pues el conoscimiento
　　ella tiene en perfección,
　　¿cómo quiere tan sin tiento
　　errar en su pensamiento
100　y andar fuera de razón?

　　¿Por qué quiere ser subjecta
　　a la carne en contentalla
　　pues sabe que es imperfecta
　　y que jamás anda recta
105　y ell alma deue guialla
　　si de aquí viene el caer
　　sin podernos levantar?,
　　ved, señor, si deue ser
　　passarse siempre en plazer
110　el mal que vemos passar.

　　Si ay falta en lo que escriuo
　　no os deueys marauillar,
　　pues que yo no soy tan biuo
　　que no pueda mi motiuo
115　con poco saber errar.
　　Pero la razón me obliga
　　con la confiança junta
　　a que estas cosas os diga
　　para templar mi fatiga
120　en daros esta pregunta.

NOTA.　El Almirante expresa nuevas inquietudes espirituales (vv. 6-10), que le provocan la *pregunta* del texto, que fray
Luis contesta en veinte coplas reales de pacata ortodoxia: «Assí
que doy por respuesta / quel yerro todo prouiene / porque ell

alma está dispuesta / para amar y hazer fiesta / de lo que no
le conuiene».

(Fol. 50r)
(50).   Pregunta CLXXII, del señor Almirante. Si
queda segura la consciencia del que toma adrede
confessor simple, sin letras.

> Diga vuestra discreción
> lo que siente deste punto,
> en esto que aquí pregunto
> que toca a mi saluación:
> 5   si deuo siempre buscar
> para bien me confessar
> el confessor más perfeto,
> pues aquel que es indiscreto
> no sabrá bien consejar.
>
> 10   Si yo busco confessor
> que me oya y no me entienda,
> si ay razón que me deffienda
> y me escuse mi error,
> si ante Dios soberano
> 15   quedaré seguro y sano,
> diga vuestra Reuerencia
> si tal falta de sciencia
> hará mi juyzio vano.

Nota.   Nueve coplas novenas dedica fray Luis a su *respuesta*, cuya enseñanza está encerrada en estos versos: «Si el triste que está llagado, / para ser mejor curado / buscasse el peor
maestro».

(51). Pregunta CLXXXIIJ, del señor Almirante.
Sobre que el auctor rogaua por vn culpado, y su
Señoría no quiso perdonar la justicia que merescía.

En casos ay qu'el perdón
es mejor que la justicia,
y otros en que la justicia
es el mejor galardón;
5   de manera que, a mi ver,
ved si podeys responder
en esto de otra manera,
que justicia verdadera
sea de gran merescer.

Nota. El Almirante ha actuado como señor de horca y cuchillo con sus vasallos, como lo era, pero el P. Escobar insiste, en tres coplas novenas: «Que avnque tuuistes justicia / mas
no tuuistes razón, / ... / ¿quál será más de loar, el punir o el
perdonar? / vuestra respuesta espero». Esta *pregunta* y su *respuesta* fueron suprimidas en las *Quatrocientas respuestas* de
1545.

(Fol. 51r)
(52). Pregunta CLXXXIIIJ, y réplica del señor Almirante. De la razón por do no auía perdonado a
aquel culpado, porque era incorregible y obstinado en [el] mal.

Pues que en vuestro platicar
a lo baxo os abaxastes,
el cuydado me quitastes
para menos trabajar,
5   que estaua mi pensamiento

de sobir muy descontento
y cansado le traýa
y las más vezes caýa
con falta de entendimiento.

10   La justicia y la razón
en pocas cosas defiere,
porque la razón infiere
que no es bien siempre perdón,
que avnque Dios al que es culpado
15   le perdona su pecado
házelo por vn gemido
del triste y arrepentido,
pero nunca al obstinado.

Y avnque es puesta en consequencia
20   la gran piedad de Dios,
no se guarda acá entre nos
por ser tal la differencia
que sería peligroso
ser siempre muy pïadoso,
25   como el vsar crueldad,
que en tal caso la maldad
hallaría gran reposo.

Por do, diziendo verdad,
entre justicia y clemencia
30   yo no sé la differencia,
porque en ambas ay bondad.
Castigado o perdonado
son tan yguales en grado
que yo no sé discerner

35 quál es de más merescer,
    ni quál es más estimado.

    De las cosas que Dios haze,
    avnque es muy bueno el exemplo,
    quanto en ello más contemplo
40 más miro lo que Le plaze;
    mas mirad quán differente
    es esto, si bien se siente,
    que, según Dios ha mandado,
    Él quiere (a)qu'el condenado
45 sea exemplo de la gente.

    Que el contino perdonar
    no se llama beneficio,
    mas vsar de maleficio
    muy malo de reparar.
50 Perdonar al innocente
    ya yo sé que se consiente,
    y al que tiene por officio
    el errar y el maleficio
    echalle d'entre la gente.

NOTA. El Almirante piensa, como es natural, en plan de señor de vasallos (vv. 23-24, 44-49), y fray Luis le contesta (seis
coplas novenas) en plan de sacerdote cristiano: «Que veo ser
escusados / muchos que offenden a Dios, / y los que offenden
a vos / véolos ser castigados. / … / Avnque tengays más justicia / no tuuistes la razón». En 1545 ésta es la *pregunta*
CCLXXXV, que cambia la copla inicial y quita la tercera («Y
avnque es puesta en consequencia»). La nueva estrofa primera lee: «Yo no quise perdonar / aquel por quien me rogastes,
/ que sus mañas y sus artes / ya no son de tolerar. / E no quiero dezir más, / sino por no relatallas, / que él es otro Satanás,
/ y tan fuera de compás / que es pecado perdonallas».

(Fol. 51v)

(53). Pregunta CLXXXV, del señor Almirante. Del horno de la cal.

> No terneys por perdimiento
> darme a mí algo en que entienda,
> antes os terná contento
> ocupar mi pensamiento
> 5 en cosas que yo aprenda,
> y luego pido la paga;
> si os doy en esto deleyte
> dezidme quál es la fragua
> que aquí se enciende con agua
> 10 y se mata con azeyte.

Nota. Comienzan aquí los enigmas, que llenan el resto de la cuarta quinquagena. En todos los casos la *respuesta* que poetiza el P. Escobar ya está dada en la rúbrica; aquí la *respuesta* consta de una copla real. Como entretenimiento poético cortesano su boga duró hasta el siglo XVII, pero su perenne popularidad se atestigua a diario hoy en día entre grandes y chicos. Aquí nos hallamos ante un buen ejemplo de las diversiones y pasatiempos intelectuales de la corte literaria de Don Fadrique en Medina de Ríoseco. Más tarde el Almirante volverá a los enigmas, pero en versos de arte mayor, v. *infra*, composición núm. 85, *pregunta* CCXVIII, y sigs. En 1545 ésta pasó a ser *pregunta* CCCXXV, con esta copla real como primera: «Estas preguntas me dieron / para que os las embiasse, / y con esto me pidieron, / aquellos que las hizieron, / que respuesta os demandasse. / Que algunos las han mirado / y no las han entendido / y por esto me han rogado, / si fuerdes dello agradado , / les declareys el sentido». Para 1545 la *respuesta* ha crecido también, a doce coplas reales.

(54). Pregunta CLXXXVJ, del señor Almirante.
Del agua ardiente.

Quando estoy desocupado
temo que algún mal me venga,
y por no ser derrocado
quiero tener ocupado
5   vuestro saber que me tenga,
y assí quiero preguntar
si aueys oído que en Roma
ay fuego que sin quemar
le puede vn hombre tomar
10   y matalle el que le toma.

Nota.   En su respuesta (una copla real), fray Luis no puede
contenerse y da una lección a su discípulo y corresponsal: «Estas preguntas dudosas / son equívocas llamadas».

(55). Pregunta CLXXXVIJ, del señor Almirante.
De las cuerdas de vihuela.

Ay otra cosa que biua
no gozamos tanto della
por ser cosa muy esquiua,
pero muerta nos abiua
5   y nos holgamos con ella,
que quando el curso la mata
allí es dulce su primor,
que muerta mejor nos trata,
lo inuisible desbarata
10   consolando a su señor.

Nota.   Una copla real es la *respuesta* de fray Luis. El mismo
enigma lo replantea más tarde Don Fadrique en versos de arte

mayor, *v. infra*, comp. núm. 85, *pregunta* CCXVIII, «De la vihuela».

(56). Pregunta CLXXXVIIJ, del señor Almirante. De la gracia de Dios engastonada en el ánima.

> Quál es la piedra preciosa
> de todos tan estimada
> que sin ser ella engastada
> no vale ell engaste cosa
> 5 y el maestro se desculpa
> con razón que es bien que baste
> pues no viene dél la culpa
> sino sólo del engaste.

Nota. La «Respuesta del auctor con pregunta [a Don Fadrique Enríquez]» ocupa cuatro coplas castellanas, la última de las cuales dice: «¿Quién es la sabia persona / de tal saber y tal furia / que a quien la aplaze o injuria / nunca jamás le perdona? / Cree en Dios sin faltar nada, / no quiere ser baptizada / y pues tanto escandaliza / en vn fuego que ella atiza / aurá de ser abrasada». En 1545 esta *pregunta* de fray Luis se atribuye al Almirante, *v. infra*, comp. núm. 225, pág. 538.

(57). Respuesta del señor Almirante, y pregunta CLXXXIX, del mismo demonio.

> Si siento bien lo que hablo
> y lo que vos preguntays
> ésse que vos me nombrays
> pienso que será el diablo.
> 5 Yo no sé quién no se assombre
> deste enemigo del hombre,
> (fol. 52r) respondendme, señor, vos,

porque dél nos guarde Dios
si acierto bien en su nombre.

NOTA. El P. Escobar se despacha en cinco coplas novenas, repletas de lugares comunes sobre el demonio. Pero en 1545 la *pregunta* del Almirante está atribuida al propio fray Luis de Escobar, con mínimas variantes, *v. infra*, pág. 539, como *respuesta* a la *pregunta* CCCXXIX, en un acto de perfecto trastrueque de atribuciones.

Aquí se ponen diez y ocho preguntas que el señor Almirante embió al auctor, a las quales el auctor responde breuemente, porque son enigmas o metháforas, y no se dize de qué cosa es cada pregunta en el título [sin embargo, así se hace], porque la respuesta lo dize claro y en breues palabras.

NOTA. En 1545 se amplía esto: «Pregunta CCCXXXJ, del señor Almirante. En que embió al autor otras doze preguntas a las quales el autor respondió breuemente y de mala gana, rogando que no le embíe tales preguntas, que parescen niñerías, de qué cosa y cosa, y son sin prouecho. Y las respuestas le [*sic*] escriuió el autor por cifras, y la primera pregunta de la agua del baptismo, y no las hizo el Almirante, sino otro que se las dio a él, y él embió por las respuestas». Esta declaración tardía pone en duda, sin embargo, la atribución de las siguientes preguntas CXC a CXCIX, que constituyen las diez primeras reimpresas en 1545, más la *pregunta* CCJ de la próxima quinquagena, y la *pregunta* XLVIII de 1526, «En que está incluso el nombre de Salazar», que no lleva atribución alguna, y con las que se completan las «doze preguntas» aludidas; ver, además, una nueva declaración de 1545 acerca de atribuciones, *infra*, pág. 424.

(57).   Pregunta CXC. De la gracia de Dios.

> Un auctor da la razón
> de lo que declaro en ésta,
> porque la declaración
> espero en vuestra respuesta.
> 5 Entre otras cosas que escriue
> cuenta que vio en vn lugar
> a vna hembra sacar
> tan gran agua de vn algiue
> que el mundo puede regar.

Nota.   El P. Escobar responde con una redondilla.

(59).   Pregunta CXCJ. Del cielo.

> En lo alto enalmenado
> dize que vio vn hedificio
> redondo nada quadrado,
> de toda parte cerrado,
> 5 sin ventana ni resquicio,
> dize que el lugar es sano
> y que le contaron dél
> que ninguno entra en él
> sin ponelle a sacomano.

Nota.   Una redondilla es la respuesta.

(60).   Pregunta CXCIJ. Del relox.

> Y vio vno con pesar
> estar biuo y con concierto,
> y también le vio quedar

en faltándole el pesar
5   en el mismo punto muerto.

NOTA.   Fray Luis contesta con una redondilla.

(61).   PREGUNTA CXCIIJ. DE LA SOMBRA.

Y vio vna hembra enojosa
que contino le seguía,
ni era fea ni era hermosa,
desgraciada ni graciosoa,
5   ni es caliente ni fría
y nunca andaua sin ella
quando hazía alegre día,
mas mirad que esta donzella
tal bondad auía en ella
10   que a la noche se escondía.

NOTA.   Con una redondilla responde el P. Escobar.

(62).   PREGUNTA CXCIIIJ. DE LAS OREJAS CORTADAS.

En vn lugar no muy onrrado
dize que vio dos hermanas
muy puestas a sus ventanas
vestidas de colorado,
5   y era tanto el desamor
con los que las festejauan
que en llegando el seruidor
les daua tal disfauor
que de dolor lamentauan.

NOTA.   (Fol. 52v) Una quintilla es la *respuesta*.

(63). Pregunta CXCV. Del gallo.

> Quando el tiempo se nos troca
> dize que vio en vn lugar
> a vn animal cantar
> sin tener dientes ni boca.

Nota. Fray Luis responde con una redondilla.

(64). Pregunta CXCVJ. De la luz.

> Y vio vna hembra importuna
> que le enojaua al mirar
> y en todas cosas tocar
> sin que dexasse ninguna.
> 5 Dizen que no era donosa
> y que era tan mal crïada
> que no se le daua nada
> de enojar en toda cosa.

Nota. La respuesta consta de una redondilla.

(65). Pregunta CXCVIJ. Del rayo.

> Dize que vio vno tan fuerte
> que al más alto derrocaua,
> y si blando le tocaua
> que podía dalle muerte.
> 5 A lo fuerte resistía
> y hazía contradición,
> y lo flaco a su passión
> prestamente lo vencía.

Nota. Responde con una redondilla fray Luis.

(66).   Pregunta CXCVIIJ. Del arador.

Y yéndose por su vía
topó con vn labrador,
que avnque hazía gran labor
ningún pan nunca cogía.
5 De cansado fuesse a echar,
como era su costumbre,
saliéronle a saltear
gente que venció con lumbre.

Nota.   *Arador*, 'parásito que produce la sarna'. Una redondilla es la *respuesta*.

(67).   Pregunta CXCIX. De la hormiga.

Dize que vio vna simiente
dentro de vna calabaza
que le pareció mostaza,
5 y después la vio serpiente
y que andándola buscando
para traer a su tierra
esta sierpe tras la sierra
desapareció bolando.

Nota.   El P. Escobar responde en una redondilla.

(68).   Pregunta CC. De los besugos.

Y vio que muertos los biuos
seruir con tanto concierto
que passando un rezio puerto
curauan males esquiuos.

NOTA.   Con una redondilla se da la *respuesta*. Esta *pregunta* y su *respuesta* fueron suprimidas en las *Quatrocientas respuestas* de 1545.

Aquí se acaba la quarta quinquagena del señor Almirante, y comiença la quinta quinquagena de su Señoría, que contiene otras cinquenta preguntas de diuersas materias.

(Fol. 53r)
(69).   PREGUNTA CCJ. DEL SOPLO.

> Dize que por donde andaua
> vi a vn hombre con soplar
> al muerto resuscitar
> y que el biuo le mataua.

NOTA.   La *respuesta* es una redondilla.

(70).   PREGUNTA CCIJ, DEL SEÑOR ALMIRANTE. PORQUE EL AUCTOR ESTAS DIEZ Y OCHO RESPUESTAS SOBREDICHAS DE AQUELLA VISIÓN LE EMBIÓ ESCRITAS POR CIFRAS, Y SU SEÑORÍA QUÉXASSE DELLO Y DIZE QUE EN ALGUNAS EL AUCTOR NO ACERTÓ.

> Lo escuro halla reparo
> quando va delante vos
> que tanta gracia os da Dios
> que luego lo mostrays claro.
> 5   Y assí aueys hecho, señor,
> en lo que yo no sabía,
> que yo muy mal entendía
> las visiones deste auctor.

Y algo dello viene llano
10 que qualquier rudo lo entiende
y claro se comprehende,
tal lo ha puesto vuestra mano;
mas en la cifra hazed punto
que no cabe en cortesía
15 dar pena a mi fantasía
en leer lo que pregunto.

No querays escurescer
lo que de allá claro viene,
porque me hazeys que pene
20 en auello de leer;
que aquel auctor sin recelo
quando aquello me contaua,
apartado siempre estaua
de lo que hallays en el cielo.

25 Y no lo aueys de buscar
con alta Theología,
que acá por más llana vía
lo podeys bien alcançar.
No vays lexos a buscallo,
30 hallareyslo donde estays,
porque en ello tropeçays
y podreys bien alcançallo.

Que algunas bien entendidas
acá nos las embiastes,
35 y en las otras no acertastes
por buscallas tan subidas,
que nunca estuue en escuela,
ni pude sobir tan alto

que baxo me quedo y falto
40   pues que mi sentir no buela.

Nota.   El P. Escobar responde en nueve coplas castellanas,
al principio con humildad («Espejo de quantos sabios / ante
vos han precedido, / vos me turbays el sentido / y me enmu-
desceys los labios»), pero después hasta con un mohín de im-
paciencia («Ya sabeys que yo no soy Dios / para saber vuestro
intento»). El epígrafe de esta *pregunta* se reimprimió en 1545
con serias variantes: «Pregunta CCCXLIIJ, del señor Almirante. Porque el autor le embió las doze respuestas sobredichas [*vide supra*, pág. 417], escritas por cifras, y el Almirante
se quexa dello , y el autor también, porque le embiaua el Almirante las preguntas de niñerías, que no son para los hombres de bien, ni las hauía hecho el Almirante, avnque las embiaua por suyas».

(Fol. 53v)
(71).   Pregunta CCIIJ, del señor Almirante. Qué
son las cosas que deue contemplar para consolación de su ánima y para sentir a Dios.

Dezidme en el contemplar,
qué contemplaré sin falta
que por ser cosa tan alta
no pienso de lo alcançar,
5   porque yo conozco en mí
que mi saber no me ayuda,
y assí quedo con gran duda
que me he de quedar assí.

Porque a dos dedos del suelo
10   avn no puedo aualançarme,
ved cómo podré llegarme

a lo más alto del cielo.
Fáltame lo que conuiene
y lo malo tanto sobra
15   que siempre queda mi obra
con la gran falta que tiene.

Conozco claro la mía,
mas nunca sé resistir,
y con esto mi biuir
20   es muy peor cada día;
que avnque quiero remontar
más alto mi pensamiento,
luego viene el sentimiento
que me suele derribar.

25   Y a vezes de aborrescido
de verme de tal manera
mi esperança desespera
saluo que Dios la ha tenido.
Porque Él viene a socorrerme
30   y quitarme de penar,
mas en verme assí faltar
gran temor he de perderme.

Assí que nada confío
en mi poco merescer,
35   y esto me haze creer
ser muy poco el valor mío;
y assí, de desatinado,
a las vezes no me veo.
y otras vezes mi desseo
40   me tiene desacordado.

Desseo lo que aprouecha
para el fin de aquesta vida,
la qual anda tan perdida
que su fin mucho me estrecha.
45 Temo que al primer combate,
viéndome tan sin vigor,
que de mi mismo dolor
la misma pena me mate.

Pues la orden de aprender
50 ordenad, que es vuestro officio,
mostrándome el beneficio
que Dios hizo en padescer.
Y pues veys quán poco sé
por ser el tiempo perdido,
55 alumbrad a mi sentido
por camino de la fe.

Que no soy buen cortesano
para ponerme con Dios
en hablar como hablays vos,
60 a quien Él abrió la mano.
Mostrad mi alma a subir
por alta contemplación,
porque no pueda passión
costreñirme a descendir.

NOTA.   Este poema y el próximo son realmente emocionan-
tes al revelarnos algo de las raíces espirituales de este Grande
de España, que, en su temor mortal de perder su alma, implo-
ra la gracia de una contemplación casi mística. Es esta horrible conciencia del pecador irredento que sacudió violentamen-
te a Don Fadrique durante su larga crisis espiritual, que,

evidentemente, todavía no ha amainado, y que le llevó a angustiosas consultas con espirituales ortodoxos, como fray Francisco de Osuna y fray Luis de Escobar, francamente heterodoxos, como Juan López de Celain, y marginados, como fray Francisco Ortiz, v. Esbozo Biográfico, cap. VII, «La crisis espiritual del Almirante». El P. Escobar contestó con dieciocho coplas castellanas bien intencionadas, pero más bien superficiales, en que le aconseja «Es aueros de apartar de actos de cauallero / ... / y ser quito de cuydado, / con muy limpio coraçón, / sin cobdicia y sin passión / y en lugar muy apartado». Termina (fol. 54r) con la realista observación: «Que la tal contemplación / no la podeys auer luego, / porque quiere gran sossiego / y mucha continuación». Todo esto atribula aun más al pobre Don Fadrique, según demuestra la siguiente *pregunta*.

(72). Pregunta CCIIIJ, del señor Almirante. Relatando su desconsolación en temer mucho y estar mal aparejado para morir, y por la poca confiança que tiene de sí mismo.

> Tal estoy que no querría
> contender nada comigo,
> que si entiendo lo que digo
> falta toda ell alegría,
> 5 y de verme tan mortal
> quanto veo me aborresce,
> y ansí nada me paresce
> que se yguala con mi mal.
>
> Si mi obra a vos me allega
> 10 es porque me da esperança
> ver que nunca hazeys mudança
> de aquello que a vos se ruega.

Creo que de mí sabeys
harto más que no sé yo,
15   pues que no sé por do vo
y vos lo comprehendeys.

¿Qué os paresce como vengo,
descontento de mis obras
y buscando en vos las sobras
20   con que yo tanta fe tengo?
Avnque ya de embaraçado
no sé pedir lo que he gana,
que ya en mí no ay cosa sana,
ni descanso sin cuydado.

25   Assí que ninguna cosa
trayo mía por reguarda,
porque si la muerte tarda
es en mí más peligrosa.
Está tan lexos la emienda
30   de emendar lo que he errado,
que de verme tan culpado
nunca salgo de contienda.

Assí que en este viaje
conuiene que lleue lengua
35   con que se encubra la mengua
de ser tan malo el lenguaje,
que aprender con tanta hedad
para que me entienda Dios,
si el maestro no soys vos
40   paresce temeridad.

Dexad el tiempo passado
y qu'es la hedad tan perfeta,
y vereys que soy de teta,
mi cuerpo considerado.
45 Pues remedio se demanda,
déle vuestra Reuerencia,
que también es negligencia
dexar al que se desmanda

NOTA. Se adentra el dolor del Almirante ante la conciencia
de su condición humana, y la desesperanza le lleva a poetizar
una maravillosa ambigüedad, ya que el diálogo, en sus primeras tres coplas, bien se puede entender como entre el Pecador
y Dios, más bien que entre el Pecador y su Confesor. Fray
Luis contesta en veinte coplas castellanas, y se apresura a tranquilizar a su poderoso penitente: «Vuestra Señoría anda / camino de saluación / si su deuota intención / la cumple como
Dios manda». Ducho en materias de confesión, el P. Escobar
atiende a disminuir los temores de Don Fadrique ante la muerte: «Pero digo que estar triste / por sentir cerca la muerte /
no es respecto de hombre fuerte, / ... / Mas si vos soys ya contrito, / satisfecho y confessado, / más deueys ser esforçado,
/ ... / Temeys morir de dolencia / más que de morir a hierro»
(fol. 54v). En esto último estaban acertados los temores de
Don Fadrique, pero éstos sólo se concretaron una docena de
años después de compuestas todas estas sentidas coplas, cuando murió en la cama de fenomenal enojo.

(Fol. 55r)

(73).   Pregunta CCV, del señor Almirante. Quál
es el sobrenombre de la ciudad de París que la haze
excellente.

París es sin par tenida en el mundo
por la cïudad de sciencia mejor;
dezidme quál es su nombre segundo
que junto con ella le da más valor.

Nota.   El verso de arte mayor es popular en la primera mitad del siglo xvi, y nuestro Almirante lo comienza a usar con
frecuencia, en su variedad métrica de doce sílabas, como era
propio en su tiempo. El P. Escobar le contesta con dos coplas
de arte mayor de cuatro rimas, ABBA:CDDC.

(74).   Pregunta CCVJ, del señor Almirante. Quál
es el mejor sobrenombre que vn hombre puede tener, según pone Boecio.

También os pregunto, según el Boecio,
pues él lo declara y da la sentencia,
¿quál sobrenombre nos pone en desprecio,
o quál es aquel que nos da mayor precio
5   por ser más loable y de más excellencia?

Nota.   Los quintetos de arte mayor son populares en la primera mitad del siglo xvi. En su *respuesta* de tres coplas de arte
mayor, fray Luis identifica el texto de Boecio, *De consolatio-
ne philosophiae*, III, xi.

(75). Pregunta CCVIJ, del señor Almirante. De materias y dudas cerca del sacramento de la confessión.

Estas preguntas, señor, que vereys
que van abreuiadas y assí mal compuestas,
os pido que vos les deys las respuestas
(fol. 55v) según que yo espero que vos lo hareys,
5 y vengan muy breues sin altercación,
según lo que vos en ellas sintierdes,
para sentillo qual vos lo dixerdes
sin más argumentos de contradición.

Si basta atrición sin contrición.

Pues es menester en la confessión
10 de nuestro peccado tener gran pesar;
pregunto si puede al hombre bastar
que se confiesse con sola atrición.

NOTA. Fray Luis responde afirmativamente en un cuarteto de arte mayor.

(76). PREGUNTA CCVIIJ, DEL SEÑOR ALMIRANTE. SI BASTA EL DOLOR, AVNQUE NO SEA TAN GRANDE COMO LA CULPA.

Pues si se arrepiente el tal pecador,
dezidme si es de necessidad
que quanto fue grande la culpa y maldad
tanto lo sea la pena y dolor.

NOTA. El P. Escobar contesta en otro cuarteto de arte mayor.

(77).   Pregunta CCIX, del señor Almirante. Si aprouecha confessión sin contrición.

Si el hombre no tiene descontentamiento,
ni contrición de la culpa ya hecha,
dezid confessarse si a éste aprouecha
para escusar el eterno tormento.

Nota.   La negativa de fray Luis va en un cuarteto de arte mayor.

(78).   Pregunta CCX, del señor Almirante. Si será atrición no queriendo dexar el pecado.

Pésale mucho de estar en pecado,
mas su voluntad no es de emendarse,
pregunto el pesar si puede contarse
por buena atrición para ser perdonado.

Nota.   Otra negativa envía el P. Escobar en un cuarteto de arte mayor.

(79).   Pregunta CCXJ, del señor Almirante. Si basta confessarse al que duerme.

Si yo me confiesso con hombre que duerme,
y el tal se adormesce viéndolo yo,
dezidme, señor, si pudo absoluerme
sin más confessarme pues ya despertó.

Nota.   Al cuarteto de rima cruzada de Don Fadrique responde uno de rima abrazada de fray Luis, con rotunda negativa.

(80). Pregunta CCXIJ, del señor Almirante. Si
BASTA QUE EL CONFESSOR SEPA EL PECADO SIN QUE EL PE-
NITENTE LE DIGA.

Dezid si las culpas que públicas son,
que el confessor vio y es bien informado,
aquel que las hizo si es obligado
tornar a dezillas en la confessión.

NOTA.   En un cuarteto el P. Escobar rechaza la sugerencia.

(81). Pregunta CCXIIJ, del señor Almirante. Si
BASTA CONFESSARSE POR CARTA DESDE LEXOS.

(Fol. 56r)

Pregunto también si vn penitente,
con tal contrición que basta y es harta,
embía sus pecados escritos en carta,
la tal confessión si es sufficiente.

NOTA.   Otra negativa poetiza el franciscano en un cuarteto.

(82). Pregunta CCXIIIJ, del señor Almirante. Si
BASTA EMBIAR A DEZIR LOS PECADOS POR OTROS.

Pues vos affirmays que no basta escreuir,
dezidme, señor, si al tal bastaría
hazer confessión por mensagería,
con vn mensagero embiallo a dezir.

NOTA.   Otra negativa en otro cuarteto.

(83).   Pregunta CCXV, del señor Almirante. Si es nescessario estar de rodillas.

También os pregunto, dezidme, señor,
para limpiarnos de nuestras manzillas
si es menester estar de rodillas
delante los pies del tal confessor.

Nota.   Fray Luis contemporiza en un cuarteto, a beneficio de los doloridos.

(84).   Pregunta CCXVJ, del señor Almirante. Si es obligado a confessión el que no tiene pecado.

Pregunto si vno no tiene pecado
de que en su consciencia él pueda acusarse,
si éste tal deue assí confessarse
cada año vna vez, y si es obligado.

Nota.   Inaceptable proposición, contesta el P. Escobar en un cuarteto. Toda esta larga serie de *preguntas* sobre el sacramento de la confesión probablemente estén aunadas en la mente y el espíritu de Don Fadrique a sus escarceos con *alumbrados* y *dejados*

(85).   Pregunta CCXVIJ, del señor Almirante. Si ay en nuestra lengua castellana algunos vocablos sin consonantes que el auctor sepa, para de presto los hallar.

Si algunos vocablos, señor, vos sabeys
que buen consonante no hallemos dellos,
yo os ruego que vos penseys bien en ellos

y los que hallardes me los embieys,
5 y si responder quisierdes a esto
pues si quereys podeys bien hazello
sin más dilación, no tardeys en ello,
respuesta me dad y luego de presto.

NOTA.   Esta vez fray Luis se despacha una lista de cinco coplas de arte mayor, que comienza (no sin guasa) con el vocablo *Enríquez* como el primero sin consonantes en castellano.
Esta *pregunta* y su *respuesta* fueron suprimidas en 1545.

(Fol. 56v)
(86).   PREGUNTA CCXVIIJ, DEL SEÑOR ALMIRANTE. DE
LA VIHUELA.

Vemos los biuos posar en los muertos
y no tienen miedo de su compañía,
antes les hazen assí cortesía
que el rey los rescibe los braços abiertos.
5 Ni quitan el sueño, ni espantan despiertos,
y son tan amigos de hombres humanos
que muertos les osan poner en sus manos,
y en ellas templando se paran más yertos.

NOTA.   El Almirante vuelve a los enigmas como forma de entretenimiento cortesano propio de su cenáculo de Medina de
Ríoseco (a pesar de las censuras del P. Escobar, *vide supra*,
págs. 417, 424), pero ahora en versos de arte mayor (v. *supra*,
composición núm. 52, *pregunta* CLXXXV). Este mismo enigma sobre la vihuela ya lo había planteado Don Fadrique en
versos de arte menor, v. *supra*, comp. núm. 54, *pregunta*
CLXXXVII, «De las cuerdas de vihuela». Como la respuesta
al enigma está contenida en la rúbrica, me desentiendo de los
versos del P. Escobar, quien le contesta en un cuarteto de arte

mayor. En esta copla de arte mayor, y en las siguientes hasta la *pregunta* CCXXIII, Don Fadrique usa la rima tradicional: ABBA:ACCA. Esta *pregunta* está en 1545, *pregunta* CCCXCVI, pero claramente no atribuida al Almirante, *vide infra*, págs. 547-548.

(87).   Pregunta CCXIX, del señor Almirante. De la péñola.

> Quién es aquella hija del bruto,
> sin alma, sin vida, sin seso y passiones,
> que escriue secretos de los coraçones
> y nos los publica vestida de luto.
> 5   Ésta camina si el campo es enxuto
> y lieua rocío como aquel vellón
> que en medio la era puso Gedeón,
> aquel que quitó del pueblo el tributo.

Nota.   La alusión a Gedeón es a *Iudices*, VI, 36-40. La *respuesta* consta de un cuarteto. Está en 1545, *pregunta* CCCXCVII, sin atribución, *vide infra*, págs. 547-548.

(88).   Pregunta CCXX, del señor Almirante. De la sciencia.

> Vi que en las manos de vn cuerpo sin vida
> estaua guardado tan rico tesoro
> que es como arena el más fino oro,
> puesto en su precio, por ser sin medida.
> 5   El que lo tiene a todos combida
> que gasten, y gastan y no tienen mengua,
> con alma lo gozan y gastan con lengua,
> y aquesta riqueza jamás fue perdida.

NOTA. La *respuesta* es un cuarteto de arte mayor. Está en
1545, *pregunta* CCCXCVIII, atribuida al Almirante, *vide infra*, págs. 547-548.

(89). PREGUNTA CCXXI, DEL SEÑOR ALMIRANTE. DE
LA AGUJA.

> Yo vi una hembra que en sola la vista
> tiene tal fuerça que junta distantes
> y es no conocida de los mareantes,
> del tiempo en la tierra nos quita conquista.
> 5 Los grandes la comen, en Roma es bien quista,
> entiérranla algunos, y a todos entierra,
> otros no hazen con ella la guerra,
> si el nombre es común diuersa es su lista.

NOTA. La *respuesta* es un cuarteto de arte mayor. Está en
1545, *pregunta* CCCXCIX, atribuida al Almirante, *vide infra*,
págs. 547-548.

(90). PREGUNTA CCXXIJ, DEL SEÑOR ALMIRANTE. DEL
ESPEJO.

> Bien conocemos auer criatura
> que pare y concibe sin ser offendida,
> ni siente dolores, ni pierde la vida,
> y haze sus hijos de nuestra figura.
> 5 (Fol. 57r) Ni duerme, ni come, ni crece, ni dura,
> su hijo se muere si el padre es ausente,
> quiérenla damas y toda la gente,
> puesto que saben ser todo locura.

NOTA. La «Respuesta del Auctor con pregunta» ocupa dos
coplas de arte mayor, la segunda de las cuales dice: «Señor

illustríssimo, flor de saber, / en quien la virtud y sciencia está junta, / suplico le plega a esta pregunta / primero emendalla, después responder. / Si al libre aluedrío conuiene escoger, / dezidme si en Dios ay este aluedrío / pues vemos que quiere lo bueno y lo pío, / lo malo ni quiere, ni puede querer». Está en 1545, *pregunta* CCCC, como «v́ltima del Almirante», sin variantes, pero la *respuesta* sí las tiene e importantes, *vide infra*, págs. 547-548.

(91).   PREGUNTA CCXXIIJ Y RESPUESTA DEL SEÑOR ALMIRANTE AL AUCTOR. QUE DIOS TIENE LIBRE ALUEDRÍO, MAS NO DISCURSIUO.

Adonde de sciencia ay tanta abundancia
mejor es rendirme que más pelear,
pues que de la brega no puedo quedar
sino perdido y con poca ganancia.
5   Respondo y pregunto que respondays vos:
lo que yo entiendo, señor, y conciuo
libre aluedrío, mas no discursiuo,
entiendo que tiene no mudable Dios.

NOTA.   En su *respuesta* (dos coplas de arte mayor) el P. Escobar explica: «Y pues que Dios muestra contrario motiuo, / que lo que Le plaze después Le desplaze / y aquello que oy haze mañana deshaze, / Su libre aluedrío será discursiuo».

(92).   PREGUNTA CCXXIIIJ Y RÉPLICA DEL SEÑOR ALMIRANTE AL AUCTOR, SUSTENTANDO QUE EL LIBRE ALUEDRÍO DE DIOS NO ES DISCURSIUO.

Todas las sciencias se juntan y son
vuestras, señor, en conformidad,
y el buen natural con toda bondad

es la que funda la proposición.
5   Mas bien remirado yo os veo metido
en cosa que cierto aueys de perder
pues desto que agora quereys deffender
contrario será lo que aueys deffendido.

Aueys sustentado que el libre aluedrío
10   no puede sin Dios sus obras hazer,
pues si Dios se muda podemos creer
todo el contrario, sin ser desuarío.
Inconueniente es querer deffender
que en Dios pueda auer passión y mudança,
15   que esto mi seso no cree ni alcança
que en ningún tiempo lo podamos ver.

Gran yerro paresce quererse fundar
que en Dios puede auer mudable passión,
que aquellas cosas que mudables son
20   en todas las cosas se pueden mudar.
Pues si esto se puede assí comprehender
juzgar se podría acá entre nos
que en las cosas altas el poder de Dios
no es tan entero qual deue de ser.

25   Que mudança en Dios no se ha de creer
que la pueda auer, ni nadie la hable,
que en todo es entero y en todo es estable,
y creerse otra cosa no podría ser.
Que el entendimiento de aquel que es humano,
30   avnque en amor se inflama y enciende,
las cosas tan altas no sabe ni entiende
estando en el cuerpo enfermo y no sano.

Mayor es [el] sol que no lo poblado,
según que se mide en Astrología,
35 paresce pequeño a la vista mía,
mas de su grandeza no queda menguado.
Por donde nos muestra la comparación
que en Dios tal mudança no podría ser
y que esta gran falta se deue poner
40 (fol. 57v) a la flaqueza de nuestra intención.

Assí que si vemos mudança venir,
mostrarse ñublado y dexar de llouer,
es porque ay falta en todos en ver
aquello do el seso no puede subir.
45 Y aquello que Dios determina y ordena,
que vemos que haze según que Le plaze,
si nos paresce que acá se deshaze
no está la culpa en cosa tan buena.

Y desta manera se han de juzgar
50 estas mudanças que vemos venir,
y quien al contrario quisiere arguyr
deue auer gana de más disputar.
Y si conosceys la falta que hezistes
por darme cuydado y estudio y passión,
55 tomalda en dar otra determinación
en que contradiga lo que me escreuistes.

Nota.   Fray Luis no da su brazo a torcer y responde en tres coplas de arte mayor, que terminan: «Y assí yo no niego vuestras conclusiones, / pues es muy católica y buena sentencia, / mas a los que arguyen se da tal licencia / que alleguen y prueuen sus contradiciones».

(93). Pregunta CCXXV, del señor Almirante. Que
pregunta al auctor por dónde prueua lo que ha dicho, que hasta allí no lo tiene por prouado.

Si vuestro argumento tan valido fue
vos no admitís mis allegaciones,
si no son bastantes aquellas razones
yo os ruego, señor, dezidme por qué.
5 Que a mí me paresce muy contra razón
lo que argüís, que es cosa terrible
hazerme entender que Dios es mouible
y avn es condenada la tal opinión.

Nota. En tres coplas de arte mayor responde fray Luis, que
aduce en su favor un texto de *Genesis*, VI, 6, para terminar
con sorna: «Sabed que os arguyo por más me me vengar, / que
dozientas coplas me hezistes trobar / en argumentarme del libre aluedrío», con clara alusión a la pasada y muy larga disputa poética, que comienza en la composición núm. 28, *pregunta* CLVII.

(94). Pregunta CCXXVJ, del señor Almirante. En
que torna a negar los argumentos del auctor.

Vos lo dezís, mas yo lo desdigo,
que libre aluedrío tenémosle nos,
mas como es el nuestro no es el de Dios,
si vos lo affirmardes [*sic*], yo no lo digo.
5 Mas lo que en el caso yo comprehendo,
de lo que allegastes del *Genesí*,
que vos no podistes prouar por allí
ser Dios mudable, según que yo entiendo.

NOTA. La *respuesta* del P. Escobar ocupa siete coplas de arte mayor, en que celebra su victoria y promete «dar saco mano a su librería», de Don Fadrique (que tiene que haberla tenido, y buena), y termina: «Que a los argumentos que vos me posistes / en el aluedrío, yo bien los glosé, / los que eran fingidos también los negué: / hazed otro tanto, pagad pues comistes».

(95). PREGUNTA CCXXVIJ, DEL SEÑOR ALMIRANTE. SOBRE VNA EPÍSTOLA QUE EMBIÓ AL AUCTOR EN PROSA, SIN DETERMINAR LA QUESTIÓN PROPUESTA DEL LIBRE ALUEDRÍO DE DIOS.

> Essa carta que os embío,
> si os plaze, señor, miralda,
> leelda y examinalda,
> vereys el intento mío.
> 5 Que me llora el coraçón
> de dolor y confusión,
> porque veo que en España
> todos biuen ya por maña
> y muy pocos por razón.

NOTA. Esta copla novena del Almirante es clara alusión a la epístola «de los males de España y la causa dellos», publicada al final de las *Respuestas quinquagenas*, de 1526, y estudiada en el Esbozo Biográfico, cap. X. El P. Escobar entiende esta novena como un señuelo para despistarlo de la pieza que él ya creía casi cobrada (la disputa del libre albedrío), y por ello contesta, en siete coplas novenas: «Y acabado aquel debate / mandad cessar el combate [del libre albedrío], / dexad gozar vuestra carta. / … / A las cosas que me embía / la respuesta no le embío, / sin que del libre aluedrío / se acabe nuestra porfía» (fol. 58v).

(96). Pregunta CCXXVIIJ, y conclusión del señor
Almirante. A los argumentos del libre aluedrío de
Dios.

Pues no quereys acceptar
el mensage que os embío,
sin que del libre aluedrío
se acabe de disputar.
5   Digo que Dios en querer
no discurre sin escoger,
que si Dios haze o deshaze,
escoge lo que le plaze
sabiendo lo que ha de ser.

10   Si dezís que Se arrepiente,
y lo habla la Escritura,
es hablar como en figura,
que es methafóricamente,
y deue ser entendido.
15   Lo que assí fuere leydo
que se quiere Dios auer
en hazer y deshazer
como hombre arrepentido.

Que estas cosas que dezís
20   que Le plazen y desplazen,
pues como Él quiere se hazen;
vos mismo os contradezís
si el mal no puede querer,
Él quiere no lo poder,
25   y de aquí consentirés
que quanto es y no es
está todo a Su escoger.

Nota. En esta demorada disputa poética sobre el libre albedrío el Almirante ha disparado ahora su flecha del Parto.
El P. Escobar, que le responde en ocho coplas novenas, declara, en parte: «No quiero más argüyr, / avnque aurá bien
que dezir, / que avnque vencedor no quedo / no es tan poco
lo que puedo / que no pueda proseguir».

(Fol. 59r)
(97). Pregunta CCXXIX, del señor Almirante.
Por qué razón el auctor no se comunicaua con él
por tantos días.

> ¿Por qué aueys callado tanto
> que no os acordays de mí?
> Que en auello hecho assí
> de vuestro oluido me espanto,
> 5   y pues días han passado
> que no os he dexado holgar,
> tornemos a preguntar
> si estays más desocupado.

Nota. La *respuesta* de fray Luis (en cinco coplas castellanas)
es bien sencilla: «Estoy muy más ocupado / que estuue ni pude
estar, / mas para vuestro mandar / estoy siempre aparejado,
/ pero por ser en Quaresma ...» Esta *pregunta* y su *respuesta*
fueron suprimidas en las *Quatrocientas respuestas* de 1545.

(98). Pregunta CCXXX, del señor Almirante. Si
terná el Antechristo ángel que le guarde como los
otros hombres.

> Ordenó Dios eternal
> que el hombre quando nasciesse
> vn ángel bueno tuuiesse

que le guardassse del mal.
5 Por esso querría saber,
si os plaze de responder,
si escripturas aueys visto
que os digan qu'el Antechristo
ángel aya de tener.

NOTA. El P. Escobar contesta en forma afirmativa, pero,
caso poco usual, responde a la copla novena de Don Fadrique
con dos coplas castellanas.

(99). PREGUNTA CCXXXI, DEL SEÑOR ALMIRANTE. EN
QUE PREGUNTA SI TIENEN LIBRE ALUEDRÍO LAS ANIMALIAS
BRUTAS.

Pues Dios os quiso dotar
de tan alto entendimiento,
perdonad mi atreuimiento
que me suelto en preguntar.
5 Espero, según confío,
respuesta de lo que embío:
dezidme, entre estas disputas,
si las animalias brutas
gozan de libre aluedrío.

NOTA. Otra vez el P. Escobar contesta la copla novena con
dos coplas castellanas, y su *respuesta* es negativa.

(100). PRÓLOGO DEL SEÑOR ALMIRANTE. SOBRE CINCO
PREGUNTAS QUE EMBÍA JUNTAS AQUÍ.

Tan copioso en responder
os hallo quando pregunto
que no he gana de hazer punto,

y esto me haze entender,
5   en las materias que apunto,
que en vuestra conuersación
vos me dexays tan ganado
que conozco que es razón,
pues me curays la passión
10 y me dexays alumbrado.

Assí que pienso vencerme,
avnque puesto en el estrecho,
haziendo vos conoscerme,
(fol. 59v) en tal camino ponerme
15 que sea camino derecho,
por lo qual me determino
a continuar vuestra habla
porque si tengo buen tino
yo pienso qu'el bueno camino
20 hallaré en vuestra palabra.

Nota. En la segunda copla real se le desliza una falsa rima al Almirante: *habla-palabra*.

(101). Pregunta CCXXXIJ, que es la primera destas cinco. Si ay algún buen remedio para dexar las malas costumbres de mucho tiempo vsadas.

Por dó yré, pues voy perdido,
esto os quiero preguntar,
que pues ya sé lo que pido
el remedio no sabido
5 con vos le espero hallar;
que la mucha habituación
del largo tiempo passado,

para seguir la razón
en esta buena intención
10   no me dexa libertado.

Que en este luengo processo
esta larga enfermedad
hase metido en el huesso
y por esso nunca cesso
15   con esta sensualidad,
y sin ser cauterizado
este huesso y bien raýdo,
no puedo ser bien curado
para quedar alumbrado
20   del error en que he caýdo.

Y el vigor para curarme
con el temor desfallesce,
que querría yo emendarme
porque veo que en dexarme
25   muy mayor mal se recresce.
Y pues veys la diuisión
en que estoy puesto comigo,
vos que sabeys mi intención
hallareys mi coraçón
30   muy dispuesto a lo que digo.

Hezístesme conoscer
el error en que yo yua
y dístes[me] nueuo ser
si algún bien quiero hazer
35   para que de nueuo biua.
Mas si me dexays caer
menos mal fuera oluidarme,

>   y por tanto es menester
>   que os torneys a disponer
> 40   pues no basto a leuantarme.

NOTA.   Dadas las circunstancias espirituales de Don Fadrique, y sus contactos íntimos con verdaderos *alumbrados*, como
Juan López de Celain (v. Esbozo Biográfico, cap. VII), el vocabulario de estas coplas reales suena un poco sospechoso:
«alumbrado» (v. 19). «dexarme» (v. 24). La *respuesta* del P.
Escobar es de estructura tan aparatosa como la *pregunta* de
Don Fadrique: comienza con un «Prólogo en la respuesta» (tres
coplas reales), y después viene la «Respuesta del auctor» (trece coplas reales), que es propia de un ducho penitenciario:
aconseja confesión, penitencia, oración, limosnas, ayuno. Para
1545 el Prólogo y la *pregunta* CCXXXII (de 1526), forman
un solo texto, el de la *pregunta* CCLXXXVIII.

(Fol. 60r)
(102).   PREGUNTA CCXXXIIJ, DEL SEÑOR ALMIRANTE,
QUE ES LA SEGUNDA DESTAS CINCO. SI PODRÁ ALGUNO GO-
ZAR DE LA CONTEMPLACIÓN EN DIOS ESTANDO OCUPADO
EN COSAS MUNDANAS.

>   Más os quiero preguntar,
>   si os plaze de responder,
>   si puede hombre contemplar
>   para en ello se ocupar
> 5   sin que tome nueuo ser.
>   Que según mi entendimiento,
>   avnque pecador y malo,
>   en contemplar lo que siento
>   hallo gran impedimiento
> 10   ser yo criado en regalo.

Nota. El dolorido gran señor quiere abandonar su estado para dedicarse a la vida espiritual, a la contemplación de Dios. La *respuesta* de fray Luis (diez coplas reales) es contundente: «Nescessario es que dexeys / los regalos que teneys, / y que mudeys la costumbre, / que en la vida militar / ... / la contemplación no cabe». E insiste: «Pues deue ell ombre matar / la vida seglar que tiene / y assí podrá contemplar» (fol. 60v). Duros consejos para un Grande de España.

(103). Pregunta CCXXXIIIJ, del señor Almirante, que es la tercera destas cinco. Si es ayuda para contemplar hazer penitencia y ayunos y otras obras pías y buenas de vida actiua.

> Pregunto si el ayunar,
> disciplinas y cilicio,
> si me pueden ayudar
> para deste contemplar
> 5 sacar algún beneficio.
> Que la carne rebelada,
> como all alma ha resistido,
> tiénela tan subjectada
> que no quiere ell alma nada
> 10 que no lo estorue el sentido.
>
> Que gozar de vanidades
> y querer sobir al cielo
> son muy ciegas claridades
> y mentirosas verdades,
> 15 y desto tengo recelo.
> Pero vos me allanareys
> el camino por do fuere:
> los barrancos quitareys

y todo lo alumbrareys
20   que yo vea por do fuere.

Pudiera desta hondura
no salir sin conosceros,
pero fue muy gran ventura,
según curays con dulçura,
25   para mí cerca teneros.
Que males enuegescidos
curados de otra manera
suelen turbar los sentidos
y hazellos más perdidos
30   por donde el remedio muera.

Nota.   Fray Luis aprueba calurosamente los cilicios y ayunos. Me parece admirable que un hombre de la edad y estado
social de Don Fadrique se haya entregado con dedicación a
estas penitencias. En 1545 los versos 21-25 leen: «Muriera
en esta hondura, / sino porque os conoscí, / pero fue muy gran
ventura, / según curays con dulçura, / teneros cerca de mí».

(Fol. 61r)
(104).   Pregunta CCXXXV, del señor Almirante,
y es la quarta destas cinco. Si es cosa segura y mejor dexarse hombre del todo a Dios y darse a contemplación, que curar de hazer otros bienes.

Ay diuersas opiniones
en la forma de saluarnos:
vnos dizen que oraciones,
otros que en los coraçones
5   a Dios del todo dexarnos,
otros hacer beneficios

de limosna y caridad,
otros hazer sacrificios,
otros que otros exercicios
10 y obras de pïedad.

Pues lo que quiero saber,
que es lo que, señor, pregunto,
si algo dexo de hazer
si perderé el merescer,
15 o si cumple todo junto.
Y si vno se ocupasse
en lo vno essecutar,
si pensays que le bastasse
para que a Dios agradasse
20 para poderse saluar.

Si a buscar buen çurujano
dezís que soy obligdo,
yo me pongo en vuestra mano
para que en hazerme sano
25 tomeys dello buen cuydado.
Y pues veys, señor en ésta
que podeys muy bien hazello,
hazeldo, pues poco os cuesta
y es la materia dispuesta
30 en que vos echeys el sello.

Quiçá no podrá imprimir
si la dexays enfrïar,
y si se sigue el morir
a vos se aurá de pedir
35 pues no quesistes curar.
Ved si es bien que os desueleys

>   si no os estorua la gota,
>   pues la sciencia que teneys,
>   avnque la comuniqueys,
> 40   nunca por esso se agota.

NOTA. Con este «dexarse hombre del todo a Dios» el Almirante sigue rondando tierras heterodoxas. En el Edicto contra los alumbrados de Toledo, dictado por el Inquisidor Mayor Don Alonso Manrique, 23 septiembre 1525, la proposición
oncena es la siguiente: «Que después que uno se uviesse dexado a Dios, sólo esto le bastaba para salvar su ánima y no
tenía necessidad de hazer ayunos ni obras de misericordia ...»
El dictamen reza, en parte: «Esta proposición es falsa y herética porque aconseja que la caridad deve ser ociosa», *apud* Antonio Manríquez, *Los alumbrados. Orígenes y filosofía, 1525-
1559* (Madrid, 1972), pág. 276. Dentro de su formalismo ortodoxo el P. Escobar también denuncia este *dejamiento* (trece coplas reales): «Lo primero, que es dexaros: / es peligroso
dexar / porque podreys engañaros / ... / Y podrá ser que pensando / que inspiraua Dios en vos, / las buenas obras dexando
/ no sintays que vays errando». En 1545 el verso 31 lee: «La
cera no ha de imprimir».

(Fol. 61v)
(105). PREGUNTA CCXXXVJ, DEL SEÑOR ALMIRANTE,
QUE ES LA POSTRERA DESTAS CINCO. QUÁLES SON MEJO-
RES, LAS OBRAS INTERIORES DE LA VIDA CONTEMPLATIUA,
O LAS EXTERIORES DE LA VIDA ACTIUA.

> Pues amar y dessear
> son obras interiores,
> dezidme si a Dios amar
> podría solo bastar
> 5   sin obras exteriores.

Que si a Dios conuierto a mí,
y a mí me conuierto a Dios,
si en esto solo cumplí
pues a Dios todo me di,
10 declaraldo, señor, vos.

Que tanto puedo querer
que me llegue a Su excellencia
y en ella pueda tener
todo quanto he menester
15 para curar mi dolencia.
Y assí se podría dexar
la limosna y oración
y este solo amor buscar,
si se pudiesse alcançar
20 pues es de más perfección.

Sólo he puesto el argumento
sin determinarme en nada,
que sería atreuimiento
dezir la duda que siento
25 y dalla determinada.
Vuestra sciencia y discreción,
que son tan llenas de fe,
den la determinación,
pues son llenas de razón
30 que yo las rescebiré.

NOTA.   Buenos motivos tenía el Almirante para sentir tan graves dudas acerca de lo que propone al P. Escobar, ya que la
doctrina que glosa en la primera copla real es heterodoxa de
raíz, y así había sido calificado por el ya citado Edicto de 1525
contra los alumbrados, proposición novena: «Que el amor de

Dios en el hombre es Dios, y que se dexassen a este amor de Dios». Contra lo que dictamina «La primera parte es falsa y contra comñn opinión de los Doctores». Por la evidencia, los tratos de Don Fadrique con espirituales heterodoxos como Juan López de Celain y allegados estaban dejando su marca en su atenaceado espíritu, francamente abierto al confusionismo doctrinal del ambiente. Las proposiciones del Almirante llenan de zozobra a fray Luis, quien le contesta (catorce coplas reales), en parte: «Una cosa yo repuno, / que aquí juzgays, señor, vos, / si pensays que sin ayuno / y sin otro bien alguno / basta sólo amar a Dios. / ... / Y assí cumple que el obrar / con amar se ayunte y ande» (fol. 62r).

(106).   PREGUNTA CCXXXVIJ, DEL SEÑOR ALMIRAN-
TE. QUANDO NOS TIENTA EL DEMONIO, SI LE EMBÍA DIOS
O SI VIENE ÉL POR SU VOLUNTAD A TENTARNOS.

> Quando viene el Tentador
> a tentarnos de pecado,
> dezid si viene mandado
> por la boca del Señor;
> 5   que pues Dios es solo Aquel
> que ninguno obra sin Él,
> pienso yo, por este modo,
> pues Él es en todo el todo
> que el tentar procede d'Él.

NOTA.   La *respuesta* de fray Luis (dieciséis coplas novenas) no hila muy fino.

(Fol. 63r)

(107). Pregunta CCXXXVIIJ, del señor Almirante. A qué llamamos hombre interior y hombre exterior, y si son dos almas.

Prólogo

Si en la obra que os embío
paresciere alguna falta,
emendad, pues es tan alta
que excede al saber mío.
5   Que hablar en cosa escura,
quien no alcança lo claro,
es bien que le cueste caro
y se le cuente a locura.

Sáluame la confiança
10   que en vos tengo de contino,
que me abrireys el camino
donde mi saber no alcança.
Que lo que hallo dudoso
os embío a preguntar
15   para que pueda quedar
mi ánima con reposo.

Pregunta

En vna obra me vi
pintado desta manera,
donde vno estaua fuera
20   y otro estaua dentro en mí.
Pues si dos dos almas son,
las que a dos han de regir,

¿quál de aquestas al morir
terná pena o galardón?

NOTA.   Fray Luis responde en «Prólogo en la respuesta del
auctor» (dos coplas castellanas) y «Respuesta del auctor» (ocho
coplas castellanas), donde poetiza, con máxima ortodoxia:
«Hombre exterior llamamos / a esta carne sensual / ... / assí
el hombre interior / es como rector tenido, / y el exterior regido / y el alma está por señor».

(108).   PREGUNTA CCXXXIX, DEL SEÑOR ALMIRANTE.
QUÉ EFFECTOS TIENEN CADA QUAL DE LOS DOS HOMBRES,
INTERIOR Y EXTERIOR, Y QUÁL DELLOS TIENE MAYOR PO-
TENCIA.

Por echar la ociosidad
que no críe malos humores
que suele a los pecadores
ser muy gran aduersidad,
5   trabajo mi entendimiento
con la pluma todo junto
porque con lo que pregunto
desperteys mi entendimiento.

Si en vno dos hombres vienen,
10   según lo que respondeys,   (fol. 63v)
pídoos que determineys
las obras que les conuienen;
¿quál tiene mayor poder
dellos dos y mayor grado,
15   el que en mí trayo encerrado,
o el que todos pueden ver?

Nota. Fray Luis contesta en seis coplas castellanas, en las que dice, con sensatez y ortodoxia: «A él conuiene regir, / al otro ser dél regido, / que el exterior podrido / en vicios quiere biuir, / pero éste, como entiende / la virtud y la maldad / contra la sensualidad / continuamente contiende».

(109). Pregunta CCXL, del señor Almirante. Por qué razón vn hombre no puede biuir sin ayuda de otro, tan bien como vn animal bruto.

Qualquiera bruto animal,
avnque sin entendimiento,
por su instincto natural,
sin ayuda artificial
5 busca su mantenimiento.
Al hombre, quiero saber,
por qué falta este poder
que sin otros que le ayuden,
mueran, trabajen y suden,
10 no se puede mantener.

Por razón puede entenderse,
pues que no somos yguales,
que el hombre en poder valerse
pueda mejor mantenerse
15 que los brutos animales.
Mas vn animal nasciendo
en pie se pone muy presto,
y la leche fallesciendo
sabe valerse paciendo,
20 y el hombre no goza desto.

Nota. La ejemplaridad de los animales (*terofilia*) es tema propio del Renacimiento. El P. Escobar contesta en ocho coplas

reales y su argumento principal es: «La soberana bondad / dio
esta ley a los humanos, / que tengan nescessidad / de mostrar
la caridad / y ayudarse como hermanos».

(Fol. 64r)
(110).   PREGUNTA CCXLI. SOBRE QUE EL SEÑOR ALMI-
RANTE TRAÝA POR MEDALLA VN CORAÇÓN DE HIERRO EN
LA GORRA, Y LA LETRA DEZA ASSÍ:

> Hasta que de carne sea
> no tendrá lo que dessea.

DEMANDÓ SU SEÑORÍA AL AUCTOR SU PARESCER, Y GLO-
SÓ LA LETRA DIZIENDO:

> De carne, mas no carnal,
> que es más peligroso mal.

ARGUMENTO DEL SEÑOR ALMIRANTE CONTRA LA GLOSA
DEL AUCTOR.

> Quando de carne es carnal,
> el coraçón que es vencido
> es en hierro conuertido
> pues es duro en hazer mal.
> 5   Assí que si carnal fuere
> en este nuestro destierro
> podeys dezir que es de hierro,
> su dureza lo requiere.
>
> Porque impossible ha de ser
> 10   ser de carne y ser carnal,
> pues dureza de metal

en carne puede ser,
que el hierro, siendo tan duro,
y siendo la carne blanda,
15 coraçón que en vicios anda
dezid que es de hierro puro.

Por do conuiene, señor,
luego la glosa se emiende,
que a lo que razón defiende
20 no ha de auer contraditor,
que ser de carne y carnal,
como vos, señor, glosastes,
no sé cómo lo prouastes
según razón natural.

NOTA. Para los años maduros de Don Fadrique era moda cortesana usar una medalla en la gorra, con letra alusiva a algo determinado, como ilustra repetidamente Gonzalo Fernández de Oviedo en sus *Batallas y quinquagenas*, mi ed. (Salamanca, 1989). La *respuesta* va en nueve coplas castellanas.

(Fol. 64v)
(111). PREGUNTA CCXLIJ, DEL SEÑOR ALMIRANTE. EN QUÉ PARTE DEL CUERPO ESTÁ EL ALMA [ORIGINAL: *AIA*] DEL HOMBRE.

Quiéroos pedir otra cuenta
de ell alma que Dios nos da,
mientra en este cuerpo está
dezid dónde se aposenta,
5 que estando todo ocupado
no podría resistir
de ell alma no se salir
por qualquier miembro cortado.

Nota. Como contesta fray Luis (seis coplas castellanas):
«Esto ya fue disputado / por sabios que lo mouieron», y, para
mayor claridad , da una cita precisa: «En la octaua distincción, / y avn allí Santo Thomás / la trata en la questión quinta».

(112). Pregunta CCXLIIJ, del señor Almirante.
Por qué quiso Christo nascer para morir.

> Quando falta la luz mía
> no sin causa vengo a vos:
> dezid, ¿por qué encarnó Dios
> en el vientre de María,
> 5   que sin esta Encarnación
> Dios consigo bien cumpliera
> y si ésta no hiziera
> escusara su Passión?

Nota. Doce coplas castellanas invierte fray Luis en glosar
su primera respuesta: «Fue porque la redención / no pudiera
effectuarse / sin Jesuchristo abaxarse / y merecernos perdón».

(Fol. 65r)
(113). Pregunta CCXLIIIJ, del señor Almirante.
Por qué razón quiso Christo nascer de virgen.

> No os dé pena que pregunto
> las dudas en que me veo,
> pues es bueno mi desseo
> en las cosas que yo apunto,
> 5   que de lo que a Christo toca
> no se deue hombre hartar
> de saber y preguntar
> pues la sciencia no se apoca.

Dezidme por qué razones
10 de virgen quiso nascer,
y en esto no quiso ser
como los otros varones,
que Él mismo quiso ordenar
qué Virgen le concebiesse,
15 y qué Virgen le pariesse
y en virginidad quedar.

NOTA. En la primera de siete coplas castellanas, el P. Escobar puntualiza: «Respondo por abreuiar, / que se dan muchas razones / por los illustres varones / que en esto suelen hablar».

(114). PREGUNTA CCXLV, DEL SEÑOR ALMIRANTE. DÓNDE ESTÁ LA SANGRE DEL NIÑO EN EL VIENTRE DE SU MADRE.

En el cuerpo do ay concierto
responded, si no os enoja,
do la sangre se recoja,
si ay lugar que sea cierto,
5 o si en viniendo la vida
va la sangre repartida
por las arterias y venas
para ser de sangre llenas
siendo en ellas infundida.

NOTA. La *respuesta* científica de fray Luis termina con hilarante guasa: «No respondo más aquí, / no hago más caso dello, / que avnque he passado por ello / no me acuerdo si lo vi» (fol. 65v).

(115). Pregunta CCXLVI, del señor Almirante. Si
resuscitarán los malos al Juyzio de Dios como los
buenos.

> Pues Dauid profetizó
> los malos no resuscitan,
> estas palabras me incitan
> para que os pregunte yo,
> 5 pues de saber soys tan lleno
> que todo está en vuestro seno,
> responded sin entreualo
> si resuscitará el malo
> al Juyzio como el bueno.

Nota. El Almirante cita el salmo I de David, y el P. Escobar contesta (siete coplas novenas) con otra cita: «Suma de
doctores es, / según que diré después, / de sus dichos no me
aparto / según tratan en el quarto, / distinción quarenta y tres».

(116). Pregunta CCXLVIJ, del señor Almirante.
Quando vn hombre come carne de otro y la conuierte en su sustancia, con quál dellos resuscitará
aquella carne comida.

> Si hombre vuiere comido
> carne humana en esta vida
> y en la suya es conuertida,
> qué hará este cuerpo, os pido,
> 5 que según la razón quiere
> si hombre a hombre comiere
> viniendo al resuscitar
> al vno aurá de faltar
> lo que el otro rescibiere.

Nota. En su *respuesta* (cuatro coplas novenas) el P. Escobar se atiene a una de sus autoridades más socorridas: «La respuesta verdadera, / sin quitar ni poner más, / la escriue Santo Thomás / en la opúscula tercera, / también el quarto escrito». Respecto a Adán y Eva preguntará más tarde Don Fadrique: «Con quién resuscitará aquella costilla, pues costilla de dos fue», *vide infra*, comp. núm. 273, pág. 569.

(Fol. 66r)
(117). Pregunta CCXLVIIJ, del señor Almirante. Los que en esta vida fueron feos, o mancos, o con otros defectos, si resuscitarán con ellos.

> Lo que más pregunto aquí
> si los feos y contrechos,
> mancos, coxos, no derechos,
> resuscitarán assí.
> 5 ¿Qué es lo que deuo sentir
> del manco qual ha de yr?
> Que Sant Agustín dudando,
> como en duda lo dexando
> no lo quiso concluyr.

Nota. La *pregunta* lleva una carga personal, si recordamos la diminuta estatura del Almirante. Por lo demás, la fuente de esta *pregunta* concreta es *De civitate Dei*, XXII, xix. Todas estas dudas de Don Fadrique acerca de la resurrección están inspiradas por una meditada lectura del clásico agustiniano, en particular en sus libros XX-XXII. El P. Escobar pasa revista a sus autoridades (Escoto, Santo Tomás, Ricardo) y declara que seguirá a San Buenaventura en trece coplas novenas, donde hace una afirmación que habrá sido muy poco del gusto de su interlocutor: «Que el enano miserable / se quedará como es».

(Fol. 66v)

(118). Pregunta CCXLIX, del señor Almirante. Para qué han de yr al Juyzio general los bienauenturados.

> Pues que juzgados están,
> ruégoos que me deys auiso,
> los que están en Parayso
> ¿por qué al Juyzio yrán?
> 5 La gloria que ha de tener
> cada vno ya la tiene,
> paresce que no conuiene
> que aya acá de boluer.

Nota. Diez coplas castellanas dedica fray Luis a su *respuesta*, en la que aduce a Santo Tomás («Con el maestro en el quarto, / distincción quarenta y siete») , y a San Pablo, I *Ad Corinthios*, VI.

(119). Pregunta CCL, del señor Almirante. Qué será deste mundo después del Juyzio Final.

> Yo quedo de essa respuesta
> muy contento a mi sabor,
> mas también quiero, señor,
> que me respondays a ésta,
> 5 que lo que quiero saber,
> pues vamos a lo segundo,
> es que será deste mundo
> quando el fin aya de ser.

Nota. La *respuesta* del P. Escobar consta de dos partes, la primera en siete coplas castellanas, donde declara: «Hablo se-

gún opiniones / lo que hallo en mi jnuentario, / que otros dizen lo contrario / y dan dello sus razones». La última copla
castellana dice: «Y en esto quiero alargar / algo más de lo que
suelo / pues que la gloria del cielo / para siempre ha de durar,
/ y también quiero mudar / la forma del trobar mío / porque
no tomeys hastío / si me vierdes alargar». Siguen veintiuna
coplas de arte mayor, en la última de las cuales escribe: «Assí
que, señor, pues ya fenescemos / nuestras preguntas y nuestras respuestas / tengamos contino las almas dispuestas / y en
lo que hablamos en esso acabemos».

Acaba la quinta quinquagena, loado sea el Santísi-
mo Nombre de Dios, amén.

C.

QUATROCIENTAS RESPUESTAS, 1545

XII. *Las quatrocientas respuestas a otras tantas pregun-*
tas que el jllustríssimo señor Don Fadrique Enrríquez, Al-
mirante de Castilla y otras personas en diuersas vezes em-
biaron a preguntar al autor, que no quiso ser nombrado,
mas de quanto era frayle menor, Valladolid, Francisco Fernández de Córdoba, 1545.

Argumento en el presente libro. El illustríssimo señor
Almirante Don Fadrique Enrríquez, que fue vn gran y
christianíssimo cauallero, prudente, deuoto, sabio, de
alto entendimiento, de ánimo piadoso, liberal, esforçado y señor muy principal, y por tal tenido y honrrado
en estos reynos de España y dondequier que era conoscido, como entre otras loables affeciones que tenía fuesse
cobdicioso de saber y estudioso en diuersos libros y lenguas, embiaua muchas preguntas suyas y algunas de otros
en metro al autor no nombrado, que estaua en la cama
tollido de diuersas dolencias, y él respondía dirigiendo
las respuestas al señor Almirante, que las embiaua, y algunas vezes a los autores de las preguntas, comoquier
que las preguntas de aquellos otros eran muchas dellas
tan mal metrificadas que más trabajo era para el autor
emendarlas que responderlas, porque en las más dellas
fue menester deshazerlas y tornarlas a buen estilo, guardada la intención y sentencia del preguntante, en otra
manera no eran para parescer, saluo las de su Señoría,
que eran perfectas. La sexta parte del libro, que es de

quinientos prouerbios, tenía el autor hechos para em-
biárselos, pensando seruirle con ellos, y no huuo effecto a causa de otros negocios que lo impidieron y más
la muerte del señor Almirante. Dios glorifique su ánima, que muchos buenos dexó encargados y edificados
su deuoción. Fallesció en su villa de Ríoseco, año de mil
y quinientos y treynta y ocho, a nueue días del mes de
enero, y sepultado en el monesterio de Sant Francisco
de la misma su villa, el qual él hizo con la yglesia muy
notable y sumptuosa, y mandóse sepultar a los pies de
la cathólica y famosa señora Doña Ana de de Cabrera,
Condessa de Módica, su muger, y de la Condessa de Melgar, su misma hermana, como christiano ageno de jac-
tancias y pompas vanas, que en estado y merescimiento siendo más de lo que parescía, quiso parescer menos
de lo que era.

NOTA. Copio a continuación las poesías del Almirante no
contenidas en las *Respuestas quinquagenas* (Valladolid, Nicolás Thierri, 1526), o contenidas con distinta atribución, con
las breves anotaciones del caso, tal cual se ha hecho con las
composiciones impresas de dicha obra. Algunas de las poesías
de Don Fadrique contenidas en las *Respuestas quinquagenas*,
fray Luis de Escobar las sometió a diversos *rifacimenti* al reim-
primirlas en las *Quatrocientas respuestas*, retoques que ya quedan mencionados en las notas a las composiciones correspon-
dientes de las *Respuestas quinquagenas*. Dejo constancia que
no ando a la caza de variantes, dado que el Almirante no pudo
tener participación alguna en el texto de 1545, pero anoto las
principales y, en ocasión, reproduzco la nueva versión, en caso
de graves discrepancias. Sigo el texto de las *Quatrocientas respuestas* según la edición Zaragoza, Jorge Coci, 1545, por te-
nerla a mano.

Parte primera de la sacra Escriptura

(Fol. 1r)
(120).   Pregunta primera, del señor Almirante.
Por qué mandó Christo a sus discípulos comprar armas, pues tanto les encomendaua la paz.

Nota.   El texto es, con variantes, el de 1526 (*v. supra*, comp.
núm 36, pág. 384 *seq.*), pero al final añade:

Réplica del señor Almirante a la respuesta sobredicha del autor

Pues si no han de pelear
los que son sieruos de Dios,
por qué los manda comprar
armas para guerrear,
5   esto me declarad vos.
Con armas punir los males
mándanlo Dios y el derecho,
mas los apostolicales
tomar armas materiales,
desto no estoy satisfecho.

Nota.   La «Respuesta del autor» y su «Conclusión de todo
lo dicho en esta respuesta» son un híbrido que reproducen algo
de 1526, lo trasponen y lo añaden.

(Fol. 2r)

(121).   PREGUNTA SEGUNDA, DEL SEÑOR ALMIRANTE. SI
ES MEJOR TRAHER ARMAS MATERIALES O ANDAR SIN ELLAS.

> De armas materiales
> os pregunto yo, señor,
> digays si traher las tales
> entre gentes curiales
> 5   es lo mejor o peor.
> Porque es peligro trahellas
> y es negligencia dexallas,
> y los que biuen por ellas
> para exercitarse en ellas
> 19   contino conuiene vsallas.

NOTA.   Esta *pregunta* está contenida, en parte, en la copla
dieciseis y en la última de la *respuesta* original de fray Luis
a la pregunta CLXVII de 1526 (comp. núm. 36), hasta con
algunas de las mismas rimas. La *respuesta* a esta pregunta segunda de 1545 está taraceada de la *respuesta* de 1526 a esa
pregunta CLXVII.

(Fol. 6r)

(122).   PREGUNTA XVII, DEL SEÑOR ALMIRANTE. POR
QUÉ NO PECÓ CÉSAR QUANDO MANDÓ CONTAR EL MUNDO,
Y PECÓ DAUID CONTANDO EL PUEBLO DE ISRAEL.

> Vemos que Dauid pecó,
> según se escriue y se suena,
> quando su gente contó,
> pues que Dios le castigó
> 5   con tal pestilencia y pena.
> Y César, que a boca llena

el mundo cuenta y publica,
su cuenta se da por buena
y César se justifica,
10 dezidme qué significa.

NOTA. En las *Respuestas quinquagenas* está composición se
imprime sin atribución, pregunta XLV. Fray Luis contesta en
tres coplas reales en las que aclara que David actuó por jactancia, y César Augusto para dirimir sus derechos.

(Fol. 6v)
(123). PREGUNTA XIX, DEL MISMO AUTOR. POR QUÉ
TEMIÓ CHRISTO LA MUERTE, PUES SABÍA QUE LA HAUÍA
DE VENCER Y SALIR CON MUY GLORIOSA VICTORIA.

Bien nos dize la Scriptura
que Christo temió el morir
y ángel houo de venir
a consolar su tristura.
5 Y que tanto fue el temor
y congoxa del Señor
que con la grande agonía
sangre sudar le hazía,
pues de sangre fue el sudor.

10 Pues dezid por qué temió
Nuestro Redemptor la muerte
siendo Él tan grande y fuerte
que muriendo la venció.
Si el que lidia por vencer
15 supiesse que assí ha de ser,
reputando en su memoria

> por muy cierta la victoria
> no deuría de temer.

NOTA.   Fray Luis contesta en veintiseis coplas novenas, donde mezcla a Aristóteles, *Rhetoricorum secundo*, con el Evangelio de San Marcos.

(Fol. 7v)

(124).   PREGUNTA XX, DEL SEÑOR ALMIRANTE. EN QUÉ LENGUA HABLAUA DIOS A ADAM, Y CÓMO SE ENTIENDE AQUELLA PALABRA DEL PATER NOSTER, «ADUENIAT REGNUM TUUM». EMBÍA DOS PREGUNTAS EN VNA, TROBADAS EN DOS MANERAS.

> No tengays pena comigo
> os pido, señor, por Dios,
> pues que yo confío en vos
> como verdadero amigo.
> 5   Que dos dubdas me quedauan
> que mucho me fatigauan:
> quando Dios habló a Adam,
> y a Moysén y Abraham,
> ¿en qué lengua se hablauan?
>
> 10   Y también quiero pedir,
> avnque sepa ser molesto,
> y aquí junto,
> que vos me querays dezir
> lo que a vos paresce en esto
> 15   que pregunto:
> ¿por qué pedimos a Dios
> Su gracia Le demandando
> y diziendo

«El Tu reyno venga a nos»,
20   pues que Su reyno esperamos?
No lo entiendo.

NOTA.   El Almirante poetiza una copla novena y una copla
de pie quebrado, en su variedad *manriqueña*, métrica esta última de la que no hay ejemplos en las *Respuestas quinquagenas*. A la copla novena el P. Escobar responde con dos coplas
novenas, en las que baraja las autoridades de San Jerónimo,
Santo Tomás y San Agustín. Es interesante observar que este
problema del lenguaje hablado en el Paraíso preocupó a los
lingüistas españoles hasta en el siglo XVIII, como atestiguó el
P. Manuel de Larramendi en *De la antigüedad y vniversalidad
del Bascuenze en España* (Salamanca, 1728), y en *El imposible
vencido. Arte de la lengua bascongada* (Salamanca, 1729). Sobre el idioma hablado en el Paraíso Terrenal, el Almirante volvió a la carga, *vide infra*, comp. núm. 271, pág. 568. La copla
manriqueña recibe otras diez manriqueñas por *respuesta*.

(Fol. 8r)
(125).   PREGUNTA XXJ, DEL SEÑOR ALMIRANTE. QUÁN-
TOS AÑOS PASSARON DESDE DAUID HASTA EL NASCIMIEN-
TO DE CHRISTO.

Antes que me leuantasse
yo y Roca trauamos lid
quántos años fue Dauid
antes que Christo encarnasse.
5   Mandad responder a ésta,
vuestra sentencia esperamos
y sobremesa quedamos
esperando la respuesta
por ganar lo que apostamos.

Nota.   Roca, al parecer, debía ser el ayuda de cámara de Don Fadrique. Fray Luis, con un poco de chirigota, contesta en una copla novena que termina: «Yo hallo por buena cuenta / que fueron mil y setenta, / y muy pocos más o menos».

(Fol. 9r)
(126). Pregunta XXVJ, del señor Almirante. Quién fue el primero escriuano del mundo, y qué se hizo el arca del Testamento quando el rey de Babilonia destruyó el templo de Salomón y lleuó captiuo el pueblo de Judea.

Hablando otras cosas os oý dezir
de no sé qué sabio que allí le nombrastes,
Fasciculus temporum le intitulastes,
quién fue el primer hombre que supo escreuir.
5   De aquella arca santa pregunto también,
que del Testamento es intitulada,
y en *sancta sanctorum* era colocada
en el templo santo de Hierusalem.

Que estauan en ella, según hallo yo,
10   la verga de Aarón que hauía florescido,
y vn vaso de manná del cielo llouido,
y las tablas de ley que Dios escriuió.
Nabuchodonosor, rey de los caldeos,
a Hierusalem tomó y destruyó,
15   los muros y torres de allí derribó
y lleuó captiuos también los hebreos.

El templo y altares mandó derribar
y el oro y la plata y joyas preciosas
y vasos del templo y vestes curiosas

20 robado a su tierra lo mandó lleuar.
De aquella arca santa hazedme saber
lo que fue della, do está, o qué se hizo,
si Dios la encubrió, o si la deshizo,
o si algún tiempo ha de parescer

NOTA. En las *Respuestas quinquagenas*, se imprime la «pregunta XIIJ, de vn rey de armas en que se contienen dos preguntas: la primera, quién fue el primero que supo escriuir, y quién fue inuentor de la carreta». La primera parte de la pregunta del rey de armas se corresponde a la primera parte de la pregunta del Almirante, aunque los versos no tienen correspondencia alguna. Lo interesante es que el P. Escobar contestó al rey de armas y a Don Fadrique con cinco coplas de arte mayor a cada uno, de las cuales las tres primeras son las mismas en ambos casos, con algún pequeño cambio verbal. De todas maneras, el tema de ambos preguntantes tuvo gran popularidad por aquellas centurias, como atestiguan Polidoro Virgilio, *De inventoribus rerum* (Venecia, 1499), y el estudiante que guió a don Quijote a la cueva de Montesinos, que tenía entre manos un *Suplemento a Virgilio Polidoro*, que resultó muy beneficiado por la aventura subterránea del protagonista, *Quijote*, II, xxii. En cuanto al *Fasciculus temporum* que intrigaba al Almirante, se trata de la famosa cronología del cartujo alemán Werner Rolewinck, cuya primera edición fue de Colonia, 1474, y entre muchas otras reediciones tuvo una de Valencia, 1480.

(Fol. 9v)
(127). PREGUNTA XXVIJ, DEL MISMO. QUÁNTOS Y QUÁLES FUERON LOS REYES QUE REYNARON EN HIERUSALEM ANTES DEL ADUENIMIENTO.

Otra verdad yo ando buscando
que mucho desseo saberla muy bien:

qué reyes reynaron en Hierusalem
y qué tanto tiempo biuieron reynando.
5   Que allende los quinze que pone nombrando
el euangelista señor Sant Matheo,
hay otros muchos, segunt lo que leo.
Vuestra respuesta estoy esperando.

NOTA.   En *Respuestas quinquagenas* el texto está atribuido a
«vn cauallero», con mínimo cambio verbal («Una verdad», en
vez de «otra verdad»), pregunta XV. La *respuesta* del P. Escobar consta de quince coplas de arte mayor en 1526 y de dieciséis en 1545, cuando agregó la cuarta («Mas hay vna duda que
es bien de mirar»), aparte de ajustes onomásticos.

(Fol. 10v)
(128).   PREGUNTA XXVIIJ, DEL MISMO. POR QUÉ SE LLA-
MÓ SALOMÓN VNIGÉNITO DE SU MADRE, PUES ELLA PA-
RIÓ DE DAUID OTRO HIJO PRIMERO QUE A ÉL.

De otra notable y nueua questión,
que mucho desseo saber el secreto,
a vos reuerendo, letrado perfecto,
suplico me deys respuesta y razón.
5   El rey Salomón por qué razón quiso
llamarse vnigénito quanto a su madre,
pues de Dauid, el qual fue su padre,
ella parió primero otro hijo.

NOTA.   «Del mismo» («vn cauallero») reza la rúbrica de 1526.
La *respuesta* del P. Escobar tiene las mismas seis coplas de arte
mayor en ambas ediciones.

(129). Pregunta XXIX, del mismo. Y argumento
contra la respuesta sobredicha.

En el primer *Paralipomenón*,
capítulo tercio, de aquesta muger
se halla Dauid quatro hijos hauer,
y el vltimo dellos que fue Salomón.
5 Y assí, yo no entiendo aquesta questión,
porque mirando la sacra Escriptura
notados los nombres se me figura
que estos quatro hijos de dos madres son.

Que la Bersabée, que aquí se nombró,
10 fue Helián llamado su padre,
y de Salomón aquesta fue madre
y dél diximos que ante murió.
Mas la que los otros tres hijos parió
sería Amibel su padre nombrado,
15 si esto es assí, es aueriguado
que eran dos madres, según pienso yo.

(Fol. 11r)
Si a la hija de Amibel tres hijos se dan,
y allí no es nombrada, yo no sé por qué,
o si se llamaua también Bersabée,
20 como la otra hija de Helián.
Si los padres dellas diuersos están,
según por sus nombres es ya declarado,
podremos hauer por aueriguado
que si son dos padres, dos hijas serán.

Nota. No figura en 1526. Fray Luis, en tres coplas de arte
mayor, demuestra ser mejor escriturario que Don Fadrique.

(Fol. 12v)

(130).   PREGUNTA XXXVIJ, DEL SEÑOR ALMIRANTE.
QUÁNTOS Y QUÁLES SON LOS PECADOS CONTRA EL SPÍRI-
TU SANTO.

Vos me escreuistes, si os acordays,
que hay pecados tan aborrescibles
que Christo les dize ser irremissibles,
según que por muchas razones prouays.
Yo mucho querría si, padre, mandays,
saber quáles son, por guardarme dellos
y sus differencias y el número dellos.
A esto suplico que me respondays,

NOTA.   Con atribución a «vn cauallero», y leves cambios verbales («en» por «contra» en la rúbrica, «predicastes» por «escreuistes»), este poema está en las *Respuestas quinquagenas*,
pregunta XXXIII, donde recibió la misma *respuesta* en seis coplas de arte mayor. El P. Escobar da algún dato más en comp.
núm. 143, *infra*, pág. 485, *pregunta* LXXXIX.

(Fol. 13r)

(131).   PREGUNTA XXXVIIJ, DEL SEÑOR ALMIRANTE,
QUE EMBIÓ JUNTAS TRES AL AUTOR. Y LA PRIMERA ES:
QUÁL PERSONA VIUIÓ MÁS EN ESTE MUNDO, SEGÚN SE HA-
LLA EN LA SACRA SCRIPTURA.

Pues days las respuestas en tal dulcedumbre,
respondedme a tres que pregunto yo.
Dezidme quál hombre más tiempo viuió,
pues de la Escriptura estays en la cumbre.

NOTA.   La atribución de 1526 es «del mismo cauallero», y
hay leves cambios: 1526 aúna en la rúbrica las preguntas

XXXIV (la del texto) y la XXXV (la siguiente), e imprime
ambos poemas seguidos, y en el texto del primero escribe: «respondedme a esto», «pues sé que en sabello estays en la cumbre». La *respuesta* del P. Escobar está muy ampliada: a las cuatro coplas de arte mayor de 1526 agregó, en 1545, nueve más.

(Fol. 13v)
(132). PREGUNTA XXXIX, DEL SEÑOR ALMIRANTE.
QUIÉN ES EL QUE MAYOR EXÉRCITO DE GENTE SE HALLA
HAUER HECHO EN EL MUNDO.

> También le ruego en esto me alumbre
> quién es el rey, o señor poderoso,
> que exército hizo más poderoso,
> de gente de guerra en más muchedumbre.

NOTA. Las *Respuestas quinquagenas* mantienen la atribución
«del mismo cauallero», dan una rúbrica más breve, e introdu-
cen algún mínimo cambio verbal en el texto. La *respuesta* del
P. Escobar amplía el texto original, de siete coplas de arte mayor a nueve, con amplios cambios verbales.

(Fol. 14r)
(133). PREGUNTA XL, DEL MISMO SEÑOR ALMIRANTE.
DE QUÉ ANIMALES ERAN LAS PIELES DE QUE DIOS VISTIÓ
A ADAM Y A EUA, PUES QUE AQUEL MISMO DÍA HAUÍA DIOS
CRIADO LAS ANIMALIAS.

> Quando a Adam y a Eua Dios quiso vestir,
> pues el mismo día las bestias crió,
> qué pieles son éstas de que los vistió,
> que por vestiduras pudiessen suplir.

NOTA. El texto de 1526. atribuido a «vn cauallero», había
impreso un quinteto, ya que agregaba, antes del verso 2, el

siguiente: «Pregunto, señor, si os plaze de oýr». La *respuesta* se mantiene la misma.

(Fol. 15r)
(134).   PREGUNTA XLIIIJ, DEL SEÑOR ALMIRANTE. SI ERAN LOS AÑOS DEL TIEMPO VIEJO TAN GRANDES COMO LOS DE AGORA.

> Adam, Noé y otras gentes
> que muchos años viuieron,
> si tan grandes años fueron
> como son hoy los presentes.
> 5 Tras esta dubda me voy,
> en que muy dubdoso estoy,
> si aquellos meses y años
> eran tales y tamaños
> como los contamos hoy.

NOTA.   No figura en 1526. La *respuesta* consta de cuatro coplas novenas, no muy informativas.

(Fol. 15v)
(135).   PREGUNTA XLV, DEL SEÑOR ALMIRANTE. POR QUÉ MANDÓ DIOS A JOSUÉ QUE DESJARRETASSE LOS CAUALLOS DE LOS GENTILES QUANDO LOS VENCIESSE.

> Quando Josué venció
> a todos sus aduersarios,
> destruydos sus contrarios
> los cauallos les mató.
> 5 Lo que pregunto yo dél
> que si Dios mandó a él
> desjarretar los cauallos,

si fuera mejor guardallos
para el pueblo de Israel.

NOTA.   No figura en 1526. Los versos 4-5 de la copla novena exhiben objetable autorrima, *él-él*, aunque las personas aludidas son distintas. El P. Escobar contestó con cinco coplas
novenas.

Fin de la primera parte

SEGUNDA PARTE DE MATERIAS THEOLOGALES

(Fol. 17v)
(136).   PREGUNTA L, DEL SEÑOR ALMIRANTE, Y OBJE-
CIÓN A LO SOBREDICHO DEL SABER.

Pues yo vi muchos perdidos
que por saber se perdieron,
que las sciencias que supieron
les turbaron los sentidos.
5   Y éstos fueron condenados
no les faltando el creer,
mas con su mucho saber
hizieron muchos pecados.

NOTA.   Esta copla castellana del Almirante falta en 1526, y
está dirigida, en particular, contra la copla castellana número
17 de la *respuesta* de 1526: «Y queriendo responder / a lo que,
señor, dezís, / que pensays que os destruýs / en tales cosas
creer: / el mal será no creellas / y el dulçor es entendellas, /
que el creer es el remedio / y el saber es otro medio / para de-
leytarse en ellas». Parte de esta *respuesta* de fray Luis va a parar a la *respuesta* a la próxima *pregunta* en 1545.

(Fol. 18r)

(137). Pregunta LJ, y objeción a lo sobredicho que
dixo Sant Juan: «El que viere y creyere y el que
creyere y no viere será saluo».

> Dezís que dixo Sant Juan
> que aquellos que a Christo vieren
> y viéndole en Él creyeren
> vida eterna alcançarán,
> 5   y que dize en conclusión:
> Bienauenturados son
> aquellos que no Le vieron
> y no Le viendo creyeron.
> Yo os demando absolución
> 10   desta tal contradición.

Nota. Esta copla real no está en 1526, y no lleva atribución en 1545, pero como arguye contra lo dicho en una copla
castellana de la *respuesta* previa al Almirante, es lógico suponer que es de él. La copla de marras es la castellana número
18, donde fray Luis escribió: «Christo dixo por Sant Juan /
que aquellos que no le vieren, / si no le viendo creyeren, / sin
duda saluos serán. / Y en el capítulo sesto / dize lo contrario
desto: / quien me viere y me creyere / aurá la vida que quiere,
/ según es muy claro el testo». Un texto aludido del Evangelio de San Juan es VI, xl, el otro es III, xv.

(Fol. 18v)

(138). Pregunta LIIJ, y objeción del señor Almirante contra lo sobredicho.

> No quiero ser enojoso
> en ponerme a porfiar,
> pero yo vi predicar

a predicador famoso.
5 Y prouó por agumentos
que el dolor fue muy menor
y el gozo mucho mayor,
do todos fuymos contentos.

Nota. No está en 1526, pero es lógica continuación de su
«pregunta CLV, de su Señoría. Quál fue mayor, el dolor que
Nuestra Señoría tuuo en la Passión de su Hijo, o el gozo de
la Resurrección», *supra*, comp. núm. 26. El muy largo texto
que había dedicado fray Luis a su *respuesta* en 1526, ahora
en 1545 está parcelado, con otros retoques, entre varias de
estas *preguntas* del Almirante.

(139). Pregunta LIIIJ, del señor Almirante. Quál
de las dos opiniones será la más cierta en la materia sobredicha.

Esto que haueys difinido
me paresce a mí mejor,
que el gozo fue muy mayor,
según haueys concluydo.
5 Mas también quiero saber,
pues days a todos razones,
en estas dos conclusiones
quál es vuestro parescer.

Nota. El texto del Almirante no está en 1526, pero la *respuesta* de fray Luis sigue usufructuando el texto impreso en
las *Respuestas quinquagenas*.

(Fols. 19v-20r)

(140). PREGUNTA LVJ, DEL SEÑOR ALMIRANTE. SI PUE-
DE EL PECADOR, POR SU LIBRE ALUEDRÍO SALIR DEL PE-
CADO Y SER JUSTIFICADO SIN OTRA AYUDA DE DIOS. Y PONE
MUCHOS ARGUMENTOS EN LUGAR DE PREGUNTAS: SON LOS
ARGUMENTOS VJ, DESPUÉS XXIX, Y OTROS DESPUÉS.

NOTA. Todo esto está en 1526, pero en 1545 fray Luis nu-
meró como nuevas *preguntas* los antiguos *argumentos* del Almirante, lo que es una forma de explicar el rápido crecimiento de 250 *preguntas* (1526) a 400 *preguntas* (1545).

(Fols. 20r-24v)

(141). PREGUNTA LXIJ, DEL SEÑOR ALMIRANTE. EN
QUE PROSIGUE LA QUESTIÓN SEGUNDA VEZ, ARGUYENDO
QUE EL PECADOR PUEDE SER JUSTIFICADO POR SOLO SU LI-
BRE ALUEDRÍO, SIN OTRA AYUDA DE DIOS, Y TORNA A PO-
NER MUCHOS ARGUMENTOS, Y SON XXIX.

NOTA. Los comentarios de la NOTA anterior son perfectamente aplicables aquí, con excepción de la *pregunta* LXXVIII,
que sigue, original intercalado y fuera de orden en 1545.

(Fol. 22v)

(142). PREGUNTA LXXVIIJ.

> Hay otra limitación
> cerca de lo que es passado,
> que después de ya acabado
> no ha lugar la eleción.
> 5 La tercera da a entender
> que él elige lo possible,
> mas en lo que es impossible
> él no tiene qué hazer.

10 Mas no hay limitación
que la libertad impida
de aquello que en esta vida
cumple a nuestra saluación.
Que el hombre libre y esento
15 para andar y negociar,
avnque no pueda bolar
no es por esso impedimento.

Si no nos da facultad
de hazer lo que queremos,
20 de querer lo que deuemos
tenemos gran libertad.
Libre se puede dezir
quien con libertad se mueue,
y de querer lo que deue
nadie lo puede impedir.

NOTA. En 1526 estas tres coplas castellanas forman parte
de la *respuesta* de fray Luis que comienza «Serán tres limitaciones», fol. 40v. Dos posibles explicaciones: o bien son coplas originales del Almirante, mal atribuidas en 1526, o son
de fray Luis, quien se las atribuyó a su corresponsal difunto
con fines de aumentar los textos originales del Almirante en
1545.

(143). PREGUNTA LXXXIX, QUE INCIDENTALMENTE
PREGUNTÓ EL SEÑOR ALMIRANTE, SIN ARGUMENTO.

Pecados que dezís ser
contra el Spíritu Sancto,
de éste me temo yo tanto
que en esso quiero entender.

5   Que no es cosa de oluidar
tal materia como está;
en esto quiero respuesta
y luego la haueys de dar.

NOTA.   Falta en 1526. El P. Escobar, en su *respuesta* (dos coplas castellanas), recuerda a Don Fadrique: «Deueys primero acabar / la questión que está trauada, / y después desta acabada / essa otra començar». Y en prosa continúa: «Esta pregunta LXXXIX, de los pecados contra el Spíritu Sancto, tornó después a preguntar el señor Almirante, y el auctor responde a ésta según paresce en la pregunta XXXVII [Comp. núm. 130], en la primera parte, con las preguntas de arte mayor, que van por sí juntas, y allí está respondido».

(Fol. 24v)
(144).   PREGUNTA XCIIJ, DEL SEÑOR ALMIRANTE. QUÉ COSAS DEUE HOMBRE CONTEMPLAR EN AQUESTA SEMANA SANTA.

Essos males infinitos
en que deuemos pensar
para mejor me acordar
querría verlos escriptos,
5   que para librarnos dellos
es menester entendellos,
y Christo por su Passión
nos quiera dar contrición
para pugnar contra ellos.

NOTA.   La *respuesta* del P. Escobar (diez coplas novenas) es un *rifacimento* de la original de 1526.

(Fol. 25v)

(145). Pregunta en que el señor Almirante torna la tercera vez a arguyr que el pecador puede
ser justiificado por su libre aluedrío sin otra ayuda de Dios, y pone otros XXIX argumentos.

Pregunta XCV, y argumento primero del señor Almirante.

Nota. Este nuevo y largo poema sobre el libre albedrío está
en 1526, pero con ajustes verbales, v. *supra*, págs. 334 *seq.*
Pero como se ha visto con anterioridad (págs. 482-483, textos 137 y 138), fray Luis aumenta considerablemente el número de *preguntas* del Almirante al numerar como tales cada
uno de los *argumentos* propuestos por Don Fadrique.

(Fol. 28v)

(146). Pregunta CXXV. En que el señor Almirante torna a arguyr que si el pecador no se puede
leuantar sin Dios sguese que no tiene libre aluedrío, y arguye prouándolo por auctoridades de
muchos.

Nota. El texto está en 1526, pero para 1545 ha sido cambiado notablemente (*v. supra*, comp. núm. 32, pág. 324 *seq.*),
comenzando por el epígrafe, y cada una de las coplas del Almirante ahora está numerada como *pregunta* independiente.

(Fol. 30v)

(147). Pregunta CXXXVJ, del señor Almirante.
Si fue algún perjuyzio a la diuinidad nascer Christo passible y mortal.

Juzgue más vuestro juyzio
nasciendo el cuerpo passible

y siendo Dios impassible,
si corrió algún perjuyzio.
5   Que me espanta esta verdad:
vn hombre mortal nascido
tan conjunto y tan vnido
a immortal diuinidad.

NOTA.   Falta en 1526. Fray Luis la contesta con cinco coplas castellanas.

(Fol. 31v)
(148).   PREGUNTA CXXXIX, DEL SEÑOR ALMIRANTE.
SI DESPUÉS DEL JUYZIO FINAL PENARÁN LOS DEMONIOS
EN EL MISMO FUEGO EN QUE PENARÁN LOS DAÑADOS
HOMBRES.

Pues en quanto yo os pegunto
vos me soleys alumbrar,
también os quiero rogar
me declareys otro punto.
5   El fuego en que han de arder
essos que se han de perder,
si en el mismo penarán
los demonios que serán,
o qué pena han de tener.

NOTA.   Falta en 1526; fray Luis contesta con cinco coplas
novenas.

(Fol. 32r)

(149). Pregunta CXL, del señor Almirante. Qué cosa es sindéresis de la consciencia.

> Yo os pido, señor, por Dios,
> no me hayays por importuno
> pues no hay otro ninguno
> que me alumbre como vos.
> 5 Y el sindéresis, señor,
> que nos roe y nos remuerde
> es otro muy gran primor:
> dél me hazed sabidor
> vos ruego que se os acuerde.

Nota. Falta en 1526. El P. Escobar contesta en nueve coplas novenas, en las que dice, en parte: «Un hábito natural / hay junto a nuestra consciencia / que incita al bien y clemencia, / murmura siempre del mal. / Éste con razón reclama, / y sindéresis se llama». El *Diccionario* de Corominas posterga en todo un siglo (mediados del siglo XVII) la entrada de esta palabra al castellano.

(Fol. 35r)

(150). Pregunta CXLIX. Quando nos tienta el demonio si le embía Dios o si se viene él por su mala voluntad.

Nota. Es la comp. núm. 106, aunque ahora, en 1545, sin nombre de autor.

(Fol. 35v)

(151).   PREGUNTA CL, DEL SEÑOR ALMIRANTE. QUÉ RE-
MEDIOS HAY PARA DEFENDERNOS DESTE TENTADOR.

> Pues que me days el [ilegible]
> en hauer bien respondido,
> assimismo os ruego y pido
> que vos me deys el consejo.
> 5 Que me digays qué haré,
> cómo me defenderé,
> que avnque tentados seamos
> bien es que nos defendamos
> siendo fuertes en la fe.

NOTA.   La *respuesta* de fray Luis es tan larga (treinta y una
coplas novenas) como repleta de afirmaciones de homiliario.

(Fol. 38v)

(152).   PREGUNTA CLVIIJ, DEL SEÑOR ALMIRANTE. QUE
POR QUÁL DOCTOR PRUEUA EL AUTOR LO QUE HA DICHO.

> Aquí, señor, me escreuís
> que quereys seguir a vno
> y no nombrays a ninguno
> de aquellos que aquí dezís.
> 5 Del doctor me hazed saber,
> que esto ha de responder
> que después que respondierdes
> el doctor que vos siguierdes
> de espacio he de leer.

NOTA.   Falta en 1526. Curiosa estrategia la que sigue el P.
Escobar en esta oportunidad. Todo parte de la pregunta an-

terior («Los que en esta vida fueron feos, o mancos, o tuuieron otros defectos, si resuscitarán con ellos», *v. supra*, comp.
núm. 117, que recibió larguísima *respuesta* en 1526 (trece coplas novenas); las dos primeras de estas coplas pasan, en 1545,
a ser *respuesta* de la *pregunta* CLVII. Las once restantes, más
otras otras doce coplas novenas originales, pasan a ser la *respuesta* a la *pregunta* CLVIII.

(Fol. 39v)
(153).   Pregunta CLXJ, del señor Almirante. Si tienen los bienauenturados codicia de alguna cosa.

>   Las almas que al cielo van,
>   pues van limpias de malicia,
>   dezidme si allí do están
>   si pueden tener cobdicia.
> 5   Que piérdese la victoria
>   donde ha mala inclinación,
>   y por esto no es razón
>   que haya cobdicia en la gloria.

Nota.   Falta en 1526. La *respuesta* de fray Luis está en ocho
coplas castellanas, y comienza por los elogios de rigor: «Dig-
nas son de gran memoria / las preguntas que embiays».

(Fol. 40r)
(154).   Pregunta CLXIJ, del señor Almirante. En
qué lugar aparescerá el Señor quando venga a juzgar el mundo.

>   Respondedme, señor, vos,
>   por a Dios hazer seruicio:
>   en el día del Juÿzio
>   en qué parte estará Dios,

5   que fundada por derecho
la razón en que me fundo
dizen que aquel día el mundo
y el cielo será deshecho.

NOTA.   Falta en 1526. La rima *derecho-deshecho* obliga a Don
Fadrique a anómalo régimen verbal (*mundo-cielo* con verbo
en singular). Trece coplas castellanas hacen la *respuesta* de fray
Luis, quien graceja a expensas de su interlocutor: «Y será muy
gran donayre / si con vuestro grande estado / vays al cielo coronado / y vaya en el infierno el frayre».

(Fol. 40v)
(155).   PREGUNTA CLXIIJ, DEL SEÑOR ALMIRANTE. SI
ESTARÁN LOS JUSTOS MEZCLADOS CON LOS ÁNGELES EN EL
CIELO.

Las sillas que Lucifer
dexó en el cielo perdidas
de ánimas scrán cumplidas,
según dizen que ha de ser.
5   Pues si de almas que han de entrar
los lugares serán llenos,
entre los ángeles buenos
se sigue que hemos de estar.

NOTA.   Falta en 1526. Fray Luis usa cinco coplas castellanas
en su *respuesta*.

(156). Pregunta CLXIIIJ, del señor Almirante. Si
será mayor la gloria de los hombres que de los ángeles.

> Pues siendo por esta vía
> pagado su merescer,
> diferentes podrán ser
> de aquella gran gerarchía.
> 5 Pues dezid: los que allá van
> si será mayor su grado
> pues cuerpo glorificado
> entre los ángeles ternán.

Nota.   Falta en 1526. El P. Escobar se despacha en seis coplas castellanas.

(157). Pregunta CLXV, el señor Almirante. Qué
penas son las que ternán los dañados en el infierno.

> Allende desto pregunto
> y desseo satisfazerme,
> si vos quereys responderme
> y declararme otro punto.
> 5 Ya yo sé que los dañados
> serán muy atormentados,
> pero sélo en general,
> respondedme en especial
> qué tormentos serán dados.

Nota.   Falta en 1526. Para su *respuesta*, que va en cuarenta
y dos novenas, el P. Escobar pone a contribución «la sacra
escriptura» y «el quarto de las sentencias», y describe las ocho
penas de los condenados, con malévola alusión a Don Fadri-

que: «Ya los palacios y salas / infierno se haurán tornado, / y en dolo se haurán trocado / vuestros deleytes y galas».

(Fol. 42r)
(158). Pregunta CLXVJ, del señor Almirante. Por qué razón da Dios penas eternas por la culpa transitoria.

Vos dezís en conclusión
que el malo por su pecado
ha de ser atormentado
por siempre sin redempción.
5   Si hay razón natural
para este tan gran mal,
por qué quiere Dios eterno
que estén siempre en el infierno
por la culpa temporal.

Nota. Falta en 1526. Doce coplas novenas dedica fray Luis a su *respuesta*.

(Fol. 42v)
(159). Pregunta CLXVIJ, del señor Almirante. Si los demonios atormentan a los dañados en el infierno.

Dezís entre otros primores
vna palabra notada,
que aquellos esecutores
ternán con los pecadores
5   vida malauenturada.
Y acordé de os preguntar,
para me certificar,

       los demonios a los malos
       continuo o por entreualos
10 si los han de atormentar.

NOTA.   Falta en 1526. En cinco coplas reales el P. Escobar
propone dos opiniones distintas

(160).   PREGUNTA CLXVIIJ, DEL SEÑOR ALMIRANTE.
POR QUÉ DA DIOS TANTA GLORIA ETERNA A LOS BUENOS
POR TAN POCOS SERUICIOS.

       Del pecado ser punidos
       por tan eterno tormento
       yo quedo muy bien contento
       de lo que aueys respondido.
5   Y que el dañado meresce
       los tormentos que padesce;
       todas vuestras conclusiones
       van fundadas en razones
       y muy claro se paresce.

10 Mas por Sant Pablo leemos
       que por nuestra buena obra
       la gloria que así se cobra
       por nos no la merescemos.
       Pues tenemos esperança
15 de la bienauenturança
       desseo mucho saber,
       si se da sin merescer
       o por qué razón se alcança.

NOTA.   Falta en 1526. Fray Luis contesta con nueve coplas
reales.

(Fol. 43r)

(161).   PREGUNTA CLXIX, DEL SEÑOR ALMIRANTE. SI
ERA PERFECTA LA FE DE LOS QUE CREÝAN EN CHRISTO
QUANDO LE VEÝAN EN CARNE.

> La fe, de su propria essencia,
> es del que no vee y cree,
> que si lo que cree vee
> ya no es fe sino experiencia.
> 5 Vos dezís que muchos vieron,
> y viendo a Christo creyeron:
> si fue perfecta su fe
> dezidme, señor, por qué,
> o en creer que merescieron.

NOTA.   Falta en 1526. En su *respuesta* el P. Escobar, en veinticuatro coplas novenas, trata largamente de la fe, con una
fuente declarada: «Y avn me acuerdo que vi yo / de un moro
sabio en Granada / vna carta muy loada / que al rey Don Pedro embió. / Y embióle a consejar / que le pluguiesse mirar
/ que para ser muy bienquisto / la fe y ley de Jesuchristo / le
cumplía muy bien guardar». Identifico este «moro sabio», corresponsal del rey Pedro I el Cruel, con un «grand sabidor e
grand filósofo, e consejero del rey de Granada, el qual avía
por nombre Benahatín», y que envió al Rey Cruel una «carta
que el moro de Granada envió al rey Don Pedro de muchos
exemplos e castigos», donde trata espaciosamente del «des-
preciamiento de los omes de la ley». La carta la incluyó Pero
López de Ayala en su famosa *Crónica del rey Don Pedro*, año
décimo octavo, 1367, cap. XXII, que circulaba impresa, Sevilla, 1495.

Tarjeta postal

SIRMIO
Quaderns Crema, S. A.
Apartado 892 F. D.
08080 Barcelona

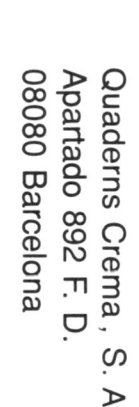

Apellidos ....

Nombre ....

Domicilio ....

Teléfono ....

Población ....

Código postal ....

Edad ....

Profesión ....

¿En qué libro encontró esta ficha? ....

¿Tiene otros libros de Sirmio? ....

¿Podría indicarnos sus títulos? ....

| ....

| ....

| ....

Si desea recibir información periódica de nuestras novedades, le rogamos nos devuelva esta tarjeta cumplimentada. Señale por favor con una cruz sus campos de interés:

Narrativa ☐   Poesía ☐   Ensayo ☐   Salud ☐   Filología ☐

(Fol. 43v)
(162). Pregunta CLXX, del señor Almirante. Por
qué nuestra ánima no vee al ángel que la guarda,
pues es espíritu como él. Aquí embió muchas juntas.

Prólogo

Vuestras respuestas sin par
me tienen tan satisfecho
que me queda gran derecho
para poder preguntar.
5   Y pues tan discreto Dios
os hizo, como a mí rudo,
las cosas en que yo dudo
quiero sabellas de vos.

Destas sciencias bien sería
10   no tratar quien poco sabe,
mas porque esto no se acabe
passaré a Philosophía.
Y avnque en ambas soy remoto
pregunto por saber más
15   a quien a Santo Thomás
tiene en sí con el Escoto.

(Fol. 44r) De ambas sciencias yo sé poco,
y harto menos sabría
si no oyesse cada día
20   vuestros dichos poco a poco.
Pues abundays como mar
en la sacra Theología
y en mucha Philosophía
de ambas pienso aquí tratar.

PREGUNTA

25 Yo he leýdo en vn sermón
    de vna dulce escriptura
    que el alma y el ángel son
    de vna misma natura.
    Pues si el ángel puede vella
30 fiendo [*sic*] siempre en defendella,
    según se piensa y se cree,
    dezid por qué ella no vee
    al ángel que está con ella.

    La forma es sin differencia
35 del que está en su compañía,
    por donde el alma deuría
    gozar de aquella excelencia.
    Y en faltar tal perfeción
    y tan gran consolación
40 paresce que algo fallesce
    al alma, pues que caresce
    de la angelical visión.

    Y assí, viendo lo que passa,
    se podría aquí dudar
45 que el Señor quiso apurar
    en el ángel más la massa,
    por donde se me figura,
    pues que son de vna natura,
    si yerro no se atrauiessa,
50 la del alma fue más gruessa
    y la del ángel más pura.

NOTA.   Falta en 1526. Hasta ahora Don Fadrique no ha usado este artificio poético: el Prólogo está en coplas castellanas

y la Pregunta en coplas novenas. Por lo demás, algún verso le sale duro por demás como vv. 40-41, estropeados por la rima interna. El P. Escobar usa sólo coplas novenas (ocho) en su *respuesta*.

(163). Pregunta CLXXI, del señor Almirante. Qué figura hauía en Dios quando dixo «Hagamos hombre a nuestra ymagen».

> Pues que del libro se alcança,
> que *Génesis* ha por nombre,
> que Dios dixo «Hagamos hombre
> hecho a nuestra semejança».
> 5 Dezid, pues en vos están
> secretos de Theología,
> Dios qué figura tenía
> al tiempo que hizo a Adán.

Nota. Falta en 1526. En diecinueve coplas castellanas el P. Escobar troba con elocuencia su *respuesta*.

(Fol. 44v)
(164). Pregunta CLXXIJ, del señor Almirante. Dónde estaua Dios antes que criasse el cielo.

> Quando la tierra y el cielo
> ordenó Dios de criar,
> dónde estaua a lo formar
> no hauiendo cielo ni suelo.
> 5 Dad respuesta clara y rasa,
> porque argüýs lo que passa
> que estaua todo deshecho,

> pues que siendo el cielo hecho
> Dios le eligió para casa.

NOTA.   Falta en 1526. Tres coplas novenas dedica fray Luis
a su *respuesta*.

(Fol. 45r)
(165).   PREGUNTA CLXXIIJ, DEL SEÑOR ALMIRANTE.
PARA QUÉ DESCENDIÓ CHRISTO A LOS INFIERNOS, PUES
QUE SIN YR ALLÁ PODÍA TODO DELIBRAR.

> El Hijo de Dios eterno,
> que es nuestro maestro y luz,
> después que murió en la cruz,
> ¿para qué baxó al infierno?
> 5 Paresce demasïado,
> pudiendo ser escusado,
> pues es tanto su poder
> que con solo su querer
> fuesse todo delibrado.

NOTA.   Falta en 1526. La *respuesta* del P. Escobar comienza
con su gracejo acostumbrado: «La questión que haueys tomado / es para mí mucha affrenta / porque a mí pedís la cuenta
/ de lo que Dios ha gastado». En conjunto son nueve coplas
novenas.

(166).   PREGUNTA CLXXIIIJ, DEL SEÑOR ALMIRANTE.
EN QUÁL PARTE DE LA SALUTACIÓN ENCARNÓ EL HIJO DE
DIOS.

> No os deue poner espanto
> que yo alegue mi sermón

   pues que toco en tan gran don
   que no sé dezir el quánto.
5 Pues dezidme, señor, vos,
   de aquella salutación
   en quál palabra o razón
   encarnó el Hijo de Dios.

NOTA.   Falta en 1526. Cinco coplas castellanas son la *res-puesta*.

(Fol. 45v)
(167).   PREGUNTA CLXXV, DEL SEÑOR ALMIRANTE.
QUÁNTOS AÑOS HAUÍA QUE ERA CRIADO EL MUNDO QUANDO
CHRISTO NASCIÓ.

   También quiero que digays,
   en otro caso que os pido,
   si por caso haueys leýdo,
   pues que todo lo alcançays,
5 quándo Christo fue encarnado
   en la bendita María,
   qué años hauer podría
   que fuera el mundo criado.
   Lo segundo, dezid vos,
10 por qué tomó sobrenombre
   llamarse Hijo de hombre,
   pues era Hijo de Dios:
   que ya se llama de Adam,
   ya se llama de Abraham,
15 ya se llama de Dauid,
   por qué causas, me dezid,
   tantos padres se le dan.

NOTA.   Falta en 1526. Otro experimento poético del Almirante: una pregunta va en una copla castellana y la otra en una copla novena. De la misma manera, fray Luis responde a lo primero con cuatro coplas castellanas, y a lo segundo con ocho coplas novenas. En la *respuesta* declara así sus apoyos histórico-cronológicos: «Mas diré lo que he leýdo / en vn libro que oyrés, / *Fasciculus temporum* es, / y con Beda me despido». Acerca del muy consultado *Fasciculus temporum, v. supra*, comp. núm. 126, pág. 474. El *De temporibus* del Venerable Beda tuvo profunda influencia en la Edad Media europea, al establecer la más seria base cronológica para muchísimos menesteres cristianos.

(168).   PREGUNTA CLXXVJ, DEL SEÑOR ALMIRANTE. SI SERÁ DAÑADO POR FALTA DE FE EL QUE NUNCA LA OYÓ PREDICAR.

> Avnque tanta fe tengamos,
> según Sant Pablo escriuió,
> que los montes traspongamos,
> no basta, ni nos saluamos,
> 5   si caridad nos faltó.
> Es aora mi motiuo
> quien nunca supo de fe,
> vn infiel caritatiuo,
> que en la caridad es viuo,
> 10   si es dañado y el por qué.

NOTA.   Con grandes cambios verbales (comienza «Sant Pablo notificó») esta copla real figura en 1526 (*pregunta* XXVII), pero atribuida al bachiller Yanguas. La *pregunta* era de máxima actualidad en estos años, ya adelantada la conquista del Nuevo Mundo y la esclavitud-evangelización de sus habitantes, con su consecuente problematización en la conciencia in-

telectual española. De 1537 es la bula *Sublimis Deus* del Papa
Paulo III, que declaraba que los indios eran capaces de recibir la fe como seres racionales. Las repercusiones de todo esto
fueron amplísimas en su momento. La *respuesta* del P. Escobar (diez coplas reales) no menciona los indios, pero exhibe
actitud comprensiva.

(Fol. 46r)
(169).   Pregunta CLXXVIJ, del señor Almirante.
Si es pecado esperar hombre al toro.

> Los yerros por ignorancia
> y los yerros por malicia,
> pues no son de vna sustancia
> y entre ellos hay gran distancia,
> 5 desto quiero hauer noticia.
> Yo no sé si hago mal,
> si en preguntar me desdoro,
> mas hago pregunta tal
> si es pecado mortal
> 10 salir a esperar al toro.

Nota.   En 1526 se publicó sólo la segunda mitad de esta copla real, y anónima (*pregunta* LXV). Todo sugiere una grave
errata de las *Preguntas quinquagenas*, ya que las quintillas, *per
se*, no existen allí (*v. infra*, comps. núms. 193 y 211). La *respuesta* de fray Luis, en diez coplas reales, parece, por su sistema alusivo, estar dirigida al Almirante. Sigue un grupillo de
poemas taurinos, que asevera, desde otro cuadrante, la espa-
ñolidad indudable de los corresponsales.

(Fol. 46v)

(170). Pregunta CLXXVIIJ, del señor Almirante.
Si corren los toros con buena consciencia, avnque
no espere hombre al toro.

> Pues hazeys tan gran pecado
> al toro hauerse de esperar,
> el correlle por holgar
> no deue ser tan culpado.
> 5 Responda vuestra prudencia
> al defecto de mi sciencia,
> pues en el humano foro
> es lícito correr toro,
> si lo es según consciencia.

Nota. Falta en 1526. Al parecer, fray Luis no era aficionado a los toros («Esta pregunta de ayer / respondí a su Señoría
/ que yo lloraua y reýa / en tales locuras ver»), y condena las
corridas en siete coplas novenas.

(171). Pregunta CLXXIX, del señor Almirante.
Por qué razón es culpado el que da toros para correr por plazer, no corriéndolos él.

> Qué culpa podeys poner
> al que por sola alegría
> correr toros permitía
> sin yr allá y sin los ver.
> 5 Pues si otros juegos son
> lícitos por recreación,
> y esto es tanto de culpar
> sin los correr ni mirar,
> dezidme por qué razón.

Nota. Falta en 1526. Como buen moralista, fray Luis no afloja la mano y condena a todas las personas relacionadas con las corridas de toros al parigual, en siete coplas novenas.

(Fol. 47r)
(172). Pregunta CLXXX, del señor Almirante. Por qué razón se puede culpar el correr de los toros siendo tan acostumbrado y tolerado.

> Las cosas acostumbradas
> son ya tenidas por ley
> quando las tolera el rey
> y son por vso tomadas.
> 5 Si vos quereys condenar
> los que las quieren vsar,
> el número será tanto
> que nos porneys tal espanto
> que tengamos que contar.

Nota. Falta en 1526. La insistencia de Don Fadrique en el tema de los toros, a pesar de las rotundas condenaciones de fray Luis, nos permite identificarlo como un verdadero *aficionado*, lo que era propio de su clase social. Por su parte, el P. Escobar insiste en su condena en once coplas novenas, en una de las cuales se dirige personalmente a Don Fadrique: «Vos teneys por mucho gozo / toros y juegos y caça».

(173). Pregunta CLXXXJ, del señor Almirante. Si queda segura la consciencia del que toma confessor simple, sin letras, adrede que no entienda, pudiéndole hauer letrado tal y tan bueno.

Nota. Está publicada en 1526 (comp. núm. 49), pero la *respuesta* del P. Escobar, que constaba de nueve coplas novenas,

se ha desbordado ahora a treinta y tres coplas novenas, donde incluye un tratadillo poético «Después que el autor ha dicho su parescer de la mala confessión quando el confessor es
simple y el penitente habla escuro por no ser entendido, aquí
habla de los prouechos de la buena confessión». Enumera y
poetiza doce *prouechos*.

(Fol. 49r)
(174). Pregunta CXCIJ, del mesmo. De qué se ha
de confessar si no le acusa la consciencia.

> Si el que no se siente en cosa culpado
> no sé de qué pueda el tal confessarse,
> que aquel que no halla en sí qué acusarse
> dirá «Justo soy, hauedme escusado».

Nota. Falta en 1526. Es parte de la larga serie de «materias
y dudas cerca del sacramento de la confessión», que comienza con la pregunta CCVII de 1526, y que se repite en 1545,
con numerosos cambios verbales, y que se añade en ocasiones. Aquí fray Luis contesta con un cuarteto de arte mayor.

(175). Pregunta CXCIIJ, del mesmo. Si es perdonado el pecado oluidado en la confessión.

> Das os pregunto la culpa oluidada,
> que por negligencia quedó por oluido,
> si será hombre por ella punido,
> o si será de Dios perdonada.

Nota. Falta en 1526. El P. Escobar contesta con tres coplas de arte mayor.

(176). Pregunta CXCIIIJ, del mesmo. Si dexando vn pecado a sabiendas, será absuelto de los otros.

Si yo me confiesso con mi confessor
y quiero encubrille algunos pecados
de todos los otros allí confessados,
dezidme si alcanço perdón del Señor.

Nota. Falta en 1526. En una copla de arte mayor el P. Escobar vuelca su indignación: «Esso es la cosa más fea y peor / que puede hazer el que se confiessa».

(Fol. 49v)
(177). Pregunta CXCV, del mesmo. Por qué razón no se perdona lo confessado en el caso sobredicho.

De lo que dezís demando razón
porque juzga Dios por vn ygual grado
lo confessado y no confessado,
pues de nada dello se alcança perdón.

Nota. Falta en 1526. El P. Escobar contesta en tres coplas de arte mayor.

(178). Pegunta CXCVJ, del señor Almirante. Si el pecado vna vez confessado se deue más confessar.

En otra questión estoy muy embuelto:
si yo confessé muy bien mi pecado
a más confessalle si soy obligado
después que vna vez ya fue dél absuelto.

Nota. Falta en 1526. Verso 4, *fue*, 'fuí', normal en el español de la época de oro. Fray Luis contesta con una copla de arte mayor.

(179). Pregunta CXCVIJ, el señor Almirante, y
prólogo en ciertas preguntas de enigmas o metáphoras a las quales por entonces no quiso responder el autor.

No terneys vos por impedimento
darme ocasión de algo en que entienda
porque contino yo sepa y aprenda
y tenga en qué ocuparme mi pensamiento.
5   Assí que os demando las claras respuestas,
según que yo espero que responderés,
y a otras tantas que yrán después
quando hayays respondido a éstas.

Nota.   Falta en 1526. La *respuesta* va en dos coplas de arte
mayor, pero su epígrafe ya es claro: «En que responde al señor Almirante y le haze vna pregunta por sacarle de aquella
plática de enigmas y por no responder a ellas». El P. Escobar
rechaza los enigmas como «niñerías y cosa liuiana», lo que no
deja de reflejarse sobre el carácter de Don Fadrique. La pre-
gunta-señuelo que propone el franciscano al Almirante es ésta:
«Dezidme si en Dios hay libre aluedrío». Se han trocado los
papeles: en 1526 Don Fadrique había contestado con la «pregunta CCXXIIJ y respuesta del señor Almirante al auctor, que
Dios tiene libre aluedrío, mas no discursiuo» (*v. supra*, comp.
núm. 91). Para 1545 se trata de la «pregunta CXCVIIJ del
señor Almirante y respuesta a la questión sobredicha», con
una copla de arte mayor («Adonde de sciencia hay tal abundancia») que es la misma en ambas ediciones. Lo que ha cambiado entre ambas es el artificio con que el P. Escobar pre-
tende distraer al Almirante de su pasión por los enigmas.

(Fol. 51r)
(180). Pregunta CCIIJ, del señor Almirante. Condenando al autor porque no responde a la carta sobredicha.

> No respondeys a mi carta
> que es cartel de desafío,
> el campo queda por mío,
> yo recibo gloria harta.
> 5 Si vos me desafiastes
> en la questión que embiastes
> yo respondiendo salí,
> pero aora vos aquí
> en la posada os quedastes.

Nota. La «carta» de marras es la epístola en prosa «sobre
los males de España y la causa dellos», que Don Fadrique envió a fray Luis con la comp. núm. 95. Sabemos que el P. Escobar contestó largamente en prosa al Almirante, y que ambas
epístolas se publicaron al final de las *Respuestas quinquagenas*.
«La questión que embiastes», a que alude Don Fadrique (*supra*, verso 6) es, en términos de fray Luis, «dezidme si en Dios
hay libre aluedrío», v. Nota anterior.

(181). Pregunta CCIIIJ. En que el señor Almirante concluye respondiendo a los argumentos del libre aluedrío de Dios, que no es discursiuo.

> Pues no quereys aceptar
> este cartel que os embío
> sin que del libre aluedrío
> se acabe de disputar,
> 5 digo que Dios en querer

no discurre su escoger,
que si Dios haze o deshaze
desde *ab eterno* Le plaze
sabiendo lo que ha de ser.

10   Si dezís que Se arrepiente,
y lo habla la Escriptura,
es hablar como en figura
que es methafóricamente.
Y deue ser entendido
15   lo que assí fuere leýdo
que se quiere Dios hauer
en hazer y deshazer
como hombre arrepentido.

Lo que dezís por verdad
20   que Le plaze o Le desplaze
ninguna mudanza haze
en Su eterna voluntad.
Si el mal no puede querer
Él quiere no lo poder,
25   que si lo malo quisiere,
por ser Dios el que lo quiere,
ya no podrá malo ser.

Que antes que el mundo fuesse
Él tenía determinado
30   de obrar lo que ha obrado,
que se hiziesse o deshiziesse.
Y esta voluntad primera,
firme, eterna y verdadera,
del hazer y deshazer,

35   del querer o no querer,
       fue después la que antes era.

       Y en questiones tan subtiles
       remítome en los demás
       al doctor Santo Thomás,
40   la *Suma contra gentiles*.
       Ni mi sentencia se aparte
       de la su primera parte
       donde la questión se mueue
       que a la clara lo departe.

NOTA. Las tres primeras coplas están publicadas en 1526, con abundantes cambios verbales (comp. núm. 96), pero el texto ahora consta de una copla novena más y una copla castellana (innovación métrica que se ha visto con anterioridad, comp. núm. 167). Las adiciones, sin embargo, no dejan de infundirme sospechas acerca de su autoría: ya he explicado que no concibo al Almirante escribiendo diversas versiones de sus *preguntas*, género que, usualmente, busca la sencillez expresiva. Además, el citar explícitamente a Santo Tomás y su obra es más propio del P. Escobar que del Almirante, a pesar de la inumensa cultura de éste.

(Fol. 52v)
(182). PREGUNTA CCV, DEL SEÑOR ALMIRANTE. QUÉ GLORIA SERÁ LA QUE DIOS DARÁ A LOS BIENAUENTURADOS, Y PREGÚNTALO PARA TENER QUÉ CONTEMPLAR EN LA FIESTA DE TODOS SANTOS, QUE OTRO DÍA ERA LA VÍSPERA.

Demos ya fin a esta conquista,
que vuestros combates me tienen cansado,
si de otra materia soys agradado,
a cosas más altas alcemos la vista.

5   Dexad las questiones que trahen mil quebrantos
que con vos no quiero ya más porfiar;
dezidme que tenga en qué contemplar
en la fiesta y gloria de Todos los Santos.

NOTA.   Falta en 1526. «Otro día», en el epígrafe, valía 'mañana' en español clásico. La *respuesta* del P. Escobar es un sermón de tomo y lomo, aunque en verso y distribuido en sesenta y tres coplas de arte mayor.

(Fol. 54r)
(183).   PREGUNTA CCVJ, DEL SEÑOR ALMIRANTE. DE
QUÉ AÑOS ERA JOSEPH QUANDO CASÓ CON NUESTRA
SEÑORA.

Pregunto otra dubda que ha sobreuenido:
dezidme Joseph qué años hauía
quando casó con la Virgen María,
si os acordays hauerlo leýdo.
5   Porque si él era tan enuegescido,
siendo la Virgen de tan poca edad;
según que le pintan es gran torpedad
casarla con hombre tan viejo podrido.

NOTA.   Está en 1526, pero atribuida a «vn letrado en derechos» (*pregunta* I), y con dos coplas reales, la primera ajena
por completo al texto de 1545, y la segunda casi idéntica, con
algún retoque verbal. La *respuesta* va en siete coplas de arte
mayor.

(Fol. 54v)

(184). Pregunta CCVIJ, del señor Almirante. Con quién resucitará el día del Juyzio la pierna que Sant Cosmas y Sant Domián [*sic*] cortaron al negro y la pegaron al blanco, pues fue pierna de dos.

> La pierna del negro al blanco pegada
> por señor Sant Cosmas y Sant Damián,
> pues fue de dos cuerpos por Dios apropiada
> al tiempo que ambos resuscitarán
> 5 pregunto con quál será colocada.

Nota. Está en 1526, pero atribuida al mismo «letrado en derechos» (*pregunta* II). La *respuesta* de fray Luis está en dos coplas de arte mayor.

(Fol. 55v)

(185). Pregunta CCXJ, del señor Almirante. Por qué ponen a Sant Pablo a la mano diestra y a Sant Pedro a la siniestra en los sellos del Papa.

> Otra pregunta aquí se me ofresce:
> por qué está Sant Pablo a la mano diestra
> estando Sant Pedro a la mano siniestra,
> según en los sellos del Papa paresce.
> 5 Que pues fue Sant Pedro prelado y rector
> y siendo de Christo primero llamado
> a la dignidad del apostolado,
> paresce que a él se deue el primor.

Nota. Está en 1526, pero atribuida a «vn médico» (pregunta X), y con una curiosa variante: en el verso 1, «La quinta pregunta que aquí se me ofresce», dice el médico, y, efectivamente, ésta es su quinta pregunta en 1526. Se tambalea un poco la atribución de 1545 a Don Fadrique. La *respuesta* de fray Luis va en cinco coplas de arte mayor; en estr. 4, v. 1, hay curiosa variante, «virginidad» (1526), «pudicicia» (1545).

(Fol. 57r)
(186). PREGUNTA CCXV, DE VN DEUOTO SACERDOTE. QUÁL ES MAYOR PECCADO DE LOS SIETE. EMBIÓLA POR SU RUEGO EL ALMIRANTE AL AUTOR.

NOTA. Ilustra la tarea de intermediario que tenía Don Fadrique entre los paniaguados de su corte literaria y fray Luis de Escobar, lo mismo que la *«pregunta* CCXVIJ, del mesmo [deuoto sacerdote], embiada al señor Almirante, y el Almirante la embió por suya al autor para que respondiesse a siete preguntas contenidas en ella» (fol. 57v). Ésta última ayuda a explicar la variabilidad en las atribuciones de *preguntas* a Don Fadrique.

(Fol. 59v)   Fin de la segunda parte

TERCIA PARTE DE PREGUNTAS DE DUDAS
NATURALES

(Fol. 60r)
(187). PREGUNTA CCXX, DEL SEÑOR ALMIRANTE. POR QUÉ ALUMBRA MÁS LA LUNA LLENA QUANDO HAZE NUBLADO QUE ESTRELLADO, Y DE QUÉ COMPLESSIÓN ES.

Dezidme por qué se ordena
que alumbre más con nublado
que no quando está estrellado
la luna quando está llena.

5   Y también saber querría,
      sin faltar cosa ninguna,
      si es seca, húmida o fría
      la complessión de la luna.

NOTA.   No está en 1526. La pasión por la Astrología, al nivel de las clases superiores, era pan-europea en aquellos siglos.
Fray Luis contesta en tres coplas novenas, elección métrica
insólita, ya que la *pregunta* está en una copla castellana.

(188).   PREGUNTA CCXXJ, DEL SEÑOR ALMIRANTE. DE
QUÉ MATERIAS FUERON HECHOS EL SOL Y LA LUNA Y ES-
TRELLAS.

      Pues el saber es prouecho,
      y el no saber es miseria,
      dezidme de qué materia
      cielo y luna fue hecho,
5   y si los signos y estrellas
      de aquella materia fueron
      al tiempo que parescieron
      quando Dios quiso hazellas.

NOTA.   Los dos primeros versos podrían servir de lema a la
vida de Don Fadrique Enríquez. El curioso regimen verbal
del verso 4 se explica porque *sol* y *luna* son sustantivos consi-
derados abstractos que preceden al verbo. La *respuesta* va en
cinco coplas castellanas.

(189).   PREGUNTA CCXXIJ, DEL SEÑOR ALMIRANTE.
POR QUÉ CESSA DE LLOUER, PUES CON LA PLUUIA HAY MÁS
VAPORES DONDE SE CONGELEN MÁS NUUES.

      Si el nublado que ha de ser
      se cría de los vapores,

cómo dexa de llouer
pues llouiendo son mayores.
5   Y también quiero saber,
pues el calor los deshaze,
el agua de qué se hace
quando el sol tiene poder.

NOTA.   Falta en 1526. En la *respuesta* invierte el P. Escobar
nueve coplas castellanas.

(Fol. 60v)
(190).   PREGUNTA CCXXIIIJ, DEL SEÑOR ALMIRANTE.
POR QUÉ TEMEMOS EN LA ESCURIDAD MÁS QUE EN LA CLA-
RIDAD.

Pregunto por qué tememos
estando en escuridad
y en viniendo claridad
todo aquel temor perdemos.
5   Y mayormente acontesce
quando de noche escuresce
que se representan cosas
tan horribles y espantosas
que el ánimo se entristesce.

NOTA.   Falta en 1526. En tres coplas novenas contesta fray
Luis.

(Fol. 61r)
(191).   PREGUNTA CCXXV, DEL SEÑOR ALMIRANTE.
CÓMO PUEDE VN CAPTIUO VIUIR MIL AÑOS Y MÁS.

Declaradme este argumento:
que vn hombre que está captiuo

puede estar mil años viuo,
no el que está libre y contento.
5 Que el captiuo en aflición,
esperando redempción,
passando cuytas y daños,
viuirá más de mil años
padesciendo esta passión.

NOTA. Falta en 1526. En una copla novena de *respuesta* fray
Luis atribuye todo a la fantasía de los prisioneros.

(192). PREGUNTA CCXXVJ, DEL MISMO. POR QUÉ RA-
ZÓN LOS QUE VIUEN POR LAS ARMAS VIUEN MÁS SANOS
QUE LOS OTROS.

De otra duda me sacad,
que veo en toda la tierra
que los que andan en la guerra
tienen mayor sanidad
5 trayendo armas o arnés,
durmiendo en tierra después
en inuiernos y en veranos,
los veo rezios y sanos
de la cabeça a los pies.

NOTA. Falta en 1526. Fray Luis acude a los *Problemas* de
Aristóteles en su *respuesta* en cinco coplas novenas.

(Fol. 63r)

(193).   Pregunta CCXLIIJ, del señor Almirante.
Por qué no hauemos frío a la cara, como a las otras
partes del cuerpo.

Esta duda no muy clara
absolued como solés:
por qué no he frío a la cara,
pues no se cubre ni ampara
como a las manos y pies.

Nota.   Falta en 1526. La desacostumbrada métrica (una
quintilla), me hace sospechar un texto mutilado (cf. composiciones núms. 169 y 211), y parece confirmarlo el hecho de que
el P. Escobar contesta con una copla real, como si ésta fuese
la métrica de la *pregunta* original.

(Fol. 63v)

(194).   Pregunta CCXLV, del señor Almirante. Hecha en el año de mil y quinientos y veynte y tres,
sobre que muchos astrólogos echaron fama por
toda Castilla diziendo que en el año siguiente de
mil y quinientos y veynte y quatro hauían de venir tantos y tan grandes diluuios de aguas en toda
España que muchos pueblos y gentes y ganado pe-
rescerían con las muchas pluuias y crescientes de
ríos, por lo qual todo el reyno estaua temorizado
[sic], y algunos hazían prouisiones en los lugares
más altos y seguros. Y el Almirante preguntó al
autor su parescer sobre este caso, porque temía
como los otros, y embióle esta respuesta.

El año presente, que es del Nascimiento
de mil y quinientos y más veynte y tres,

　principio de males nos dicen que es,
　o estos astrólogos hablan a tiento;
5　que el año futuro que está por venir,
　de mil y quinientos y veynte y quatro años,
　dizen que muertes y muy grandes daños
　por sobra de pluuias se han de seguir.

　Y todos afirman, y assí lo publican,
10　que tan gran diluuio después de Noé,
　ni tan general, jamás nunca fue
　qual éste que dizen y nos certifican.
　Y no veo entre ellos quien esto no afirme,
　mas todos concuerdan en esta opinión;
15　dezid vos la vuestra y dadme razón
　si deuo creello por apercebirme.

Nota.　Falta en 1526. La *respuesta* de fray Luis, en once coplas de arte mayor, atiende a tranquilizar al Almirante, y con
tales fines cita cinco autoridades distintas, comenzando por
el astrólogo romano contemporáneo Agustino Ninfa, y después Ptolomeo, Porfirio, Aristóteles, Teofrasto, Alexandre,
y nuevamente Agustino Ninfa. Después de la última copla de
arte mayor se imprime: «En fin desta respuesta es de saber
que este diluuio que dixeron astrólogos, algunos no todos, que
hauía de venir, no vino. Y ellos quedaron corridos y confusos
de vergüença, y los que les dieron crédito se hallaron burla-
dos y escarnescidos porque aquel año no llouió más de como
solía comúnmente llouer los otros años, puesto que el año siguiente de mil y quinientos y veynte y cinco fueron más pluuias
de las que solía con más de treynta años antes. Después dixeron otros astrólogos que aquellos primeros hauían errado vn
zero en el aguarismo, y que el diluuio hauía de ser como los
primeros hauían dicho, pero no dezían quándo, porque el zero
podía ser de diez, o ciento, o más».

(Fol. 64r)
(195).   Pregunta CCXLVJ, del señor Almirante.
Quando dos amigos se apartan quién siente mayor
pena, el que va o el que queda. Embió cinco juntas.

> Son dos conformes en lícito amor,
> amigos leales sin fraude ni arte:
> al tiempo que el vno del otro se parte
> pregunto quál siente más pena y dolor.

Nota.   Está en 1526, pero sin atribución (*pregunta* LIII), sin
el agregado «embió cinco juntas», y con la variante en el último verso: «mayor el dolor». En ambas ediciones fray Luis contestó con las tres mismas coplas de arte mayor.

(Fol. 64v)
(196).   Pregunta CCL, del señor Almirante. Quál
vale más «páxaro en mano o buytre volando».

> También de vn refrán, señor, os demando,
> pues nunca en respuestas quedastes atrás,
> que deys la sentencia de quál vale más:
> «páxaro en mano o buytre volando».

Nota.   Está en 1526, atribuida «del mismo [clérigo]», y con
el último verso preferible: «El páxaro en mano o el buytre bolando». En 1526 la *respuesta* constaba de seis coplas de arte
mayor, en 1545 de cuatro.

(Fol. 65r)

(197). Pregunta CCLIIJ, del señor Almirante. Si vn çurdo y vn diestro pelean, quál terná mayor ventaja.

Si vn diestro y vn çurdo acaso se offresce
que a espada y broquel están en baraja,
pregunto quién tiene mayor la ventaja
según lo que a vuestro juyzio paresce.

Nota. Está en 1526, pero anónima (*pregunta* XCIII), y me parece fuera de carácter que Don Fadrique, militar aguerrido, haga una pregunta semejante a un fraile franciscano recluido y gotoso. De todas maneras, en 1526 fray Luis contestó con un cuarteto, que amplió a toda una copla de arte mayor en 1545.

(Fol. 65v)

(198). Pregunta CCLIIIJ, del mismo. Cómo se probará quál es la mejor de las aguas.

De todas las aguas pregunto, señor,
lagunas y poços, aluercas y fuentes,
y ríos, con todas las aguas corrientes,
en ser la más sana, quál es la mejor.

Nota. Está en 1526, pero anónima (*pregunta* XCIV), con leve variante en el último verso: «Quál tiene el primor». En ambas ediciones la *respuesta* consta de las mismas dos coplas de arte mayor.

(199).   Pregunta CCLV, del mismo. Por qué amar-
ga la miel al que tiene atericia.

> Pregunto por qué el que tiene atericia
> tan gran amargura de gusto es en él
> que ha con lo dulce tal inimicicia
> que sobremanera le amarga la miel.

Nota.   Está en 1526, pero anónima (*pregunta* XCV), y comienza «Dezidme por qué». *Atericia*, 'ictericia'. La *respuesta*
es, en ambas ediciones, la misma copla de arte mayor.

(Fol. 66r)
(200).   Pregunta CCLIX, del señor Almirante. Por
qué razón el que está medio beodo es más desatinado y peligroso que el beodo del todo.

> El hombre que es dado al vino
> predicays que comúnmente,
> avnque él mismo no lo siente,
> muchas vezes pierde el tino.
> 5 Pregunto por este modo:
> vn hombre medio beodo,
> ¿por qué está más furioso,
> más nociuo y peligroso
> que el que es borracho del todo?

Nota.   Falta en 1526. La *respuesta* es una copla novena.

(201). Pregunta CCLXJ, del señor Almirante. Por
qué comúnmente todos los escasos son cobardes,
según el autor lo predicó.

Vuestra virtud no se tarde
en responder a este passo:
por qué cualquier hombre escasso
es comúnmente cobarde,
5 que esto he yo mucho mirado
y lo hallo siempre assí,
que jamás yo nunca vi
hombre escaso y esforçado.

Nota.   Falta en 1526. La *respuesta* son siete coplas castellanas.

(Fol. 67r)
(202).   Pregunta CCLXV, del señor Almirante.
Quál es mejor, começar a comer en la vianda más
delgada y sotil o en la rezia de peor digestión.

Dezidme también, señor,
quál es vuestro parescer:
començar en el comer
de lo mejor o peor,
5 que vnos suelen començar
en lo que otros acabar,
y como es diuerso el vso
en mí mismo estoy confuso
que no sé quál aprobar.

Nota.   Falta en 1526. En una copla novena aconseja fray Luis
comenzar «por el más delgado manjar / ... / mas en Castilla
es vsado / comer primero lo assado».

(203). Pregunta CCLXVJ, del mismo. Qué remedio hay para el que esternuda más de lo que
querría.

> Para el mucho esternudar,
> que pone al hombre en affrenta,
> responded en esta cuenta,
> cómo se podrá escusar.
> 5 Que haze al hombre penar
> hasta no dexar hablar,
> y le pone en tanto ahínco
> hasta veynte o veynte y cinco,
> y el remedio haueys de dar.

Nota.   Falta en 1526. En una copla novena fray Luis se autoriza con Aristóteles, *Problemas*, para recomendar fregarse los
ojos.

(204).   Pregunta CCLXVIJ, del mismo. Qué es la
causa que si al hombre que hipa dan alguna turbación, dexa luego el hipar.

> Qué es la causa si hipamos
> y nos dan gran turbación,
> con aquella alteración
> luego de hipar dexamos.
> 5 Vémoslo por experiencia,
> no lo sabemos por sciencia:
> vos que todo lo sabeys
> mejor lo respondereys
> y dareys vuestra sentencia.

Nota.   Falta en 1526. Es curioso que fray Luis escoge con-
testar la copla novena del Almirante con dos coplas castellanas.

(205).   Pregunta CCLXVIIJ, del mismo. Si es pecado
vsar de cetrería y caça.

Dexástesnos espantados,
señor, en vuestro sermón,
que muchos señores son
a caçar acostumbrados.
5   Amenazays fuego eterno,
condenaysnos al infierno,
dañays en pública plaça
la cetrería y la caça
vsada en tiempo moderno.

10   Y pues en la tierra mía
mato mi mismo venado
no lo tengo por pecado,
mas antes por mejoría.
Que ni es mala la intención,
15   ni mala la ocupación,
ni piensa el hombe que yerra
andar a caçar en su tierra
para su recreación.

En arte de cetrería,
20   avnque algún tiempo se pierde,
pues la conciencia no muerde
dezid qué culpa sería.
Que pues Dios no lo prohibe
ni por culpa lo recibe,
25   y vos quando predicastes
en ello nos condenastes,
dezid lo que se concibe.

NOTA.   Falta en 1526. La *respuesta*, en veintiuna coplas novenas, no es una condena de la caza (recuerda que Santo Tomás la aprobó), sino, más bien, una elocuente defensa del labrador: «Que sufren los labradores / con caças de sus señores
/ todos los días y años».

Fin

QUARTA PARTE DE DOCTRINAS MORALES

(Fol. 68r)
(206).   PREGUNTA CCLXIX, DEL SEÑOR ALMIRANTE.
QUÉ ES LA CAUSA QUE EL HOMBRE CONTRITO Y CONFES-
SADO TORNA TAN PRESTO A PECAR.

Si en descubrir lo que sé.

NOTA.   Está en 1526 (*vide supra*, comp. núm. 33), pero ahora sólo tiene las dos primeras coplas reales. La respuesta de
fray Luis repite, en parte, lo dicho en 1526.

(Fol. 68v)
(207).   PREGUNTA CCLXX, DEL SEÑOR ALMIRANTE.
POR QUÉ NOS PERMITE DIOS TORNAR A RECAER EN LOS
PECADOS CONFESSADOS.

En tornarme yo al error.

NOTA.   Está en 1526, ya que se trata de la tercera copla real
de la composición citada en la nota anterior, con leves cambios: v, 1, «En tornar», v. 4, «tornando a ser pecador». La
respuesta de fray Luis repite y amplía considerablemente algo
de la *respuesta*, al punto que ahora suman veintisiete coplas
reales.

(Fol. 69r)
(208).   Pregunta CCLXXJ, del señor Almirante. Si
entiende Dios en el mal que hazemos como entiende en el bien.

Pues dezís que hombre no tiene.

Nota.   Está en 1526, *vide supra*, comp. 32, versos 89-96.

(Fol. 69v)
(209).   Pregunta CCLXXIJ, del señor Almirante.
Si se puede llamar fuerça la resistencia que haze
la sensualidad a la razón.

Si me llego a la razón.

Nota.   Está en 1526, vide *supra*, comp. núm. 32, versos
81-88.

(Fol. 70r)
(210).   Pregunta CCLXXIIJ, del señor Almirante.
Si es siempre peccado matar vn hombre a otro.

En las cosas que entre nos.

Nota.   Está en 1526, *vide supra*, comp. núm. 32, versos
97-104.

(Fol. 70v)
(211).   Pregunta CCLXXIIIJ, del señor Almirante. Si puede retener lo perdido el que lo halló.

Dezidme: lo que yo hallo
y no sé quién lo perdió,

si soy obligado a dallo
o si con ello me callo,
5   si quedo seguro yo.

NOTA.   Falta en 1526, pero al tratarse de una quintilla suelta sospecho, como en casos anteriores, una grave errata, que
consistió en imprimir sólo una mitad de una copla real *vide
supra*, comps. núms. 169 y 193. Me ahinca la sospecha el hecho de que el P. Escobar utiliza en su *respuesta* diez coplas
reales.

(Fol. 71r)
(212).   PREGUNTA CCLXXV, DEL SEÑOR ALMIRANTE.
QUÁL ES MAYOR PECCADO, EL QUE ES ACOSTUMBRADO QUE
YA NO SE PUEDE REFRENAR, O EL NO ACOSTUMBRADO.

Hay vn hombre peccador
de vn peccado acostumbrado,
otro sin hauello vsado
cae en esse mismo error.
5   ¿Quál peccado es el mayor?
Que el que acostumbra peccar
ya no puede refrenarse,
mas el que suele guardarse
teme más el començar.

NOTA.   Falta en 1526. El P. Escobar divide su *respuesta* en
dos: la primera parte («del peccado acostumbrado») está en
cinco coplas novenas, donde cita los Decretales, y la segunda
(«del no poder refrenarse») está en nueve coplas novenas, y
cita a Santo Tomás. Don Fadrique no quedó convencido y escribió:

(Fol. 71v) Réplica del señor Almirante

10 A esso quiero arguyr
que si por falta de gracia
yo estoy en mi contumacia
sin culpa soy de dezir,
porque si Dios me la diesse
15 yo haría lo que deuiesse,
pero pues no me la da
qué razón se hallará
para que yo me perdiesse.

Dios manda al ciego que vea:
20 si la vista no le da,
dezid ¿cómo le verá
avnque el ciego lo dessea?
Assí en lo que aquí prouays
nada no me contentays,
25 que si estoy en pertinacia
porque Dios no me da gracia,
dezid ¿en qué me culpays?

Nota. Falta en 1526. La *respuesta* es categórica: «Señor, en vuestro argumento / vos echays la culpa a Dios, / pero que la teneys vos / os daré por documento». Está en once coplas novenas.

(213). Pregunta CCLXXVJ, del señor Almirante.
Si se halla algún Papa hauer seydo herege.

Otra duda declarad,
si huuo Papa tan perdido
que contra nuestra verdad

en la herética maldad
5   huuiesse errado y caýdo.

NOTA.   Falta en 1526, pero tengo mis dudas acerca de la integridad textual de las quintillas, *vide supra*, comp. núm. 211, págs. 527-528. Fray Luis no contesta en quintillas, sino en dos coplas novenas, en la primera de las cuales menciona a Lutero.

(Fol. 72r, por errata dice 172)
(214).   PREGUNTA CCLXXVIJ, DEL SEÑOR ALMIRANTE. SOBRE QUE EL AUCTOR, ESTANDO DE GOTA, CAYÓ DE LA CAMA Y DESCONCERTÓSE VN PIE.

Hanme dicho que caystes
avnque no sé cómo fue,
mas dízenme que en vn pie
mucho daño rescebistes.
Vuestro pie desconcertado
y lastimado
con la gota que teneys
entera copla sereys
de pie quebrado.

NOTA.   Falta en 1526. Eran conocidas las coplas novenas de pie quebrado, pero el pie quebrado era, normalmente, un tetrasílabo, no un pentasílabo, como aquí. El P. Escobar contesta con seis redondillas de pie quebrado, éste último pentasílabo también, y le retrueca a Don Fadrique: «En vos estaría mejor / el pie quebrado».

(Fol. 75v)

(215). Pregunta CCLXXXIIJ, del señor Almirante, y argumento que todavía es enfermo el que echa
piedras.

> Si llamays piedra al peccado
> digo que es virtud echalla,
> que donde ésta no se halla
> es el hombre bien librado.
> 5 Porque aquel que la deshecha
> sano y libre se quedó,
> pero las que digo yo
> es enfermo el que las echa.

Nota. Falta en 1526. El P. Escobar contesta en diecinueve
coplas novenas, para terminar en tono tan resignado como festivo: «Y pues Dios lo haze y quiere / echapiedras quiero ser;
/ si vos las querys tener / ténganlas quien las quisiere». Sobre el neologismo «echapiedras», *vide supra*, comp. núm. 47.

(Fol. 77r)

(216). Pregunta CCLXXXV, del señor Almirante. Sobre que el autor le rogó por vn culpado, y
no le quiso perdonar.

> Yo no quise perdonar.

Nota. Está en 1526, *vide supra*, pág. 411.

(Fol. 83v)
(217).   Pregunta CCXCVJ, del señor Almirante.
Qué cosa es necedad.

> Dexemos ya la medalla,
> tornemos a lo primero,
> que ya digo que no quiero
> ni traella ni miralla.
> 5   De otra duda me sacad,
> según vuestra habilidad
> que vuestro saber confirme,
> y embiareys a dezirme
> qué cosa es necedad.

Nota.   Falta en 1526, pero el verso 1 alude a la medalla de
la pregunta CCXLII, comp. núm. 110, de las *Respuestas quinquagenas*. La muy amplia *respuesta* del P. Escobar ocupa veintitrés coplas novenas, y termina con una indicación en prosa
de cuáles otras *preguntas* tratan el tema de la necedad en la
edición de 1545.

(Fol. 84v)
(218).   Pregunta CCXCVIJ. Por qué hauemos tanto pesar de morir, pues es salir de cárcel y destierro. El señor Almirante la embió.

> Qué nueua al preso llegó
> con que mayor plazer haya
> que después que se libró
> a las tierras do nasció
> 5   le embíen a que se vaya.
> Pues nuestra alma está en cadena
> y está presa en tal prisión,

desterrada en tierra agena,
¿por qué al salir desta pena
10 siente tan gran turbación?

Nota. Está en 1526, pero con esta rúbrica, «Pregunta
XLIIIJ, halléla escrita y respondo a ella». El P. Escobar no
la atribuye directamente al Almirante, pero prefiero publicarla
como suya, dado que su nombre aparece en el epígrafe, sin
entrar en más profundidades, *vide infre*, comp. núm. 234. El
texto de las *Respuestas quinquagenas* es mejor, después de los
dos primeros versos: «Que dezille que se vaya / a las tierras
do nasció, / pues nuestra alma está en cadena, / desterrada
en tierra agena. / Dezidme por qué razón / siente tanta turbación / al tiempo que Dios ordena / que salga desta prisión».
La *respuesta* de 1526 son una copla novena y tres coplas reales; en 1545 la novena, con variantes, se convierte en una copla real, seguida de veintiuna más.

(Fol. 85r)
(219). Pregunta CCXCVIIIJ, del señor Almirante. Sobre que él y otro demandauan por pleyto el
señorío de la villa de Dueñas, que estaua vacante. Y las dueñas de casa del Almirante diéronle
cierto enojo en Ríoseco, por lo qual él se fue a Dueñas y desde allí embió esta pregunta al autor a
Ríoseco.

Escriuidme cómo estays
que huyendo de allá vengo,
y el mayor pesar que tengo
es porque vos me faltays,
5 que allá me sacan los ojos
con apetitos y antojos,
que estas dueñas y mugeres

que me hauían de dar plazeres
me dan treynta mil enojos.

10   Y también saber querría,
avnque sepa ser molesto,
que digays junto con esto
a qué llaman *giezía*,
porque aquí se ha predicado
15   que es grauíssimo peccado,
y assí deue ello de ser,
mas para yo lo entender
no quedo bien declarado.

NOTA.   Falta en 1526. Para las Comunidades el señor de Dueñas lo era el III Conde de Buendía, Don Juan de Acuña, casado con la altiva Doña María de Padilla, pero no tenían hijos
y sus parientes codiciaban su inmensa fortuna, entre ellos,
aparte del Almirante, el Conde de Benavente, el Marqués de
Villena y el Conde de Palma. El P. Escobar contesta en dos
partes, la primera respecto a las dueñas de Don Fadrique (una
copla novena), y la otra respecto a *giezía* (diez coplas novenas), que define así: «Que la *giezía* se entiende / del que lo
espiritual vende, / del que compra es simonía».

(Fol. 97v)
(220).   PREGUNTA CCCXIIIJ, DEL SEÑOR ALMIRANTE.
POR QUÉ SE HAZE FIESTA DE LA CRUZ EN QUE CHRISTO
PADESCIÓ TANTO VITUPERIO, Y NO DE LA ASNA EN QUE RE-
CIBIÓ TANTO HONOR ENTRANDO EN HIERUSALEM.

De la Cruz hay tantas fiestas,
inuención y exaltación,
y otras memorias sin éstas
deuotas, santas y honestas,

5 son commemoración.
Fue Christo crucificado
y en la cruz escarnecido,
en ella fue diffamado,
en ella fue atormentado

10 y muy desfavorescido.
Quando en asna y processión
Él entró en Hierusalem
(fol. 98r) con solemne deuoción,
reuerencia y afeción
15 fue recebido muy bien.
Pues, ¿por qué aquel animal
donde fue tan ensalçado
no tiene fiesta especial
como la cruz material
20 en que fue tan denostado?

Haueysme de responder
desta semana en que entramos,
que tengamos que entender
los que de vos lo esperamos
25 como lo soleys hazer.
Que por la gracia diuina
quando vos, señor, quereys
jamás os falta doctrina
de espiritual medicina
30 con que a mí me consoleys.

Y venga tal la respuesta
qual yo la espero de vos,
porque en esta santa fiesta
esté la ánima dispuesta

35   para más llegarse a Dios.
     Y despés por no enojaros,
     esta respuesta acabada,
     no quiero más preguntaros,
     ni en vuestro oficio estoruaros
40   hasta la Pascua passada.

NOTA.   Falta en 1526. Es interesante observar la conciencia que tenía el Almirante de la importunidad de sus continuas preguntas, como ya lo había hecho notar fray Antonio de Guevara (v. Esbozo Biográfico, cap. IX, «Relaciones literarias»). La larguísima *respuesta* de fray Luis (cuarenta y seis coplas reales) comienza con una curiosa observación: «Otra vez su Señoría / me preguntó esta questión, / pero quiero todavía / dezir lo que dicho hauía / por cumplir su deuoción. / Si la respuesta que di / con ésta no conuiniere, él podrá emendar aquí, / quitar y poner allí, / como su seruicio fuere». No se conserva esa otra *pregunta*.

(Fol. 99r)
(221).   RESPUESTA CCCXV, DEL SEÑOR ALMIRANTE.
POR QUÉ ECHAMOS AGUA BENDITA EN LAS SEPULTURAS
DE LOS DEFUNTOS.

Mi pobre sentido aquí no alcança
ni sabe la duda que aquí va propuesta.
Dadme de todo la clara respuesta
pues os la demando con gran confïança.
5   Del agua bendita, señor, os pregunto
que en las yglesias solemos vsar,
por qué razones la suelen echar
en las sepulturas del cuerpo defuncto.

NOTA.   No está en 1526. En las seis coplas de arte mayor que sirven de *respuesta* hay cita de San Gregorio.

(Fol. 100v)

(222). PREGUNTA CCCXXIJ, DEL SEÑOR ALMIRANTE.
POR QUÉ LLAMAN «ECHACUERUO» AL QUE PREDICA LAS
BULLAS.

Dezidme otra duda, pues soy vuestro sieruo,
por qué tal palabra el vulgo publica
que al predicador que bullas predica
todos le suelen llamar *echacueruo*.

NOTA.   Está en 1526 (*pregunta* LVIII), pero atribuida a «vn
cauallero». En la *respuesta* se agrega, en 1545, una tercera copla de arte mayor al final y hay leves variantes verbales.

(Fol. 101r)

(223). PREGUNTA CCCXXIIJ, DEL MISMO. POR QUÉ
LLAMAN LA GOTA «MAL DE RICO».

Por otra respuesta, señor, os suplico,
que me parece ser cosa de nota,
por qué se acostumbra llamar «mal de rico»,
según todos dizen, al mal de la gota.

NOTA.   Está en 1526 (*pregunta* LXVII), pero atribuida a «vn
amigo gotoso», sin variantes de interés.

Fin

PARTE QUINTA
QUINTA PARTE DE ENIGMAS

(Fol. 101v)
(224). PREGUNTA CCCXXV, DEL SEÑOR ALMIRANTE.
DEL HORNO DE LA CAL.

Estas preguntas me dieron.

NOTA. Está en 1526, *vide supra*, comp. núm. 53.

(Fol. 102r)
(225). PREGUNTA CCCXXIX, DEL SEÑOR ALMIRANTE.
DE LAS PROPIEDADES DEL DEMONIO.

> Quién es la sabia persona
> de tal saber y tal furia
> que a quien la sirue o injuria
> nunca jamás le perdona.
> 5 Cree en Dios sin faltar nada,
> no quiere ser baptizada,
> y pues tanto escandaliza
> en vn fuego que ella atiza
> haurá de ser abrasada.

NOTA. Está en 1526, pero constituye la última copla de la
respuesta de fray Luis a la «pregunta CLXXXVIIJ, del señor
Almirante. De la gracia de Dios engastonada en el ánima»,
vide supra, comp. núm. 56. Hay mínimas variantes.

(226). Pregunta CCCXXX, del señor Almirante.
Del mismo demonio.

> Si es tan aborrescible
> pensar en él o mentalle
> dezid, señor, imitalle
> quánto será más terrible.
> 5 Pues los soberuios le imitan
> y los que la guerra incitan,
> los malinos odiosos,
> los ayrados embidiosos
> y los que de Dios se quitan.

Nota. Está en 1526, pero constituye la primera copla de la respuesta de fray Luis a la *pregunta* CLXXXIX del Almirante, *vide supra*, pág. 417. Hay variantes verbales. Para complicar un poco más este vertiginoso cambio de atribuciones, la *respuesta* de fray Luis a la pregunta CCCXXX (la del texto) está constituida por las otras cuatro coplas de la *respuesta*, que en 1526 constaba de cinco coplas novenas, de las cuales la primera se la atribuye al Almirante el P. Escobar, *ut supra*, y las otras cuatro las guarda para sí mismo.

(Fol. 103v-104r). Preguntas CCCXXXI a CCCXLII.

Nota. Están en 1526, pero *vide supra*, comp. núm. 52.

(Fol. 106r)
(227). Pregunta CCCXLVIIJ. De la hormiga. Es pregunta antigua. Pregunta el Almirante.

> Quál es la cosa muy baça
> y en sus fuerças muy valiente,
> tiene boca de serpiente

y cuerpo de calabaça.
5   Ésta buela y corre y caça
y ha los pies en la cintura
y es tan sabia criatura
que su prudencia me embaça.

NOTA.   Está en 1526 (pregunta CXIII), pero anónima, y con
su respuesta; tienen pocos cambios verbales.

(228).   PREGUNTA CCCXLIX. DEL RELOX. ES ANTIGUA
Y PREGÚNTALA EL ALMIRANTE, CON OTRAS MUCHAS QUE
SE SIGUEN.

Quién es aquél bien criado
y regido por razón,
que está de contino armado
y tiene siempre cuydado
5   de nuestra consolación.
Sigue los altos lugares
por mejor manifestar
lo que quiere,
y no biue sin pesares,
10   y en faltándole el pesar
luego muere.

NOTA.   Está en 1526 (pregunta CXIIII), pero anónima. La
estrofa oncena con quebrados fue bien conocida desde la época
de Juan de Mena, *Claro escuro*, que es el modelo métrico de
ésta. La *respuesta* es la misma. A juzgar por la declaración del
epígrafe de esta pregunta, también deben ser de Don Fadrique las cinco siguientes *preguntas*, hasta la CCCLIIII.

(Fol. 106v)

(229). Pregunta CCCL. Del juego del triumpho.

> Acordé de os preguntar
> quál fue la guerra nombrada
> do se vio alguna vegada
> quatro reyes pelear.
> 5 Y el menor de aquel lugar
> prendió a su propio rey,
> que los reyes ni su grey
> no le pudieron saluar.

Nota. Está en 1526 (pregunta CXXII), pero anónima. La *respuesta* es la misma.

(230). Pregunta CCCLJ. De una aue assada en vn palo.

> Quién es el que fue nacido
> dos vezes y condenado,
> ynocente sin peccado
> y por dineros vendido.
> 5 Despojáronle primero
> sus vestidos y colores
> y estaua como cordero,
> leuantado en el madero
> por nosotros peccadores.

Nota. Está en 1526 (pregunta CXXIII), pero anónima y con leves variantes. La *respuesta* de 1526 consta de una sola copla, que forma la base de la copla tercera y última de la *respuesta* de 1545.

(231).   Pregunta CCCLIJ. Del gorgojo y del mos-
quito.

> Quáles son dos animales
> que son de vn cuerpo y medida,
> avnque en conseruar la vida
> parescen muy desiguales.
> 5   Vno biue sin comer,
> continuamente beuiendo,
> el otro siempre comiendo
> sin jamás gota beuer.

Nota.   Está en 1526 (*pregunta* CXLV), pero anónima, y con
variantes en la *pregunta* y la *respuesta*.

(232).   Pregunta CCCLIIJ. De los ajos.

> En los yermos enterrado,
> la mayor parte sumido,
> blanco es y muy barbado
> y en olor muy conoscido;
> 5   tiene dientes y no boca,
> tiene cabeça y no pies:
> dezidme qué cosa es.

Nota.   Está en 1526 (*pregunta* CXLVI), pero anónima y con
serias variantes en la *respuesta*.

(233).   Pregunta CCCLIIIJ. Del peyne.

> Quién es aquel que nos trata
> lo mejor de la persona;
> por do va destierra y mata,

        que a ninguno no perpona [*sic*],
   5   tiene dientes y no come
        y a muchos quita el comer:
        dezidme quién deue ser.

NOTA.   Está en 1526 (*pregunta* CXLVII), anónima y con mínimas variantes. La estrofa septilla se conocía desde la época
del Arcipreste de Hita.

(Fol. 108v)
(234).   PREGUNTA CCCLXIJ. DEL JUEGO DEL AXEDREZ.
EMBIÓLA EL ALMIRANTE CON OTRAS MUCHAS.

        En vn campo raso vi mucha contienda
        de gente vestida de muchas deuisas,
        sin sayos ni capas, también sin camisas,
        y ser cada qual señor de su tienda,
   5   y todos cercados de mill cortapisas.
        Ni gritan ni lloran, tan poco dan risas,
        y pues que lo vi bien puedo contallo,
        que a pie se combaten, también a cauallo,
        los muertos se saben sin otras pesquisas:
   10   dadme respuesta, que yo no la hallo.

NOTA.   Está en 1526 (*pregunta* CIX), anónima y con mínimas variantes. Debo observar que el P. Escobar no atribuye
directamente a Don Fadrique esta *pregunta*, ni las próximas
cinco (hasta la CCCLXVII), pero dado que el nombre del Almirante anda de por medio, prefiero editarlas como si fuesen
de él, lo mismo que hice antes con la comp. núm. 218. La dé-
cima de arte mayor fue bien conocida y practicada.

(235).   Pregunta CCCLXIIJ. De las azeytunas.

Quién son aquéllas tan fauorescidas
que en cena se tiene con ellas tal ley
que en fin las presentan en mesa de rey,
y de otras personas en mucho tenidas.

Nota.   Está en 1526 (*pregunta* CXII), pero anónima y con
mínimas variantes.

(236).   Pregunta CCCLXIIIJ. De la lengua murmu-
radora.

Quál es aquél tan fuerte pertrecho
que está siempre armado y tira sin fuego,
queriendo su dueño desarmarse luego,
y tira doquier certero y derecho.
5   Y tiene otra cosa de mucho despecho
que nunca lo siente aquel a quien hiere
hasta después que el mal es ya hecho,
y el mismo que tira, tirando se muere.

Nota.   Está en 1526 (*pregunta*) CXV), pero anónima y con
mínima variante en el epígrafe: «De la lengua».

(237).   Pregunta CCCLXV. De la cruz y de la
horca.

Quál es el árbol de solos tres ramos,
sin hojas ni flores, mas lleua tal fruto
que a vezes nos vale por saluo conduto
si estamos en villa, o si caminamos.

Nota.   Está en 1526 (*pregunta* CXVI), pero anónima y con
variantes.

(Fol. 109r)
(238). Pregunta CCCLXVJ. Del sombrero.

> Quál es aquel tejado sin tejas
> que cubre la casa por enderredor,
> y es guarda del frío, también del calor,
> y más le acostumbran las cosas más viejas.

Nota. Está en 1526 (*pregunta* CXVII), pero anónima y con variantes.

(239). Pregunta CCCLXVIJ. De las orejas cortadas, quando las mira el desorejado.

> Quién son aquellas hermanas de nombre,
> que pagan el mal que nunca hizieron,
> y siendo ensalçadas más altas que el hombre
> las miran dos ojos que nunca las vieron.

Nota. Está en 1526 (*pregunta* CCCLXVII), pero anónima,
y con variantes a partir del epígrafe.

(Fol. 109v)
(240). Pregunta CCCLXXIJ. Del çurujano que
cose heridas. Son cinco del Almirante.

> De cinco pregunto, y el vno es vn sastre
> que no cose ropa, sino colorada,
> y nunca la cose, sino por desastre,
> por ser sin tigeras la ropa cortada.

Nota. Está en 1526 (*pregunta* CXXVI), pero con amplias
variantes. La *respuesta* va en una copla novena de arte mayor.

Ahora no cabe duda que, hasta la *pregunta* CCCLXXVI, son
todas del Almirante.

(241).   Pregunta CCCLXXIIJ. Del médico.

El otro sin armas, ni hierro, ni espada,
pelea muy rezio y no sabe con quién;
si es vencedor, a él le va bien,
y si es vencido le va poco o nada.

Nota.   Falta en 1526. La *respuesta* es otro cuarteto de arte
mayor.

(Fol. 110r)
(242).   Pregunta CCCLXXIIIJ. Del boticario.

Una ensalada el tercero hazía,
y a solos los tristes por dalles plazer
los combidaua a comer y beuer
de los manjares que él aborrescía.

Nota.   Falta en 1526. La *respuesta* es otro cuarteto de arte
mayor.

(243).   Pregunta CCCLXXV. Del barbero.

El quarto con agua él se mantenía
y con fuego y ayre pelando pellejos
y dando heridas a moços y viejos,
ni lo confessaua ni se arrepentía.

Nota.   Falta en 1526. La *respuesta* es otro cuarteto de arte
mayor.

(244).   Pregunta CCCLXXVJ. De la muerte.

El quinto llegó saetas tirando,
y como llegó arremete con ellos
y préndelos todos y pudo más que ellos,
y allá van los tristes gimiendo y llorando.

Nota.   Falta en 1526. La *respuesta* es otro cuarteto de arte
mayor. No guarda relación alguna con la anónima «pregunta
CXXXVJ. De la muerte» de 1526.

(245).   Pregunta CCCLXXIX. Del arador. Es antigua y preguntóla el Almirante.

Nasció vn animal por mal de la gente
que es en sus hechos peor que padrastro,
que por do camina le sacan el rastro
y hasta ser preso él nunca lo siente.
5   Doquier que se acoje mana vna fuente
y en ella reposa, trabaja y afana
después que le prenden la fuente no mana:
ved qué misterio natura consiente.

Nota.   Está en 1526 (*pregunta* CXXIX), anónima y con la
misma *respuesta* en una copla de arte mayor.

(Fol. 112v)
(246).   Pregunta CCCXCVJ. De la vihuela. Embióla el Almirante al auctor con otras quatro que
se siguen, y no las hizo él mas son preguntas antiguas.

Nota.   La *pregunta* está en 1526 atribuida al Almirante
(comp. núm. 85). El texto de su epígrafe en 1545 es claro:

las cuatro últimas *preguntas* de las *Quatrocientas respuestas* no son de Don Fadrique, sino que éste, en su papel de empresario, las envió al P. Escobar. Pero esto lo contradice de inmediato el mismo texto, porque la *pregunta* CCCXCVI está en 1526 atribuida al Almirante (*pregunta* CCXVIII, *vide supra*, comp. núm. 86); la *pregunta* CCCXCVII va sin atribución en 1545, pero es del Almirante y está en 1526 (*pregunta* CCXIX, *supra*, comp. núm. 87); la *pregunta* CCCXCVIII está atribuida al Almirante en 1545 y está en 1526 (*pregunta* CCXX, *supra*, comp. núm. 87); la *pregunta* CCCXCIX está atribuida al Almirante en 1545 y está en 1526 (*pregunta* CCXXI, *supra*, comp. núm. 89); y la *pregunta* CCCC dice en 1545 «última del Almirante», y está en 1526 (*pregunta* CCXXII, *supra*, comp. núm. 90.

Laus Deo

A gloria y alabança de Nuestro Señor Jesuchristo y de la siempre Virgen María, Su gloriosa madre, fenesce el presente libro llamado las Quatrocientas respuestas y Letanía. Impresso en la muy noble y felice ciudad de Çaragoça, en casa de Jorge Coci, a costa e industria de Pedro Bernuy y Bartholomé de Nágera. Acabóse a XVI días del mes de setiembre, año del Nascimiento de Nuestro Redemptor Jesuchristo MDXLV.

D.

SEGUNDA PARTE, 1552

XIII.   *La segvnda parte de las Quatrocientas respuestas,*
en que se contienen otras quatrocientas respuestas a otras
tantas preguntas que el jllustríssimo señor Don Fadrique
Enríquez, Almirante de Castilla, y otras personas embia-
ron a preguntar al mesmo auctor, assí en prosa como en
metro ... Impresso en Valladolid por F. F. d' Córdoua. Año
de M.D.L.II.

NOTA.   El Privilegio está fechado en Valladolid, 2 octubre
1549.

EL AVTOR A LOS LECTORES

En la primera parte desta obra se pussieron quatrocientas
respuestas, según en él parescen impressas, de las quales las más e más prencipales eran del señor Don Fadrique Enrríquez, Almirante de Castilla, que santa gloria
aya su deuotíssima ánima, como allí más largamente se
contiene. Y todas en metro, porque su Señoría lo preguntaua assí e se agradaua dello. Aunque algunas vezes
preguntaua en prosa, morando yo en Sant Francisco de
la su villa de Ríoseco, e algunas vezes por carta, estando ausente él o yo. Pero porque de las preguntas suyas
sobraron algunas que no fueron puestas en la primera
parte, y con otras que después fueron preguntadas copilé
otras quatrocientas, que son la[s] desta segunda parte.

Sobre las quales, plaziendo al Sumo Dador de los bienes, se porná la tercera parte, que son otras docientas preguntas, e ansí será el nombre del libro las *Mil respuestas* del auctor no nombrado, mas de quanto era frayre menor del linaje de los Escobares de Sahagún y su comarca.

NOTA. Por motivos oscuros el P. Escobar quiere que todo el mundo olvide las *Respuestas quinquagenas* de 1526, al no aludir a ellas en absoluto. Las *Quatrocientas respuestas* son de 1545 y Don Fadrique había muerto en 1538, por lo cual después de la publicación de 1545 no puede haber preguntado nada a nadie, aunque sí es aceptable la afirmación de que «sobraron» muchas preguntas después de esa fecha. En cuanto a fray Luis de Escobar es evidente que estaba vivo en 1552, como confirma el colofón, y había nacido en Sahagún (*ut supra*, en 1474, *vide infra*, comp. núm. 302. En cuanto a la publicación de otras doscientas preguntas, que llevarían el título colectivo de las *Mil respuestas*, desconozco la existencia de tan peregrino engendro. Sigue la *Tabla de respuestas*, ordenadas por orden alfabético.

(Folio sin numerar)
COMIENÇAN LAS QUATROCIENTAS RESPUESTAS A OTRAS TANTAS PREGUNTAS, Y ESTA PRIMERA ES DEL SEÑOR ALMIRANTE, QUE PREGUNTÓ AL AUCTOR NO NOMBRADO, PARA OCUPAR EL TIEMPO EN EL ADUIENTO, POR HUYR LA OCCIOSIDAD [*sic*].

(Fol. 9r)
(247). PREGUNTA J, DEL SEÑOR ALMIRANTE. SI SE HALLA HAUER ALGUNO ENTRADO EN EL REYNO DEL CIELO QUE FUESSE DESPUÉS ECHADO FUERA.

En las cosas de prouecho
sabeys que la muchedumbre

se suele tornar costumbre,
y la costumbre derecho.
5   Y pues esto conosceys
ya sabeys lo que deueys
que en este sancto Aduenimiento
nos deys algún documento
como hazerlo soleys.

10   Aquella red barredera
de que Christo haze menzión,
según la declaración
el reyno del cielo era.
Los peces que en ella entraron
15   buenos y malos quedaron;
los ángeles pescadores
escogeron los mejores
y los malos desecharon.

Si los bienauenturados
20   todos son sanctos e justos
quando entraron los injustos
que de allí han de ser echados;
que en reyno tan glorïoso
entrasse hombre criminoso,
25   que a él y a los otros malos
los ayan de echar a palos,
desto estoy escrupuloso.

NOTA.   No está en 1526-1545 (mis siglas para las *Respuestas quinquagenas* y las *Quatrocientas respuestas*). Como con anterioridad, sólo publicaré aquellas poesías inhallables en las dos primeras ediciones, o con distinta atribución, o con serias variantes. Verso 10: la alusión es a *San Mateo*, XIII, 47-50. La *respuesta* va en once coplas novenas.

(Fol. 9v)

(248).   Pregunta IJ, del señor Almirante. Por qué
dixo Christo, «Sed prudentes como serpientes e sím-
plices como paloma, y guardaos de los hombres».
Que son tres preguntas.

> Tres questiones os embío
> porque ocioso no esteys,
> que según de vos confío,
> según es intento mío,
> 5   creo que respondereys.
> Lo más que os pido y ruego
> es que me respondays luego
> porque estamos esperando,
> que sentados aquí al fuego
> 10   nos hallareys calentando.
>
> Del Euangelio de oy,
> entre sus sanctas razones,
> con tres palabras me voy
> en que muy dudoso estoy,
> 15   que me ocurren tres questiones.

(fol. 10r)

> En la vna paré mientes
> que Jesuchristo dezía
> que assí fuéssemos prudentes
> como lo son las serpientes,
> 20   y ésta es la dubda mía.
>
> La serpiente es ponçoñosa,
> que aun el hombre ha temor della,
> paresce terrible cosa
> a bestia tan peligrosa
> 25   que parezca hombre a ella.

Y que sea hombre prudente
como aquel animal bruto
que si le habla la gente
ni lo entiende ni lo siente,
30   por muy graue lo reputo.

NOTA. El texto evangélico que preocupa a Don Fadrique (en esta *pregunta* y las dos siguientes), es *San Mateo*, X, 16-17. La *respuesta* va en cinco coplas reales, que comienzan con tono de familiaridad: «Señor, pues estays al fuego, / e assí me estays esperando, / tomaldo con más sossiego / que no estoy dispuesto luego / para cumplir vuestro mando».

(249). PREGUNTA IIJ, DEL MISMO SEÑOR ALMIRANTE. POR QUÉ DIXO CHRISTO QUE SEAMOS SIMPLES COMO LA PALOMA. ES LA SEGUNDA DESTAS TRES.

También el punto segundo
deste Euangelio se toma
que en este valle profundo
tratemos a todo el mundo
5   con simpleza de paloma.
(fol. 10v) Pero el mundo es engañoso
quanto más no puede ser,
y si hombre no es puntoso
y aun astuto y sospechoso
10   es echarnos a perder.

Y aun essa simplicidad,
según el mundo es traydor,
tiénese por nescedad
y el que la tiene en verdad
15   por ella libra peor.

Si no ved los vsureros,
tratantes e jugadores,
cómo roban los dineros
en tratos falsos y arteros
20   a los pobres peccadores.

NOTA.   La *respuesta* está en tres coplas reales.

(250).   PREGUNTA IIIJ, DEL SEÑOR ALMIRANTE, QUE ES
LA VLTIMA DESTAS TRES SUYAS. POR QUÉ CHRISTO DIXO
EN ESTE EUANGELIO, «GUARDAOS DE LOS HOMBRES», Y
NO DIXO DEL DEMONIO.

De otra dubda me sacad
que breuemente la hablo:
por qué dize Él que es verdad
«De los hombres os guardad»,
5   y no dixo del dïablo.
Que el diablo es muy peor,
más secreto e inuisible,
en saber es muy mayor,
más astuto engañador,
10   inuidioso incorrigible.

NOTA.   El P. Escobar responde en cuatro coplas reales.

(Fol. 11r)
(251).   PREGUNTA V, Y RÉPLICA DEL SEÑOR ALMIRAN-
TE. QUE LE PARESCE MÁS PELIGROSO EL DEMONIO QUE
EL HOMBRE.

Paresce más peligroso
el demonio en ser osado,

más astuto y malicioso,
más contino y más rauioso
5 y muy más acostumbrado.
Que yo puédome apartar
donde hombre no me vea,
mas el demonio en tentar
jamás nunca ha de cessar
10 en qualquier lugar que sea.

NOTA. La *respuesta* va en cuatro coplas reales.

(Fol. 11v)
(252). PREGUNTA VJ, DEL SEÑOR ALMIRANTE. POR QUÉ
DIZE EL EUANGELIO QUE AL QUE TENÍA CINCO TALENTOS
DIESSEN MÁS, Y AL QUE TENÍA VNO SOLO SE LE QUITAS-
SEN Y LE DIESSEN AL OTRO.

Para hauer información
yo no sé adónde acuda
sino a vuestra discreción,
que dareys absolución
5 desta mi presente duda.
Que del sieruo negligente
por no ser negociador
comparado al diligente
que negoció astutamente
10 juzgando dize el Señor:

«Al que tuuiere darán,
quitarán al que no tiene,
porque assí rescibirán
según lo que ganarán
15 cada qual lo que conuiene».

Desto estó yo descontento:
que al rico enrriquezcan más
y al triste pobre hambriento
quitar su solo talento
20   ya va fuera de compás.

Que al pobre necessitado
deuamos antes dar,
y al rico que es abastado
de lo que tiene sobrado
25   le deuamos quitar.
Mas es vso de Castilla,
contra el qual yo siempre alterco,
del pobre no auer manzilla
ni querer dar la morcilla
20   sino a aquel que mata puerco.

NOTA. La parábola evangélica de los talentos se halla en *San Marcos*, XXV, 14-30. La aplicación a la Castilla de su tiempo no deja de ser apropiada. El P. Escobar contesta en diez coplas reales, donde personaliza la parábola en cabeza de Don Fadrique.

(Fol. 12r)
(253). PREGUNTA VIJ, Y RÉPLICA DEL SEÑOR ALMIRANTE. POR QUÉ CUENTA POR PECCADO HAUER AQUEL SIERUO GUARDADO EL TALENTO Y TORNARLE A SU SEÑOR.

La pena nunca se deue
sino por algún peccado:
dezid qué razón os mueue
que aquel tan gran pena lleue
5   pues que en nada fue culpado.

No deue por este cuento
(fol. 12v) penar como peccador,
pues hizo buen cumplimiento
reseruando su talento
10 en tornalle a su señor.

NOTA. En cuatro coplas reales contesta fray Luis, y comienza: «Lo que haueys, señor, notado / yo lo aprueuo y autorizo,
/ mas aquel no fue culpado / de hauer hecho algún peccado
/ sino del bien que no hizo».

(Fol. 13v)
(254). EN LA PREGUNTA X, PRÓLOGO EN TREZE PREGUN-
TAS QUE EMBIÓ AL AUTOR QUANTO A LA CREACIÓN Y PEC-
CADO Y ESTADO DE ADÁN Y EUA.

Porque en esta vida triste
ay tanto mal que sufrir
que no falta quien contriste
desde que el hombre se viste
5 hasta que torna a dormir.
Y aun en esse triste sueño
no es la pena tan pequeña,
porque soñando me enseñó
ser tan vano y tan pequeño
10 como el sueño que hombre sueña.

Y con tantos descontentos
cada vez que se me ofrescen
rebueluo en mis pensamientos
ser pena de los tormentos
15 que mis peccados merescen.
Y no hallo otro descanso

para mí, después de Dios,
sino que cuando me canso
de brauo tornarme manso
20   para descansar con vos.

Remedio de agrauiados
ya sabeys que es apelar,
remedio de mis cuydados
quando van desordenados
25   ya sabeys que es preguntar.
Remedio de la jactancia
es hombre se conoscer,
remedio de la ignorancia,
el mejor de más ganancia,
30   preguntar por aprender.

Pues para echar la passión
que destos muertos he hauido
pensaua en vuestro sermón,
cómo Adán tan sin razón
35   pensaua estar ascondido.
Y de allí se han leuantado
las semejantes preguntas
por estar bien ocupado;
si estays vos desocupado
40   respondedme a todas juntas.

Y no se os haga de mal,
pues ya me lo prometistes
y de Adán en special;
desto hago más caudal
45   pues que la ocasión me distes.
Deueyslo a mi voluntad

y deueyslo a vuestra sciencia,
y más a la charidad
por la mucha vtilidad
50 que hareys a mi consciencia.

NOTA. Este prólogo está anónimo en 1552, pero la *respuesta* de fray Luis (en tres coplas reales) va dirigida al «illustríssimo señor» (tratamiento normal de Don Fadrique), y la *pregunta*, que sigue, está atribuida al Almirante, como están casi todas las de este ciclo de trece *preguntas* sobre Adán y Eva, que termina con la XXII, fol. 18r. Verso 33: la alusión a un sermón del P. Escobar, oído por Don Fadrique bien puede referirse a un suceso real en la iglesia de San Francisco de Medina de Ríoseco, en cuyo convento adjunto vivía el franciscano.

(Fol. 14r)
(255). PREGUNTA X, DEL SEÑOR ALMIRANTE. POR QUÉ ADÁN Y EUA PENSARON ASCONDERSE DE DIOS.

Quando Adán y Eua comieron,
según vos lo predicastes,
dixistes que se ascondieron
por la vergüença que huuieron,
5 pero no lo declarastes.
Que si ellos se ascondían,
según lo que dezís vos,
¿el seso dó le tenían,
si pensauan y creýan
10 poderse asconder de Dios?

NOTA. El P. Escobar trata de defenderse en diez coplas reales.

(Fol. 14v)
(256).   Pregunta XJ, y réplica del señor Almirante. Para qué preguntaua Dios a Adán, o qué le preguntaua, pues que lo sabía todo.

> Si no supo responder
> Adán, a quien Dios hablaua,
> lo que Dios le preguntaua,
> esso quiero yo saber.
> 5   Pues Dios todo lo sabía
> y nada puede ignorar,
> ya que confuso le veýa:
> ¿qué necessidad hauía
> de tornalle a preguntar?

Nota.   El P. Escobar sigue defendiéndose a lo largo de cuatro coplas reales, lo que es insólito, ya que el Almirante envió
su *pregunta* en una copla novena.

(Fol. 15r)
(257).   Pregunta XIJ, y réplica. Qué tal fuera la
generación de Adán si no peccara, o si respondiera
en manera que Dios le perdonara.

> Pues si Adán no peccara,
> o si tan bien respondiera
> que el Señor le perdonara,
> los hijos que él engendrara,
> 5   ¿qué tal generación fuera?

Nota.   Mis dudas acerca de la integridad textual de quintillas (expresadas repetidamente, *vide supra*, comp. núm. 211
y 213) no disminuyen, como que fray Luis contesta la del texto con cinco coplas reales.

(258). Pregunta XIIIJ, del señor Almirante. Por
qué quiso Dios dar más fuerças a las bestias que
a los hombres.

> Pues Dios al hombre crio
> señor de los animales,
> ¿por qué las bestias dotó
> de las fuerças que les dio
> 5 y otras mejoras tales?
> Que paresce inconueniente,
> el hombre que es racional,
> aya de ser el paciente,
> y que sea más eminente
> 10 vn torpe bruto animal.

Nota. Fray Luis contesta con tres coplas reales.

(Fol. 16r)
(259). Pregunta XV, del señor Almirante. Por qué
quiso Dios hazer muger, pues sabía que había de ser
ocasión de peccado para Adam.

> Por qué quiso Dios hazer
> la muger, que fue ocasión
> para echarnos a perder,
> soltándose ella a comer
> 5 combidando a su varón.

Nota. La *respuesta* son tres coplas reales.

(260).   Pregunta XVJ, del señor Almirante. Si Eua
se puede dezir hija de Adán, pues salió dél.

    \   Si pregunto algún desmán
               vuestra sciencia lo corrija:
(fol. 16v)   pues Eua salió de Adán,
               yo pregunto si podrán
     5   dezir que fuesse su hija.
               Que en la sancta Encarnación,
               según tenemos por fe,
               faltó Christo en conclusión
               de la Virgen sin varón,
    10 pero Hijo della fue.

Nota.   La *respuesta* negativa del P. Escobar está en dos coplas reales.

(261).   Pregunta XVIJ, del señor Almirante. Cómo
pudo Eua ser engañada, siendo tan sancta de Dios.

          Y pues Eua fue dotada
             de tanta gracia e justicia,
             cómo fue tan mal mirada
             que pudo ser engañada
     5 a hazer tan gran malicia.

Nota.   El P. Escobar contesta en cuatro coplas reales.

(Fol. 17r)
(262).   Pregunta XVIIJ, del señor Almirante. Qué
soberuia fue la de Adán quando peccó.

          La soberuia es vn peccado
             que excellencias querría,

> pues si Adán tan sublimado
> fue de soberuia tentado,
> 5 ¿qué excellencia más querría?

NOTA.   Tres coplas reales responden a lo anterior.

(263).   PREGUNTA XJX, DEL SEÑOR ALMIRANTE. CÓMO
SUPO ADÁN LO QUE LA SERPIENTE HAUÍA DICHO A EUA.

> Quando el demonio tentaua
> algunos sospecharán
> si Adán con él no estaua,
> pues ella sola hablaua,
> 5 ¿quándo fue informado Adán?

NOTA.   Dos coplas reales dedica a esto fray Luis.

(264).   PREGUNTA XX, DEL SEÑOR ALMIRANTE. SI FUE
EL PECCADO DE ADÁN MAYOR QUE LOS OTROS PECCADOS.

(Fol. 17v) Y también preguntaré,
> pues todos somos culpados,
> que me digays el por qué
> si aquel gran peccado fue
> 5 sobre todos los peccados.

NOTA.   Esta *pregunta*, iniciada con la conjunción *y* me hace
sospechar que el Almirante enviaba al P. Escobar sus *preguntas* (individuales o en serie) en forma de coplas reales, y que
éste, al contestarlas y prepararlas para la imprenta, las recor-
taba y reducía a quintillas o las dejaba en coplas reales, según
cuadraba. La *respuesta* va en tres coplas reales.

(265). PREGUNTA XXJ, DEL SEÑOR ALMIRANTE. QUÁL
PECCÓ MÁS, ADÁN O EUA.

> Entrambos a dos peccaron
> quando offendieron a Dios:
> vn precepto quebrantaron,
> vn mismo fruto gustaron,
> ¿quál peccó más de ellos dos?

NOTA. Fray Luis escribe tres coplas reales al respecto.

(Fol. 18r)
(266). PREGUNTA XXIJ, DEL SEÑOR ALMIRANTE. SI
ADÁN NO PECCARA SI HUUIERA[N] SIERUOS Y SEÑORES.

> Pues entre tantos primores
> si los hombres no peccaran,
> dezid si huuiera señores
> más potentes y mayores
> 5 que a los menores mandaran.
> Que sin hombres principales
> no pudiera el mundo estar
> y huuiera muy grandes males,
> que siendo todos yguales,
> 10 ¿quién hauía de gouernar?

NOTA. Con menos ingenuidad contesta el P. Escobar en cuatro coplas reales.

(267). Pregunta XXIIJ, y prólogo del señor Almirante en otras treze preguntas que embió al autor
desta misma materia.

No seays áspero comigo
aunque yo lo sea con vos,
que séame Dios testigo
que quanto os pregunto e digo
5   es ganar para ante Dios.
Y las personas que son
sabidas en la Scriptura
es muy justa la razón
que planten consolación
10   donde afflige la tristura.

Que en notar vuestras respuestas
y tornar a preguntar
mis cuydados y requestas,
que contino traygo a cuestas,
15   allí van a descansar.
(Fol. 18v) Porque en lo que declarays
a mí days en qué entender,
assí que a mí remediays
y a vos mismo aprouechays
20   pues es vuestro el merescer.

Assí que vuestra prudencia
aquí puede aprouecharme
porque para mi consciencia
es muy buena conuencia
25   tener siempre en qué ocuparme.
Y a esto que aquí os embío
responded como soleys,

```
        que según de vos confío
        yo sé que el desseo mío
 30     muy bien me le cumplireys.
```

NOTA.   Es interesante observar que en dos ocasiones, en estas tres coplas reales, Don Fadrique da nuevos testimonios de
su inagotable sed intelectual: versos 11-15 y 23-25. Fray Luis
contesta a manera de prólogo propio: «Lo que aquí se determina / es que en todo y lo demás / de hoy por dezir, se inclina
/ y se humilla a la doctrina / del señor Sancto Thomás». Y en
la última de sus tres coplas reales repite su dolorida y sempi-
terna queja: «Que en esta camilla echado, / tollido y atormentado, / razón es de me excusar».

(268).   PREGUNTA XXIIIJ, DEL SEÑOR ALMIRANTE.
CÓMO NO DESPERTÓ ADÁN QUANDO DIOS LE SACÓ LA COS-
TILLA, O SI SINTIÓ DOLOR.

```
        Quando Dios a Eua formó
        desta costilla de Adán
        otra dubda me ocurrió
        que querría saber yo
  5     entre quantas aquí van.
        Cómo Adán no despertó
        al sacar de la costilla,
        o si algo le dolió,
        o cómo no lo sintió,
 10     que esto tengo a marauilla.
```

NOTA.   Dos coplas reales son la *respuesta* de fray Luis.

(Fol. 19r)

(269). PREGUNTA XXV, DEL SEÑOR ALMIRANTE. POR
QUÉ FUE MÁS HUESSO DE COSTILLA QUE DE CABEÇA, NI
DE OTRA PARTE ALGUNA.

Por qué fue más de costilla
que de otra parte alguna,
que la yglesia sin manzilla
muy alta tiene la silla
5 pues con Christo es sola vna.
De cabeça, cuello, o braço,
o lugar alto qualquiera
podía Dios sin embaraço
de huesso, o carne, vn pedaço
10 hazer como le pluguiera.

NOTA. El P. Escobar responde en dos coplas reales.

(270). PREGUNTA XXVJ, DEL SEÑOR ALMIRANTE. POR
QUÉ DIXO ADÁN, «ÉSTA ES HUESSO DE MIS HUESSOS»,
ETC., QUANDO VIO A EUA.

Pues entre tantos auiessos
yo de Adán saber querría
por qué dixo en dos processos:
«Ésta es huesso de mis huessos
5 y carne de carne mía».

NOTA. El Almirante cita *Génesis*, II, 23. Fray Luis le contesta en dos coplas reales.

(Fol. 19v)

(271).   PREGUNTA XXVIJ, DEL SEÑOR ALMIRANTE.
CÓMO APRENDIÓ ADÁN LA LENGUA HEBREA QUE HABLAUA.

Pregunto más otra duda:
la lengua que Adán habló,
si la habló clara y desnuda,
quién le dio fauor y ayuda,
5   cómo o quándo la aprendió.

NOTA.   Queda nota acerca del enorme interés de la época sobre la lengua o lenguas que se hablaron en el Paraíso Terrenal, *vide supra*, comp. núm. 124. El P. Escobar se autoriza
con «el Abulense», o sea *el Tostado*, Alonso de Madrigal, Obispo de Ávila, y su voluminosa obra, *El Tostado sobre Sant Matheo. Floretum Sancti Matthaei*, 2 vols. (Sevilla, Cuatro Compañeros Alemanes, 1491). Son dos coplas reales.

(272).   PREGUNTA XXVIIJ, DEL SEÑOR ALMIRANTE.
PUES DIOS QUITÓ VNA COSTILLA A ADÁN, SI QUEDÓ CON
VNA COSTILLA MENOS Y EUA CON OTRA MÁS.

Pues el Señor los crio
enteros, sanos y buenos,
y la costilla tomó,
pregunto si Adán quedó
5   con otra costilla menos.

NOTA.   Fray Luis contesta en dos coplas reales y sigue auto-
rizándose con *el Tostado*.

(273). Pregunta XXJX, del señor Almirante. Con
quién resuscitará aquella costilla, pues costilla
de dos fue.

> Pues que la costilla está
> según que la ordenó Dios,
> quando al Juyzio yrá
> con quién resuscitará,
> pues fue costilla de dos.

Nota.   Análogo prurito había llevado a Don Fadrique a preguntar en 1526: «Quando un hombre come carne de otro y
la conuierte en su sustancia, con quál dellos resuscitará aquella carne comida», *supra*, comp. núm. 116. El P. Escobar, que
contesta en dos coplas reales, no puede por menos que expresar su irritación ante las nimiedades que pregunta el Almirante:
«Pregunta su Señoría / tanta copia de puntillos / que no sé
cómo podría / cada hora y cada día / declarallos y dezillos».
Pero no olvida de citar al *Tostado* sobre San Mateo.

(Fol. 20r)
(274).   Pregunta XXX, del señor Almirante. Quándo supo Eua lo que Dios mandó a Adán, pues ella
no era criada.

> Quando Dios a Adán vedó
> que del árbor no comiesse,
> a él sólo lo mandó
> y a él sólo amenazó
> 5 si otra cosa hiziesse.
> Mas Eua no era criada,
> que después la crio Dios,
> ¿cómo pudo ser culpada,

      o si supo o fue auisada?
10   Esto me declarad vos.

NOTA.   En dos coplas reales contesta el P. Escobar.

(275).   PREGUNTA XXXJ, DEL SEÑOR ALMIRANTE. DE QUÉ ÁRBOR O QUÉ FRUTO ES EL QUE COMIERON ADÁN Y EUA.

    Ya que el mandamiento oyeron,
    qual el Señor se le dio,
    pues a comer se atreuieron,
    ¿qué fruto es el que comieron
5   que tan caro nos costó?

NOTA.   El P. Escobar responde que era «fruto de higuera», para jugar de inmediato del vocablo: «No era higo, sino higa / a todo el linage humano». Tres coplas reales.

(Fol. 20v)
(276).   PREGUNTA XXXIJ, DEL SEÑOR ALMIRANTE. POR QUÉ DIXO DIOS POR MALDICIÓN A LA SERPIENTE, «SOBRE TU PECHO ANDARÁS», SI ANTES ANDAUAS ASSÍ.

    Pues Dios dixo a la serpiente
    «Sobre tu pecho andarás
    [ilegibles siete versos de esta copla real]
10   andaua de otra manera.

NOTA.   En dos coplas reales contesta fray Luis, y se autoriza con «el Burgense» y su tratado sobre el *Génesis*, o sea Alonso de Cartagena, el famoso humanista y Obispo de Burgos.

(277).   Pregunta XXXIIJ, del señor Almirante. Por
qué no preguntó Dios a la serpiente como a Adán
y a Eua.

> Quando Dios reprehendió
> a Adán y Eua juntamente,
> a cada qual preguntó
> del peccado en que cayó,
> 5   no preguntó a la serpiente.

Nota.   Dos coplas reales forman la *respuesta* de fray Luis.

(Fol. 21r)
(278).   Pregunta XXXIIIJ del señor Almirante. Si
pudiera aprouechar algo al demonio en la serpiente, preguntándole Dios.

> Dezid si pudiera ser,
> ya que Dios le preguntara,
> hauerse de conoscer,
> y humillarse y merescer
> que el Señor le perdonara.

Nota.   La *respuesta* negativa del P. Escobar va en dos coplas
reales.

(279).   Pregunta XXXV, del señor Almirante. Por
qué Dios dixo, «Tierra comerás».

> Pues por qué no preguntando
> quiso Dios maldezir más
> que a la serpiente hablando

y al demonio condenando
5   dixo, «Tierra comerás».

NOTA.   El Almirante cita *Genesis*, III, 14. Fray Luis le contesta en siete elocuentes coplas reales.

(Fol. 21v)
(280).   PREGUNTA XXXVJ, DEL SEÑOR ALMIRANTE.
QUÉ VIDA TUUIÉRAMOS SI ADÁN, NI OTRO ALGUNO,
PECCARA.

Pues si Adán no cayera
ni huuiéramos de peccar
nuestra vida, ¿qué tal fuera?,
si muriera o no muriera,
5   ¿en qué hauíamos de parar?
Porque si por el peccado
vino la mortalidad,
no hauiendo hombre culpado,
¿qué tal fuera nuestro estado?:
10   este caso declarad.

NOTA.   Tres coplas reales forman la *respuesta*

(Fol. 22r)
(281).   PREGUNTA XXXVIJ, DEL SEÑOR ALMIRANTE. SO-
BRE LA EPÍSTOLA Y EUANGELIO DEL DOMINGO PRIMERO
DEL ADUIENTO DE LA YGLESIA ROMANA, QUE HABLAN DEL
ÚLTIMO JUYZIO, COMO LO PREDICÓ EL AUTOR.

San Pablo nos representa
cómo el mundo es renouado,
y el Euangelio nos cuenta

de cómo será acabado
5 y señales que propone
para que el hombre se abone:
pestilencia, hambre y guerra
de estrellas, cielos y tierra:
muy gran espanto me pone.

10 Declaradme estas señales
porque no pude entendellas,
e oýr y hablar en ellas
son a mí muy cordiales,
y paresce gran desmán.
15 Los cielos se mouerán,
pues que vemos que se mueuen
según que mouer se deuen
y qué estrellas caerán.

NOTA. Los sacros textos aludidos de la misa son: San Pablo, *Ad Romanos*, XIII, 11-14, y *San Lucas*, XXI, 25-33. El P. Escobar contesta en seis coplas novenas, que comienzan con este recuerdo de la vida militar de Don Fadrique: «Guerras, hambre y pestilencias / al mundo ponen temor: vos lo sabeys muy mejor / por vista y por experiencias». Y termina citando a Santo Tomás.

(Fol. 22v)
(282). PREGUNTA XXXVIIJ, Y RÉPLICA DEL SEÑOR ALMIRANTE. QUE LAS SEÑALES YA ERAN TODAS PASSADAS, Y EL JUYZIO NO VENÍA.

Yo pienso que no entendistes
la pregunta que embiaua,
que lo que yo preguntaua

    no es lo que respondistes.
5 Yo digo que las señales,
    pues vemos tantas y tales
    quales pone la Scriptura,
    cómo el mundo tanto dura
    con tantas culpas y males.

10 Dezid cómo se sostiene
    destas señales y daños
    ser passados tantos años
    y el Juyzio nunca viene.
    Querría ser informado
15 porque estoy marauillado
    ver passadas las señales
    e siendo tantas y tales
    nunca ver lo señalado.

NOTA.   La *respuesta* consta de siete coplas novenas.

(Fol. 23v)
(283).   PREGUNTA XL, DEL SEÑOR ALMIRANTE. SI PUE-
DE DIOS PUNIR A VN INNOCENTE QUE NUNCA TUUO
PECCADO.

    Presupongo que vno fuesse
    sin peccado original,
    ni mortal ni venial,
    y que siempre assí biuiesse.
5 Deste me haueys de dezir
    esto que quiero argüir:
    este hombre tan desculpado,
    que nunca tuuo peccado,
    si le podría Dios punir.

NOTA.   El P. Escobar contesta en cinco coplas novenas.

(Fol. 25r)

(284). PREGUNTA XLVJ, DEL SEÑOR ALMIRANTE. SI LA
BLASFEMIA ES INFIDELIDAD.

Responded como soleys
que aquí embío tres preguntas
que a mí me aprouechareys,
y vos más merescereys
5   respondiendo a todas juntas.
Del blasfemar me informad
lo que aquí preguntaré:
si será infidelidad
y contrario a la verdad
10   de la cathólica fe.

NOTA.   Contesta el P. Escobar primero con cuatro coplas reales, y después con una composición en otras cuatro coplas reales, dedicada «A los blasfemadores».

(Fol. 25v)

(285). PREGUNTA XLVIJ, DEL SEÑOR ALMIRANTE. SI
AY PECCADO MAYOR QUE LA BLASFEMIA.

Y pregunto lo segundo:
si ay peccado mayor,
que pues éste es tan profundo
delante Dios y del mundo,
5   éste deue ser peor.

NOTA.   El P. Escobar responde con cinco coplas reales.

(Fol. 26r)

(286).   Pregunta XLVIIJ, del señor Almirante. Qué
penitencia meresce el blasfemo, e quien le encubre.

> Lo tercero: qué os paresce
> del hombre blasfemador,
> qué penitencia meresce
> y quánto daña y empesce
> 5   quien le encubre y da fauor.

Nota.   Cuatro coplas reales forman la *respuesta*. Y ahora fray
Luis se divierte (y se supone que asimismo Don Fadrique) con
estos escarceos en verso: «Pregunta XLJX, del autor en persona del señor Almirante. Porque su Señoría dexó de preguntar si peccaua el juez que dexaua de punir la blasfemia», dos
coplas reales, (fol. 26v) «Responde el autor en persona del Almirante», una copla real, y «Respuesta del autor», siete coplas reales.

(Fol. 32r)

(287).   Pregunta LXIJ, del señor Almirante y otros
caualleros con él, sobre que el autor auía predicado y dexó algo por declarar de los cinco panes.

> Del sermón que predicastes
> vna dubda nos quedó,
> porque le moralizastes
> y solamente dexastes
> 5   del mucho pan que sobró.
> Y acordamos de os rogar,
> sino teneys mucha priessa,
> lo querays moralizar
> por tener que platicar
> 10   por fruta de sobremesa.

Nota.   Fray Luis había predicado en San Francisco de Medina de Ríoseco sobre el texto de *San Mateo*, XIV, 13-23, que
narra la primera multiplicación de los panes. Contesta con gracejo («Que yo cansado y ayuno / vna hora he predicado, / y
embiaysme a preguntar / sentados a messa puesta») en doce
coplas reales.

(Fol. 33r no numerado)
(288).   Pregunta LXIIJ, y réplica del señor Almirante, arguyendo en contrario de lo sobredicho ,
que más es lo que falta que lo que sobra.

(Fol. 33r)   Con los bienes que tenemos
          jamás estamos contentos,
          que por mucho(s) que ganemos
          la hambre no mataremos
     5   y siempre andamos hambrientos.
          Querríamos siempre comer,
          que caliente, que fiambre,
          que por más que sea el hauer,
          queriendo muy más tener,
     10   nunca matamos la hambre.

          Fáltannos años de vida,
          y fáltanos la salud,
          falta la fuerça perdida,
          y la vista consumida,
     15   y la dulce juuentud.
          Fáltanos la dentadura
          y fáltanos la potencia,
          fáltanos vida segura
          y fáltanos la cordura,
     20   y oluídasenos la sciencia.

Fáltanos más el saber,
que reglarnos no sabemos,
ni templarnos en comer,
ni en querer ni aborrescer,
25   ni que muerte moriremos.
Fáltanos saber la vida
que nos resta de biuir,
y fáltanos la guarida
quando la muerte venida
30   donde podamos huyr.

Y fáltanos la memoria
de lo que cumple acordarnos,
y de la pena y la gloria,
que según nuestra victoria
35   nos cumple para saluarnos.
Fáltanos gran mejoría,
siendo tristes y enojados,
fáltanos lo que solía,
que lo que menos valía
40   trae los precios muy sobrados.

Es tanto nuestro faltar
que pensallo es vn abismo,
que aunque lo quiera sumar
no me podría bastar
45   la cuenta del alguarismo.
Y vos dezís que tenemos
muy grandes bienes sobrados,
mas yo veo, y todos vemos,
que tantas faltas tenemos
50   que andamos siempre menguados.

Nota. Ante este sentido «estado de cuentas en el ocaso de
la vida de un anciano», el franciscano es tajante en su dureza: «La falta de años, de vida, / salud e vista y edad, / para
la muerte guarida, / la dentadura perdida, / vida con seguridad, / y otras mil faltas carnales / que aquí dezís que os desplazen, / ... / lo que hauíamos de ser / para ser buenos chris-
tianos, / lo que hauíamos de querer, / lo que hauíamos de hazer,
/ allí nos faltan las manos».

(Fol. 33v)
(289). Pregunta LXIIIJ, del señor Almirante. Sobre vno que conjuraua en nombre de Christo, y no
creýa en él.

> Dizen que vno conjuraua
> y que en Christo no creýa,
> a Jesuchristo nombraua
> y los demonios echaua
> 5 y el demonio obedescía.
> Los apóstoles que vieron
> que aquél no andaua con Christo
> luego se lo prohibieron
> y a su maestro dixeron
> 10 que ellos mismos lo hauían visto.
>
> Y de aquel hombre falsario
> Christo respondió después:
> «No le ayays por aduersario,
> que quien no es vuestro contrario
> ésse por vosotros es».
> Porque Christo les mandó
> que no se lo prohibiessen,
> no por contrario le huuiessen,
> (fol. 34r) que desto me espanto yo.

NOTA. El Almirante poetiza el texto de *San Lucas*, IX, 49-50. En su *respuesta* (cuatro coplas reales), fray Luis cita a San Agustín.

(Fol. 34r)
(290). PREGUNTA LXV, DEL SEÑOR ALMIRANTE. SOBRE QUE EL AUTOR ESTAUA MALO CON DOLOR DE PIEDRA.

> Dízenme que estays penado
> de piedra con gran dolor;
> el Señor lo haurá ordenado
> porque seays más prouado,
> 5 pues que aquello es lo mejor.
> Y duéleme vuestro mal
> como si yo lo tuuiesse,
> porque dizen que él es tal
> que dolor que sea ygual
> 10 no se halla que lo fuesse.
>
> Esa dolencia de piedra
> con la gota nunca os falta,
> pues de vos nunca se arriedra,
> siempre cresce y no desmedra
> 15 y en vos no sube más alta.
> Que según vuestra prudencia
> yo sé que os sabreys guardar,
> que para esso es la sciencia:
> con virtud y con paciencia
> 20 saberlo bien tolerar.

NOTA. Los dolores achacosos de su amigo y corresponsal fray Luis, afligían al Almirante, y ya hemos visto algunos testimonios, *vide supra*, comps. núms. 45-47. El dolorido franciscano contesta en seis coplas reales.

(Fol. 48v)
(291). Pregunta XCJ, del señor Almirante. Por
qué maldixo Christo la higuera que no tenía higos.

> Andando Christo camino
> ouo gana de comer
> y por esto ouo de ser
> que a vna higuera vino.
> 5 Y ella higos no tenía,
> ni el tiempo lo requería,
> y su maldición la echó,
> y ella luego se secó:
> la causa desto querría.

Nota. La higuera estéril está narrado por *San Mateo*, XXI,
18-20, y en *San Marcos*, XI, 12-14, con menos detalles. La *respuesta* del P. Escobar ocupa doce coplas novenas.

(Fol. 51v)
(292). Pregunta XCVIIJ, del señor Almirante. Si
es peccado maldezir las criaturas de Dios, pues que
maldezía Dauid a sus enemigos.

> Doctrina euangelical
> es que a nadie maldigamos
> mas que a todos bendigamos,
> y aun a quien nos haze mal.
> 5 Si es peccado maldezir,
> ¿por qué Dauid maldezía
> a aquellos que mal quería?
> Esto querría yo oýr.
>
> Que aun la ley vieja tenía
> 10 por muy fuera de razón

> dar a otro maldición
> donde no se merescía;
> que el gigante que maldixo
> a Dauid, quando le vio,
> 15 sobre él mismo descendió
> todo quanto él mismo dixo.

NOTA. Elocuentes maldiciones contra sus enemigos acumula David en su salmo LXVIII. En su *respuesta* fray Luis distingue entre maldiciones ilícitas (tres coplas castellanas), y maldiciones lícitas (diez coplas castellanas), donde acopia autoridades bíblicas, para terminar, en forma característica: «Con Santo Thomás concluyo».

(Fol. 53r)
(293). PREGUNTA CJ, DEL SEÑOR ALMIRANTE. POR QUÉ DIZE SAN PABLO QUE RESCIBIÓ CINCO QUARENTENAS MENOS VNA, Y NO DIXO QUATRO, QUE PARESCIERA MEJOR DICHO.

> En la epístola de oy nos dize San Pablo
> que rescibió cinco, y que fue vna menos:
> deuían ser quatro, o cinco no llenos,
> o yo no lo entiendo ni sé lo que hablo.
> 5 Y estauan comigo también otros dos
> que no lo entendían, y en ello altercauan,
> y en fin de questiones comigo acordauan
> que esta questión preguntassen a vos.

NOTA. El texto de San Pablo que preocupa a Don Fadrique y sus amigos es II *Ad Corinthios*, XI, 24: «A Iudaeis quinquies, quadragenas, una minus, accepi». La respuesta del P. Escobar va en cinco coplas de arte mayor.

(Fol. 53v)
(294). Pregunta CIJ, del señor Almirante. Si açotaron los judíos a Christo como a San Pablo, o en
qué otra manera.

Pues otra questión se recresce de aquí,
que pues açotauan con tanta piedad,
y lo que os dixeron teneys por verdad,
si al redemptor Christo açotaron assí.

Nota. Dos coplas de arte mayor contestan el cuarteto de
Don Fadrique.

(Fol. 56r)
(295). Pregunta CXJ, del señor Almirante. Por
qué hizo Judas Machabeo amistad y paz con los romanos, contra el mandamiento de Dios y de la ley.

Por qué Judas Machabeo
hizo paz con los romanos,
que fue hecho malo y feo
tomallos el hombre hebreo
5   por amigos como hermanos;
que era peccado mortal
y hecho de hombres ceuiles
contraer tal amistad,
concordia ni affinidad,
10   los hebreos con gentiles.

Nota. La *respuesta* de fray Luis va en nueve coplas reales,
que terminan con gesto de modestia: «Si otra cosa os paresciere / vos lo podeys corregir».

(Fol. 56v)

(296). PREGUNTA CXIJ, DEL SEÑOR ALMIRANTE, BÍS-
PERA DE NAUIDAD. QUE FUE LO DE JONATHÁS Y SYMÓN,
HERMANOS DE JUDAS, QUE CONFIRMARON LA AMISTAD CON
ROMANOS.

<blockquote>

No distes la conclusión
en que paró Jonathás,
pues hezistes dél mención
y de su hermano Symón,
5   no es de dexallos atrás.
embiadme la respuesta
(fol. 57r)   con este hombre si pudierdes,
y si no puede ser presta,
por ser tan grande esta fiesta,
10   sea quando vos quisierdes.

</blockquote>

NOTA. Fray Luis responde a esto con buen humor navide-
ño, en cinco coplas reales que comienzan: «Señor, quando acá
vinierdes / sea a la missa del gallo, / pero porque si os dur-
mierdes, / y oýlla no quisierdes / os respondo esto que hallo».
Y terminan: «Vuestra Señoría trasnoche, / si más quiere aue-
riguallo, / no se desnude esta noche, / ni menos se desabroche
/ hasta la missa del gallo».

(297). PREGUNTA CXIIJ, DEL SEÑOR ALMIRANTE. POR
QUÉ RAZÓN DAUID ERA TAN VIEJO QUE NO PODÍA CALEN-
TAR, NO AUIENDO MÁS DE SETENTA AÑOS.

<blockquote>

Dizen que Dauid estaua
de viejo tan enfrïado
que ropa no le bastaua,
y con vna dama estaua

</blockquote>

5   día y noche acompañado.
Y los años eran treynta
quando començó a reynar,
y después reynó quarenta,
que son por todos setenta:
10   esto quiero preguntar.

Otros vemos ser más viejos
en estos tiempos presentes,
arrugados los pellejos,
en los años más añejos
15   y no ser tan impotentes.
Por ser mal complexionado
(fol. 57v) no creemos que lo fuesse,
ni de dolencias cargado,
pues de heridas desangrado
20   no se lee que lo estuuiesse.

Que si de heridas fuera
que sangre ouiesse vertido
de creer es que scripto fuera,
porque tal cosa no era
25   para dexar en oluido.
Y de otras causas que leo
no son mucho de creer,
mas según lo que yo creo,
vos cumplireys mi desseo:
30   dezid vuestro parescer.

NOTA. A la hora de su muerte el Almirante contaba 78 años, y no creo exagerado ver en esta *pregunta* un deseo de parangonarse, a respetuosa distancia, con el sabio militar y poeta de la Biblia hacia finales de sus vidas respectivas. El P. Escobar respondió con diez coplas reales.

(Fol. 75r)

(298).   PREGUNTA CLIIJ, DEL SEÑOR ALMIRANTE. POR
QUÉ QUISO CHRISTO DERRAMAR TANTA SANGRE POR NO-
SOTROS, PUES BASTARA VNA GOTA.

> Es otra questión pues el Saluador
> por Su gran clemencia nos vino a saluar,
> y más por Su sangre nos quiso comprar,
> por esso se suele llamar Redemptor.
>
> 5 Y assí por Su sangre que fuimos comprados,
> y justificados con sus sacramentos,
> de nuestros reatos ya libres y essentos
> esperamos ser bienauenturados.
>
> Y pues por Su sangre assí nos compró,
> 10 y vna sola gota bastara y sobrara,
> ¿por qué razón hizo la compra tan cara
> que toda Su sangre assí derramó?
> Que es justa razón que el precio se yguale,
> sin ser defraudado el que es comprador,
> 15 porque entre discretos se ha por error
> dar por la cosa más de lo que vale.

NOTA.   Verso 7: *reato*, 'obligación que queda a la pena correspondiente al pecado, aun después de perdonado'. Siete coplas de arte mayor es lo que responde el P. Escobar.

(Fol. 75v)

(290). Pregunta CLIIIJ, del señor Almirante. Por
qué hazemos reuerencia al nombrar «Jesús», quando le oýmos, y no al nombre de Dios, ni Spíritu Sancto, ni Christo.

Tengo otra dubda, quitádmela vos:
quál es la razón que nos humillamos
al nombre «Jesús», quando le nombramos,
no a Spíritu Sancto, ni Christo, ni Dios.
5 Si es que San Pablo, de Dios alumbrado,
lo escriue d'Él sólo y no de otro alguno,
en conoscimiento que Él es sólo vno
el que se humilló del cielo baxado.

Nota. El P. Escobar usa tres coplas de arte mayor como *respuesta*.

(Fol. 76r)

(291). Pregunta CLV, del señor Almirante. Por
qué se quexaua Christo en la cruz, diziendo que
Dios le hauía dexado.

Estoy muy marauillado,
y muchas vezes lo pienso,
que Christo crucificado
se quexasse ser dexado
5 de su Padre Dios immenso.
Dexar Dios al peccador
muchas vezes lo hemos visto,
mas tengo espanto y horror,
en tal tiempo y tal dolor,
10 dexar Dios a Jesuchristo.

Que estando en cruz afligido,
y en presencia de Su madre,
siendo con Dios tan vnido,
dixo con tan gran gemido
15   «¿Por qué me dexaste, Padre?»
¿Cómo pudo ser dexado
siendo tan grande el amor
que en tal tiempo y tal estado
ser de Dios desamparado
20   se quexasse el Redemptor?

NOTA.   La larga *respuesta* de fray Luis se extiende a diecisiete coplas reales.

(Fol. 201r)
(301).   PREGUNTA CCJ, DEL SEÑOR ALMIRANTE. POR QUÉ EL VIEJO ECHA LOS PASSOS MENUDOS Y DESPACIO.

En nuestra vejez hablemos,
que los que a viejos llegamos
muy grandes males passamos,
avnque no los conoscemos.
5   Es la dubda que yo dudo,
pues el viejo es más sesudo,
si mirays en su andar
le vereys el passo echar
más despacio y más menudo.

NOTA.   La *pregunta* toca al parigual al Almirante y al francis-cano, y éste, en diecisiete coplas novenas, traza un verídico cuadro de los achaques de la vejez, para terminar: «Notad, señor, para vos / en estos males y daños: / yo he cinquenta y ocho años, / vos más de setenta y dos». Si estas edades están ajustadas a la realidad, y como Don Fadrique nació en 1460, esta *pregunta* y *respuesta* se escribieron en 1532, y el P. Escobar, por el mismo sistema de calcular, había nacido en 1474.

(Fol. 95v)
(302). Pregunta CCIJ, del señor Almirante. Si yerra el que dize, «Yo puedo peccar y Dios no puede peccar; que puedo yo hazer algo que Dios no puede».

> A muchos oyo afirmar
> vna muy nescia porfía
> en que se piensan jactar,
> que podrían ellos peccar,
> 5 lo qual Dios nunca podría.
> Y dan a entender aquellos,
> con su grosero entender,
> que es tan grande el poder dellos
> que algo pueden hazer ellos
> 10 que Dios no puede hazer.

Nota. Once coplas reales constituyen la *respuesta* de fray Luis.

(Fol. 96v)
(303). Pregunta CCIIJ, del señor Almirante. Por qué dixo Dios a Noé, «No permanescerá Mi spíritu en el hombre porque es carne».

> Lo que más preguntaré
> es de vna palabra escura,
> según dize la Scriptura,
> que dixo Dios a Noé:

5 «Mi spíritu no estará,
ni más permanescerá
en el hombre, que es carnal,
mas diluuio general
a todos consumirá».

10 Si aquel spíritu tal
la vida del hombre era
sin el diluuio muriera
pues era vida mortal.
Y si el Spíritu Sancto
15 no le tenían entre tanto,
¿de qué spíritu sería
esto que el Señor dezía?
Es la questión que leuanto.

NOTA. En el epígrafe Don Fadrique se refiere a *Génesis*, VI,
3, y la pregunta se inspira en todo dicho capítulo VI. La *respuesta* de fray Luis consta de seis coplas novenas.

(Fol. 97r)
(304). PREGUNTA CCIIIJ, DEL SEÑOR ALMIRANTE. PRÓ-
LOGO: POR QUÉ LOS DOS REYES SE ENAMORARON DE SA-
RRA SIENDO TAN VIEJA.

El tiempo tan fortunoso
no me permite yr a caça,
ni passear por la plaça
y estoyme en casa ocioso.
5 Y leyendo en vna historia
han venido a mi memoria
estas siguientes preguntas:

vos dareys a todas juntas
respuesta satisfactoria.

10 Son de la Sacra Scriptura,
de que vos os agradays,
y os pido que respondays
la respuesta clara y pura.
Y si os parescieren cosas
15 que son muchas y enojosas
responded las que quisierdes,
y aquellas que respondierdes
vengan claras y con glosas.

Que lo que ayer respondistes
20 yo pregunté de la espada
y vos no acertastes nada,
ni entendí lo que dixistes.
Y si fue porque era enigma,
que os enoja y os lastima,
25 empero aquella respuesta
no venía bien dispuesta
ni la pasastes por lima.

PREGUNTA

Y lo primero será:
si era Sarra tan bella
30 que se enamorase della
aquel rey de Gerara.
Porque muy vieja sería
si nouenta años tenía,
y también es della escripto

35 que Faraón, rey de Egypto,
    antes tomado la auía.

Nota. Verso 1: «tiempo fortunoso», 'tiempo de tormenta';
vv. 23-24: respecto a la ojeriza de fray Luis por los *enigmas*,
ya hemos visto que los llamaba «niñerías que no son para los
hombres de bien», *vide supra*, comp. núm. 69 nota. La historia de Saray-Sara-Sarra se narra en *Génesis*, el enamoramien-
to de Abimelech, rey de Gerara, en el cap. XX, y el de Faraón en cap. XII. El P. Escobar responde con cuatro coplas
novenas al Prólogo, y allí escribe: «Quiso vuestra Señoría /
por enigma preguntarme, / yo no sé si por tentarme, / pues
no es nueua esta porfía». A la *pregunta* en sí dedica dos coplas
novenas.

(Fol. 97v)
(305).   Pregunta CCV, del señor Almirante. Por
qué Abrahán dixo que era su hermana, pues era su
muger.

Pues mis preguntas están
esperando la respuesta
responded también a esta
que pregunto de Abrahán.
5 Lo que aueys de responder:
cómo se ha de entender
que Sarra fuesse su hermana,
porque es cosa muy prophana
ser su hermana y su muger.

Nota. El P. Escobar explica todo en dos coplas novenas.

(306). Pregunta CCVJ, del señor Almirante. De
qué años parió Sarra después que la tomó el rey
de Gerara Abimelech.

Si quando el rey la tomó
los nouenta años auía,
¿de qué edad pariría
si después desto parió?
5 Que sin lo que dezís della
ser linda como donzella
otra cosa ay que dubdar,
y más de marauillar
ser tan vieja y parir ella.

Nota. En cuatro coplas novenas responde fray Luis.

(Fol. 98r)
(307). Pregunta CCVIJ, del señor Almirante. Por
qué se quexó Sarra quando vio jugar su hijo con el
hijo de Agar, sierua de Abrahán.

También quiero preguntar
por qué Sarra se quexaua
quando con Ysaac burlaua
Hismael, hijo de Agar.
5 Querría saber qué fuessen
los juegos que ellos hiziesen,
que Abrahán, que era su padre,
echasse al hijo y la madre
que en su casa no estuuiessen.

Nota. *Génesis*, XXI, fundamenta la *pregunta* de Don Fadrique, que fray Luis responde en cuatro coplas novenas.

(Fol. 98v)

(308).   PREGUNTA CCVIIJ, DEL SEÑOR ALMIRANTE, QUE
CONTIENE CINCO PREGUNTAS. LA PRIMERA ES POR QUÉ
CAÝN MATÓ A SU HERMANO ABEL.

> Dezidme por qué Caýn
> mató a su hermano Abel,
> quándo y cómo murió él
> y si fue dañado en fin.
> 5   Y pues que muger tenía,
> de dónde la tomaría;
> la cibdad que edificó,
> con qué gente la pobló,
> pues tan poca gente auía.

NOTA.   Tres coplas novenas forman la *respuesta*.

PREGUNTA CCJX.   A LA SEGUNDA PREGUNTA DESTAS CIN-
CO: QUÉ MUERTE MURIÓ CAÝN Y QUÁNDO.

NOTA.   El texto de esta *pregunta* no figura en el texto impreso porque se considera contenido en la *pregunta* CCVIII, pero
sí figura la *respuesta* del P. Escobar, en cinco coplas novenas.

(Fol. 99r)

PREGUNTA CCX.   A LA TERCERA PREGUNTA DESTAS CIN-
CO: SI FUE DAÑADO CAÝN, O SI HIZO PENITENCIA.

NOTA.   El texto se da por expresado en la *pregunta* CCVIII,
la *respuesta* de fray Luis es de cuatro coplas novenas.

Pregunta CCXJ. A la quarta pregunta destas cinco:
de dónde ouo muger Caýn.

Nota. El texto se da por contenido en la *pregunta* CCVIII,
y la *respuesta* del P. Escobar es de dos coplas novenas.

(Fol. 99r)
Pregunta CCXII. A la quinta pregunta destas cinco: cómo pudo Caýn edificar cibdad pues tan poca
gente se lee que ouiesse en el mundo.

Nota. El texto se da por expresado en la *pregunta* CCVIII,
y la *respuesta* de fray Luis es de dos coplas novenas, y se apoya
en San Agustín, *De civitate Dei.*

(Fol. 100r)
(309). Pregunta CCXIIIJ, del señor Almirante.
Qué cosa o qué ley es «pagano», dónde nasció y qué
significa. Son tres preguntas.

> Pagano suelen llamar
> al que es de mala consciencia
> y vicioso,
> y en mentir y trafagar,
> 5 hurtar, jurar y peccar,
> criminoso.
> De aquí os quiero yo arguyr,
> aunque sea descortés
> y liuiano,
> 10 que vos me querays dezir
> qué ley o qué seta es
> ser pagano.

NOTA.   El esquema de las rimas en esta copla de pie quebrado no le salió bien al Almirante, ya que el verso 2 no tiene
su consonante. El P. Escobar prepara tres *respuestas* distintas: la primera (tres coplas de pie quebrado) atiende a «qué
cosa es pagano»; la segunda (tres coplas de pie quebrado), a
«dónde nasció tal nombre de pagano»; la tercera (otras tres
coplas de pie quebrado), a «qué significa pagano». Respecto
a la etimología, el P. Escobar dictamina, con magnífica imaginación, «Pago fue rey de Cartago, / ... / éste fue muy gran
tirano, / ... / no judío ni christiano». Por consiguiente, *pagano* es 'el seguidor del rey Pago'.

(Fol. 101v)
(310).   PREGUNTA CCXVIIJ, DEL SEÑOR ALMIRANTE.
SI ES PECCADO ENTRAN [*SIC* POR 'ENTRAR'] EN VAÑOS.

> Solían vsar en Castilla
> los señores tener vaños
> que mil dolencias y daños
> sanauan a marauilla.
> 5 Y pues ay tampocos [tan pocos] dellos,
> y pocos vemos tenellos,
> yo querría de vos saber
> si por salud o plazer
> es peccado entrar en ellos.

NOTA.   La *respuesta* del P. Escobar, en cinco coplas novenas,
desaprueba, aunque no tajantemente, de los baños: «Que los
baños pueden ser / al enfermo beneficio, / mas quien los toma
por vicio / tórnase medio muger».

(311). Pregunta CCXJX, del señor Almirante.
Qué remedio ay para que no haga mal el dormir entre día.

También os preguntaría,
no me ayays por enojoso,
que me digays qué haría
para dormir entre día
5 que no me fuesse dañoso.
Que cada vez que he dormido
al punto que he despertado
quedo flaco y descaýdo,
soñoliento, amodorrido,
10 descontento y muy pesado.

Nota.   La respuesta, en tres coplas reales, subraya la importancia del moderado comer para dormir bien.

(Fol. 106r)
(312). Pregunta CCXXXJX, del señor Almirante.
Por qué dize Sant Gregorio en la bendición del cirio pascual «Bienauenturada fue la culpa de Adán»,
pues qualquier peccado es mal.

En la missa noté yo,
esta bíspera de Pascua,
vn dicho que me alteró
y el sentido me quemó
5 bien como si fuera vna ascua.
Y estoy muy marauillado
por qué San Gregorio quiso
llamar «bienauenturado»

aquel famoso peccado
10   que Adán hizo en Paraýso.

Respondedme, señor, luego,
no me pongays dilación,
que no me queda sosiego
y es cosa que pone fuego
15   a mi juyzio y razón.
Que aquello que Dios condena
en Su diuina valança
me digan que es cosa buena,
y que meresciendo pena
20   tiene bienauenturança.

NOTA. La alusión del epígrafe es al cirio pascual de la misa de Sábado Santo. En su *respuesta* fray Luis se autoriza con San Pablo y San Agustín en seis coplas reales, lo que no impidió que recibiese dos *réplicas* anónimas y distintas (fols. 106v-107r). La segunda *réplica* recibe una larga *respuesta* en pareados, «de los males que son causa de bienes».

(Fol. 109v)
(313). PREGUNTA CCXLJX, DEL SEÑOR ALMIRANTE. SI ES PECCADO CONFESSAR POR HUMILDAD EL PECCADO QUE NO HIZO.

Cada vez que me confiesso
de oluidar algo he temor
y por no quedar auiesso
me acuso por sólo esso
5   en todo ser peccador.
Y aunque no sea verdad
de auer en todo caýdo,

yo digo que no ay maldad,
ni vicio ni torpedad
10 que no aya cometido.

Assí que por no faltar
por oluido o negligencia
quiérolo justificar
con algo más confessar
15 de lo que ay en la consciencia.
Y en esta dificultad
vuestra reverencia dize
que es gran hierro [*sic*] y torpedad
confessar por humildad
20 el peccado que no hize.

Nota. El P. Escobar responde escandalizado en cuatro coplas reales.

(Fol. 110r)
(314). Pregunta CCL, del señor Almirante. Qué
será si el tal no queda satisfecho.

Satisfazedme mejor,
pues que vemos que el más justo
se tiene por más injusto,
más indigno y peccador.
5 Y de acusarse le plaze
y condenarse de hecho,
y con todo esto que haze
apenas se satisfaze,
ni queda bien satisfecho.

Nota. La larga *respuesta* del P. Escobar se expresa en catorce coplas reales, en forma anómala, ya que contesta a una copla novena. Ésta es la última *pregunta* en verso de esta *Segunda parte*, obra que se abre y se cierra, en acto de plena justicia, con poesías del Almirante de Castilla Don Fadrique Enríquez.

(Fol. 111r) FENESCEN LAS RESPUESTAS EN METRO.
COMIENÇAN LAS RESPUESTAS EN PROSA.

(Fol. 111v) PRÓLOGO EN LAS RESPUESTAS DE PROSA.

Las siguientes respuestas se ponen aquí en prosa, porque assí fueron preguntadas por scriptura o por palabra del señor Almirante, y de otros, y no se pusieron en la primera parte porque antes su Señoría las viesse sobreuinieron ciertos impedimentos y su muerte, por do las más dellas nunca las vio. Otras muchas preguntas ay aquí, hasta el número de quatrocientas, que no se dize en algunas dellas cúyas son porque quasi todas, o las más, son de religiosos y monjas, que algunas vezes por carta, otras vezes por palabra preguntauan, rogando al autor que les diesse la respuesta en escripto.

NOTA.   Continúa el Prólogo y nombra dos de estas monjas, del monasterio de Santa Clara de Tordesillas, la abadesa Doña María de Zúñiga y la hermana Doña Isabel de Arellano, ya fallecidas, que enviaron muchas preguntas al P. Escobar, algunas impresas y otras inéditas. Según se verá, y contra lo declarado en el Prólogo, alguna pregunta del Almirante está en verso, lo que justifica su publicación aquí, en su *Cancionero poético*, y las otras en prosa. El texto de éstas últimas es insignificante, y no se puede atribuir a Don Fadrique, pero se imprimen, de todas maneras, para ilustrar mejor la gama de sus intereses intelectuales y reunir en esta obra su obra literaria conocida.

(Fol. 158r)
(315). Pregunta CCCXXVIJ, del señor Almirante. Por qué en vn lugar dize Christo que nuestras
buenas obras sean manifiestas a los hombres, y en
otra parte dize que sean tan secretas que no sepa
la siniestra lo que haze la diestra.

Predicays que dize Christo
que es el mérito perfecto
quando el bien hago secreto
que de nadie sea visto.
5 Y que tan secreto sea
lo que hiziere la diestra
que la misma siniestra
no lo entienda ni lo vea.

(Fol. 159r) También dixo, parad mientes,
10 que los bienes que hazeys
al mundo los publiqueys
como candelas luzientes.
Pues si plaze más a Dios
que nuestras obras se encubran,
15 o que a todos se descubran,
esto me declarad vos.

Nota. El P. Escobar responde en diez coplas reales.

(Fol. 162v)

(316).   Pregunta CCCXXXIJ, del señor Almirante Don Fadrique Enríquez que preguntó en prosa, de palabra al autor. Cómo se entiende en los prouechos de la buena muerte que la tal muerte sea preciosa ante Dios, por quanto el autor predicó que hauía doze prouechos en la buena muerte. Y él responde todos de doze a doze preguntas, porque de todos doze prouechos fue preguntado que los declarasse y diesse por escripto.

Nota.   Éste es todo el texto de la *pregunta*, mientras· que la *respuesta* del P. Escobar ocupa casi dos columnas y media. Los textos de las restantes *preguntas* sobre la *buena muerte* son insignificantes (por ejemplo: «Pregunta CCCXXXIIJ. Cómo en la buena muerte ama el hombre a todos sus enemigos, escapándose dellos»), y además anónimos, sin expresa declaración que fuesen de Don Fadrique. Por consiguiente, no los imprimo.

(Fol. 195r)

(317).   Pregunta CCCLXXVIJ, del señor Almirante, que preguntó en prosa qué peligro ay en hablar con descomulgado.

Nota.   La *respuesta* del P. Escobar, de un poco más de tres columnas de largo, comienza por citar a Santo Tomás a los efectos que la excomunión afecta a todos los participantes con el excomulgado. Esto no puede haber satisfecho mayormente a Don Fadrique, quien había estado en íntimas relaciones con los penitenciados Juan López de Celain (quemado por la Inquisición), fray Francisco Ortiz (condenado y recluido en un convento), y su propio médico, el doctor Eugenio Torralba, encarcelado por el Santo Oficio, a pesar de la protección que le deparó Don Fadrique, según se vio en el Esbozo Biográfico.

(Fol. 196v)
(318). Pregunta CCCLXXJX, del señor Almirante. Qué significa el vso de los niños, que en el principio del año demandan a los hombres aguinaldo,
diziendo «Dadme aguinaldo, que Dios os dé buen
año».

Nota. La *respuesta* del P. Escobar (un poco más de dos columnas) comienza por la muy insólita declaración: «Yo no sé
qué quiere dezir aquel bocablo *aguinaldo*, sino que algún misterio deue ser, que yo no alcanço ni lo hallo escripto, pero según mi simple ymaginación diré lo que me paresce que podía
ser». Y procede a derivarlo del latín *agnatus*, 'pariente'. El caso
es que el misterio etimológico se mantiene todavía. Juan Corominas, *Diccionario crítico etimológico de la lengua castellana*, s.v. dice: «Origen incierto, quizá de la frase lat. *hoc in
anno*, 'en este año', que se empleaba como estribillo en las can-
ciones populares de Año Nuevo, con diferenciación de *nn* en
nd».

(Fol. 198v)
(319). Pregunta CCCLXXXJ, del señor Almirante. Quanto a las propiedades del tiempo, porque son
siete preguntas sobre siete propiedades del tiempo, que el autor predicó, preguntó el señor Almirante en prosa que las declarase más y las diese
por scripto.

Nota. Comienza fray Luis por decir que «en siete *respuestas* concluyré el mandado, y regraciaré algo de las mercedes
que deuo a vuestra Señoría». Dichas siete respuestas ocupan
hasta el fol. 203v. Los textos del Almirante son minúsculos.

(Fol. 213r)
FIN DE LA SEGUNDA PARTE DE LAS «QUATROCIENTAS RES-
PUESTAS».

(Fol. 213v)
COMIENÇAN LAS GLOSAS Y DECLARACIONES DE LAS RES-
PUESTAS, LAS QUALES SON CINQUENTA. HALLARSE [H]AN
ACOTADAS EN LAS MÁRGINES, CON VNA MANO.

NOTA.   Efectivamente, esto es lo que ocurre en el texto impreso de esta *Segunda parte*. Estas glosas son obra exclusiva
del P. Escobar, y nuevo ejemplo de su gran lectura y paciencia. No publican nada del Almirante, y me desentiendo de
ellas.

(Fol. 245v)
A GLORIA Y ALABANÇA DE NUESTRO SEÑOR JESUCHRISTO
Y DE SU BENDITA MADRE Y SEÑORA NUESTRA HAZE FIN
LA SEGUNDA PARTE DE LAS «QUATROCIENTAS RESPUES-
TAS» DEL ALMIRANTE DE CASTILLA DON FADRIQUE ENRÍ-
QUEZ Y OTRAS PERSONAS, RESPONDIDAS POR EL AUTOR NO
NOMBRADO. EL QUAL QUEDA ACABANDO OTRAS DOZIEN-
TAS PARA QUE CON LAS QUATROCIENTAS DE LA PRIMERA
PARTE Y CON ESTAS CCCC DESTA SEGUNDA SERÁN MIL
CABALES.
      FUERON IMPRESSAS EN LA MUY NOBLE VILLA DE VA-
LLADOLID (PINCIA OTRO TIEMPO LLAMADA) POR FRANCISCO
DE CÓRDOUA Y A COSTA DE FRANCISCO DE ALFARO, SUYO
ES EL PRIUILEGIO. ACABÓSE A DOS DÍAS DEL MES DE HE-
NERO DESTE AÑO DE MDLII.

ÍNDICE DE PRIMEROS VERSOS

(Después de cada verso el primer número arábigo se refiere al número de orden del poema en este *Cancionero*).

Acordé de os preguntar, 229

Adam, Noé y otras gentes, 134

Adonde de sciencia ay tanta abundancia, 91

A esso quiero arguyr, 212

A la muerte que me offresco, 2

Allende desto pregunto, 157

A muchos oyo afirmar, 293

Andando Christo camino, 291

Anoche que me acostaua, 48

Antes que me leuantasse, 125

Antes, señor, que responda, 45

A otro qualquier plazer, 4

Aquí, señor, me escreuís, 152

Aueys, señor, predicado, 28

Avnque tanta fe tengamos, 168

A vos que teneys poder, 43

Ay diuersas opiniones, 104

Ay ora cosa que biua, 55

Ay tantas faltas en mí, 30

Bien conocemos auer criatura, 90

Bien nos dice la Scriptura, 123

Cada vez que me confiesso, 313

Causa fue nuestro pecado, 22

Como el tiempo es peligroso, 49

Con los bienes que tenemos, 288

Creo yo que aquesta affrenta, 42

Cuál, v. Quál

Cualquiera, v. Qualquiera

Cuando, v. Quando

De cinco pregunto, y el vno es vn sastre, 240

Declaradme este argumento, 191

De la cruz hay tantas fiestas, 220

Del Niño recién nacido, 35

De lo que dezís demando razón, 177

Del pecado ser punidos, 160

Del sermón que predicastes, 287

Demos ya fin a esta conquista, 182

De otra dubda me sacad, 250

De otra duda me sacad, 192

De otra notable y nueua question, 128

De todas las aguas pregunto, señor, 198

Dexástesnos espantados, 205

Dexemos ya la medalla, 217

Dezidme en el contemplar, 71

Dezidme: lo que yo hallo, 211

Dezidme otra duda, pues soy vuestro sieruo, 222

Dezidme por qué Caýn, 308

Dezidme por qué se ordena, 187

Dezidme también, señor, 202

Dezid si las culpas que públicas son, 80

Dezid si pudiera ser, 278

Dezís, entre otros primores, 159

Dezís que dixo Sant Juan, 137

Días os pregunto la culpa oluidada, 175

Dícenme, v. Dízenme

Diga vuestra discreción, 50

Disputar quien poco sabe, 31

Dízenme que estays penado, 290

Dízenme que soys llegado, 46

Dizen que Dauid estaua, 297

Dizen que vno conjuraua, 289

Dize que por donde andaua, 69

Dize que vio vna simiente, 67

Dize que vio vno tan fuerte, 65

Doctrina euangelical, 292

El año presente, que es del nascimiento, 194

El Hijo de Dios eterno, 165

El hombre que es dado al vino, 200

El otro sin armas, ni hierro, ni espada, 241

El quarto con agua él se mantenía, 243

El quinto llegó saetas tirando, 244

El sermón de Trinidad, 25

El tiempo tan fortunoso, 304

En casos ay aquel perdón, 51

En el cuerpo do ay concierto, 114

En el primer *Paralipomenón*, 129

En la epístola de hoy nos dize San Pablo, 293

En la missa noté yo, 312

En las cosas de prouecho, 247

En las cosas que entre nos, 210

En lo alto enalmenado, 59

En los yermos enterrado, 232

En nuestra vejez hablemos, 301

En otra questión estoy muy embuelto, 178

En tornar yo al error, 207

Entrambos a dos peccaron, 265

Entre mí la está alabando, 3

En vn campo raso vi mucha contienda, 234

En vn lugar no muy onrrado, 62

Escriuidme cómo estays, 219

Es de saber si consiste, 21

Eso, v. Esso

Es otra questión pues el Saluador, 298

Essa carta que os embío, 95

Esso, señor, que dezís, 27

Essos males infinitos, 144

Esta duda no muy clara, 193

Estas preguntas me dieron, 224

Estas preguntas, señor, que vereys, 75

Esto que haueys difinido, 139

Estos pies de puerco tome, 19

Estoy muy marauillado, 300

Estoy pensando en la cama, 20

Falso Amor, que assí llagar, 7

Gran silencio aueys tenido, 38

Habeis, v. Aueys

Hablando en cosas de sciencia, 39

Hablando otras cosas os oý dezir, 126

Hanme dicho que caystes, 214

Hasta que de carne sea, 110

Hay, v. Ay

Hay otra limitación, 142

Hay vn hombre peccador, 212

Hazer coplas de plazer, 15

Justa cosa es que notemos, 8

Juzgue más vuestro juyzio, 147

La consciencia que está rota, 34

La fe, de su propria essencia, 161

La mejor vida es aquella, 12

La pena nunca se deue, 253

La pierna del negro al blanco pegada, 184

Las almas que al cielo van, 153

Las cosas acostumbradas, 172

La soberbia es vn peccado, 262

Las sillas que Lucifer, 155

Lo escuro halla reparo, 70

Lo que más preguntaré, 303

Lo que más pregunto aquí, 117

Los yerros por ignorancia, 169

Lo tercero: qué os parece, 286

Mal que vas tan adelante, 18

Más os quiero preguntar, 102

Materia de Theología, 29
Mi coraçón, ya no mío, 1
Mi mal creze cada ora, 17
Mi pobre sentido aquí no alcança, 221
Mucho estoy marauillado, 30

Nasció vn animal por mal de la gente, 245
No distes la conclusión, 296
No os dé pena que pregunto, 113
No os deue poner espanto, 166
No quiero ser enojoso, 138
No respondeys a mi carta, 180
No seays áspero comigo, 267
No tengays pena comigo, 124
No terneys por perdimiento, 53
No terneys vos por impedimento, 179

Ordenó Dios eternal, 98
Otra duda declarad, 213
Otra pregunta aquí se me ofresce, 185
Otra verdad yo ando buscando, 127

Pagano suelen llamar, 300, 384
Para hauer información, 252, 335
Paresce más peligroso, 251, 334

París es sin par tenida en el mundo, 73
Pecados que dezís ser, 143, 253
Pésale mucho de estar en pecado, 77, 190
Pídos por merçed, Boscán, 9
Por do yré, pues voy perdido, 101
Por echar la ociosidad, 108
Por el mucho esternudar, 203
Por ella yo tengo agora, 5
Por otra respuesta, señor, os suplico, 223
Por qué aueys callado tanto, 97
Por qué fue más de costilla, 269
Por qué Judas Machabeo, 295
Por qué quiso Dios hazer, 259
Porque en esta vida triste, 254
Predicays que dize Christo, 315
Pregunto más otra duda, 271
Pregunto otra dubda que ha sobreuenido, 183
Pregunto por qué el que tiene atericia, 199
Pregunto por qué tememos, 190
Pregunto si el ayunar, 103
Pregunto si vno no tiene pecado, 84
Pregunto también si vn penitente, 81

Presupongo que vno fuesse, 283

Pues amar y dessear, 105

Pues Dauid profetizó, 115

Pues days las respuestas en tal dulcedumbre, 131

Pues dezís que hombre no tiene, 208

Pues Dios al hombre crio, 258

Pues Dios dixo a la serpiente, 276

Pues Dios os da mejoría, 37

Pues Dios os quiso dotar, 99

Pues el saber es prouecho, 188

Pues el Señor los crio, 272

Pues en quanto yo os pregunto, 148

Pues entre tantos auiessos, 270

Pues entre tantos primores, 266

Pues hazeys tan gran pecado, 170

Pues mis preguntas están, 305

Pues no quereys acceptar, 96

Pues no quereys aceptar, 181

Pues otra questión se recrece de aquí, 294

Pues por diuersos caminos, 43

Pues por qué no preguntando, 279

Pues que del libro se alcança, 163

Pues que en paz fue la heredad, 36

Pues que en vuestro platicar, 52

Pues que la costilla está, 273

Pues que me days el [ilegible], 151

Pues que juzgados están, 118

Pues si Adán no cayera, 280

Pues si Adán no peccara, 257

Pues siendo por esta vía, 156

Pues si me arrepiente el tal pecador, 76

Pues si no han de pelear, 120

Pues tuuo Nuestra Señora, 26

Pues vos affirmays que no basta escreuir, 82

Pues yo vi muchos perdidos, 136

Quál es aquél tan fuerte pertrecho, 236

Quál es aquel tejado sin tejas, 238

Quál es el árbol de solos tres ramos, 237

Quál es la cosa muy baça, 227

Quál es la piedra preciosa, 56

Quáles son dos animales, 231

Qualquiera bruto animal, 109

Quando a Adam y a Eua Dios quiso vestir, 133

Quando Adán y Eua comieron, 255

Quando de carne es carnal, 110

Quando de vos me parta, 11
Quando Dios a Adán vedó, 274
Quando Dios a Eua formó, 268
Quando Dios reprehendio, 277
Quando dispone el Señor, 23
Quando el demonio tentaua, 263
Quando el engendrado tenga, 24
Quando el tiempo se nos troca, 63
Quando estoy desocupado, 54
Quando falta la luz mía, 112
Quando Josué venció, 135
Quando la tierra y el cielo, 164
Quando viene el Tentador, 106
Qué culpa podeys poner, 171
Qué es la causa si hipamos, 204
Qué nueua al preso llegó, 218
Quién es aquél bien criado, 228
Quién es aquel que nos trata, 233
Quién es aquella hija del bruto, 87
Quién es el que fue nacido, 230
Quién es la sabia persona, 225

Quién son aquellas hermanas de nombre, 239
Quién son aquéllas tan fauorescidas, 235
Quiéroos pedir otra cuenta, 111

Responda vuestra prudencia, 41
Responded como soleys, 284
Respondedme, señor, vos, 154

Salga el cabo de Castilla, 13
San Pablo nos representa, 281
Satisfazedme mejor, 314
Si algunos vocablos, señor, vos sabeys, 85
Si el dezir se desordena, 32, 122
Si el hombre no tiene descontentamiento, 77
Si el nublado que ha de ser, 189
Si el que no se siente en cosa culpado, 174
Si ell alma por su querer, 40
Siempre os vi, señor Don Juan, 14
Si en descubrir lo que sé, 33
Si en descubrir lo que sé, 206
Si en la obra que os embío, 108
Si es tan aborrescible, 226
Si hombre vuiere comido, 116

Si llamays piedra al peccado, 215

Si me llego a la razón, 209

Si no supo responder, 256

Si pregunto algún desmán, 260

Si quando el rey la tomó, 306

Si siento bien lo que hablo, 57

Si vuestro argumento tan válido fue, 93

Si vn diestro y un çurdo acaso se offresce, 197

Si yo me confiesso con hombre que duerme, 79

Si yo me confiesso con mi confessor, 176

Solían vsar en Castilla, 304

Son dos conformes en lícito amor, 195

Tal estoy que no querría, 72

También de vn refrán, señor, os demando, 196

También el punto segundo, 249

También le ruego en esto me alumbre, 132

También os pregunto, dezidme, señor, 83

También os pregunto, según el Boecio, 74

También quiero preguntar, 298

También quiero que digays, 167

Tan copioso es responder, 100

Tengo otra dubda, quitádmela vos, 299

Todas las sciencias se juntan y son, 92

Traía la memoria olbido, 16

Tres questiones os embío, 248

Una ensalada el tercero hazía, 242

Un auctor da la razón, 56

Vemos los biuos posar en los muertos, 86

Vemos que Dauid pecó, 122

Veo estar muy differentes, 47

Veo tener a mi enemiga, 6

Vi que en las manos de vn cuerpo sin vida, 88

Vos dezís, en conclusión, 158

Vos lo dezís, mas yo lo desdigo, 94

Vos me escreuistes, si os acordays, 130

Vuestras respuestas sin par, 162

Vuestra virtud no se tarde, 201

Ya que el mandamiento oyeron, 275

Yo no quise perdonar, 216

Yo os pido, señor, por Dios, 149

Yo pienso que me entendis-
    tes, 282
Yo quedo de essa respuesta,
    119
Yo sé que mejor sería, 44
Yo vi vna hembra que en sola
    la vista, 87
Y pregunto lo segundo, 285
Y pues Eua fue dotada, 261

Y también preguntaré, 264
Y vio que muertos los biuos,
    68
Y vio vna hembra hermosa,
    61
Y vio vna hembra importuna,
    64
Y vio vno con pesar, 60
Y yéndose por su vía, 66

ÍNDICE

Prólogo   7

PARTE I
El Almirante Don Fadrique Enríquez
Esbozo biográfico   11

I.	Los Enríquez y el Almirantazgo de Castilla	13
II.	Un incidente definitorio	30
III.	Alcances hisótrico-sociales del incidente	52
IV.	La nueva centuria	65
V.	Disolución de la monarquía dual	82
VI.	La crisis nacional: las comunidades	102
VII.	La crisis espiritual del Almirante	132
VIII.	Los últimos años	149
IX.	Relaciones literarias	185
X.	Obra literaria	242
XI.	Epílogo	264

PARTE 2
Texto

271

Aclaraciones   273

A. Poesías sueltas   277
B. Respuestas quinquagenas, 1526   323
C. Quatrocientas respuestas, 1545   467
D. Segunda parte, 1552   549

Índice de primeros versos   605